강희 原典

수신제가 修身齊家

강유겸비

유연함과 강함을 함께 베풀고
약함과 강함을 함께 사용하라.

등예쥔 편저 · 허유영 역

머리말

강함과 유연함을 함께 갖춰라

'강유병거剛柔幷擧' 즉, "강함과 유연함을 함께 사용하라." 하는 것은 중국에서 전통적으로 내려오는 마음을 다스리는 도道 가운데 가장 중심이 되는 사상이다. '강유병거'란 다시 말해 유연함과 강함을 함께 베풀고, 약함과 강함을 함께 사용하는 것을 말한다.

강희제는 이 도리를 성공적으로 운용한 사람이었다. 그는 중국 역사상 최초의 학자형 황제이자, 문치와 무공을 겸비한 몇 안 되는 걸출한 황제 가운데 하나였다. 그는 8살의 어린 나이로 황상에 올라 61년간이나 천하를 호령했으며, 앞날을 멀리 내다보고 계획을 세울 줄 알았고, 나라를 다스림에 게을리 하지 않았다. 또한 한 손에는 사서오경을 들고 다른 한 손에는 수학과 외국어 서책을 들었으며, 주자학을 신봉하며 왕도정치를 내세웠고, 백성들을 감화시키고 천하에 위엄을 떨쳤다. 그는 또 신하들의 공적은 치켜세우고 부패는 중벌로 다스리면서, 관대함과 부드러움으로 나라를 다스렸다. 그의 다스림 아래 나라는 내우외환의 커다란 혼란에서 벗어나 태평성세로 나아갔으며, 거센 비바람이 그치고 백성들은 풍족한 생활을 누리게 되었다. 이는 그의 능력과 지혜가 비범했음을 증명해 주는 것이다. 청대 말기 명재상 증국번曾國藩은 강희를 "영민함과 명철함이 그 누구보다도 뛰어났던 황제"로서 주문왕周文王과 비견되는 인물로 평가했다.

프랑스인 선교사였던 부베(Joachim Bouvet)가 쓴 『강희제전康熙帝傳』도 강희에 대한 찬사로 가득하다. 강희제의 공덕을 찬미한 한 장편시에서는 강희를 "꿈속에서도 만나지 못할 위대한 인물"이자, "천하를 통치한 황제 가운데 가장 명철한 군주"라고 칭송하고 있다. 강희제의 웅대한 계획과 탁월하고 장기적인 식견, 예리한 통찰력과 고상한 도덕성, 강한 의지와 비범한 자질, 넓고 깊은 학식과 학구열, 당당한 태도와 위엄, 빛나는 눈빛과 단정한 외모 등은 세인들을 탄복시키기에 충분했다. 한자학의 최고 권위자인 시라카와 시즈카가 쓴 『강희대제康熙大帝』에서는 강희를 "진정한 왕도의 계승자이자 유교통치의 대표자"로 보고 그의 문치와 무공, 고상한 품격과 비범한 재능을 높이 평가했다.

강희제의 이런 면모는 우선 개인적인 인간성, 즉 어려서부터 길러 온 그의 자제력과 인자한 성격에서 나타났다. 그는 전통적인 치국治國의 이론을 배우고 그것을 융통성 있게 운용하는 지혜, 그리고 이런 지혜와 이론을 실질 정치에 응용할 줄 아는 능력을 가지고 있었다.

그는 황하에 대한 치수 사업을 실시하고 여섯 차례나 몸소 황하 유역을 둘러보며 실제 사업 현황을 살폈고, 국토 보존을 위해 직접 군대를 이끌고 변경 지방으로 원정을 가 오랑캐들을 쫓아냈다. 원정 기간에도 그는 뭇 병사들과 마찬가지로 하루 한 끼만 먹으며 병사들에게 솔선수범을 보였다. 그가 정양문의 성루에 올라 군대와 백성들을 지휘하면서 활활 타오르는 불길을 직접 몸으로 덮쳐서 껐다는 일화는 매우 유명하다. 그뿐만이 아니었다. 그는 자신을 보기 위해 몰려든 백성들을 쫓아내지 말도록 명령하고 심지어는 황제를 위한 악대에게 백성들을 위해 궁중음악을 연주하도록 명하기도 했다.

실사구시를 중시하는 강희제의 사상과 행동 양식은 대부분 수십 년을 하루같이 이어 온 공부하는 습관에서 얻어진 것이었다. 그는 청대 황제 가운데 유일하게 서양 과학을 진정으로 이해한 최초의 황제였다. 그는 근대 천문학을 공부해 수평의水平儀를 황하 치수에 사용했으며, 삼각의三角儀를 이용해 적 근거지의 해발고도를 파악했다.

"수신제가치국평천하修身齊家治國平天下"로 대표되는 그의 지혜에는 강함과 유연함을 병용하고자 하는 심리가 깔려 있다. 그는 반란을 평정할 때에도 당근과 채찍을 함께 사용했고, 용병에 있어서는 기회를 잘 이용했으며, 정치에 있어서는 허와 실을 결합시켰고, 관리들을 다스림에 있어서는 관대함과 엄격함 사이에서 중도를 유지했다. 또한 마음을 다스림에 있어서는 마음과 지혜를 함께 사용했다. 그는 얼핏 보면 다른 사람들과 크게 다를 바 없었지만 자세히 살펴보면 그 오묘함이 무궁무진한 인물이었다. 노자는 도덕경에서 다음과 같이 말했다.

> 아주 큰 사각형은 모서리가 없으며 큰 그릇은 늦게 만들어지고, 커다란 음은 그 소리가 희미하며, 커다란 모습은 그 형체가 없다.
>
> 〔大方無隅, 大器晚成, 大音希聲, 大象無刑〕

이와 마찬가지로 큰 도리에는 술수가 없다. 다시 말해, 도로써 일을 행하는 사람은 하루 종일 눈동자를 굴리고 온갖 수단을 짜내며 계략을 구상하지 않아도 된다. 행함과 행하지 않음, 말함과 말하지 않음에 모두

도가 있으며, 중重한 일을 수월하게 처리하고 위기에 봉착해서도 의연함을 잃지 않는다. 중국의 저명한 소설가인 파금巴金도 "최고의 기교란 기교를 부리지 않는 것"이라고 말하곤 했다. 도리를 얻으면 마음이 가는 대로 행해도 정해진 규범에서 벗어나지 않는 경지에 다다를 수 있다.

도리란 큰 지혜이며 술수는 잔꾀에 불과하다. 도리는 자연이자 규율이고, 술수는 기교이자 수단이다. 도리와 술수는 항상 비교된다. 유가에서는 도리를 중히 여기고 법가에서는 술수를 중요하게 생각한다. 중국의 고대 황제들 가운데 술수를 사용해 승리한 자는 많았지만 도리를 이용해 성공한 인물은 매우 드물다. 강희제는 나라를 다스림에 있어서 도리를 중시하고 술수는 배제했다. 유가에서 말하는 도리가 강희에게서 실현되고, 나라를 다스리는 도리로 발전하고, 강희제의 치국의 도리를 창조했다고 할 수 있다. 하지만 도리와 술수 사이에는 공통점도 존재한다. 도리에는 술수가 있고, 술수에도 도리가 있다. 도리를 터득한 사람이 위선을 부리면 그것이 바로 빗나간 술수가 되고, 술수를 가진 사람이 덕을 갖추면 그것이 바로 바른 정도正道가 되는 것이다.

이 책에서는 앞서 말한 '강유병거'의 관점에서 강희제의 수신제가치국평천하의 도리를 연구했다. '강함과 유연함'과 관련된 36가지 예를 통해 강희제의 일생을 조명하고 그의 성공에서 수신제가치국평천하의 도리를 찾았다. 강희제는 모든 일을 행함에 있어 강함과 유연함을 함께 사용해야 하며, 너무 관대하거나 너무 엄격해도 안 된다고 했다. '중용'은 강희제가 나라를 다스리는 데 있어 가장 근본이 되는 관념이었다. 그가 황제에 즉위한 지 얼마 되지 않아 오삼계吳三桂가 반란을 일으키자 그는 무력으로 반란을 평정함과 동시에 관대함을 베풀어 반란군이 무기를 버리고 투항하면 그 죄를 묻지 않았다. 그의 이런 중도정책으로 인해 정국은 안정을 되찾았고 반란도 모두 평정될 수 있었다. 관리들을 등용하고 관리함에 있어서도 강희제는 청렴함을 제일로 삼으면서도 관리가 너무 청렴하면 남들에게 인색해져 민심을 얻기 어렵다고 생각했다.

강희 19년(1680) 9월 16일, 강희제는 신하들에게 용이 되려면 어떻게 해야 하는지 물었고, 청렴함이 최고라고 말하는 신하들에게 그는 이렇게 말했다. "청렴하면서도 관대해야 하지만 너무 관대해서도 안 된다." 강희제는 좋은 관리란 청렴하고 부패를 저지르지 않으며, 남을 대함에 있어 관대하고 융통성이 있어야 한다고 생각했다. 강희제는 또 청렴한 관리에도 여러 등급이 있어 청렴하나 고지식한 자와 청렴하나 재능이 없는 자, 그리고 청렴하나 안정을 해치는 자도 있으니, 이중에서 청렴하면서 나라의 일을 잘 처리하고 백성들의 민생에 도움을 주는 자라야 좋은 관리라고 생각했다.

또한 강희제는 재능 있는 인물들을 매우 아껴, 청렴한 관리들을 가려내고 신뢰는 다소 떨어지더라도 재능을 가진 관리는 받아들였으며, 이 두 부류의 관리들이 서로 협조할 수 있도록 애썼다.

강희 48년, 그는 재상인 조신교趙申喬가 청렴하기는 하나 사람됨이 고지식해 늘상 군량미를 빼돌린 무관들을 탄핵하는 상소를 올린다고 하면서, "무관들은 성격이 거칠어 너무 억눌러서 좋을 것이 없다. 천하를 다스리려면 평화로움을 가장 중시해야한다."라고 말하기도 했다. 조신교가 청렴하기로 이름난 관리였지만, 강희제는 그가 작은 부패를 저지른 무관들까지 탄핵하지 않도록 조절하는 융통성을 발휘했던 것이다. 강희제는 본래 부패한 관리들을 절대 용서하지 않고 엄하게 다스렸지만 너무 심하지 않다면 문관과 무관들이 백성들로부터 개인적인 이득을 취하는 것을 눈감아 주었다.

위에서 언급한 것은 강희제가 유연함과 강함을 겸비하고 중용의 도를 잃지 않았던 예 가운데 일부에 불과하다. 그가 마음을 다스렸던 방법, 그리고 수신제가의 지혜를 알고 싶다면 이 책에서 소개하고 있는 강희제의 36가지 성공비결을 읽어 보기 바란다.

머리말

제1부 반란 평정의 도
천하의 대권은 단 하나로 귀결된다 天下大權, 當統於一

제1장 반란 평정의 도 1
정치가 바로 서는 길, 군신일체 君臣一體

천하의 크고 작은 일을 모두 친히 다스려야 한다 20 · 조직 내에서 무리를 짓지 말라 27 · 천하의 대권은 단 하나로 귀결된다 39

제2장 반란 평정의 도 2
무너뜨리지도 않고 세우지도 않는다 不破不立

과거를 거울삼아 제도를 정비한다 54 · 권력 강화를 위해 특수 기구를 설치한다 65 · 의정왕대신회의의 권력을 축소시킨다 72

제3장 반란 평정의 도 3
은혜와 위엄을 함께 사용한다 恩威倂施

무력으로 천하를 평정해 반란 세력을 돌아오게 한다 82 · 민심을 쓰다듬고 국경을 공고히 한다 88 · 타협으로 갈등을 해결하고 한족 황실을 공경한다 96 · 다른 종교를 허락하고 확실히 관리한다 101

제4장 반란 평정의 도 4
토벌과 포용을 병행한다 剿撫倂用

배신자를 한 번 너그럽게 용서하라 116 · 기러기가 오랫동안 푸르른 나무를 그리워하다 121 · 섬 전체에 군대를 투입시켜 순식간에 소탕한다 125

제5장 반란 평정의 도 5
완급을 함께 사용한다 急緩互用

반란군을 과감히 뿌리뽑아 후환을 없앤다 134 · 천하에 꿰뚫어 볼 수 없는 일은 없다 142

제6장 반란 평정의 도 6
군정을 융합시킨다 軍政融合

중국 최초의 국제평등조약 152 · 대군을 잠복시켜 두고 전진한다 160 · 반란군을 척결하고 백성을 감화시켜야 한다 166

제2부 용병의 도
용병의 도는 기회 포착에 있다 用兵之道, 要在乘機

제1장 용병의 도 1
인자무적이니, 이것이 바로 왕도다 仁者無敵

백성을 살피지 않고 승리한 자는 없다 178 · 당근과 채찍으로 병사들의 마음을 공략한다 187 · 군사 공격도 정치를 위한 것이다 192

제2장 용병의 도 2
편안할 때 위기에 대비하라 居安思危

한시도 국가 방비를 게을리 해서는 안 된다 200 · 용병의 핵심은 상벌제도다 204 · 재주를 감추고 때를 기다리다 209

제3장 용병의 도 3
준비하고 과감하게 결단을 내려야 한다 備而候斷

중가르부의 갈단을 토벌하다 218 · 충분히 준비하고, 일단 결정되면 흔들리지 않는다 224

제4장 용병의 도 4
정확하게 판단하고 기회를 잘 포착해야 한다 相機而行

기회 포착이 유일한 전략이다 232 · 충분히 준비하고 기회를 만나면 곧 나아간다 240

제5장 용병의 도 5
인재를 제대로 알고 임용하고 일단 믿으면 의심하지 않는다
知人善任, 信者不疑

병사를 이끄는 것보다 더 어려운 일은 없다 250 · 장수를 잘 선택하는 것이 승리의 관건이다 257

제6장 용병의 도 6
목표와 수단을 적절히 활용하라 經權互用

군심을 안정시키고 어루만져 승리를 쟁취하라 266 · 큰 뜻을 이루는 데 있어 사소한 것은 고려하지 않는다 273 · 적의 우두머리를 먼저 공격하라 278

제3부 정치의 도
천하의 이익을 백성에게 돌린다 公四海之利治利, 一天下之心治心

제1장 정치의 도 1
허와 실을 함께 사용한다 亦虛亦實

경세치용을 치국의 도리로 삼는다 290 · 반란 평정과 황하 치수, 조공 운반을 주요 사업으로 삼았다 295 · 황하에 대한 치수 성공으로 국가 안정의 기반을 마련하다 302 · 농업은 통치의 근본이다 309

제2장 정치의 도 2
왕권을 중시하고 패권을 억제한다 崇'王' 抑'覇'

인의仁義로써 왕도를 지킨다 318 · 조세를 면제해 주다 322 · 백성들의 어려움을 속히 해결하라 327 · 백성들의 논밭을 침범하지 않는다 334

제3장 정치의 도 3
다스림보다는 덕을 중시한다 重德輕治

법령보다 감화를 우선으로 한다 342 · 백성들을 정착시키고 민생을 안정시킨다 348 · 덕을 쌓으면 멀리에서도 찾아와 복종한다 353 · 덕으로 천하를 감복시킨다 356

제4장 정치의 도 4
법을 중시하고 형벌을 내림에 신중을 기한다 重法慎刑

관대함과 엄격함을 적절히 조화시키는 것을 선이라 한다 364 · 형벌을 내림에 신중을 기한다 368 · 가혹한 형벌은 완화한다 379

제5장 정치의 도 5
다스리지 않는 것이 다스림이다 不治而治

정치 개혁이 능사가 아니다 388 · 경제 발전을 위해 황무지를 개간하라 395 · 풍습에 따라 천하를 다스린다 399

제6장 정치의 도 6
각자 스스로의 도리를 행한다 各行其道

정치 · 경제적인 이유로 종교를 금하지 않는다 410 · 자유를 허용하나 방종은 허용하지 않는다 415 · 종교를 널리 이용한다 421

제4부 관리 다스림의 도
관대함과 엄격함을 조화시키고 평안함이 우선이다
寬嚴和中, 平安無事方好

제1장 관리 다스림의 도 1
윗물이 맑으면 아랫물도 맑다 源淸流潔

백성의 평안함은 관리로 인해 결정된다 430 · 고급 관리 단속에 중점을 둔다 437 · 비밀 상소의 특별한 역할 443

제2장 관리 다스림의 도 2
부패를 척결하고 청렴을 장려한다 激濁揚淸

청렴한 관리에게 상을 내린다 452 · 관직 사회의 부패를 일소한다 458

제3장 관리 다스림의 도 3
엄격한 법률로 부패를 다스린다 重典治貪

탐관오리에게는 관대함이 허용되지 않는다 470 · 부패를 단속해 민란을 예방한다 479

제4장 관리 다스림의 도 4
관대함과 엄격함을 겸비한다 寬嚴相濟

관대함과 엄격함을 함께 갖추고 편안함을 추구한다 486 · 융통성을 갖고 부패를 단속해야 한다 491

제5장 관리 다스림의 도 5
제한과 허용을 융통성 있게 처리한다 收放自如

지도자의 위엄을 엄격하게 유지한다 498 · 상하관계를 원만하게 유지한다 503

제6장 관리 다스림의 도 6
공개적인 조사와 비공개적인 감찰을 적절히 운용한다 明暗倂用

관리들의 직무 수행을 직접 평가한다 512 · 여론에 귀를 기울여 상황을 판단한다 522

제5부 인재 등용의 도
배움과 행함이 모두 뛰어나야 등용한다
必學行兼優, 方爲允當

제1장 인재 등용의 도 1
인재를 잘 골라내 적재적소에 임명한다 知人善任

인재 등용을 게을리 하지 않는다 536 · 정확하게 분석하고 합리적으로 판단하라 542

제2장 인재 등용의 도 2
덕과 재능을 함께 고려한다 德才倂顧

인재 등용의 핵심은 덕과 재능을 겸비했는지의 여부다 548 · 관리는 자신과 가정이 반드시 청렴해야 한다 551 · 인제 등용은 권력 강화를 위한 것이다 554

제3장 인재 등용의 도 3
사람을 얻기 위해 그 마음을 먼저 얻는다 籠絡人心

문필로써 벗들과 교류하다 560 · 문인과 학사들을 존중하고 인재를 보호한다 564 · 삼고초려도 마다하지 않는다 569

제4장 인재 등용의 도 4
관리들이 긴장을 늦추지 않도록 한다 拍拍打打

성리학의 대가들을 중용한다 576 · '수신제가치국평천하'의 의미를 깨닫다 580 · 문인들에 대한 감시와 통제, 문자옥 584

제5장 인재 등용의 도 5
강경책과 회유책을 병용해서 대권을 장악한다 收攬大權

측근들의 특권을 억제하고 효로써 천하를 다스린다 596

제6장 인재 등용의 도 6
공평하고 단정하게 공사를 구분한다 公道正派

공적인 가치를 평가하고 관대하게 처리한다 604 · 학술적 문제와 정치적 문제를 구분한다 609

제6부 수신의 도
남에게는 금지하고 자신은 행한다면, 어찌 남들을 감복시킬 수 있겠는가 禁人而己用之, 將何以服人

제1장 수신의 도 1
마음과 지혜를 함께 수양한다 心智雙修

신중하고 경건한 마음으로 다스린다 618 · 모든 사물은 모순적인 양면성을 갖고 있다 622 · 학문의 길은 멈춰서는 안 된다 627

제2장 수신의 도 2
이성을 중시하고 사욕을 버린다 重理輕欲

모든 일에서 심신의 건강을 최우선으로 한다 636 · 여색을 멀리하고 나쁜 습관을 고친다 640

제3장 수신의 도 3
남에게는 관대하고 자신에게는 엄격하라 寬人嚴己

오만함은 화를 부르고 겸허함은 복을 부른다 648 · 아랫사람에게 미루지 않고 스스로 책임을 진다 652

제4장 수신의 도 4
덕으로써 행하고 예로써 다스린다 寓德於行

사치를 버리고 근검절약을 실천한다 658 · 선왕에게 보답하기 위해 최선을 다한다 662

제5장 수신의 도 5
안목은 높게 두고 손은 낮게 둔다 眼高手低

근면함으로 수신을 게을리해서는 안 된다 668 · 제도 개혁으로 권력을 지킨다 671

제6장 수신의 도 6
생활 속에서 즐거움을 잃지 않는다 不失情趣

매일 책을 쓰는 것이 가장 즐거운 일이다 678 · 노년을 위해 정원을 꾸민다 682 · 음악과 극을 즐겨 감상하고 화초와 동물을 사랑한다 685

제1부 반란 평정의 도

천하의 대권은 단 하나로 귀결된다
天下大權, 當統於一

1. 정치가 바로 서는 길, 군신일체 君臣一體
2. 무너뜨리지도 않고 세우지도 않는다 不破不立
3. 은혜와 위엄을 함께 사용한다 恩威併施
4. 토벌과 포용을 병행한다 剿撫併用
5. 완급을 함께 사용한다 急緩互用
6. 군정을 융합시킨다 軍政融合

한 나라의 혼란과 안정은 오직 권력에 달려 있다. 옛말에 "나라의 가장 큰 어지러움은 천자가 없는 것이다."라고 했으며, 군신관계에 있어서 가장 크고 강한 권력이 군주의 권력임은 말할 것도 없다. 황제의 권력은 강하고 유일무이하며 그 누구에게도 억압당할 수 없고, 어떠한 경우에도 황제 이외의 사람에게 옮겨가서는 안 된다. 강희제는 역사적인 교훈과 자신의 경험을 통해, 권력에 있어서 가장 중요한 것은 군주가 권력을 장악할 힘이 있어야 하는 것임을 절실히 깨달았다. 그는 송宋의 이종理宗이 가사도賈似道를 위국공衛國公에 봉하고 조정의 전권을 넘겨주었던 일에 대해 논하면서, "황제가 천하의 중대한 일을 결정함에 있어서, 책을 많이 읽고 수많은 도리를 깨우치고 있으며 통찰력이 뛰어나다면, 과단성 있게 결정을 내릴 수 있으니 권력이 자연히 아래로 이동하지 않을 것이다. 하지만 황제가 소신을 가지지 못하고 흔들리면 신하에게 의지해 일을 결정하게 되고 황제로서의 권위를 점차 잃게 된다. 송 이종의 일이 바로 그 본보기가 될 수 있을 것이다."라고 했다.

제1장

반란 평정의 도 1
정치가 바로 서는 길, 군신일체 君臣一體

강희제는 군주와 신하의 관계를 매우 중시하고, 안정과 혼란은 모두 권력에서 결정된다는 신념을 가지고 있었다. 그는 지고지상한 존엄성을 가진 황제로서 패권을 단단히 손에 쥐고 그것을 제대로 이용할 줄 아는 것이 그 무엇보다도 중요하며, 군신관계가 조정의 흥망성쇠를 결정하는 가장 중요한 요건이고, 군주와 신하가 화합을 이루면 정치가 바로 서지만, 군주와 신하의 사이가 막혀 있으면 정치가 쇠퇴한다고 생각했다. 강희제가 권력을 손에 단단히 쥐기 위해 사용한 방법은 바로 군신일체君臣一體를 이루는 것이었다. 그는 군주는 반드시 신하 위에 군림해야 하며, 이것은 절대로 흔들릴 수 없는 원칙이니, 천하를 사람의 몸에 비유한다면, 황제는 머리가 되고 신하는 곧 심장이나 눈, 혹은 귀라고 했다. 또한 신하는 군주에게 복종하고 충성해야 하며, 군주를 섬기는 도리는 업신여기지 않는 것이 가장 근본이라고 강조하고, 특히 자신의 권력에 대한 부분에서는 절대로 모호하게 넘어가는 법이 없이 매우 단호한 입장을 지켰다.

천하의 크고 작은 일을 모두 친히 다스려야 한다

강희제가 황상에 오른 지 얼마 되지 않았을 때의 일이다. 누군가 역사적인 실례를 들어가며 그 조모인 효장태황태후孝庄太皇太后에게 수렴청정할 것을 간언했지만 효장태후는 그 청을 거절했다. 그녀는 자신의 수렴청정이 손자의 황권 약화로 이어질 것임을 잘 알고 있었기 때문이다. 그 덕분에 훗날 강희제는 강력한 권력을 손에 쥐고 국사를 안정적으로 처리할 수 있었고, 강희제 자신도 당시 조모의 결정이 정확했음을 깨달았다. 강희제는 역사책에서 한안제漢安帝가 집권했을 때 태후가 수렴청정한 것을 사관史官이 높이 평가했던 것을 읽고는 의아하게 생각하며 "수렴청정이 나라의 복이 아닐진대 이를 높이 평가한 것을 보면, 한漢 황실의 쇠락함이 바로 여기에서 시작된 것이 분명하다."라고 말했다.

청년인 강희제가 황제로서 강력한 권력을 손에 쥐고 순조롭게 국사를 운영할 수 있었던 것은 그의 조모인 효장태후가 수렴청정을 거부해, 황권 약화로 인한 폐단을 초래하지 않았던 덕택이라고 할 수 있다.

> 신하의 권력은 군주가 부여한 것이고 군주로부터 지배를 받으며, 군주에 의해 박탈당할 수 있고, 신하는 황제를 보위해 국사를 처리하고 그 어떠한 방식이나 핑계로도 황제의 권력에 도전할 수 없다.

이것이 바로 군신관계에 대한 강희제의 생각이었다. 특히 그는 "신하는 인재를 천거할 수는 있지만, 그 인재를 취하고 버리는 것은 모두 짐의 뜻에 달려 있다."라고 했다. 그의 이 말에서 신하의 권력 남용이나 독점을 막으려 했던 의지를 엿볼 수 있다.

황상에 올랐을 때 강희제의 나이는 여덟 살에 지나지 않았고, 강희 6년(1667) 친정親政(친히 정사를 돌봄)을 시작할 때에도 역시 열네 살의 어린 아이였다. 하지만 처음으로 정치 무대의 가장 앞에 나선 소년 황제의 활약은 세인들을 놀라게 하기에 충분했다. 그는 기민하고 과단성 있게 자신의 주변에서 맴돌던 간신들을 처단하고 조정의 기강을 바로 세움으로써 기나긴 통치 역사의 첫발을 내딛었다.

강희제의 선왕인 순치제는 붕어하기 전 네 명의 보정대신輔政大臣을 세워 강희제를 보위하도록 했다. 그 네 명의 보정대신들은 "함께 충성하고, 생사를 같이하며, 황제를 보위하고, 붕당을 만들지 않으며, 뇌물을 받지 않는다." 하는 등의 맹세를 했지만, 그들 사이에 심각한 갈등이 생기면서 맹세는 물거품이 되어 버리고, 강력한 세력을 형성하고 강희제의 앞날을 크게 위협하게 되었다.

네 명의 보정대신들 가운데 나이가 많은 색니索尼는 곧 세상을 떠났지만, 소극살합蘇克薩合과 오배鰲拜 사이에 갈등이 생겼고 알필륭遏必隆은 오배와 결탁했다. 이 셋 가운데 가장 위험한 인물은 바로 오배였다. 그는 처음 보정대신으로 뽑혔을 때에는 서열이 가장 낮지만 오만하고 야심이 많은 인물이었다. 색니가 세상을 떠나자 오배는 곧 보정권을 장악했고, 나이 어린 황제는 그에게 전혀 두려운 존재가 아니었다. 오배는 그 후 제멋대로 자신의 세력을 형성하여 심복을 요직에 앉히고 자신의 뜻에 반대하는 사람들은 가차 없이 몰아냈으며, 그도 모자라 보정대신 가운데 하나였던 소극살합에게 억울한 누명을 씌워 처형했다.

황실에서 일어나는 크고 작은 일들이 모두 그가 조종한 것이었다. 게다가 오배는 강희제가 있는 자리에서도 아랑곳하지 않고 대신들을 질책하며 호통을 치거나 큰 소리로 떠들었다. 오배가 소극살합을 처형할 것을 주장했을 때에도 강희제는 소극살합이 무고하다는 것을 알고 있었기 때문에 허락하지 않고 버텼지만, 오배는 자신의 세력을 이용해 강희제를 압박했고 결국 강희제의 양보를 받아냈다.

강희제는 친정을 시작하기 전에 이미 오배의 갖가지 악행을 알고 있었고, 효장태후도 반드시 오배를 제거해야 한다고 생각했다. 하지만 황실 조정의 대부분이 오배의 세력권 안에 있었기 때문에 오배를 몰아내는 일이 결코 쉬운 일이 아니었다. 특히 오배는 황제와 가까운 요직에 자신의 조카와 심복을 심어 놓았고, 오배의 동생 목리마穆里瑪는 양황기만주도통瓖黃旗滿洲都統으로 군권을 장악하고 있었으며, 대학사인 반포이선班布爾善과 이부상서 아사합阿思哈, 병부상서 갈저합噶褚哈, 공부상서 마이색馬邇賽, 일등시위一等侍衛 아남달阿南達 등이 모두 그와 결탁한 세력이었다. 그러므로 오배를 제거하는 일은 매우 신중하고 치밀하게 진행되어야 했다. 조금이라도 새어나가거나 서툴렀다가는 엄청난 혼란이 초래될 것이 분명했다. 이 점에서 강희제는 어린 나이에 비해 매우 영리하고 주도면밀했다. 강희제는 한편으로는 오만방자하게 날뛰는 오배를 견제하고 악행을 막으면서, 암암리에 치명적인 일격을 준비하고 있었다.

강희 5년(1666) 이부吏部의 관리들이 국사를 논의하는 자리에서 오배의 세력인 이부상서 아사합과 시랑 태필도泰必圖는 오배가 시킨 대로 각 성의 총독과 순무巡撫가 관리하는 관아에 중앙 관리를 파견해 감시하도록 하자고 건의했다. 이에 대해 강직한 성격의 이부시랑 풍부馮溥가 총독과 순무는 모두 나라의 중신인데 그들을 믿지 못하고 관리를 보내 감시한다면, 감시하도록 파견된 관리들이 너무 강한 권력을 가지게 된다며 반대하고 나섰다. 이에 오배의 위세를 등에 업고 의기양양해진 태필도가 버럭 화를 내며 소매를 걷어 붙이고 일어났다. 하지만 풍부는 전혀 두려운 기색 없이 태연하게 이렇게 말했다. "대신들끼리 논의하는 자리에서 반대 의견이 있는 것은 당연한 일이 아니오? 옳고 그름은 황상께서 가리실 일인데 어찌 혼자서만 옳다고 하시오?" 결국 이 일은 황제인 강희에게 알려졌고, 강희제가 풍부의 손을 들어줌으로써 오배 세력의 기세가 조금이나마 꺾였다.

강희 6년(1667) 풍부가 좌도어사左都御使로 있을 때의 일이다. 오배가 황제에게 올린 상소문이 황제를 거쳐 내각에 내려 보내졌고, 이미 여러 장 작성되어 중서과中書科에서 육부六部로 내려 보낼 참이었다. 그런데 갑자기 오배가 상소문의 일부를 고치겠다고 나선 것이다. 풍부가 오배의 이런 행동을 그대로 보고 있을 리 만무했다. 결국 풍부의 반대로 뜻을 이루지 못한 오배는 화가 머리끝까지 올라, 강희에게 풍부에게 죄를 물어야 한다고 이간질했다. 하지만 강희제는 풍부의 행동이 옳았다며 풍부를 두둔하고, 오히려 오배에게 상소문을 씀에 있어 신중을 기하라며 따끔하게 타일렀다.

또 한 번은 이런 일도 있었다. 강희 6년(1667) 내굉문원시독內宏文院侍

讀 웅사이熊賜履가 일부 세력이 조정의 기강을 흩뜨리고 자기 세력을 요직에 심어 권력을 장악하고 있으니, 강력히 처단해야 한다는 내용의 상소를 올렸다. 그러자 오배는 이 상소의 내용이 자신을 빗댄 것이라며 크게 화가 나, 웅사이를 엄하게 처벌하고 앞으로 관리들이 서로 헐뜯는 내용의 상소를 올리지 말도록 명령을 내리라고 강희제를 부추겼다. 하지만 오배의 요구가 도에 지나치다고 생각한 강희제는 냉정한 말투로 "웅사이는 치국에 대한 자신의 생각을 밝힌 것인데 그대가 흥분할 까닭이 무엇인가?" 하고 말했다. 이 말에 기세등등하던 오배도 할 말을 잃을 수밖에 없었다.

강희제는 속으로는 오배를 제거할 기회만 엿보고 있으면서도, 겉으로는 그를 매우 존중하는 척했기 때문에 오배도 강희제에게 별달리 트집을 잡기 힘들었다. 오배가 소극살합을 숙청한 후 강희제는 오배와 알필륭을 일등공신으로 봉하고, 얼마 후 다시 '태사太師'로 봉했으며, 반포이선과 마이색의 관직을 승격시켜 주기도 했다. 한번은 오배가 몸이 불편하다는 이유로 며칠 동안이나 등청하지 않았는데, 누군가 그가 집에서 무언가 음모를 꾸미고 있는 것 같다고 강희제에게 귀띔해 주었다.

이 말을 들은 강희제는 곧장 호위대를 거느리고 오배의 집을 직접 찾아갔다. 황제의 어가가 오배의 집 앞에 다다랐을 때 호위병 중 하나가 황제가 왔음을 알리려고 하자, 강희제가 이를 저지하고 호위병들과 함께 직접 오배의 침소로 들어갔다. 갑작스런 황제의 방문에 오배는 아연실색했고, 강희제의 호위병이 칼을 들이대고 침대 앞에 우뚝 서자 오배는 아무 말도 하지 못하고 벌벌 떨기만 했다. 이때 강희제가 껄껄 웃음을 터뜨리며 "칼을 항상 몸에 지니고 다니는 것은 우리 만주인들의 풍습이거늘 무얼 그리 놀라시오?"라고 말하며 아무렇지 않은 듯 안부를 전하고 돌아갔다. 황궁으로 돌아온 강희제는 곧장 바둑을 두자는 핑계로 색액도索額圖를 불러 은밀히 오배를 제거할 방법에 대해 논의했다.

색액도는 바로 오배에 의해 억울하게 죽임을 당한 보정대신 색니의 아들이자 황후의 숙부로서, 훗날 강희제를 도와 오배를 제거하는 데 큰 역할을 담당한 사람이다. 그는 본래 황제의 호위병이었다가 이부시랑으로 승격했으나, 강희 8년(1669) 5월에 갑자기 스스로 이부시랑의 자리에서 물러나 일등호위병이 되기를 자청했다. 오배 제거를 위한 시기가 거의 무르익었다는 판단 때문이었다.

오배를 제거하기 위해 강희제가 세운 계략은 아주 교묘했으며 사전 준비도 치밀하게 이루어졌다. 강희제는 우선 자신과 나이가 비슷하고 건장한 청년들을 은밀히 선발해, 동작이 재빠르고 무예가 뛰어난 호위병 배당아拜唐阿와 함께 매일 '그날'을 위한 무예를 익히도록 했다. 오배와 그의 세력들도 매일 황실을 드나들며 그들이 대련하는 것을 보았지만 모두들 나이 어린 황제가 무술을 좋아해 함께 어울려 노는 것뿐이라고 생각하고 별다른 주의를 기울이지 않았다. 하지만 그들은 바로 황제의 특별군이었다.

강희제는 그들을 정식으로 조직해 '선복영善撲營'이라고 이름 붙였다. 이윽고 '그날'이 왔다. 5월 16일, 오배가 황제를 알현하기로 되어 있던 날, 행동이 시작되었다. 강희제는 먼저 젊은 호위병들을 불러 모아 큰 소리로 외쳤다. "너희는 나의 신하이자 친구다. 나에게 복종할 것인가, 아니면 오배에게 복종할 것인가?" 모두들 이구동성으로 대답했다. "오직 황제 폐하께만 복종할 것입니다!" 강희제는 곧 오배가 그간에 저질렀던 악행들을 낱낱이 밝히고 구체적인 행동 계획을 알려 준 뒤, 호위병들을 적재적소에 배치했다. 잠시 후 오배가 황궁 안으로 들어오자 강희제의 신호가 떨어졌고, 호위병들은 삽시간에 달려가 오배를 포박해 옥에 가두고, 일사불란하게 오배와 결탁한 관리들을 모조리 잡아다 처단했다.

강희제는 곧 20개에 이르는 오배의 죄상을 공개하고, 오배에 의해 억울하게 옥에 갇혀 있던 사람들도 풀어 주고 복직시켰다. 강희제는 나이는 어렸지만 총명하고 기민해 훌륭한 황제로서 조금도 손색이 없는 재목이었다. 훗날 프랑스인 선교사 부베[1]도 강희제를 이렇게 회고했다.

> 비록 나이는 어렸지만 나라를 통치하고 정책을 결정함에 있어서 보여 준 모든 것들이 마치 수십 년간의 통치 경험을 가진 노련한 황제와도 같았다.

황권을 위협하던 오배를 제거하고 나자 강희제는 강력한 황권을 손에 쥘 수 있었고, 그때부터 황실은 물론 나라에서 일어나고 있는 모든 일은 강희제 스스로 다스렸으며, 그 누구에게도 권력이 옮겨지거나 분산되는 것을 용납하지 않았다.

---

1. 중국 이름은 백진白晉. 프랑스 루이 14세가 파견한 프랑스 예수회 선교단 가운데 한 사람. 강희제의 신임을 얻어 유클리드 기하학·해부학 등을 강의했다.

조직 내에서 무리를 짓지 말라

강희제는 조정 대신들이 사사로이 붕당을 맺는 것을 엄하게 금지했다.

요즘 대신들 사이에서 무리가 나눠지고, 사사로운 원한을 이유로 서로 투쟁하는 양상이 나타나고 있다. 게다가 관직에서 이미 물러난 이들까지도 원한을 풀지 않고 아우나 아들을 통해 정쟁을 멈추지 않아, 결국 자신은 물론 가문까지도 혼란해지는 경우가 많다. 짐은 나라를 망치는 이런 무리들을 절대로 좌시할 수 없으며, 지금부터 내외 대신을 막론하고 누구든 붕당을 만들고 사사로운 원한에 얽매여 조정을 혼란시키는 자는 짐이 직접 죄를 묻고 엄중히 처벌할 것이다.

이런 그의 말에서도 붕당 금지에 대한 굳은 의지를 엿볼 수 있다.

오배 세력을 제거한 후, 강희제는 보정대신들이 섭정하던 시기에 저질렀던 잘못과 사회적인 혼란을 바로잡기 위해 사회 정비와 통치 계급 내부의 단결을 도모하는 데 온 힘을 기울였다. 하지만 얼마 안 가 조정 내에서 또 다른 붕당들이 출현하기 시작했고, 강희제는 삼번²三藩 세력을 진압하자마자 곧바로 조정 내 당쟁을 엄하게 다스려 조정의 안정을 되찾았으며, 그 결과 황권이 더욱 강화되고 태평성세를 위한 탄탄한 기반을 닦을 수 있었다.

강희제는 붕당이야말로 군신관계를 어지럽게 하고 조정의 기강을 무너뜨리며, 황권을 위협하는 최대의 적이라고 생각하고, 붕당과 정쟁을 엄하게 다스리고 금지했다. 강희 16년(1677) 7월, 강희제는 편전에서 여러 대신들을 모아 놓고 역사적으로 붕당으로 인해 초래됐던 폐단을 열거하며 이렇게 경고했다.

> 신하된 자는 오로지 나라를 위해 멸사봉공滅私奉公해야 하오. 그러지 아니하고 사사로이 무리를 짓고 파벌 간에 알력 다툼을 벌인다면 황실과 나라를 해치는 것은 물론이요, 종국에는 자신과 가문에 그 화가 미칠 것이오. 이는 역사적으로도 예외가 없었소. 사사로이 무리 짓고 나와 남을 구분하며, 무엇을 논하든 나와 같고 다름으로

---

2. 청나라는 개국에 공헌한 명나라의 장수 3명에게 작호를 하사하고 남쪽 지방을 다스리게 했는데, 오삼계吳三桂와 상가희尙可喜, 경중명耿仲明이 그들이다. 이들 셋은 각각 평서왕과 평남왕, 정남왕으로 봉해져 운남 및 귀주와 광동, 복건을 다스리게 되었는데, 이들 3명의 번왕藩王을 합쳐서 '삼번三藩'이라고 부른다. 이들은 점차 전횡을 일삼으며 지방의 병권과 재정을 손아귀에 넣고, 제멋대로 지방 관리를 파견해 청 황실의 눈엣가시가 되었다. 이들 가운데 오삼계의 세력이 가장 강했다.

써 옳고 그름을 판단하고, 애증에 얽매여 명예를 훼손한다면 절대로 용납하지 않을 것이니, 문무백관들은 모두 이를 경계해야 할 것이오.

황제의 말에 모든 신하들이 머리를 숙였다. 강희 25년(1686) 7월, 황실에서 선대 선현들을 위한 제례를 지내는데, 만주족 신하들이 사제 관계에 의해 서열을 나누는 것에 반대하고 나섰고, 강희 역시 만주족 신하들의 의견에 찬성하며 사제나 동문수학한 관계 등을 이용해 파벌을 나누는 것을 비판했다. 그는 다음과 같이 말했다.

선현들의 서열을 가림에 있어, 응당 그 도덕과 학식에 따라야 하며 사제 관계의 서열에 따라서는 아니 되오. 명 말엽, 사제와 동문 관계에 근거해 사적인 원한을 맺고 서로 비방하여 나라를 망친 선례가 있소. 사제나 동문 관계로 얽혀 있으면 팔이 안으로 굽는 것이 당연하니 그릇된 일도 올바로 판단하고 처리할 수 없소. 짐이 이 황실에 있는 한 절대로 명의 전철을 다시 밟아서는 아니 되오.

그뿐만이 아니었다. 강희 29년(1690) 1월, 지난해에 북경과 주변 지역에 가뭄이 심해 조정에서 백성들에게 조세를 면제해 주고 빈민 구휼에 나섰지만 백성들의 굶주림은 여전했고, 강희제가 이를 근심하여 크게 수척해진 적이 있었다. 신하들이 황제의 옥체를 보살필 것을 권유하는 상소문을 올렸지만, 그때에도 역시 강희제는 신하들에게 청렴하게 생활하고, 절대로 붕당을 짓지 말 것이며, 국사와 민생 안정에 전념해 줄 것을 당부하는 어지를 내렸다.
강희제는 항상 한족 관리들에게만 명대 말기에 한족 신하들이 저질렸던 과오를 본받지 말 것을 당부했다. 그런데 시간이 흐르면서 만주족 신하들 사이에서 붕당이 나타나는 것이었다. 특히 강희제가 직접 발탁하며 중임한 우성룡于成龍을 중심으로 신속하게 세력 규합이 이루어지고 있었다. 우성룡은 황제로부터 두터운 신임을 얻고 있었기에 그가 천거하는 사람들은 대부분 관직에 오를 수 있었고, 따라서 그의 권력이 점점 강해지고 그를 둘러싼 세력을 중심으로 전횡이 심해져, 어느덧 이부吏部에서도 견제할 수 없을 만큼 강한 힘을 형성하게 되었다.

강희 29년(1690) 1월, 지금의 하북河北인 직예直隷 정형井陘의 관아에 결원이 생겨 새로운 관리가 필요했는데, 당시 직예 순무直隷巡撫로 있던 우성룡이 호광湖廣 무창 지부武昌知府로 있던 무정적武廷適과 한양 지부漢陽知府 대몽웅戴夢熊, 그리고 황주 지부黃州知府 왕보王輔를 천거했고, 이부는 그가 천거한대로 그들을 관리로 임명하려고 했다. 그런데 그때 강희제가 어지를 내려 이를 질책했고, 후에 우성룡이 하도 총독河道總督으로 임명받아 부임하면서 자신의 식객과 가신 2백여 명을 함께 데리고 가려 했을 때에도 강희제는 이를 허락하지 않았다.

갈단을 치기 위해 원정을 떠날 때에도 군량미 운송을 맡았던 우성룡은 또다시 자신의 세력을 모으려고 했지만, 역시 강희제가 "천하의 주인인 짐도 사람을 중용함에 있어서 함부로 하지 않거늘, 신하된 자가 어찌 설불리 가신을 두려고 하는가?"라고 말하며 저지해 뜻을 이룰 수 없었다.

강희제는 지방 총독이나 순무들이 대부분 부원당관部院堂官들과 결탁을 맺고 각기 세력을 형성하고 있으며, 부원당관들은 친족과 붕당, 그리고 개인의 이익을 위해 자신에게 영합하는 무리들을 모아 자기 세력을 만들고, 벼슬자리가 나면 미리 사람을 내정해 놓고 자기 세력이 아닌 자는 관리로 등용하지 않는다는 사실을 잘 알고 있었기 때문에, 지방 관리를 임명함에 있어서 매우 신중했다.

강희 33년(1694) 6월, 강서 총독江西總督 자리에 결원이 생겨 새로운 관리를 뽑아야 했는데, 이부좌시랑吏部左侍郎으로 있던 포언도布彦圖를 포함한 12명이 그 자리에 천거되었다. 하지만 강희제는 포언도가 이부좌시랑의 관직에 충실하지 못해 주변 사람들의 불만이 많다는 것을 알고 있었기에 포언도를 임용하지 않았을 뿐더러, 누가 포언도를 천거했는지 조사하라고 명하는 한편, 심지가 곧고 능력을 갖춘 좌도어사左道御使 범승훈范承勛을 강서 총독으로 임명했다.

강희제가 신하들의 천거를 듣지 않고 자기 소신대로 관리를 임명한 일은 이 외에도 여러 번 있었는데, 이는 바로 관리들이 직권을 이용해 자신의 세력을 키우는 것을 막기 위해서였다. 조사해 보니 포언도를 천거한 자는 이부상서吏部尚書 웅사이熊賜履였다. 하지만 강희제는 웅사이에게 죄를 묻지 않고, 만주족 이부상서인 고륵납庫勒納을 불러 "포언도가 이부상서와 한 세력이니 그가 과연 천거될 만한 재목인지 아닌지 말해 보시오." 하고 질책하듯 물었다.

고륵납이 "포언도는 품행이 바르지 못해 천거될 만한 인재가 아닌 줄로 아뢰옵니다." 하고 대답했다. 강희제가 "그렇다면 이부상서는 어찌 그가 천거되는 것을 그냥 보고만 있었단 말이오?" 하고 다시 물었다. 고륵납이 할 말을 잃고 자신이 책임을 지고 관직을 내놓겠다고 말하자 강희제가 이렇게 말했다.

자고로 한족들은 자기 세력을 불러 모아 붕당을 짓고 자기 세력이 아닌 자들을 배척하는 습성이 있소. 그런데 본래 품성이 소박하고 성실하던 만주족 관리들 중에서도 이를 본 떠 무리를 짓는 자들이 생기고 있고, 그중 가장 강한 세력이 우성룡이오. 오로지 상서인

색락화索諾和만이 붕당에 참여하지 않고 다른 대신들에게 영합하지 않고 있소. 대신들이 사사로운 붕당에 이리도 연연하고 있으니, 이 것이 짐을 능욕하는 것이 아니고 무엇이오?

강희제는 포언도의 관직을 올려 주지 않았을 뿐 아니라, 시랑 관직마저 박탈해 뭇 대신들에게 경종을 울렸다.

강희제가 폐단의 싹이 돋아나기도 전에 큰칼을 휘둘러 강하게 대응하자, 대부분의 신하들이 가슴을 쓸어 내렸고, 이로써 강한 경고의 효과를 낼 수 있었다. 사실 강희제가 붕당의 무리로 지목한 사람들 가운데에는 붕당을 지었다고 비난하기에는 무리가 있는 경우도 있었고, 온전한 세력을 형성하지 못하고, 그저 이해관계가 상통하여 영합할 가능성이 있는 사람들과 몇 번 교류한 것이 전부인 사람들도 있었다. 강희제가 집권했던 60여 년간의 역사를 둘러보면 진정한 붕당의 무리로 가려낼 수 있는 자들은 오배와 명주明珠, 색액도索額圖와 태자당太子黨과 황자당皇子黨 등 손에 꼽을 수 있을 정도에 불과했다. 게다가 이런 붕당들도 대부분 초기에 강희제에게 발각되어 가차 없이 처단되었기 때문에 심각한 폐해를 불러일으키지 않았다.

그 한 예로 보정대신이었던 오배가 세력을 영합하여 붕당을 만들고, 어명도 무시한 채 대신들을 함부로 죽이며 전횡이 날로 심해지자, 강희제는 오배 세력의 존재를 알게 된 강희 5년(1666)부터 8년 5월까지 단 3년 동안 오배 세력에 대한 철저한 숙청을 진행했다. 사실 엄밀히 따지면 강희 6년 7월에 강희제가 친정을 시작한 후부터 본격적인 숙청이 이루어졌으므로 2년도 채 안 되는 짧은 기간이었다.

또 다른 붕당인 명주 세력도 강희제에게 발견된 후 얼마 되지 않아 해체되었다. 명주는 만주족 정황기正黃旗 출신으로서, 강희 3년에 내무

부총관內務府總管으로 임명되면서 효장태후와 어린 황제 강희제를 비교적 자주 접촉했고, 후에 형부상서刑部尙書와 좌도어사, 병부상서兵部尙書 등을 거쳐, 삼번을 철저히 응징해야 한다고 주장해 강희로부터 신임을 얻고 이부상서에까지 오른 인물이었다. 게다가 강희 16년(1677) 7월에는 무영전대학사無英殿大學士로 임명되면서 조정에서도 함부로 대할 수 없는 중요 인물로 떠오르게 되었다.

강희제는 황하에 대한 치수 사업을 지휘하던 중에 명주가 붕당을 형성하고 있다는 것을 알게 되었다. 당시 하도 총독河道總督인 근보靳輔가 황하 하류에 위치한 고우高郵 등 일곱 개 현에 한 길 오 척에 달하는 높은 제방을 쌓아 강물이 범람하지 않도록 해야 한다고 건의했다. 하지만 이렇게 높고 긴 제방을 쌓자면 무려 278만 냥의 자금이 필요했다. 이에 우성룡은 본래 있는 물길의 바닥을 파내어 강을 더 깊게 만들면 비용을 적게 들이면서 물의 범람을 막을 수 있다고 간언했다.

강희제는 몇 차례에 걸쳐 신하들의 의견을 수렴한 뒤, "두 대신의 말이 모두 옳소만, 우성룡의 의견이 국고를 아끼면서도 백성들에게 이로운 방법이니 그의 의견에 따르기로 하겠소."라고 말하고 우성룡에게 서둘러 일을 진행시키라고 명했다. 하지만 명주는 사람을 보내 현지 백성들의 의견을 듣고 오는 것이 좋겠다고 다시 건의했고, 강희제는 이에 동의하여 공부상서工部尙書 살목합薩穆哈과 학사 목성격穆成格을 서둘러 회안淮安과 고우 등으로 보내 총조總漕인 서욱령徐旭齡과 순무인 탕빈湯斌과 이 일에 대해 자세히 논의하라고 시켰다.

강희 25년(1686) 1월, 살목합과 목성격은 북경으로 돌아와 현지 백성들은 강바닥을 파내는 것이 전혀 이롭지 않다고 생각하고 있으니 강바닥을 파내는 공사를 중단해 달라는 상소를 올렸다. 2월 1일부터 3일까지 강희제가 수심을 늘려야 하는 이유와 필요성에 대해 누차 설명하고 강조했지만 명주와 다른 대학사 등 고급 관리들은 이 공사를 중단해 줄 것만 계속 촉구했고, 강희제도 어쩔 수 없이 모두의 뜻에 따르기로 했다. 하지만 강희제는 이 일이 단지 치수 사업을 둘러싼 의견 대립이 아니라 명주와 살목합 등의 관계와 모종의 관련이 있는 것은 아닌지 의심하기 시작했고, 같은 해 4월 탕빈에게서 살목합이 당시 황하 하류 지역에 파견 나갔을 때의 정황을 상세히 들을 수 있었다.

탕빈은 현지 백성들 사이에서도 의견이 분분했고, 강바닥을 파내는 것을 반대하는 목소리가 대세는 아니었다고 말했다. 이 말을 들은 강희제는 공부상서인 살목합과 새로 예부좌시랑禮部左侍郞에 오른 목성격을 삭탈관직 시켰고, 이 과정에서 명주가 조정 대신들을 조종해 황제의 의견에 반대하게 만들었던 사실이 백일하에 드러나게 되었다.

명주는 황하 치수 사업을 자신의 뜻대로 조종하려 했을 뿐 아니라, 동한신董漢臣에게 탕빈을 모함하는 상소를 올리도록 강요했다. 강희 26년(1687) 3월, 강희제가 대학사 등 고급 관리들에게 국사를 처리함에 있어 잘못된 것이 있는지에 대해 상소를 올리게 한 적이 있었다. 모두들 황제의 치적만을 칭송했을 뿐 그 어떤 잘못도 지적하지 않았고, 오직 흠천감령태랑欽天監靈台郞 동한신만이 상소를 올렸다. 그 상소에는 태자에 대한 교육을 철저히 하고, 대학사 등 주요 관직 임명을 신중하게 해야 한다는 중대한 문제를 꼬집고 있었다.

강희제는 동한신의 말이 옳다며, 감히 상소를 올리지 못하고 황제에 아부하려했던 뭇 대신들을 꾸짖고, 고급 관리들의 회의에서 이 상소에 대해 논의하라고 지시했다. 하지만 회의에서 일부 대신들은 중요한 문제는 접어둔 채 동한신이 발칙한 망발을 했다며 비난을 쏟아냈다. 이때 예부상서인 탕빈이 이렇게 말했다. "고급 관리들이 말하지 않으니 하급 관리가 말한 것이오. 우리가 스스로 반성해야 함이 옳지 않소?" 하지만 명주는 황제에게 회의 결과를 보고하면서 탕빈이 "조정에서 잘한 일이 없고, 황제가 무덕하다." 하는 등의 말을 했다며 거짓 모함을 했고, 그 후 또 다른 신하가 동한신과 탕빈이 주제 넘는 말을 했다는 상소를 올려, 강희제에게 동한신의 상소가 누군가의 조종에 의한 것이며, 탕빈이 이를 기회로 삼아 황제에 대한 원망을 표현했다는 인상을 주었다.

그 결과 동한신이 삭탈관직되고, 탕빈도 관직이 강등되었으며, 탕빈은 분함을 참지 못하고 시름시름 앓다가, 결국 10월 19일 마침내 병으로 세상을 떠났다. 이 일로 명주는 일시적으로는 자신을 보호할 수 있었지만 만주족 관리들에게 불만을 사게 되었다. 강희제도 명주의 말을 믿고 동한신과 탕빈에게 벌을 내리기는 했지만 명주의 속마음을 어느 정도는 알아차릴 수 있었고, 훗날 명주는 결국 이 일의 진상을 감추려다가 결국 자멸의 길에 빠지고 말았다.

그해 11월, 강희제는 또 다시 항간에 떠도는 소문들을 알아보고 진상을 조사하겠다고 했고, 명주는 관리들을 동원해 강희제의 뜻을 꺾으려 했다. 자신의 죄가 드러날까 두려웠기 때문이다. 하지만 강희제는 명주의 만류에도 불구하고 어사를 보내 백성들 사이에서 도는 소문을 알아오라고 했다. 같은 해 12월, 산서도어사山西道御使 진자지陳紫芝가 호광 순무 장기개張沂開가 뇌물을 받았다며 탄핵 상소를 올리고 엄중히 처벌해 줄 것을 요구하는 한편, 그를 호광 순무에 천거했던 사람까지도 조사해야 한다고 주장했다. 이 상소를 본 강희제는 장기개의 관직을 박탈하고 그를 천거했던 자를 조사하라고 명했지만 명주가 이에 반발하고 나섰다.

강희제는 명주가 자신의 세력을 형성하고 조정에서 전횡을 일삼는 것을 더 이상 참고 있을 수 없어, 결국 강희 27년(1688) 1월 하순 조모의 장례를 치르고 나자마자 이 일에 본격적으로 손을 대기 시작했다.

2월 초엿새, 어사인 곽수郭琇가 상소를 올려 명주의 8대 죄상을 낱낱이 밝히고 그를 탄핵해야 한다고 요구했다. 곽수가 주장한 명주의 죄는 조정에 올려진 상소의 중요도를 판단함에 있어서 사적인 이해관계를 개입시키고, 어지를 하달함에 있어서 자신이 은혜를 베푸는 것처럼 하여 황제의 위엄을 훼손시켰으며, 붕당을 조직했고, 관리를 천거함에 있어 뇌물을 받았고, 학관學官들에게 재물을 요구하여 학풍을 흩뜨려 놓았으며, 어명에 불복하고 황하 치수 사업을 그르치고, 간관諫官들이 탄핵 상소를 올리지 못하도록 억제하고, 암암리에 나쁜 일을 모의해 조정에 해를 끼쳤다는 것이었다. 이러한 죄목은 조목조목 모두 사실이었다.

상소를 모두 읽은 강희제는 명주를 엄격하게 처벌하여 관료들에게 본보기를 보여 주기로 마음먹고는 대학사 등을 불러 모아 이렇게 말했다.

> 작금의 조정의 상황을 보아하니 대학사는 물론이요, 모든 고위 관료들이 자신의 직분을 귀하게 여기지 않고 일신의 안위만을 추구하며, 삼삼오오 모여 서로 결탁하고, 사사로운 영달을 꾀하고 뇌물을 받고 있소. 게다가 대신들이 회의를 열 때에도 각자의 의견을 가지고 토론하지 않고 한두 명이 의견을 내놓으면 모두 부화뇌동하는 행태가 만연해 있소. 이 모든 것들이 붕당에서 연유한 것이라고 생각하오.

2월 9일, 강희제는 명주와 늑덕홍勒德洪의 대학사의 관직을 박탈하고 명주를 내대신內大臣으로 강등시키고, 대학사 이지방李之芳을 은퇴시키는 한편, 대학사 여국주余國柱를 삭탈관직 시켰다. 5명의 대학사 가운데 4명이 새로운 사람으로 바뀌니 조정이 새롭게 짜여진 것과 다름없었다. 이 밖에도 만주족 이부상서인 과이곤科爾坤과 만주족 호부상서戶部尙書 불륜佛倫, 만주족 공부상서 웅일소熊一瀟를 해임하고, 관리들에게 이를 본보기로 삼아 새로운 마음으로 나라를 위해 열심히 일해 줄 것을 당부했다.

이 모든 일이 단 2년 동안 이루어진데다가 강희제가 너무나도 주도면밀하고 적극적으로 일을 처리한 탓에 명주도 속수무책이었다.

한족 관리들 중 서로 결탁해 붕당을 만든 사람들이 많았던 것이 사실이었지만 대부분 만주족 관리에게 의탁했고, 만주족 관리들과 대립했던 한족 관리의 주도 인물은 나타나지 않았다. 『청사고淸史稿』 「서건학전徐乾學傳」에서 명주를 중심으로 한 북당北黨과 서건학徐乾學을 중심으로 모인 남당南黨이 서로 대립한 결과, 서건학이 명주를 공격하여 무너뜨렸고, 명주가 실세한 후 그의 세력이었던 자들이 서건학의 세력에게 복수하려고 했다고 기록하고 있지만, 이는 사실과 다르다.

명주는 관직에서 물러나기 전에 서건학, 고사기高士奇, 왕홍서王鴻緖 등 강남 지역의 사대부들과 밀접하게 왕래했고 그들 사이에는 남당과 북당의 구분이 없었다. 그들이 각자 세력을 규합해 붕당을 이루기는 했지만, 서로 대립하거나 공격했던 것이 아니라 서로 지지하고 협조하는 관계였고, 강희제가 명주의 죄목을 열거하며 강력하게 처벌할 것을 고수하면서 서건학 무리의 입장이 바뀌기 시작했던 것이다.

명주가 날개를 꺾인 후, 서건학이 이끄는 남당의 몇몇 인사들도 탄핵당하기는 했지만 북당 잔당 세력들의 보복 때문은 아니었다. 하지만 강희제는 남당과 북당의 상호 비방과 공격이 지나치게 과열될 것을 우려해 서건학 등 남당 인사들을 적당히 보호하기도 했다.

강희 30년(1691) 산동 순무山東巡撫인 불륜이 유현濰縣의 지현知縣인 주돈후朱敦厚가 화폐 주조와 관련해 비리를 저질렀던 사실을 조사하던 중에 서건학이 순무 전각錢珏에게 서신을 보내 주돈후를 비호했다는 사실을 알아냈다. 불륜이 이것을 이유로 서건학과 전각에 대한 탄핵 상소를 올렸는데, 불륜이 북당에 속하는 사람인 것은 사실이었지만 그가 탄핵 상소를 올린 것은 순전히 사실에 근거한 행동이었다. 또한 강소 순무江蘇巡撫 정단鄭端도 주돈후가 비리로 빼낸 재물이 서건학의 아들 서수민徐樹敏과 왕홍서에게 흘러 들어갔다는 가정지현嘉定知縣의 증언을 근거로 서건학과 왕홍서를 탄핵하는 상소를 올렸다. 이에 대해 강희제는 다음과 같이 단호한 입장을 밝혔다.

> 작금에 신하들 사이에 붕당을 이루고 사적인 은원관계에 따라 서로 비방하고 보복하는 행태가 나타나고 있소. 짐은 이들의 악행에 통탄을 금할 수 없소. 이제부터 문무백관들은 사사로운 관계를 국정에 개입시키지 말아야 할 것이오. 앞으로 조금이라도 의심 가는 일이 생기면 짐이 엄중히 문책하고 붕당을 이룬 죄를 물을 것이오.

그 후 하옥되어 어명이 내리기만을 기다리고 있던 왕홍서가 석방되고, 머지않아 왕홍서와 고사기는 다시 경성수서京城修書로 임명되었으며, 이미 고인이 된 서건학도 관직이 회복되었다.

일련의 예들을 통해 강희제가 붕당을 얼마나 경계했는지 잘 알 수 있다. 그는 붕당 조직이 머리를 들 때마다 즉각적으로 그 싹을 잘라내고 붕당을 강하게 비판했지만, 붕당 처리에 있어서는 일말의 여지를 남겨두었다. 그는 붕당을 해체하는 과정에서 핵심 인물과 추종자를 구분하고 심한 탄압은 피했으며, 만주족 관리들과 함께 붕당을 조직한 한족 관리들에 대해서는 일정한 교육을 거쳐 다시 임용했다.

천하의 대권은 단 하나로 귀결된다

  태자는 황제의 자리를 계승할 인물이기에 예로부터 저군儲君이라고 불리기도 했다. 청대에는 황제가 붕어하기 전에는 태자를 세우지 않는 관습이 있었고, 이는 팔기八旗제도³를 기반으로 한 팔기기주八旗旗主 연합 의정제도에 따라 정한 것이었다. 팔기 기주들이 강력한 권한을 가지고 있었기 때문에 청태조 누르하치와 태종 황태극皇太極(홍타이지)이 사망한 후에는 각기의 기주들이 새로운 황제를 옹립했다. 하지만 순치제順治

---
3. 청나라에서 17세기 초부터 설치한 씨족제에 입각한 군사·행정제도로서, 8종류의 기旗(황黃·백白·홍紅·남藍색과 각 색에 선을 두른 것과 안 두른 것)에 의하여 편성한 데서 유래한 명칭이다.

帝 복림福臨은 생전에 양황鑲黃과 정황正黃, 정백正白 등 세 기旗를 장악해 팔기 가운데 절대적인 우세를 차지하고 있었기 때문에, 관료들이 새로운 군주를 결정하는 방식을 폐지하고 자신이 유언으로써 후계자를 정했다. 이것이 바로 셋째 아들 현엽玄燁, 즉 강희제였다.

청이 중원을 통일한 후에는 청의 황실도 한족의 통치제도에 큰 영향을 받았다. 강희제도 유가경전을 공부하고 유학자들과 접촉하면서, 중국의 역대 통치 경험에 비추어 볼 때 태자를 미리 책봉해 두는 것이 황권의 지속과 안정에 유리하다는 것을 알게 되었고, 삼번의 반란을 진압하는 과정에서 강희제는 태자의 중요성을 새삼 느끼게 되었다. 강희 14년 12월 13일(1676) 강희제는 세 살도 채 안 된 둘째 아들이자 적장자嫡長子인 윤잉胤礽을 태자로 책봉하고, 다음 날 태자 책봉식을 성대하게 거행하여 윤잉을 정식으로 동궁東宮으로 봉했다.

하지만 예로부터 역대 왕조마다 황위 쟁탈전이 일어나지 않은 예가 없었으며 특수성도 가지고 있었다. 강희제는 당시의 정치적 상황으로 볼 때, 미리 태자를 확고히 정해 놓을 필요가 있다고 생각하고, 태자 책봉에 있어서 적장자를 우선하고, 이미 태자로 정해지면 형제 간의 서열은 중요하지 않았던 한족의 태자 책봉 원칙에 따라 자신의 적장자인 윤잉을 태자로 삼았던 것이다. 하지만 이는 한족의 제도였기에 청의 전통적인 황위계승제도와 충돌이 생길 수밖에 없었다. 새로운 태자책봉제도는 태자를 제외한 몇몇 황자들의 황위 계승의 기회와 권리가 공개적으로 박탈된다는 것을 의미했기 때문에 강력한 반발에 부딪혔고, 결국 황자들 간의 투쟁이 가시화되기 시작했다.

강희제는 어린 윤잉을 총애하여 황자로서의 교육에도 각별한 관심을 쏟으며 친히 사서오경을 가르쳤고, 윤잉이 조금 자라자 치국의 도를 가르치고 직접 데리고 시찰을 나가곤 했다. 강희제는 태자의 총명함에 크게 만족하며, 태자가 말 타기와 활쏘기, 언변과 학문 등에 모두 남다른 재능을 가지고 있다고 여겼다.

윤잉은 어려서부터 태자로 책봉되어 천하에 황제를 제외하고는 모두 자신의 발아래에 두었지만, 그의 어깨에는 무거운 책임이 짊어져 있었다. 게다가 문무백관들이 그를 떠받들고 아첨하자 윤잉은 날이 갈수록 안하무인의 성격에 사치와 방탕을 일삼는 문제아로 변해 버렸다. 강희 29년(1690) 7월에 강희제가 병으로 몸져누웠는데, 병문안을 하러 온 열일곱 살 윤잉의 얼굴에서 근심의 빛을 조금도 찾아볼 수 없는데다가 위로의 말도 전하지 않으니 강희제의 심기가 편치 않았다.

태자가 장성한 후 강희제는 아들을 조정의 회의에 참석시키며 황제로서의 준비를 하도록 했는데, 막강한 태자의 권세를 보고 이에 영합하려는 자들이 점차 모여들었고 마침내는 강희마저도 위협을 느끼게 되었다. 이에 강희제는 강희 36년(1697) 9월에 단호한 조치를 내려 태자의 주변에서 아첨하며 옳지 않은 행동을 일삼던 자들을 연금시키거나 처형하기에 이르렀고, 이때부터 태자를 둘러싼 분쟁이 더욱 격화되었다.

강희 37년(1698) 3월, 강희제는 장자인 윤제胤褆를 다라직군왕多羅直郡王에 봉하고, 셋째 아들인 윤지胤祉를 다라성군왕多羅誠郡王에 봉하는 한편, 넷째 아들 윤진胤禛과 다섯째 아들 윤기胤祺, 일곱째 아들 윤우胤祐, 여덟 번째 아들 윤사胤祀를 모두 다라패륵多羅貝勒에 봉하는 등 성년이 된 황자들에게 관직을 하사했다. 관직에 봉해진 황자들은 이제 국사에 참여하고 좌령을 둘 수 있었으며, 수하에 사람들을 거느릴 수 있었는데, 그들이 제각각 권세를 이용해 자기 세력을 모으게 되자 황위 쟁탈전은 더욱 치열해졌다.

황자들마다 태자를 비방하거나, 주술의 힘을 빌려 태자를 모살하려고 하고, 직접적으로 황자를 암살할 계획을 짜는 등 태자를 향한 공격의 수위를 높이기 시작했다. 하지만 강희제는 진상을 알지 못하고 고의로 태자를 비방하는 말만 들었기 때문에, 태자에 대한 불신의 골이 깊어만 갔다. 강희 39년 9월, 강희제는 태자의 거처인 육경궁毓慶宮에 총수령 태감과 수령 태감을 비롯한 태감 5명을 보내 태자와 주변 인물들에 대한 관리 감독을 강화했다.

그리고 결국 강희 47년(1708) 9월 4일, 첫 번째 폐태자 사건이 발생하게 되었다. 당시 강희와 윤잉이 함께 황실의 사냥터인 목란위장木蘭圍場에 갔다가 황실로 돌아오는 길이었는데, 강희제는 제후와 신하들을 행궁 앞에 모아 놓고 태자인 윤잉을 바닥에 무릎 꿇게 한 뒤 눈물을 떨구며 윤잉의 죄목을 열거하고, 그를 태자의 자리에서 폐위시켰다.

강희제가 말한 윤잉의 죄는 첫째, 부왕의 뜻을 어기고 권세를 마구 휘두르고, 제후와 패륵, 신하 등을 함부로 때린 죄, 둘째, 황제보다 더욱 사치스러운 생활을 한 죄, 셋째, 친형제들을 능멸하고 불화를 조장한 죄, 넷째, 붕당을 만들고 황제의 일거수일투족을 감시한 죄, 다섯째, 황제의 처소를 매일 염탐한 죄였다. 강희제는 다음과 같이 말했다.

> 예전에 색액도가 이잠伊簪을 도와 대사를 모의한 것을 짐이 알고 색액도를 처형하였는데, 이제 윤잉이 색액도를 위해 복수를 하려고 붕당을 만들었다. 이에 짐이 밤낮을 가리지 않고 한시도 편하지 못하니 어찌 황제로서 국사를 제대로 돌볼 수 있겠는가?

한편 윤잉을 연금시키고 색액도의 두 아들인 격이분格爾芬과 아이길선阿爾吉善, 그리고 태자의 측근인 이격二格과 소이특蘇爾特, 합십태哈什太, 살이방아薩爾邦阿 등에게 벌을 내렸으며, 두묵신杜默臣 등 태자 측근의 만주족 신하들을 성경⁴盛京으로 돌려보냈다. 그리고 9월 16일 북경으로 돌아온 강희제는 18일에 하늘과 땅, 태묘太廟와 사직社稷에 제를 올려 정식으로 폐태자를 선포하고, 태자를 자금성의 함안궁咸安宮에 연금시키고, 24일에 이를 전국에 알렸다.

이 일로 후계자 책봉에 대한 강희제의 생각에도 변화가 생겼다. 그는 태자가 특수한 신분을 가지고 황권을 위협할 수 있으며, 황자들 간의 분쟁을 발생시킬 수 있음을 깨닫고, 자기 생전에 태자를 결정하지 않는 쪽으로 마음이 기울었다. 그는 『고천제문告天祭文』 중에서 "소신이 아들은 많으나 모두 소신보다 못하니, 대청이 오래 지속되려면 소신이 더욱 열심히 국사를 돌보고 노력해야 할 것 같사옵니다."라고 했고, 어명을 내려 황자들 가운데 태자가 되기 위해 모종의 일을 도모하는 자가 있다면, 나라의 도적으로 간주하고 절대 용납하지 않을 것이라고 경고했다. 그리고 10월 1일, 강희제는 황자와 신하들을 모아 놓고 "태자와 관련해서는 짐이 생각해 둔 바가 있으나 아무에게도 말하지 않을 것이오. 훗날 짐이 태자에 대한 결정을 내리면, 그것이 어떤 결정이라 하더라도 모두 따라 주시오."라고 말했다.

훗날 강희제는 실제로 자신이 후계자로 점찍어 둔 황자를 임종 직후에 공개적으로 밝혔으며, 이는 옹정제가 실시한 태자밀건법⁵太子密建法의 기초가 되었다. 강희제의 이 같은 방식은 조정의 원로들이 황제의 후사를 결정하던 과거 만주족의 방식과 황제가 임종 직전에 유언으로

---
4. 청이 중원으로 들어오기 전 변방에서 건국했을 때의 수도. 지금의 심양沈陽
5. 청대의 독특한 태자책봉제도로서, 황제가 생전에 황위를 물려줄 태자를 결정한 후, 그 이름을 써서 종이를 자금성紫禁城 건청궁乾清宮 옥좌 뒤에 걸어 둔 정대광명正大光明이라는 액자 뒤에 넣어 두고, 밀지密旨를 내무부에서 보관해, 황제가 붕어하면 이 두 가지를 맞추어 본 뒤 지명된 자가 제위에 오르는 방식이었다.

써 태자를 결정하던 방식을 결합한 것으로서, 태자를 폐위시키고 황권을 확실히 수립하는 동시에, 황자들 사이의 분쟁을 억제하려는 목적이 있었다.

하지만 그 후로도 황자들 사이에서는 황제의 후계자가 되기 위한 분쟁이 그치지 않았고, 이는 태자를 비밀리에 결정하려던 강희제의 생각에 또 다시 변화를 가져왔다. 장자였던 윤제는 적서嫡庶를 막론하고 장자인 자신이 태자가 되어야 한다고 주장했지만, 9월 4일 강희제가 윤잉을 폐태자시키고 장자인 윤제를 태자로 책봉할 생각이 없다고 밝히자, 자신은 태자가 될 가망이 없다고 생각하고 부왕에게 자신과 가깝게 지내는 여덟째 황자 윤사를 태자로 추천했다.

게다가 관상을 잘 보는 장명덕張明德이 윤사가 훗날 귀한 인물이 될 것이라고 예언했다고 말하고, 혼란의 싹을 잘라 버려야 한다며 폐태자된 윤잉을 처형하자고 강희제를 부추겼다. 이를 들은 강희제는 크게 놀라며 윤제와 윤사가 서로 결탁하고 윤잉을 죽이려는 생각임을 눈치 챘다. 그 후 강희제는 자세한 조사를 통해, 윤사가 9월 7일부터 내무부총관內務府總管직을 임시 대행하면서, 황제의 관대함과 인자함이 모두 자신이 노력했기 때문이라고 떠벌리고 다니며 민심을 얻으려 하여 황권을 침해했고, 또 관상쟁이 장명덕이 태자를 해치려 했다는 것을 알고도 보고하지 않았다는 사실을 알아냈다. 9월 29일, 강희제는 붕당을 맺고 윤잉을 해치려고 했다는 죄목으로 윤사를 잡아다가 의정처議政處로 넘겨 처리하도록 하고, 이틀 뒤에는 그의 패륵 관직을 취소했다. 10월 15일 강희제는 셋째 아들인 윤지에게서 맏아들인 윤제가 무당과 왕래한다는 것을 듣고, 조사를 통해 윤제가 주술로써 윤잉을 해치려고 했음을 밝혀내고 증거물도 찾아냈다.

친형제를 암살하려 했던 윤제의 죄는 절대로 용서받을 수 없는 큰 죄였다. 게다가 그의 생모인 혜기惠妃도 강희제에게 윤제가 불효자라며 엄하게 처벌해 줄 것을 요구했다. 하지만 차마 자식을 죽일 수 없었던 강희제는 윤제를 삭탈관직하고 평생토록 유배시켰으며, 그의 수하에 있는 포의좌령包衣佐領과 관령管領 등을 모두 빼앗아 다른 관리에게 주었다. 이 일을 계기로 윤지와 넷째 아들 윤진, 다섯째 아들 윤기胤祺, 열셋째 아들 윤상胤祥 등도 모두 조사를 받거나 하옥되었고, 아홉째 아들인 윤당胤禟은 윤사를 변호했다는 이유로 강희제에게 호된 질책을 받았다.

강희제는 윤제와 윤사의 죄를 처리하는 과정에서 자신이 윤잉을 폐태자 시키면서 열거했던 죄들이 모두 다 사실은 아니었으며, 윤잉은 부왕인 자신을 모살하려고 한 적이 없고, 오히려 윤제와 윤사 등이 윤잉을 해치려고 했었다는 점을 알게 되었다. 태자의 자리가 비어 있으니 자연히 그 자리를 차지하기 위한 황자들 사이의 싸움이 점점 치열해졌고, 황실 내부의 분위기도 어수선해져 윤잉을 태자로 복위시키자는 주장이 나타나기 시작했다.

여러 차례에 걸친 신하들의 권유에 의해 강희 47년(1708) 11월 14일, 강희제는 만주족과 한족 문무백관들을 황제의 정원인 창춘원暢春園에 모두 모아 놓고 누구를 태자로 책봉하는 것이 좋은지에 대해 의견을 구했다. 그런데 뜻밖에도 강희제의 숙부인 동국유佟國維와 대학사 마제馬齊를 비롯한 중신들이 만장일치로 윤사를 태자로 책봉해야 한다고 주장하는 것이었다. 신하들의 의견에 깜짝 놀란 강희제가 어찌 죄인인 윤사를 태자로 책봉하라고 하는지 이유를 물었더니 신하들이 저마다 윤사를 두둔하고 나섰다. 하지만 그럴수록 윤잉을 태자에 복위시켜야겠다는 강희제의 결심은 더욱 굳어질 뿐이었다. 강희제는 윤사를 두둔하는 목소리가 너무 거세어 아무도 대항할 수 없는 적장자라는 우위를 가진 윤잉을 태자로 세우는 것이 최선이라고 생각하고 결국 윤잉을 태자로 복위시키기로 결정했다.

　이튿날인 11월 15일, 강희제는 곧장 윤잉의 죄가 모두 사실이 아니었다며 윤잉을 태자로 복위시킨다는 내용의 어지를 작성하고, 11월 16일에 윤잉을 풀어 주었다. 이에 윤잉도 자신을 모함했던 자들이 죄를 뉘우치지 않는다면 하늘이 벌할 것이라며 감격과 울분의 눈물을 흘렸다. 강희 48년(1709) 3월 9일, 태자로 복위된 윤잉은 곧 천지와 종묘사직에 제를 올렸고, 바로 다음날은 셋째 황자인 윤지와 넷째 황자인 윤진, 다섯째 황자인 윤기가 친왕親王(청대 황족에게 내려진 최상급 작위)에 봉해지고, 일곱째 황자인 윤우와 열한 번째 황자 윤자胤裪를 군왕郡王에 봉했으며, 아홉째 황자 윤당과 열두 번째 황자인 윤도胤祹는 패자貝子(청대의 작위)에 봉해졌고, 윤사는 패륵의 작위를 회복했다. 강희제의 이 같은 조치는 태자와 황자들 간의 단결을 도모하기 위함이었지만 결국 황자들 간의 싸움에 불을 지피는 결과를 낳게 되었다.

　윤잉이 태자로 다시 책봉된 지 3년 반만에 강희제는 다시 윤잉을 폐태자 시키게 된다. 이번에는 태자와 황자들 간의 싸움에서 보군통령步軍統領인 탁화제托和齊를 중심으로 한 태자당太子黨이 생겨났기 때문이었다. 보군통령은 북경의 내성과 외성을 지키고 치안을 담당하는 한편, 국법을 수행하는 임무를 맡은 관직으로서, 군사적인 실권을 장악할 수 있었기 때문에 역대로 황제의 측근이 이 자리에 임명되었고, 다른 신하들은 섣불리 건드릴 수 없었다. 하지만 강희제의 아우인 안친왕安親王 경희景熙가 탁화제가 붕당을 만들어 윤잉을 태자로 천거할 계획이라는 것을 밝혀냈다.

　강희 50년(1711) 10월 20일, 강희제는 신병을 이유로 탁화제를 해직시키고 구금하는 한편, 자신의 사촌형제이자 처남인 융과다隆科多를 보군통령으로 임명했다. 그리고 며칠 후, 강희제는 창춘원에 황자와 패륵, 문무백관들을 모두 모아 놓고 양백기鑲白旗의 한족 도통都統인 악선鄂繕과 병부상서 경액耿額, 형부상서 제세무齊世武와 양백기의 만주족 부도통副都統인 오례悟禮 등을 태자에게 아첨해 붕당을 만든 죄인들이라고 지목했다.

죄인으로 지목된 이들은 한결같이 자신의 죄를 부인하며 붕당을 짓지 않았다고 항변했지만, 유독 제세무와 오례만은 악선과 함께 연회를 벌인 적이 있음을 실토했다. 하지만 반년이 지나도록 이 사건은 실마리 하나 찾지 못하고 오리무중이었고, 강희 51년(1712) 4월, 강희제는 어쩔 수 없이 제세무와 탁화제, 경액 등 주동자 세 명을 뇌물수수죄로 처벌하는 것으로 사건을 일단락 지었다.

당시 이들 세 사람은 적게는 3천 냥에서 많게는 1만 냥에 달하는 뇌물을 받았다고 진술했고, 이 죄를 근거로 제세무와 경액은 교수형에 처해지고, 탁화제는 안친왕이 상중일 때 연회를 벌인 죄가 가중되어 능지처참당하고, 그 시신은 화장되어 가루가 되어 뿌려졌으며, 그의 아들인 호부주사戶部主事 서기舒도 교수형에 처해졌다. 이 밖에도 이 사건에 연루된 관리들이 모두 삭탈관직당했다.

태자를 중심으로 만들어졌던 태자당이 발각되어 처단되었으니, 그 세력의 구심점에 있던 태자에게도 죄를 물어야 한다는 목소리가 나온 것은 당연했다. 같은 해 9월 30일, 변방을 순시하고 돌아온 강희제는 태자를 구금하고 감시하라고 명했고, 10월 1일, 대신들에게 태자 폐위를 공식 선포했다.

두 번째로 폐태자를 선포하던 강희제의 얼굴에서는 처음 폐태자 시킬 때의 참담하고 비통한 표정은 찾아볼 수 없었으며, 태도도 비교적 냉랭했다. 그는 역대 왕조의 경험에 비추어 태자를 미리 책봉할 경우 갈등이 생길 수밖에 없으며, 그럴 바에는 차라리 태자를 미리 세우지 않는 편이 낫다고 생각하게 되었다. 윤잉을 두 번째로 폐태자 시키고 몇 달 후, 한족 좌도어사左道御使 조신교趙申喬가 태자를 다시 책봉해야 한다는 상소를 올렸지만 강희제는 신하와 대학사들을 불러 놓고 이렇게 말했다.

> 송의 인종仁宗도 황상에 있던 30년간 태자를 책봉하지 않았고, 짐의 선왕이신 태조와 태종께서도 태자를 결정하지 않으셨소. 한대와 당대 이래로 역대 왕조의 역사에서도 태자가 어릴 때에는 별 문제가 없더라도, 태자가 장성하고 나면 그 주위에 태자의 권력에 영합하려는 자들이 사사로이 붕당을 짓는 것을 흔히 보아 왔소. 또한 여러 황자들이 학문과 식견 등에서 남에게 뒤지지 않고, 장성하여 작위에 봉해지면 수하에 자신의 무리를 이끌 수 있으니 태자에게 위협이 되는 것을 피할 수 없소. 그러니 태자가 온전히 황위를 물려받을 수 있겠소? 태자가 나라의 근본인 것을 짐이 모르는 바는 아니나 태자 책봉 문제는 경솔하게 결정할 것이 아니오.

사실 강희제는 봉건영주제도를 특징으로 하는 팔기제도로 인해 황제와 태자 사이에 첨예한 대립이 생길 수밖에 없다는 사실을 깨달은 것이었다. 팔기제도에 의하면, 황자들이 성년이 되고 나면 작위에 봉해지고 수하에 자신의 사람을 둘 수 있었는데, 그 수하에 있는 사람들은 자연히 자신의 '주인'을 옹호했고, 이는 황권에 큰 위협이 될 수밖에 없었다. 이 같은 상황에서 태자가 미리 결정되면 태자는 다른 황자들보다 더 높은 지위와 권력을 누리게 되고, 결국 황제의 권력과 충돌을 일으키는 것은 당연한 수순이었다. 그러므로 황자들의 세력을 억제하지 않고서는 백번 태자를 세워 봤자 결국 조정의 내분만 부추길 뿐이었던 것이다.

그 후에도 강희제는 여러 차례에 걸친 신하들의 주청에도 불구하고 태자를 미리 결정하지 않겠다는 단호한 뜻을 밝혔다.

이듬해 1월 강희제가 병이 나자, 대학사와 여러 신하들이 태자를 세워 임시로 국사를 돌보게 해야 한다며 상소를 올렸지만, 강희제는 "짐이 어려서부터 병치레가 잦았지만 그때마다 평소와 다름없이 국사를 돌보았소. 또한 이제 병세가 많이 호전되었으니 조금만 지나면 완쾌될 것이오."라고 말했고, 과연 얼마 후 병색이 싹 가신 모습으로 신하들을 대했다. 그는 또 "윤잉을 태자로 봉했을 때에도 모든 의식은 색액도가 결정하였소."라고 말하며 태자 책봉의 뜻이 없음을 단호하게 밝혔다. 윤잉의 성격이 변덕스럽고 귀가 얇아, 곧은 심지를 가지고 일을 처리하지 못했기 때문에 색액도가 그의 일을 대신했던 것이다. 그는 신하들에게 "하늘에 해가 둘일 수 없듯이, 백성들도 두 군주를 모실 수 없소."라고 말하며 태자를 미리 결정하지 않겠다는 단호한 자신의 입장을 피력했고, 신하들도 더 이상은 태자의 일을 언급하지 않았다.

강희제가 태자를 세우지 않기로 결정한 것은 처음 윤잉을 폐태자 시킨 직후였다. 그는 한 나라에 군주가 둘일 수 없으며, 천하의 모든 대권은 하나로 귀결된다는 생각을 가지고 있었기 때문에, 설령 아들이라 할지라도 황권을 공유할 수 없었고, 또 황권을 침범하는 것을 용납할 수 없었던 것이다. 강희제의 마음속에서 태자는 태생적으로 황제와 대립할 수밖에 없는 존재였다. 설령 태자 자신에게 황권을 위협하려는 의도가 없다 할지라도, 그 주변에 천박하고 용렬한 소인배들이 모여들어 '새로운 주인'을 받들어 결국 황제와 태자 사이가 틀어지게 되니 자신의 생전에는 후계자를 결정하지 않으리라 마음먹었다. 황위 계승자는 반드시 황제 혼자서 결정해야 하며 그 어떤 조직이나 사람의 추천도 개입되어서는 안 된다고 생각했던 것은 물론이다.

　강희제는 생전에 이미 세심한 관찰과 심사숙고를 통해 누구를 자신의 후사로 삼을 것인지 결정했지만, 누구인지는 절대로 입 밖에 내지 않았고, 임종 직전이 되어서야 자신의 후계자를 발표했으며 그가 붕어한 후에 후계자의 황제 즉위식이 거행되었다.

　강희제의 이 같은 방법은 황제가 살아 있는 동안 황권을 위협받지 않고, 황자들로 하여금 태자의 자리를 놓고 불필요한 싸움을 벌이기보다는 국사에 관심을 가지고 재능을 쌓게 할 수 있으며, 황자들의 무분별한 세력 다툼을 피해 조정 내에 붕당이 생기는 것을 방지할 수 있었다.

　하지만 강희제의 방법은 태자밀건법이라고 하기에는 아직 부족한 점이 많았으며, 특히 법률적인 절차가 전무했다. 강희 61년(1722) 11월 13일, 강희제가 숨을 거두기 직전에서야 유언으로서 황자와 옹과다에게 넷째 아들 윤진을 자신의 후계자로 세울 것을 발표했다. 하지만 이는 단지 구두로만 전달된 것일 뿐, 황제가 친필로 남긴 어지가 없었기에 후세 사람들은 강희제가 지목한 후계자가 진정 넷째 아들인 윤진이었는지, 아니면 열넷째 아들 윤제胤禵였는지에 대해 의심했고, 지금까지도 갖가지 추측이 난무하고 있다. 하지만 태자결정제도를 개혁해 황자들 간의 투쟁을 미연에 방지하는 일은 청조의 정치 안정을 위해 매우 중요한 일이었고, 강희제는 오랫동안 심사숙고하고 여러 번의 시행착오를 거쳐 태자밀건법의 이론적 기초를 다졌으므로, 이는 청조의 정국 안정에 중요한 첫 발을 내딛은 셈이었다.

|[강희제에게 배우는 반란 평정의 도]|

一. 군주와 신하가 화합을 이루면 정치가 바로 서지만, 그 사이가 막혀 있으면 정치가 쇠퇴한다.

一. 조직 내에서 기강을 어지럽히는 파벌 간의 알력 다툼을 경계하라.

一. 후계자의 자리를 놓고 불필요한 싸움이 벌어지지 않게 제도를 정비하라. 무분별한 세력 다툼을 피하고, 재능을 쌓게 할 수 있는 기반이 된다.

제2장

반란 평정의 도 2
무너뜨리지도 않고 세우지도 않는다
不破不立

'무너뜨림'과 '바로 세움'의 관계를 잘 정립해야 한다. 반란을 평정하고 국가의 권위를 공고히 하기 위해 강희제가 가장 처음 한 일은 의지할 수 있는 힘을 확실히 확보하는 것이었다. 핵심 기구를 장악했느냐 못했느냐는 황권을 탄탄하게 확립할 수 있는지의 여부를 결정짓는 매우 중요한 문제였다. 역대 어떤 왕조를 막론하고 핵심 기구에 대한 혁신은 매우 민감한 사안이어서 자칫 잘못하면 반란이 일어나 황위가 흔들릴 수 있었지만, 그렇다고 해서 그대로 놓아두면 황권을 바로 세울 수 없었다. 강희제는 보정대신들의 영향력에서 벗어나 친정을 실시하면서부터 핵심 기구에 대한 대대적인 사정을 단행하는 한편, 절차에 따라 점진적으로 새로운 인물들을 등용해 민감한 문제를 자극하지 않고 중앙집권기구를 순순히 자신의 영향력 아래에 둘 수 있었다.

과거를 거울삼아 제도를 정비한다

각급 관리들로 이루어진 중앙의 핵심 기구는 강희제가 친정을 시작한 후 가장 먼저 손을 댄 곳이었다. 중앙 핵심 기구가 온전하게 바로 서는 것이 한 왕조의 흥망성쇠를 결정짓는 매우 중요한 요건인 것과 마찬가지로, 중앙 핵심 기구를 장악했는지의 여부는 황제의 권력과 지위를 확고하게 다지는데 그 무엇보다도 중요했다. 핵심 기구, 즉 조정을 개각하는 문제는 역대 그 어떤 왕조를 막론하고 매우 민감한 사안이어서, 자칫 잘못하면 반란이 일어나 황위가 흔들릴 수 있었다.

강희제는 친정을 시작한 후, 시대의 발전과 역사의 진보에 순응하여 내각에 대한 대대적이고도 과감한 개혁을 단행하는 한편, 점진적으로 여러 가지 갈등과 대립을 현명하게 처리하면서 만주족이 가지고 있던 노예제도를 폐지하고, 한족의 전제봉건제도를 도입했다.

17세기 사상가인 황종희黃宗羲는 "명의 모든 폐단은 명 태조 주원장朱元璋이 재상제도를 폐지했을 때부터 시작되었다."라고 했다. 명 태조 주원장(1328~1398)은 홍무洪武 13년(1380) 1월, 행정을 총괄하던 중서성中書省을 폐지하고 재상제도를 없앤 후, 이를 대신해 황제를 보필할 수 있는 기구나 관직을 만들지 않았으며, 홍무 28년(1395)에는 앞으로도 재상을 두지 말 것을 당부하고, 신하 중에 재상을 두어야 한다고 주장하는 자가 있으면 극형에 처할 것이라고 엄포를 놓았다.

이 때문에 태조 이후 명 왕조에서는 한림을 기반으로 한 내각이 형성되었음에도 불구하고, 재상을 둘 수 없었기에 황제에 대한 간언이나 자문 등 직권이 매우 국한된 범위에 머물러, 정식으로 황제를 보필할 수 있는 강력한 기구는 전무했다. 그러나 황제에게는 그 무엇보다도 탄탄하게 황권을 보필해 줄 수 있는 인물이나 기구가 필요했다. 특히 직접 국사를 돌보는 황제라면 더욱이 그러했다. 따라서 명대 중엽 이후에는 6과科를 총괄하고 상소를 조사하는 일이 점차 황제를 가장 가까이에서 모시는 사례감司禮監(황제의 일상사를 보필하는 태감 가운데 가장 높은 직위) 병필태감秉筆太監의 몫이 되었고, 심지어는 병필태감이 황제를 대신해 비답批答(신하의 상소문에 대한 황제의 의견이나 대답)을 적기도 했다.

한낱 황궁의 노비인 환관이 재상의 권력을 가지게 되었으니 해괴한 일이 아닐 수 없었다. 만력萬曆 원년에는 내각의 수보首輔인 장거정張居正(1525~1582)이 '고성법考成法'을 실시해 환관의 손에 있던 강력한 권력을 내각으로 이동시켜, 내각이 6과를 지휘하고, 6과가 6부部를 관리감독하며, 6부가 중앙 및 지방의 관리들을 통솔하는 새로운 체제를 수립하면서 명의 조정에 새로운 희망의 불씨가 생겨나는 듯 했지만, 반대 세력들이 그의 개혁이 선왕의 유훈에 위배된다고 비난했고, 장거정이 세상을 떠나자 고성법은 물론 이와 관계된 모든 조치들이 폐지되었고, 정권을 둘러싼 내각과 6부의 싸움이 점점 격화되면서 명은 곧 멸망의 길로 접어들게 됐다.

사실 재상의 권력 약화는 이미 진대秦代와 한대漢代로부터 시작된 일이었다. 송대宋代에는 재상의 권력이 과거와는 가히 천양지차라 할 만큼 추락했는데, 당시 재상의 권한이라고는 황제가 동의한 사안을 한 번 훑어볼 수 있는 것 정도에 불과해 강희제가 통치하던 시기 대학사의 지위와 별반 다를 게 없었다. 원대元代의 재상제도는 북방 신흥 몽고족 특유의 봉건영주제도의 특징을 반영한 것으로서, 재상이 매우 강력한 권력을 손에 쥐고 있었기 때문에 강력한 권세를 지닌 재상이 황제를 폐위시키는 일도 비일비재했다.

주원장이 재상제도를 폐지한 것도 바로 당시 재상이 원대와 마찬가지로 매우 강력한 권력을 가지고 있기 때문이었다. 그런데 문제는 중서성과 재상을 없애고 권력을 6부로 이동시킨 후, 재상을 대신해 황제를 보필할 수 있는 관직을 두지 않았다는 점이다. 이 같은 문제점으로 인해 한낱 궁노宮奴에 불과한 환관이 막대한 권력을 손에 넣고 내각과 대립하는 등 심한 폐단이 초래된 것이다. 그렇게 보면 황종희가 명나라를 망친 주범으로 주원장을 지목한 것은 정곡을 찌른 셈이었다. 하지만 그도 시대적인 이유로 궁노가 권력을 쥐락펴락하는 것을 막기 위해, 천자를 대신해 비답을 적고, 6부를 직접 지휘하는 재상을 다시 만들자고 간언할 수는 없었다.

강희제는 이 같은 명대의 경험을 거울삼아 원대와 같은 재상제도를 폐지하고 송대와 비슷한 재상제도를 새로 제정하고, 태감의 내정 간섭과 신하들의 붕당과 정쟁을 효과적으로 억제했다. 그렇게 볼 때, 강희제야말로 재상을 폐지했던 주원장의 진정한 의도와 황제를 보필할 핵심 기구가 필요하다는 황종희의 사상을 이상적으로 조화시킨 황제라고 할 수 있다.

청이 중원으로 진출하지 않고 변방에 있던 시절, 청태종 황태극은 천총天總 10년(1636) 3월에 문관文館을 내국사원內國史院과 내비서원內秘書院, 내홍문원內弘文院 등 내삼원內三院으로 분리했는데, 당시에는 이 내삼원이 황제를 보필하는 핵심 기구였다. 내삼원이 6부와 2원(이번원理藩院, 도찰원都察院)을 직접 지휘하고 관리하는 것은 아니었고, 만한대학사萬漢大學士가 황제의 참모로서 구체적인 건의를 하고, 황제가 여기에 동의하게 되면 곧 관련 기관으로 명령이 하달되어 집행되었다. 당시에는 황권에 가장 위협적인 세력이 제후들이었고, 문관과 내삼원은 제후를 견제하고 황권을 강화하는 데 있어서 가장 중요한 역할을 담당한 기구였다.

순치제順治帝가 친정을 시작한 후에도 내삼원은 황권 옹호에 매우 큰 역할을 담당했다. 순치 10년(1653) 1월 7일, 순치는 황제가 비답을 작성한 모든 상소문은 내원內院을 거쳐 각 과로 하달되도록 하여 어지 날조를 방지했고, 같은 해 10월 26일에는 황제가 내려 보낸 상소문이 내원을 거치면서 내용이 첨삭되고 수정되지 못하도록 하기 위해 태화문太和門 안에 있는 편전에서 대학사와 학사 등이 번갈아 상주하며, 고칠 부분이 있을 경우 직접 황제에게 찾아와 보고하고 고치도록 했다.

순치 15년(1658) 7월 23일, 순치는 역대 왕조의 제도를 자세히 연구한 후 명실상부한 최고 권력 기구를 만들기로 하고, 내삼원을 통폐합해 내각內閣이라고 이름 붙이고 대학사에게도 관직을 붙였으며, 한림원翰林院을 설치했다. 11명의 대학사 가운데 만주족과 한족이 각각 두 명씩이었고, 6명은 북방 출신인 북인, 1명은 남방 출신인 남인이었다. 이 중 남인은 중화전中和殿 대학사이자 이부상서인 강남 오강吳江 출신의 김지준金之俊(1594~1670)이었는데, 그는 만주족 신하들의 의견에 단 한 번도 반대하지 않았고, 몸이 약하고 병치레가 잦아 거의 조정의 일을 돌보지 못했기 때문에 남인임에도 불구하고 조정 안에서 살아남을 수 있었던 인물이다. 그러므로 당시 내각은 만주족을 중심으로 북인들의 세력의 의지한 형국이었다.

보정대신들이 섭정하던 시기에는 내각이 다시 내삼원으로 바뀌었다. 내각의 주요 기능인 황제 보필의 역할을 보정대신들이 맡게 되었기 때문이었다. 강희 원년에 김지준이 관직에서 물러난 후에는 남인 대학사의 자리는 다시 메워지지 않았다.

강희제는 친정을 시작한 후 보정대신에게서 비답을 작성하는 권한을 빼앗고, 내삼원 대학사들을 새로 기용해 황제를 중심으로 하는 내각체제 수립에 착수했다.

상소문에 비답을 적는 것은 황권의 상징이었으므로, 이를 다른 사람이 대신한다는 것은 황권의 추락을 의미했다. 강희제가 오배를 숙청하자마자 제일 먼저 비답을 작성하는 권한을 빼앗아 온 것도 바로 이런 이유 때문이었다. 그 후로 모든 상소문은 황제를 거쳐, 황제가 직접 비답을 작성한 후에 각 기관으로 하달되었다. 강희제는 말년까지도 비답을 작성하는 일만은 누구에게도 대신 시키지 않았다. 오른 손이 병들어 글을 쓸 수 없으면, 왼손으로 글을 쓰는 한이 있더라도 절대로 남의 손은 빌리지 않겠다는 것이 그의 생각이었다.

강희제가 보정대신들을 숙청한 후, 그 다음으로 한 일은 만주족 대학사에 새로운 인물을 등용하는 것이었다. 5월에는 오배의 수하인 반포이선을 쫓아내고 파태巴泰를 내비서원 대학사로 임명하고, 8월에는 오배를 숙청하는 데 큰 공으로 세운 색액도를 내국사원 대학사로 임명했으며, 김지준의 퇴직으로 결원이 생긴 한족 대학사에는 특별히 남인을 등용할 필요가 없다고 생각해 북인들 가운데서 사람됨이 강직하고 전체적인 국면을 두루 고려할 줄 아는 인물들로 기용했다.

강희 8년 4월, 국사원 대학사인 산서山西 곡옥曲沃 출신의 위주상偉周祥(?~1675)이 병으로 관직에서 물러나자, 그의 직속인 이부상서 두립덕杜立德(?~1692)을 그 자리에 임명한 것도 바로 이런 원칙에 입각한 결정이었다. 두립덕은 북인이었지만 생각이 편협하지 않아, 순치 2년에 호과급사중戶科給事中으로 임명되었을 때에는 허작매許作梅, 이삼선李三先 등과 홍문원弘文院 대학사 풍전馮銓을 탄핵하고, 순치 8년에는 풍전을 탄핵하다가 관직에서 쫓겨난 관리들을 복직시켜 달라는 상소문을 올려 조개심趙開心 등 여러 관리들이 복직된 바 있었다.

강희제는 내삼원 대학사를 새롭게 조직한 후, 강희 9년(1670) 8월 11일에 내삼원을 내각으로 통합시키고, 10월 10일에는 도해圖海(?~1681)와 파태(?~1690)를 중화전 대학사겸 이부상서로 임명하고, 색액도와 이작李爵을 보화전保和殿 대학사 겸 호부상서, 두립덕을 보화전 대학사 및 예부상서에 임명하는 한편, 대객납對喀納(?~1675)을 문화전文華殿 대학사로 임명하고 형부상서의 임무를 담당하도록 하고, 절고납折庫納과 웅사이熊賜履를 한림원의 만주족과 한족 장원학사掌院學士 겸 예부시랑으로 임명했다. 같은 해 12월 5일에는 한림원을 다시 만들고 한림원에 만주족과 한족 시독학사侍讀學士 각각 3명과, 시강학사侍講學士 3명, 시독 3명, 시강 3명, 전적典籍과 공목孔目 각 1명과 대조待詔 2명, 그리고 만주어와 한어漢語를 번역하는 관리를 각각 16명씩 두었다.

강희제는 남인에게 정치에 참여할 수 있는 기회를 주기 위해 남인들을 한림원 관리로 많이 등용했다. 한림원 한족 장원학사 웅사이도 호북湖北 효감孝感 출신으로 자는 경수敬修였으며, 순치 15년에 진사에 급제해 한림원과 홍문원 관리로 있었고, 강희제가 친정을 시작한 후 오배 세력을 척결해야 한다는 상소를 여러 차례 올려 강희제에게 큰 신임을 얻은 인물이었다. 강희제의 노력으로 한림원 등의 관직에 강남 사대부들의 많아지기 시작했는데, 황제로부터 가장 두터운 신임을 얻었던 일강기거주관日講起居注官만 봐도, 강희 10년(1671) 3월에 처음으로 일강관 [6]日講官을 설립했을 때부터 23년(1684) 9월 강희제가 남방으로 순행을 나가기 전까지 총 42명의 한족 관리가 일강기거주관을 거쳐 갔다.

그중 강남(지금의 강소江蘇와 안휘安徽) 출신이 18명, 절강浙江 출신이 10명, 직예 출신이 5명, 호광湖廣(지금의 호북湖北, 호남湖南) 출신이 2명, 하남河南 출신이 2명, 강서江西, 복건福建, 사천四川, 산동山東, 산서山西 출신이 각각 1명이었다. 강남성과 절강, 강서, 복건, 호광을 남부 지역으로 구분하므로, 총 42명 가운데 남방 출신이 32명이었다. 강희제는 이것이 일강기거주관을 임명하는 데 있어서 학식을 가장 중요시했기 때문이라고 밝혔다.

일강기거주관은 한림원과 첨사부詹事府 가운데 학식이 뛰어나고 인품이 바른 사람을 임명했으며, 황제에게 한족의 문화를 가르치고 국정에 자문을 하는 역할을 담당했다. 또한 일강관이 황제의 직속 기구에 속해 있어서 승진이 비교적 빨랐기 때문에 남인들의 정치 참여를 확대하는 데 유리한 조건을 가지고 있었다. 강남 장주長洲 출신의 송덕의宋德宜는 불과 일 년 남짓 일강관으로 있었을 뿐인데, 강희 11년(1672)에 한림원 시독학사에서 내각학사內閣學士로 승진했고, 그 후 호부시랑과 이부시랑을 거쳐 강희 16년(1677)에는 좌도어사의 자리에 올랐으며, 이듬해에 형부상서가 되고, 강희 21년(1682)에는 이부상서에 올랐다가 후에 내각 대학사의 자리에까지 올랐다. 그 외에도 고위 관직에 오른 남인들은

---

6. 황제에게 유학의 경서를 강의하는 임무를 맡은 기관.

대부분 일강관을 거친 사람들이었다.

내각에 대한 대대적인 단행을 실시한 후에도 강희제는 개혁의 고삐를 늦추지 않았다. 강희 10년(1671) 1월에는 오배의 수하인 보화전 대학사 위예개魏裔介(1616~1686)가 신병을 이유로 관직에서 물러나자, 오배에게 반기를 들고 있는 산동 익도益都 출신의 풍부馮溥를 그 자리에 임명했고, 강희제는 풍부의 담력을 높이 사 그를 좌도어사로 임명했다가 다시 형부상서로 승진시켰으며, 다시 문화전 대학사로 임명했다. 웅사이는 일 년 남짓 대학사로 있었는데, 자신의 실수를 감추려 했다가 색액도 등 몇몇 대학사들에게 탄핵 당해 강희 15년(1676) 7월에 강녕江寧(지금의 남경南京)으로 낙향했다.

웅사이가 실수를 저지른 것은 사실이었지만, 이 과정에서 강희제는 색액도에게 남인들을 조정에서 몰아내려는 의도가 있음을 눈치 채고, 그 이듬해 7월에 색액도와 친분이 깊은 만주족 대학사 파태를 관직에서 물러나게 하고, 만주족 이부상서와 호부상서인 명주(1635~1708)와 늑덕홍勒德洪을 무영전 대학사로 임명했다. 명주는 삼번 평정에 동의했고, 한학에서 조예가 깊었으며, 남인들과의 관계가 돈독했기 때문이다.

강희 19년(1680) 8월, 색액도가 병으로 대학사직을 사임하고, 이듬해에는 도해가 병사했으며, 강희 21년에는 두립덕이 병으로 관직에서 물러나고, 풍부도 연로하여 관직에서 물러났다. 원로들이 잇따라 세상을 떠나거나 관직에서 물러나자 강희제는 또 다시 내각 개편에 착수했다. 강희 20년(1681)에는 순천順天 완평宛平 출신의 병부상서 왕희王熙(?~1703)가 보화전 대학사 겸 예부상서로 임명되었고, 절강 전당錢塘 출신인 이부상서 황기黃機(?~1686)가 문화전 대학사 겸 이부상서로 임명되었고, 호북 강하江夏 출신의 예부상서 오정치吳正治(?~1691)가 무영전 대학사로 임명되었다.

여기에 본래 있던 대학사 예작(직예 고양高陽 출신)과 명주, 늑덕홍을 합치면 대학사는 총 6명이었는데, 이 가운데 2명이 만주족이고, 4명은 한족이었으며, 한족 가운데에는 북인과 남인이 각각 2명씩이었다. 이는 강희제가 새로운 강남 정책을 추진하기 위해 고심 끝에 짜낸 진용이었다. 강희제는 그 후 통치 말년까지 대여섯 명의 내각 대학사 가운데 한두 명은 반드시 남인으로 기용했는데, 이는 만주족과 한족이 연합하고, 북인과 남인이 공동으로 참여하는 내각을 형성하기 위함이었다.

강희제는 오배를 숙청하는 과정에서 한 가지 중요한 교훈을 얻었다. 관리들 사이에 사사로운 원한으로 서로 음해하는 일이 없도록 해야 한다는 것이었다. 강희 45년(1706) 7월, 강희제는 대학사들을 불러 놓고 이렇게 말했다. "지난 3, 40년간, 대신들 사이에 서로 이간질하고 음해하는 일이 없었음을 크게 흐뭇하게 생각하는 바이오." 오배는 환관들과 밀통해 황실 친인척들을 서로 이간질시키고, 국정을 자신이 원하는 대로 조종하곤 했는데, 강희제는 오배에 대한 처벌을 선례로 삼아 이 같은 행위를 엄격하게 금지했다.

여기에 태왕태후 측근의 환관들과 밀통해, 태후를 통해 국정을 좌지우지하려는 책동이 포함된 것은 물론이었다. 당시에는 황궁에 환관의 수도 많지 않았을 뿐더러 엄격하게 관리했다. 강희제는 훗날 "태감은 본래 황궁의 사령使令이니 절대로 환관이 바깥일에 관여하게 하지 말라. 짐은 어전의 태감들이 궁궐 바깥 출입을 하지 못하도록 했으며, 한담은 나눌 수 있지만 국사와 관계된 일은 일체 언급하지 못하도록 했다."라는 내용의 유훈을 남겼다. 관리들이 태감들과 밀통해 조정을 어지럽히지 않으니 내각 대학사들이 직무를 순조롭게 처리할 수 있는 것은 당연했다. 당시 내각 대학사들이 맡았던 직무는 다음과 같다.

1. 상소문 대독: 신하들이 황제께 상소를 올리면 황제가 친히 읽어 보는 것이 당연하나, 가끔씩 황제가 순행을 나가거나 상소문이 너무 많아 직접 처리하기 어려울 때에는 내각 대학사가 이를 대신 읽고 요약해서 황제에게 보고했다. 강희 11년 1월에는 강희제가 태황태후를 모시고 적성赤城온천에 가면서 국가의 정사를 이틀에 한 번씩 보고하라고 내각에 지시하기도 했다. 황제를 대신해 상소를 읽는다고 해도 대학사 한 사람이 읽고 그만인 것이 아니라 대학사와 학사들이 함께 읽어야 했다. 때로는 황제가 몸이 불편해 영대7瀛臺에서 기거하며, 상소를 내각에 올리라고 명하기도 했다.

2. 상소에 대한 비답 작성: 황제가 내린 어명이나 상소에 대한 의견은 대학사에 의해 대서되어 황제가 검토한 후 6과를 통해 각 기관으로 하달되어 시행되었다.

3. 국정 보조: 강희제는 대학사들이 적극적으로 국정에 참여하도록 독려했다. 강희 24년(1685) 3월 29일, 강희제는 대학사들에게 "모든 대학사들은 정사를 돌봄에 있어서 사사로운 감정을 개입시켜서는 아니 되오. 넓은 도량을 가지고 아는 것은 모두 말하고, 말한 것은 모두 지켜야 신하라고 할 수 있소."라고 말했다. 강희제가 삼번을 평정하고 광동 지방을 수복한 후 광동 지방에서 세금을 걷으려 하자, 보화전 대학사 겸 예부상서인 두립덕이 광동 지역에 각종 세금이 너무 많아 백성들이 힘겨워 하고 있다며, 반란을 이제 막 평정했으니 광동에 대한 세금 징수를

---

7. 북경 자금성에서 가까운 중남해中南海에 위치한 대전으로 청대 황제와 황후들의 별장처럼 쓰였다.

얼마 동안 면제해 줄 것을 요구했고, 강희제가 이를 허락했던 일화도 있다.

4. 실록 및 사적 편찬 감독: 실록과 사적 편찬은 대학사들에 의해 관리감독을 받았다. 강희 21년(1682) 6월, 당시 만주족과 한족 대학사로 있던 늑덕홍과 명주, 이작, 왕희의 총감독 하에 『명사明史』가 편찬되었다. 또한 대학사들은 황제에게 유학의 경서를 강의하고, 회의를 주재하며, 과거를 관리하고, 매년 봄가을에 문묘에서 제사를 올리고, 황제를 대신해 제례를 치르는 등의 임무를 맡았다.

이 밖에도 황제가 임시로 맡긴 중대한 사안을 심리하고, 출정 시에 병부에 관한 사무를 맡는 등 여러 가지 직무를 수행했다. 강희 시대의 내각은 명실상부한 중앙 핵심 기구였다고 할 수 있다.

권력 강화를 위해 특수 기구를 설치한다

강희제가 통치하던 시절 중앙 핵심 기구는 내정에 특수한 기구를 두고 있었는데, 이것이 바로 남서방南書房이다. 남서방 제도는 청대 초기부터 있었던 것으로서, 청태조 누르하치가 청을 건국하고 제후와 패륵을 위해 서당을 마련하고 학식이 뛰어난 이들을 상주시켜 그들의 책 읽기를 돕도록 했던 것에서 유래했다. 태종 황태극이 황제로 즉위한 후, 서방의 명칭을 문관文館이라고 고치고, 유학자들을 두어 국가의 정식 기구로 인정했다. 그 후 청이 중원으로 들어온 후에는 순치제가 황권 강화를 위해 내정에 서방을 다시 지으려고 한 적이 있었는데, 순치 17년(1660) 6월, 경운궁景運宮 내에 직방直房을 짓고 한림원 관리들이 3교대로 상주하며 수시로 황제가 자문을 요청할 수 있도록 했지만 서방은 다시 짓지 않았고, 강희제가 오배를 숙청한 후에야, 곧 순치제의 유언에 따라 남서방을 지어 한림원 관리들이 조정 내에 상주할 수 있도록 했다.

남서방은 자금성 내 건청문의 오른쪽에 있으며 건청궁乾淸宮과 살짝 비껴서 마주보고 서북향으로 지어져 있는데, 예전에는 강희제가 글공부를 하던 곳으로 쓰였지만, 황제로 즉위하고 나서는 건청궁 서편에 있는 무근전懋勤殿을 서방으로 사용하고, 이곳은 내정사신직로內廷詞臣直廬고 개칭했으나, 새로운 서방인 무근전의 남쪽에 있었기에 남서방이라고 부르곤 했다.

강희제는 오배 세력을 몰아내는 과정에서 한족 사대부들의 도움을 받았기 때문에 친정을 시작한 후 한족 사대부들을 어떻게 대우할 것인가가 매우 중요한 문제로 떠올랐다. 한족 사대부의 처우 문제는 보정대신들을 숙청하고 중앙집권적 권력 구조를 확립하며, 국정을 안정시키고, 통치 기반을 공고히 하는 여러 가지 민감한 문제와 긴밀하게 연결되어 있었기 때문에 조속히 처리해야 했다. 자칫 하면 삼번 세력과 결탁해 황권에 크나큰 위협이 될 수도 있는 상황이었다.

남서방은 강희제가 한족의 문화를 배우는 곳이자, 한족 사대부들과의 긴밀한 관계를 맺는 한 수단이기도 했다. 남서방의 관리들은 모두 한족 사대부들이었으며 고정된 편제나 정해진 인원수도 없이, 순전히 황제의 필요에 따라 관리의 수를 마음대로 늘리거나 줄일 수 있었기 때문에 적을 때는 관리가 한두 명에 불과했고, 많을 때에는 열 명 남짓 되기도 했다. 인력의 유동성이 컸기 때문에 일부를 제외하면 오래 남서방 관리로 머물러 있지 않았다.

강희 16년(1677) 겨울 삼번 세력과의 전쟁이 최대 고비를 넘기고 조금씩 승리의 희망이 보이기 시작하자, 강희제는 곧 문치를 위한 준비에 돌입했다. 그는 대학사들에게 한림원에서 박학다식한 관리들을 선발하라고 명했다. 몇 차례의 회의를 거쳐 11월 18일에 흠정欽定 시강학사 장영張英(1637~1708)과 내각중서함內閣中書銜 고사기高士奇(?~1703)가 선발되어 남서방에서 황제를 모시게 되고, 이 둘과 본래 남서방에 있던 여두납勵杜納 3명에게 황궁 안에 있는 저택이 하사되었다.

장영과 고사기의 저택은 서안문西安門 내에 있었고, 여두납의 저택은 지안문地安門 혹은 북안문北安門이라고 불리는 후재문厚載門에 있었으며, 이때부터 한족 관리들이 황궁 안에서 살기 시작했다. 관리들이 황궁 안에서 살게 되었다는 것은 한림원 서방에게는 크나큰 영광이었으며, 남서방의 지위가 크게 격상되었음을 뜻하는 사건이었다.

강희 17년 3월 28일에는 장영과 고사기에 이어 한림원 장원학사 진정경陳廷敬과 시독학사 엽방애葉方藹, 시독 왕사정王士禎이 남서방 관리로 임명되었고, 강희 27년까지 장옥서張玉書와 손재풍孫在豊, 주이존朱彝尊, 서건학徐建學, 왕홍서王鴻緒, 진원룡陳元龍, 대재戴梓 등이 남서방 관리로 임명되었다. 강희 27년까지 남서방에 근무했던 관리가 총 15명이었는데, 이 중 여두납(직예 출신)과 왕사정(산동 출신), 진정경(산서 출신) 등 3명만이 북인이었고, 그 외에는 모두 남인이었다. 또한 이들의 관직이 한림원 관직에 따라 정해졌기 때문에 남서방한림이라고 불리기도 했다. 남서방한림의 주요 직무는 다음의 다섯 가지였다.

첫째, 황제에게 경서와 사서를 가르치고, 황제에게 자문을 했다. 강희제는 평소에 학문을 게을리 하지 않아, 강희 10년 2월부터 경연일강經筵日講(황제에게 유학의 경서를 강의하는 것)을 시작했지만 이것으로 만족할 수 없었다. 일강은 해마다 동지와 하지부터 각각 두 달씩 쉬는 기간이 있었고, 제례를 지내기 전이나 황족의 기일, 순행, 혹은 국사가 바쁠 때에는 열릴 수 없었기 때문이다. 게다가 일강 시간도 한 시간에 불과했다. 대부분의 황제들은 이마저도 빠뜨리지 않고 하기가 어려웠지만, 강희제는 이 시간으로는 부족해 남서방을 세우고 한림들을 상주시키며 나머지 시간에도 학식이 깊은 관리들과 자주 소통하고 강의를 들었다.

강희제는 매일 등청하기 전 이른 새벽에 일어나 경서를 낭독했고, 퇴청하고 나면 강의를 들었던 내용을 다시 복습했으며, 때로는 과로로 가래에 피가 섞여 나오기도 했지만 전혀 개의치 않았다고 한다. 강희제는 또 장영과 고사기를 남서방에 상주시킨 첫 날, 그들에게 "짐이 오래 전부터 사서오경을 읽어 그 뜻은 이미 잘 알고 있으나, 옛 성현들의 도리가 실로 무궁무진하니 더욱 깊이 토론하고 싶소."라고 말했다. 강희제가 유학을 단순히 수박 겉핥기식이 아니라 아주 깊이 연구했다는 것을 알 수 있다. 강희제는 매일 장영에게 사서오경을 배우고 『통감通鑒』을 강독하는 한편, 고사기에게 서예와 당시를 배웠다. 일강을 하기 힘들 때에는 내정에서 경서를 읽었고, 순행을 나갈 때에도 남서방한림이 반드시 동행했다.

둘째, 황제에게 민심을 알리고 자문했다. 웅사이가 황제를 보필할 때에는 자주 황제와 함께 민생과 행정, 치수 사업, 제자백가 등 광범위한 분야에 관해 토론하곤 했다. 강희 18년(1679) 9월 8일, 강희제는 그동안 토론했던 내용을 토대로 지방 관리들의 어려움에 대해 신하들에게 이야기했는데, 장영이 지방 관리의 수가 너무 적다며 지방에 추가로 관리를 파견하고 지방의 군량미 비축량을 늘려야 한다고 주장했고, 강희제도 그의 의견을 받아들였다. 남서방이 한족 관리, 특히 강남 사대부 위주로 구성되면서, 지방 민심이 정상적인 경로를 통해 황제에게 전달될 수 있었다.

셋째, 황제의 밀지를 대필했다. 강희 17년(1678) 5월 10일, 강희제는 고사기에게 "오랫동안 내정에서 일하며 밀지와 짐이 지은 시문 등을 받아 적고, 책을 편찬하느라 수고가 많았소. 짐이 그 공로를 치하하는 의미에서 특별히 그대에게 비단 10필과 은 1백 냥을 내리겠소."라고 말했다. 고사기의 직무가 바로 밀지를 대서하는 것이었지만, 때로는 직접 어지의 초안을 쓰기도 했었다. 그러나 대부분의 남서방은 일반적인 어지는 쓰지 않고 밀지만 작성했다. 사서에서는 내각과, 의정처, 남서방의 관계를 이렇게 기록하고 있다.

> 상소를 처리하는 일은 내각이 담당하고, 군사적인 기밀은 의정처에서 맡았으며, 황제의 밀지가 있을 때에는 남서방한림이 작성했다.

넷째, 서적을 편찬했다. 남서방은 강희 17년(1678)부터 서적 편찬에도 많은 노력을 기울였는데, 고사기와 장영이 물러난 후에도 진정경과 왕사정, 엽방애 등이 서적 편찬을 계속했다. 강희 20년 삼번을 모두 평정한 후에는 서적 편찬이 바로 남서방의 주요 임무였다. 강남 곤산昆山 (지금의 강소성 곤산) 출신의 서건학이 강희 24년에 남서방한림이 된 후에는 내각학사를 발탁해 『대청회전大淸會典』과 『일통지一統志』 편찬에 부감독으로서 일하게 하고, 『고문연감古文淵鑒』을 편찬했다.

강희제의 『어제문집御制文集』은 총 176권으로 네 차례에 걸쳐 순차적으로 출판되었는데 이것도 모두 남서방한림의 도움으로 편찬된 것이었다. 고사기는 관직에서 물러난 후에도 가끔씩 북경에 와서 서적 편찬에 참여하곤 했는데, 그는 강희 42년(1703) 6월 30일 고향으로 돌아가던 중에 병으로 세상을 떠났는데, 숨을 거두던 그의 손에 막 교정을 마친 어제시 20권이 들려 있었다고 한다. 남서방의 이 직무는 강희제가 붕어한 후에도 계속 지속되었다. 건륭乾隆 44년 1월에 『개국실록開國實錄』을 수정했는데 이 역시 남서방 관리들이 한 것이었고, 도광道光 연원에 『좌

『전독본左傳讀本』도 남서방한림에게 명해 편찬한 것이었다.

다섯째, 황제와 함께 시를 읊고 그림을 그리고, 붓글씨를 쓰고 고적을 답사했으며, 민생을 시찰했다. 특히 강희제는 붓글씨와 시를 좋아해 남서방한림들과 함께 시를 감상하고 함께 읊기를 즐겼는데, 그는 남서방한림들과 시를 읊고 그림을 그리고, 물고기와 꽃을 감상하고, 경서의 심오한 뜻에 대해 토론했다. 국사를 논함에 있어서 그들을 신하가 아니라 절친한 벗처럼 대해 관계가 매우 돈독했다. 그는 특히 심전沈荃에게 붓글씨를 배웠는데, 심전이 강희제의 글씨를 보고 항상 잘못되거나 부족한 부분을 집어내어 지적했지만, 강희제는 싫은 내색도 한 번 하지 않고 오히려 심전을 매우 좋아해, 심전이 관직에서 물러난 후에도 자주 내전으로 불러 자신의 붓글씨를 보고 지적해 달라고 하기도 했다.

강희제는 남서방한림들과 벗처럼 가깝게 지냈을 뿐더러 크게 신임하여 그들을 높은 관직으로 승진시켜 주곤 했는데, 장영은 남서방한림으로 재직한 지 3년도 안 되어 한림원 학사 겸 예부시랑으로 승진했다가 다시 예부상서 겸 한림원 장원학사에 올랐고, 강희 38년, 관직에서 물러나기 2년 전에는 문화전 대학사 겸 예부상서에 경연강관이 되어 남서방을 총괄했다.

강희제는 장영이 사람됨이 진중하고 남을 공경할 줄 알아 신하로서의 풍모를 가지고 있다고 칭찬하며, 관직에서 물러난 후에도 남부 지방을 순행하던 중 장영을 만나, 지방 관리들의 업무 수행 상황을 묻기도 했다. 장영이 관리로 이름을 날린 후 동성桐城 장씨 일가가 점점 번성하여 대대로 높은 관리를 배출해냈으며, 자손 중 5명이 남서방한림을 역임했다. 장영의 아들 장정옥張廷玉은 강희제와 옹정제, 건륭제 3대에 걸쳐 황제를 보필했고, 보화전 대학사 겸 이부상서에 올랐고, 청대의 명신으로서 죽은 후에는 태묘太廟에 안장되는 영예를 누리기도 했다.

여두납은 남서방한림으로 있으면서 사서를 편찬하고 시강이 되었다가, 광록사소경光祿寺少卿과 종인부宗人府 부승府丞, 좌부도어사左副道御使, 형부시랑 등을 역임했으며, 역시 그의 자손들도 3대에 걸쳐 남서방한림에 올랐다. 이 밖에도 남서방한림으로 있다가 높은 관직에 오른 이들이 적지 않다. 후대 기록에는 "남서방이 건청궁 서남쪽에 있어 황제의 침전과 긴밀한 관계에 있었으며, 귀족이나 외척이 아니었으면 남서방한림으로 등용될 수 없었다."라고 나와 있지만, 이 말은 사실이 아닌 듯하다. 상술한 예들만 보아도 등용될 때에는 지위가 그리 높지 않았고, 일부 하급 관리였던 사람도 있지만, 남서방한림으로 있으면서 황제의 눈에 들어 대부분 높은 관직에 오를 수 있었다.

강희제는 남서방을 통해 만주족과 한족 간의 문화 교류를 촉진하고, 자신도 한족의 고전 문화를 배워 문화적, 사상적, 정치적 소양을 갖춘 뛰어난 통치자로 거듭날 수 있었으며, 한족 사대부들을 단결시켜 만주족과 한족 간의 갈등을 크게 완화시키는 효과를 거두었다.

의정왕대신회의의 권력을 축소시킨다

의정왕대신회의란 청태조 누르하치가 만든 황제 측근의 관리와 황실 귀족들이 함께 국정을 논의하던 체계를 계승하고 발전시킨 것이다. 태조가 처음 군사를 일으켰을 때에는 이정청송대신理政廳訟大臣이라는 5명의 신하들만 의정에 참여했었고, 이들을 의정5대신이라고 불렀다. 당시에는 태조의 조카들이 모두 나이가 어려 이 5명의 대신들이 장수를 겸직하고 황제를 보좌해 개국에 큰 공을 세웠으며, 그 권세가 강력해 군사는 물론 중대한 나라의 모든 일은 이들에 의해 결정되었다.

하지만 태조의 조카들이 점차 장성해 패륵이나 태길台吉이 되어 1기를 거느리게 되면서 패륵과 5명의 대신들이 함께 국정을 논의하게 되었고, 1615년에 팔기제도를 확립하고, 1616년에 천명天命으로 개원한 후에는 후금後金의 정치 체계가 4대 패륵다이산代善, 아민阿敏, 망고이태莽古爾泰, 황태극을 중심으로 하는 의정체계가 갖추어지고, 5대신은 점차 8대신, 각 기의 구사에젠8〔固山額眞〕으로 대체됐다. 천명 7년(1622) 3월 3일, 누르하치가 8화석패륵八和碩貝勒이 국정을 함께 논의하는 방안을 건의하면서 의정체제가 새로운 단계로 발전했다. 8화석패륵은 유기적인 조직을 형성해 황제를 감독하고, 심지어는 황제를 폐위시킬 수도 있었으며, 화석패륵 간에도 구속력을 가지고 있어, 단독으로는 어떤 일도 처리하거나 결정할 수 없었고, 따라서 한 개인이 권력을 휘두르고 조정을 분열시키는 일을 방지할 수 있었다.

청태종 황태극이 통치하던 시기에는 의정왕대신회의의 권력이 점차 약화되었다. 천총 5년(1631)부터 6부와 이번원, 도찰원, 내삼원 등 정부기구가 잇따라 설치되면서 의정왕대신회의의 많은 직권이 대체되고, 각부 자체적으로 결정할 수 없는 일에 대해서만 의정왕대신회의에서 논의해 결정했다. 이 밖에도 황권이 점차 강화되면서 황태극은 황실귀족들의 의정 임면권을 장악해 자신에게 반대하는 사람은 언제든지 관직에서 쫓아내고 자신의 측근을 등용할 수 있었으며, 의정에 참여할 수 있는 자격을 가진 사람도 황제가 임명해야 국정에 참여할 수 있었다.

숭덕崇德 2년(1637) 4월에는 패자도 국정에 참여할 수 있게 되었으며, 각 기에 의정대신 3명을 두었고, 어떤 사안이든지 의정에서 논의해야 하는지의 여부와 시행 여부는 황제가 결정했다. 따라서 의정왕대신회의는 황제 직속의 자문기구로 그 지위가 낮아질 수밖에 없었다.

순치제가 황제로 등극한 후 얼마 동안은 예친왕睿親王 다이곤多爾袞이

---

8. 만주어로 각 기의 장長을 뜻한다. 청이 중원으로 들어온 후에는 한족 명칭인 도통都統으로 바뀌었다.

섭정하며 강력한 권력을 휘두르고 제후들의 권력을 억제했기 때문에 의정왕대신회의도 유명무실해졌다.

하지만 다이곤이 병사하고 순치제가 친정을 시작한 후에는 다이곤 숙청 과정에서 황제에게 협조했던 제후들의 권세가 황권 회복과 함께 강해지고 의정왕 패륵대신의 수도 6명에서 13명으로 크게 늘어났는데, 이 가운데 정친왕 제이합랑濟爾哈朗 일가가 본인과 두 아들, 조카 한 명으로 모두 4명을 차지했다. 의정왕대신의 수도 크게 늘어나 순치 8년부터 12년까지 임명된 의정대신만 해도 30명이 넘었는데, 6부의 만주족 및 몽고족 상서가 모두 의정왕대신으로 임명되고, 몽고족 구사에젠과 대학사, 황제시위皇帝侍衛, 내대신內大臣, 왕패륵부장사王貝勒府長史 등도 차례로 의정왕대신으로 임명되었다.

순치 8년에서 13년까지는 의정왕대신회의의 권력이 막강해져 조정과 나라에서 일어나는 모든 일을 관장하고, 때로는 황제의 뜻마저도 거스르기에 이르렀다. 당시에 지어진 『북유록北游錄』은 의정왕대신회의를 '국의國議'라고 칭하고, "청조의 대사는 황제의 뜻에 관계없이 제후와 대신들이 결정했고, 6부의 일도 의정왕들의 한 마디로 결정되었다."라고 기록하고 있다.

의정왕대신회의의 권세가 극에 달했었음을 알 수 있다. 순치 12년(1655) 5월, 제이합랑이 병으로 세상을 떠나고, 이때를 전후해 10여 명의 의정왕 패륵과 패자 등이 사망하거나 처형당하고 면직되면서, 의정왕대신회의 내에 황족의 수가 크게 감소했다. 순치제는 순치 13년(1656) 9월 28일에 대학사를 의정왕대신회의에서 제외시켰고, 이때부터 국사 결정의 대권은 점차 상삼기9 上三旗 의정대신들의 손으로 넘어가게 되었다.

강희 초기 보정대신들이 섭정할 때에는 보정대신들의 관직이 패륵

이상이었고 인사권을 장악했기 때문에 패륵들은 보정대신의 말에 무조건 순종해야 했다. 보정대신들은 의정대신의 수를 계속 줄여나갔는데, 강희 원년(1662) 1월에는 각 기 의정대신의 수를 두 명으로 축소하고, 머지않아 의정회의에서 오배에게 반기를 들었던 몽고족 도통이 의정왕대신회의에서 제외되었다.

의정왕대신회의가 오배에 의해 좌지우지되어 회의 내용이 함부로 밖으로 전해지거나 왜곡되었던 것을 알고 있었던 강희제는 친정을 시작하고 오배를 축출하기 전인 강희 7년(1668) 1월에 오배의 손주사위인 두란杜蘭을 패륵에서 보국공輔國公으로 강등시키고, 종인부宗人府 좌종정左宗正에서 해임해 의정왕대신회의에 참석할 수 없도록 했다. 강희제는 보정체제를 혁파하고 나자 의정왕대신회의에 대한 개혁에 박차를 가했다.

강희 8년(1669) 8월, 강희제는 왕패륵부 장사를 의정왕대신회의에서 제외시키고, 제후와 패륵, 대신들은 회의 내용을 절대로 외부에 발설하지 못하도록 하고, 점차적으로 의정왕 패륵의 수를 줄여갔다. 강희 11년(1673) 12월 4일과 11일 1월 21일, 28일에는 석유친왕碩裕親王 복전福全과 석장친왕碩莊親王 박과탁博果鐸, 다라혜군왕多羅惠郡王 박옹과낙博翁果諾, 다라온군왕多羅溫郡王 맹아孟峨가 의정 권한을 내놓자 이를 윤허했고, 다른 의정왕 패륵들도 황제가 모든 의정왕 패륵의 의정 권한을 취소하려 한다고 생각하고 잇따라 의정 권한을 내놓았다. 하지만 강희제는 의정왕 대신의 수를 점차적으로 축소시킬 생각이었기 때문에 이들의 청을 윤허하지 않았다. 이듬해 겨울 삼번이 반란을 일으키자, 제후와 패륵들을 이끌고 출정했는데, 의정을 논의할 신하가 적어 석유친왕 복전

---

9. 팔기 가운데 정황, 양황, 정백 3기를 가리킴. 황제가 직접 총수가 되어 다스렸기 때문에 상삼기라 하고, 나머지 5기는 하오기下五旗라고 불렀다.

과 석장친왕 박과탁을 다시 의정회의에 참여시켰다.

삼번과의 전쟁으로 인해 의정왕 패륵의 권세를 약화시키는 작업이 다소 지연되기는 했지만 완전히 중단된 것은 아니었다. 제후 패륵들이 모두 병사들을 이끌고 출정했기 때문에 평소와는 달리 패륵들의 단점과 과오가 그대로 드러났다. 삼번의 난을 평정하면서 강희제는 8명의 친왕과 군왕, 패륵을 대장군으로 임명했다. 강희제는 그들 중 극소수만이 황제에게 충성을 다하고 대부분은 맡은 바 임무에 충실하지 않고, 여러 번 지적해도 고쳐지지 않는 것을 보고 의정왕대신들에게 군법으로 그들을 엄중히 문책하라고 명하고, 강희 16년(1677) 2월부터 21년(1683) 12월 20일 1월 17일까지 전쟁에 출정한 8명의 제후와 패륵 가운데 5명이 작위를 빼앗기고 의정 참여권을 박탈당했다.

그 후 강희 20년(1681) 8월, 강희제는 게으르다는 이유로 석장친왕 박과탁의 의정 참여권을 박탈하고, 24년(1685) 5월에는 안친왕安親王 악락岳樂의 의정 참여권과 장종인부사掌宗人府事직을 박탈했으며, 강희 29년(1690) 11월에는 오란포통烏蘭布通(울란부통) 전투에서의 실수를 이유로 대장군인 유친왕 복전과 공친왕恭親王 상녕常寧의 의정 참여권을 박탈해, 의정왕대신회의에서 황족인 왕패륵은 강친왕康親王 걸서桀書만이 남았다.

하지만 강희 36년(1679)에 걸서마저 세상을 떠나면서 의정왕대신회의에는 이제 황족이 한 명도 남지 않았고, 이 때문에 『청성조실록淸聖祖實錄』에서는 의정대신회의라고 기록되어 있다. 의정대신의 수는 필요에 따라 증감할 수 있었지만 대부분 6부와 이번원의 만주족 상서, 도찰원의 만주족 좌도어사, 영시위내대신領侍衛內大臣, 팔기의 만주족 도통이 의정참여권을 가졌고, 때때로 관례를 깨고 전봉통령前鋒統領과 호군통령護軍統領, 6부의 만주족 시랑 중에서 선발된 사람이 참여하기도 했다. 요컨대 제후 및 팔기의 공동 의정체제라는 본래의 틀은 깨어지고 황제 직속의 보통 의정기구가 된 것이다.

의정왕대신회의의 의정 절차는 일반적으로 황제가 논제를 정하고, 만주족 대학사가 의정왕대신회의에 어지를 전달하면 그 사안에 대해 논의해 황제에게 보고를 올리는 형식으로 이루어졌다. 회의 결과는 대학사에 의해 건청문에서 황제에게 직접 보고되었으며, 최종 결정은 황제가 내렸고, 제후들은 자신의 측근을 회의에 참여하는 팔기 관원에 포함시킬 수 없었다. 강희 20년(1681) 8월 8일, 대학사가 강희제에게 정남기 몽고족 부도통직에 결원이 생겨, 의정왕들이 정正부도통으로는 전봉참령前鋒參領 아해雅海를 천거하고, 배陪부도통(정부도통正副都統을 보필하는 관직)으로는 호군참령 손탑합孫塔哈을 천거했다고 보고했다.

보고를 들은 강희제는 그 둘과 그 둘이 속한 기의 관리가 어느 제후에게 속해 있느냐고 물었고, 모두 안친왕 악락에게 속해 있다는 것을 듣더니 안친왕의 수하가 너무 많다는 이유로 손탑합 대신 신군왕信郡王 악찰鄂扎의 수하를 배부도통으로 임명했다. 같은 해 9월 29일에도 대학사가 양백기 부도통에 결원이 생겨 의정왕회의에서 정부도통과 배부도통에 호군참령 채객납蔡喀納과 장사 희복希福을 천거했다고 보고했지만, 황제는 같은 기의 달극살합達克薩哈을 지목하며 대학사의 의견을 물었고, 결국 의정왕대신회의에서 동의하지 않았지만 강희제는 달극살합을 부도통의 자리에 앉혔다. 또 한 번은 의정왕대신들이 보고한 항주장군에 대한 두 명의 인선을 강희제가 모두 거절하고 다른 사람을 임명한 적도 있었는데, 의정왕대신들도 황제의 뜻에 따를 수밖에 없었다. 한마디로 강희 통치 기간에 의정왕대신회의는 황제의 명에 무조건 복종해야 했고, 그런 점에서 부아문部衙門이나 원아문院衙門 등 기타 자문기구와 다를 바가 없었다.

더욱이 의정왕대신회의는 얼마 되지 않는 직권이나마 독단적으로 행할 수 없었다. 군사기밀과 관련된 일인 경우에는 대학사와 병부의 신하들이 의정왕대신들과 함께 논의했고, 지방관직에 결원이 생긴 경우에는 대학사가 의정왕대신들과 함께 인선에 참여했다. 강희제는 말년에 한군 대학사漢軍大學士 소영조蕭永藻를 의정왕대신회의에 파견했는데, 이는 대학사가 의정대신회의와 손을 잡게 되었음을 의미하며, 옹정제 때 생겨난 군기처軍機處가 바로 이 체제를 기반으로 발전된 것이다.

|【강희제에게 배우는 반란 평정의 도】|

一. 과거의 경험을 거울삼아 제도를 정비하고, 권력의 핵심 기구를 장악하라.

一. 정치에 참여할 수 있는 기회를 지역별로 공평하게 부여함으로써 불평을 미연에 방지하라.

一. 서로 문화가 다른 세력 간의 문화 교류를 촉진하여 문화적, 사상적, 정치적 갈등을 완화시킬 수 있다.

一. 측근들의 권한을 축소시켜 한 개인이 독단적으로 권력을 휘둘러 분열시키는 일을 방지하라.

제3장

반란 평정의 도 3
은혜와 위엄을 함께 사용한다 恩威併施

당근과 채찍, 즉 회유와 강경책을 병행해야 한다. 변방 지역이 혼란해 변방에 사는 백성들의 생활이 안정되지 못하고, 외적들이 자주 침입했기 때문에 변방 지역의 안정 여부가 통치자에게 있어서는 정국 안정에 직결되는 문제였다. 강희제는 "천하의 모든 일은 어진 마음으로 행해야 하며, 쓸데없이 위협하고 굴복시켜서는 안 된다. 은혜로움이 없으면 민심을 다독일 수 없고, 위협하지 않으면 천하를 복종시킬 수 없다."라고 했다. 대국의 군주였던 강희제는 유가사상으로부터 큰 영향을 받았던 까닭에 삼번의 난을 평정하는 과정에서 회유책과 강경책을 적절히 섞어서 사용할 수 있었다.

무력으로 천하를 평정해 반란 세력을 돌아오게 한다

　삼번의 난이 막 일어났을 때, 강희제는 반란 세력들을 어르고 달래는 방법을 사용했다. 왕보신王輔臣이 청을 배반하고 오삼계에게 투항했을 때에도 회유책을 썼지만 군사적으로 반란군을 제압할 수 없었기에 회유책도 큰 효과가 없었고, 후에 왕보신이 평량平凉과 고원固原에 고립되자 스스로 투항해 왔으나 강희제는 이것이 시간을 끌려는 계책이라고 의심하고 투항을 받아들이지 않으면서 황실 군대와 반란군은 대치 상태를 지속했다. 1년이 지나도록 대치 국면이 해결되지 않자, 강희제는 강공으로는 반란군을 제압할 수 없음을 깨닫고 회유책과 강경책을 병용했고, 결국 한 달만에 평량 일대를 평정할 수 있었다. 그 후 강희제는 모든 전투에서 회유와 강경을 병용하는 방법을 고수해, 반란군이라 하더라도 죄를 뉘우치고 투항해 오면 모두 받아 주었다.

섬서성을 평정한 황실 군대는 다음 목표를 복건으로 정했다. 강희제는 경정충耿精忠과 그의 아비 경계무耿繼茂는 오삼계와 달리 한 순간의 실수로 교활한 함정에 빠진 것이라고 생각해, 북경에 있는 오삼계의 아들은 사형에 처했지만, 경정충의 동생들에게는 예전과 다름없이 후하게 대접해 주고 그들이 이끄는 군사에게도 죄를 묻지 않았다. 게다가 경정충이 반란을 일으킨 후에도 강희제는 공부낭중工部郎中 주양서周襄緒와 경정충의 호위병이었던 진가유陳嘉猷을 시켜 복건에 있는 경정충에게 칙서를 전달했고, 훗날 대장군 강친왕 걸서를 절강과 복건 등의 전선으로 보내 군사 공격을 강화하면서도 따로 사람을 보내 회유의 노력을 포기하지 않았다.

강희 15년 6월에는 정경鄭經이 복건 장주漳州와 천주泉州 등 7부를 점령하면서, 경정충과 정경 간의 전투가 점점 치열해지는 가운데, 경정충의 부대에 군량미가 부족해 병사들의 사기가 곤두박질치고 드디어 이탈하는 병사들이 생겨나기 시작했으며 백성들의 원성이 자자했다. 궁지에 몰린 경정충은 결국 건창부建昌府 등에 있던 군사를 철수시켰고, 청군은 이 틈을 타 8월 20일에 선하령仙霞嶺을 공격하고, 포성현浦城縣을 점령해 복건 일대의 반란을 완전히 평정시키고, 승세를 몰아 9월에는 건녕建寧과 연평延平 등을 수복했다. 더 이상 저항할 힘이 없어진 경정충은 아들인 경현조耿顯祚를 연평으로 보내 강친왕이 이끄는 청군에게 투항하게 했다.

10월 4일, 경정충은 수하들을 이끌고 성을 나와 청군을 맞이했고, 강희제는 경정충을 정남왕靖南王에 봉하고, 소속 군대를 이끌고 청군과 함께 해상에서 있어난 반란을 소탕해 그 공으로써 속죄하도록 했다. 그 후 청군은 시독학사 이광지李光地의 협조로 천주泉州에 있던 정경의 군대를 섬멸시켰고, 각지의 반란군들도 잇따라 투항해 복건과 절강 일대가 모두 평정되었다.

복건에서의 청군을 승리는 광동 지역의 전세에 직접적으로 영향을 미쳤다. 광동을 지키던 평남왕平南王 상가희尙可喜는 오삼계가 반란을 일으켰을 때부터 조정에 충성을 다했기에 강희로부터 평남왕이라는 작호를 하사 받았다. 하지만 강희 15년에 광동의 전세가 불리해지고 상가희마저 병으로 앓아눕게 되면서 그의 장남인 상지신尙之信이 부친의 직무를 대신하게 되었고, 차남인 평남대장군 상지효尙之孝는 조주潮州에서 정경의 군대와 맞서 싸우다가 혜주惠州로 패주하고, 고주 총병高州總兵 조택청祖澤淸과 번속수사부장藩屬水師副將 조천원趙天元과 총병 손해종孫楷宗도 차례로 오삼계에 투항했다.

이런 상황에서 2월 21일, 상지신이 군사 반란을 일으키고, 대장군에 봉하겠다는 오삼계의 꾐에 넘어가 부친의 오른팔인 책사 김광金光을 죽이고 아우 상지효의 병권을 빼앗았으며, 광동과 광서의 총독이었던 김광조金光祖와 순무 동양거佟養鉅마저 오삼계에게 투항했다. 강희제도 광동 지역에서 이런 상황이 발생할 수 있음을 어느 정도는 예상하고 있었다. 하지만 그는 상지신의 반란은 크게 염려할 필요가 없다고 생각했다. 오삼계가 상지신을 신임하지 못하는 데다가, 세력이 크지 않고 내부의 갈등도 만만치 않기 때문에 복건 지역을 평정하면 상지신은 제 발로 투항해올 것이라고 계산 때문이었다. 그래서 그는 안친왕 악락에게 장사長沙를 공격해 오삼계의 주력군을 견제하도록 명하고, 간친왕簡親王 나포喇布에게는 길안吉安을 점령해 악락 군대의 후방을 확보하라고 명하는 한편, 강친왕 걸서에게 복건 지역에 있는 경정충에 대한 회유를 강화하라고 지시했다.

그해 10월, 상가희가 세상을 떠나고 광동 지역의 관리들은 상지신의 반란에 반발하며 청을 지지했고, 때마침 복건에서는 경정충이 청에 투항했다. 그러자 강희제의 예상대로 상지신은 간친왕 나포에게 밀서를 보내 투항하겠다는 뜻을 전달했고, 12월 9일 강희제는 상지신의 죄를 사해 주고 반란군 소탕에 협조해 공을 세워 청에 보답하라는 칙서를 내리고, 망의도莽依圖를 진남장군鎭南將軍에 봉해 군사를 이끌고 공주贛州에서 광동으로 가서 정식으로 상지신의 투항을 받으라고 지시했다.

강희 16년 4월 29일, 망의도가 소주韶州로 진격했고, 5월 4일 상지신이 신하와 장수들과 함께 삭발하고 투항했다. 강희제는 상지신을 평남친왕平南親王에 봉하고 수하의 장수들에게도 예전의 직위를 회복시켜 주었다. 강친왕 걸서는 어명을 받고 장군 나합달喇哈達과 도통 뇌탑賴塔을 복건에서 광동 조주로 진격시켰고, 조주의 총병관總兵官과 고뢰高雷 총병관總兵官인 유진충劉進忠과 조택청祖澤淸이 차례로 성문을 열고 투항하고, 광동과 광서의 총독인 김광조도 투항하면서 광동 지역도 모두 평정되었다.

강희 15년 5월부터 16년 5월까지 1년간, 강희제는 회유책과 강경책을 함께 사용해 반란군 평정에 크게 성공할 수 있었다. 섬서陝西와 복건, 광동 지역이 차례로 평정되자, 강희제는 마근길麻勤吉을 통해 광서 지역 반란군에 대한 회유에 박차를 가했다. 비록 아직 넘어야 할 산은 많았지만 청에게 점점 승리의 서광이 비추기 시작했다.

16년 6월 16일, 강희제는 각 성의 제후와 패륵, 대장군, 장군, 총독, 순무, 제독提督 등에게 칙서를 내려 호남과 사천, 운남, 귀주 등에 회유책과 강경책을 함께 사용하도록 했다. 칙서에는 다음과 같은 구체적인 회유 방법까지 제시되어 있었다.

반란군의 문무백관과 민병들에게는 조정에 투항할 경우 과거의 죄를 절대 묻지 않고 후하게 대할 것이며, 반란군 수장을 잡아오거나 병마를 데리고 투항하는 자에게는 공적에 따라 큰 상을 내릴 것이다. 이 어지를 선포해 짐의 관대함을 널리 알리도록 하라.

그 후 전세가 최고조에 달할 때마다 강희제는 투항을 권유하는 칙서를 내렸는데, 어지를 미리 써 놓고 전담하는 관리를 두어 수시로 하달할 수 있도록 했다.

반란군 소탕이 점차 진행되면서 구체적인 회유책과 강경책에도 새로운 변화가 생겼다. 처음에는 투항해 오는 반란군들에게는 다시 직위를 주어 청병들과 함께 전투에 참여시켰지만, 후에 투항하는 병사의 수가 많아지자 그들을 한 곳에 모아 전투에 참여시키지 않고, 원할 경우 귀향조치하고 후방부대에서 일하게 하는 등 분산정책을 썼다. 또한 투항하는 반란군의 직위도 달라져, 날이 갈수록 오삼계 수하의 호국주胡國柱, 하국상夏國相, 마국귀馬國貴, 오응린吳應麟, 곽북도郭北圖, 마보馬寶 등 굵직한 장수들의 투항이 이어졌다.

강희제는 그들이 단순히 오삼계에게 영합했던 것이 아니라 반란 주동자라고 생각하고, 각각 칙서를 내려 그들을 남방의 고향으로 돌려보내 현지의 민심을 청에 동조하는 쪽으로 몰고 가도록 했다. 반란 지역의 내부의 분란을 조장하기 위함이었다. 한데 뭉쳐 있는 것보다는 어느 정도 틈이 벌어져야 진압하기 쉬웠기 때문이다. 하지만 투항했다가 다시 배반하는 자들은 엄중하게 처벌했다. 광동 고주의 총병관인 조택청이 청에 투항했다가 강희 17년 3월에 다시 반란군으로 귀순하자, 강희제는 병부에 다음과 같은 어지를 내렸다.

조택청의 부자와 형제가 모두 나라로부터 큰 은혜를 입고도 짐을 배반하고 다시 도적의 무리로 돌아갔으니 그 죄가 실로 크다고 하겠다. 이는 국법으로 도저히 용납할 수 없는 중죄이니 회유하지 말고 다시 투항해도 받아주지 말지어다. 병부는 각 지역의 대장군과 장군, 독무제진督撫提鎭 등에게 어지를 하달하라.

8월 관병들이 산을 수색하다가 조택청과 그의 아들을 생포했고, 이듬해 2월 조택청 부자는 능지처참당하고, 나머지 가족들은 모두 관노가 되었다.

강희제가 회유책과 강경책을 융통성 있게 사용했던 일화에서 강희제가 원칙을 고수하면서도 실질적인 효과를 중시했음을 알 수 있다.

민심을 쓰다듬고 국경을 공고히 한다

청 초기에는 북방의 몽고족들에 대해 화의정책을 펴 대부분의 몽고족 부락이 스스로 투항해 청에 복속되었지만, 유일하게 갈단만이 청에 반기를 들고 세력 확장을 꾀했고, 갈단의 침략에 살 곳을 빼앗긴 몽고족 부락들이 속속 남하해 청의 국경을 침범했다. 강희제는 변경 지방의 민생을 안정시키기 위해 세 차례에 걸쳐 북부 지역으로의 친정을 단행했고, 몽고족의 침입을 막기 위해 목란위장木蘭圍場과 피서산장避暑山莊이라는 '아름다운' 방벽을 쌓았다. 복잡한 정치적인 목적과 군사적인 전략을 한적하고 운치 있는 숲과 정원, 향 연기가 은근히 피어오르는 불당으로 승화시키는 절묘한 계략은 오로지 강희만이 생각해 낼 수 있는 것이었다.

강희제는 "나라를 지키는 도리는 오로지 덕으로써 민심을 안정시키는 것이다. 백성이 기뻐해야 나라가 편안하고 국경이 튼튼하니, 백성들의 온 마음이 든든한 성벽이 되는 것이다."라고 말했다. 강희제는 몽고 초원에 보이지 않는 '만리장성'을 쌓았고, 이 '만리장성'은 바로 목란위장과 피서산장으로서 그가 심혈을 기울여 창조한 역작이었다.

강희 16년에 삼번에 대한 평정이 거의 마무리되어 가고 있을 때, 강희제는 북부 지역으로 순행을 나섰다. 강희 20년 4월 그는 다시 만주족과 한족 대신, 팔기의 수령 등을 이끌고 내몽고 각 맹[10]盟과 기旗의 왕족과 객라심기喀喇沁旗, 호르친기의 3천 명의 몽고기병과 함께 사냥과 무예를 즐기며 북부 지역을 시찰했다. 객라심과 옹우특翁牛特 등 몽고족 각 부락들이 목장을 바치고 동물 우리를 열어 사냥하도록 제공했고, 내몽고의 소오달맹昭烏達盟과 탁색도맹卓索圖盟, 석림곽륵맹錫林郭勒盟, 찰합이몽고동사기察哈爾蒙古東四旗에 목란위장을 세웠다. 만주어로 '목란'이란 '휘파람을 불어 사슴을 부른다.' 하는 뜻이다.

목란위장은 동서남북 직경이 약 3백 리에 달하고 둘레가 1천 리가 넘는 총면적 1만여 평방미터의 사냥터였는데, 넓은 내몽고의 중심에 위치해 있고, 북으로는 몽고, 남으로는 경사京師, 즉 도읍과 접해 있는 중요한 전략적 요충지이자, 도읍인 북경에서 내몽고와 외몽고, 동북의 흑룡강黑龍江, 그리고 네르친스크(尼布楚)로 가는 길목이었다. 목란위장의 사방에 있는 좁은 산어귀에는 나무울타리와 버드나무 등으로 경계를 긋고 40개의 초소를 만들었으며, 목란위장 내에서는 지형의 변화와 야생동물들의 분포 상황에 따라 67개의 소형 사냥터로 나뉘어 있었다. 강

---

10. 중국 청대의 몽고족 행정구역. 청나라는 몽고족 통치를 위하여 군사행정조직의 단위로 기旗를 두었는데, 이 기를 통합하고 강화하기 위해 설치한 것이 바로 맹이다.

희 20년에는 아로과이심阿魯科爾沁 다라군왕액부多羅郡王額駙 색릉色楞과 고산액부固山額駙 파특마巴特瑪 등이 관리했고, 54년부터는 따로 총관總管을 두었다.

당시 목란위장을 만든 것은 중요한 군사훈련을 위한 것이었다. 이 목란위장은 청군의 사냥터이자 무예 훈련장이었으며, 강희제의 정원이자 휴식처였다. 강희제는 목란위장이 만들어진 후 붕어할 때까지 단 두 해만 이곳에 가지 않았는데, 한번은 강희 21년 동북 지역을 순행했을 때였고, 다른 한번은 강희 35년에 갈단 정벌을 위해 친정을 나섰던 때였다. 그 두 해를 제외하고는 48년 동안이나 해마다 한 번씩 팔기군을 이끌고 이곳에 가서 '가을사냥', 즉 추렵秋獵을 열었다.

추렵은 그 규모가 매우 컸는데, 강희 22년에 강희제가 해마다 목란위장에서 1만 2천 명의 기병을 세 개조로 나누고 동물들을 가상의 적으로 삼아 군사훈련을 실시하도록 하면서 추렵이 시작되었다. 각부와 원의 관리들도 이 추렵에 반드시 참가해 말 타기와 활쏘기를 배워야 했고, 몽고족의 각부도 모두 참가했다. 내몽고 객라심, 과이심, 옹우특, 파림, 극십극등克什克騰과 오한敖漢 등은 매년 1천 2백 명의 기병과 1백 명의 몰이꾼, 그리고 3백 명의 궁수들을 보내 사냥에 참여했다.

사냥은 엄격한 군사훈련으로서 20일 동안 열렸는데, 매일 여명이 비추기도 전에 출정해 부대들이 커다란 포위망을 형성하고, 황제와 황태자가 먼저 활을 쏘았다. 사냥감에 대한 포위망이 점점 좁아지면 황제는 말을 타고 구경하고, 만주족과 몽고족의 왕족들과 부락의 궁수들이 활약하며 사냥했다.

사냥이 끝나면 황제는 그날의 사냥 성적에 따라 상을 내리고 장작불을 피우고 야외에서 함께 식사를 했다. 사냥철이 끝나면 성대한 고별연회가 베풀어졌는데, 강희제는 행군과 사냥감 몰이, 포위, 사냥, 주필[1]

등 이 모든 과정에 엄격한 규정을 두고, 위반하는 자는 군법으로 다스렸으며, 군대의 진영이 흐트러지거나 사냥감을 용감하게 쫓지 않은 자도 엄하게 처벌하고, 용감하게 사냥한 자에게는 상을 내렸다.

홍력弘歷(훗날의 건륭제)이 12세가 되던 해 조부를 따라 목란위장에 갔는데, 강희제는 화승총[12]을 쏘아 곰 한 마리를 명중시키고 홍력에게 곰을 만져보라고 했다. 그런데 홍력이 다가가자 쓰러져 있던 곰이 벌떡 일어나 홍력에게 달려드는 것이었다. 하지만 홍력은 전혀 무서워하는 기색도 없이 곰에게 화살을 쏘았고, 강희제는 호창수虎槍手에게 곰을 쏘아 죽이라고 했다.

강희제는 어린 손자가 놀랍도록 용감한 것을 보고 크게 기뻐하고 칭찬했다. 목란위장의 추렵은 매우 열악한 환경에서 진행되었다. 모래바람이 거세고 음식도 맞지 않았으며 일정이 매우 빡빡했기 때문이다. 하지만 강희제는 모래바람을 맞으면서도 온종일 말에서 내려오지 않았고, 황족들에게는 가장 힘들고 위험한 일을 시켰다. 만주족 전통의 용감한 전사로서의 본연의 모습을 지키기고 나태와 사치에 대한 유혹으로부터 자기 자신을 되잡고 항상 만일에 대비할 수 있는 긴장감을 기르기 위해서였다.

해마다 열리는 목란위장에서의 추렵은 강희와 몽고족 각 부락의 우두머리들을 직접 만나는 기회라는 특별한 의미도 가지고 있었다. 다시 말해 강희제는 정기적으로 몽고족 각 부락의 우두머리와 접촉하고 대화하면서 몽고족 각 부락에 대한 관리를 강화해 북부 변경 지역을 방어

---

11. 황제가 출행하는 도중에 어가를 잠시 머무르는 것.
12. 밧줄에 불을 붙여 발사약에 점화하여 탄환을 발사하는 방식의 소총. 15세기에 유럽에서 발명되었다.

하는 계책을 사용했던 것이다. 몽고족 각 부락들은 대부분 높고 추운 지역에 살았기 때문에 대부분 천연두에 걸리지 않았지만, 남쪽으로 내려오면 갑작스러운 기온 상승에 적응하지 못하고 천연두에 걸려 죽을 수도 있었기에 남쪽으로 내려오는 것을 매우 꺼려했다. 그래서 강희제는 몽고족의 왕족들이 정기적으로 청의 황제를 만나는 '연반年班'과 '위반圍班'이라는 제도를 만들었다.

이미 한 번 천연두에 걸려 면역력이 있는 왕족들이 해마다 돌아가며 연말에 북경에 와서 황제를 알현하는 것이 연반이고, 천연두에 걸린 적이 없는 왕족들이 1년에 한 번씩 황제와 함께 사냥을 하는 것이 바로 위반이었는데, 강희제는 그 위반으로 장소로 바로 지대가 높고 기후가 선선한 목란위장을 택한 것이었다. 강희제의 이런 배려에 몽고족 각 부락들은 모두 크게 감격했다.

추렵 기간에 몽고족의 왕족들은 줄곧 황제를 수행했고, 추렵이 끝나면 내몽고 탁색도맹과 소오달맹 두 맹의 맹장은 황제와 만주족 및 한족 신하들을 위해 연회를 열었다. 연회에서는 몽고족 음악을 연주하고 씨름과 말타기 경주, 그리고 달리는 말과 개에 올가미를 던져 잡는 경기 등 몽고족 특유의 문화행사가 선보여졌다. 그 후에는 황제가 다시 몽고족의 왕족들을 위해 연회를 베풀고 차와 자기, 말안장과 궁도 등을 선물로 주었다. 결국 추렵을 통해 청의 무예 실력을 자랑하고, 몽고족과 만주족 간의 융화와 단결을 강화해 변방에 대한 방어는 물론 민생 시찰과 외적과의 융합, 극기 훈련을 통한 강인한 정신력 배양 등 여러 가지 효과를 거둘 수 있었다.

피서산장은 지금의 승덕承德에 위치해 있었는데, 처음에는 열하행궁熱河行宮, 혹은 승덕이궁承德離宮이라고 불려지다가 강희제가 피서산장이라는 친필 명칭을 하사하면서부터 피서산장이라고 불리게 되었다. 강희제는 강희 41년 11월부터 북경에서 목란위장으로 가는 길목에 행궁을 짓기 시작했는데 열하행궁이 바로 그중 하나다. 행궁에는 휴식하며 물을 마시고 음식을 먹을 수 있는 다궁茶宮과 첨궁尖宮, 그리고 주궁住宮 등이 있었는데, 열하행궁은 주궁으로서 궁전구와 원경구苑景區로 크게 나뉘어지고, 총면적이 564만 평방미터에 달하며, 행궁 외부의 동쪽과 북쪽 산기슭 곳곳에는 외팔묘外八廟가 있다. 열하행궁은 강희 42년에 지어지기 시작해 5년 후인 47년에 완공되었다.

강희제는 일생 동안 검소함이 몸에 배어 있었는데, 특히 개인적인 향락을 목적으로 대형 건축공사를 하는 것은 용납하지 않았다. 그런 강희제가 왜 행궁을 지었을까? 가을과 겨울에는 추위를 피하고, 봄과 여름에는 더위를 피하기 위해 두 곳을 오가며 생활하는 것은 북방 유목민족들의 오랜 전통이었다. 특수한 생산 및 생활 방식의 제약으로 인해 요대遼代에는 '날발제捺鉢制'라는 것이 있었는데, '날발'이란 거란어로 '사는 곳', 혹은 '행재13行在'라는 뜻이었다.

금대金代와 원대元代까지도 겨울에는 남하하고 여름에는 북쪽으로 이주해서 사는 풍습이 유지되었는데, 황제가 행재에서 신하들의 보고를 듣고 국사를 처리해야 했기에 궁전과 처소를 짓는 것이 당연했다. 강희제가 목란위장과 피서산장을 만든 것은 바로 이런 북방 민족의 풍습에 따른 것이었다. 게다가 그가 개인적으로도 시원한 기후를 좋아했기 때문에 몸이 다소 안 좋다 싶을 때 이곳에 가면 곧 원기를 회복하곤 했다.

하지만 행궁을 지은 데에는 더위를 피한다는 목적 외에 더 중요한 이유가 있었으니, 바로 정치적인 목적이었다. 훗날 건륭의 말에서도 이

---

13. 고대 황제가 순행할 때 잠시 머무르던 장소.

같은 점을 알 수 있다. "짐의 조부께서 변방에 피서산장을 지으신 것은 결코 일신의 편안함을 구하기 위해서가 아니라 자손만대에 편안하게 살게 하기 위함이었다." 행궁 건설과 목란 추렵은 직접적인 관계가 있었다. 매년 한 차례씩 대규모의 추렵을 위해 수천수만의 군사와 말들이 기나긴 행군을 해야 했기 때문에 그들이 돌아올 때 먹을 식량을 보관하고 도중에 쉬고 식사할 행궁이 필요하기도 했지만, 행궁의 건설은 청 왕조와 몽고족 각 부락이 연락을 주고받고, 북방 변경 지역을 든든히 방어하기 위한 전략이기도 했다.

몽고족 왕족들 가운데 천연두에 걸린 적이 없는 사람들은 추렵 기간이 아닌 평소에는 이 열하행궁에서 황제를 알현할 수 있었다. 몽고족들과 자주 왕래하면서 황제를 알현하러 오는 몽고족들도 많아졌다. 황제는 매년 6개월 정도의 시간을 이곳에 머물며 정사를 돌보고 군사들을 훈련했다. 열하행궁은 강희제가 신하들의 보고를 받고, 각 민족의 왕족이나 외국의 사절을 접견하고, 국사를 돌보는 장소로서, 강희제가 각 민족들과의 일을 돌보고 북방 경계를 강화하는 정치적인 중심이었다.

강희제는 열하행궁 외부에도 동쪽과 북쪽 산기슭에 외팔묘를 지었는데, 이는 그가 종교에 심취했기 때문이 아니라, 종교를 이용해 몽고와 청해靑海, 신강新疆, 서장西藏티베트 등 소수민족들을 단결시키기 위한 전략이었다. 강희제는 황제를 알현하기 위해 승덕에 온 북부와 서북부, 티베트 등지 소수민족의 왕족들에게 보여 주고, 또 그들과 함께 종교적 행사를 거행하기 위해 외팔묘를 지었다. 따라서 외팔묘는 건축양식에서도 강한 민족적 특성이 드러난다.

부인사溥仁寺, 부선사溥善寺 등은 황제의 60세 생신을 경축하기 위해 몽고족 왕공王公의 요구로 지어진 것으로서, 승덕 피서산장의 정치적인 의미를 반영한 건축물이자 변방 각 민족들에 대한 청의 통치와 다민족 국가 건설이 실현되었음을 상징하는 건축물이다.

  목란위장의 추렵이 사실상의 대규모 군사훈련으로서 황족과 신하들에게는 용맹함을 심어 주고 북방 이민족들에게는 은연중에 압력을 가하는 수단이었다면, 피서산장과 그 주변의 외팔묘는 황제와 북방 소수민족들의 대화의 창구였다. 피서산장이라는 명칭으로 보자면 단순한 휴식의 장소였지만 실제로는 그 보다 훨씬 중요한 역할을 담당했다. 복잡한 정치적인 목적과 군사 전략적 의미를 내포한 한적하고 운치 있는 숲과 정원, 향 연기가 은근히 피어오르는 불당은 강희제의 최대 창조물이자 그의 놀라운 지혜의 결정체라고 하지 않을 수 없다.

타협으로 갈등을 해결하고 한족 황실을 공경한다

　황제에게 있어 타협과 겸양은 반드시 갖추어야 할 덕목이지만 갖추기가 매우 어려운 요건이며, 통치 예술의 핵심이기도 하다. 또 통치자의 권위도 어느 정도는 타협과 겸양을 통해 얻어질 수 있다. 권세를 내세워 거들먹거리고 권세를 마음대로 휘두르는 것은 성숙하지 못한 통치자의 모습이다. 이런 점에서 강희제는 매우 성숙한 통치자로서 좋은 본보기가 되었다고 할 수 있다. 그 한 예로 그는 만주족과 한족의 관계를 처리함에 있어서 한족의 관리들을 후하게 대우하고 승진에서 이롭게 해 주었고, 심지어는 한족 평민들의 보잘것없는 풍습까지도 따라했다. 여기에서 청의 기반을 탄탄히 다지고 백성들의 안녕을 실현하기 위해 강희제가 얼마나 노력했는지 알 수 있다.

친정을 시작한 후, 강희제는 우선 만주족과 한족 관리들에 대한 대우를 획일적으로 조정했다. 청이 중원에 들어온 초기에는 만주족 관리의 품급品級이 한족 관리보다 2, 3급, 심지어는 4, 5급까지 높았다. 순치 15년, 순치제는 만주족 관리의 품급을 한족과 동등하게 조정했지만, 오배가 실세를 쥐고 있던 때에는 만주족 관리의 품급이 다시 높아졌다.

오배를 숙청한 후, 강희제는 만주족과 한족 관리들의 직무는 통일했지만 품급에는 차별을 두었고, 그 후 의정왕 패륵과의 논의를 거쳐 만주족 관리의 품급을 순치 15년의 품급에 맞추는 대신, 기존의 품급은 그대로 두고 새로 품급을 정할 때에만 새로운 규정에 따르기로 했다. 하지만 후에 다시 『품급고品級考』를 수정해 만주족과 한족 관리의 품급과 수속을 획일화시켰다. 그리고 가장 민감한 문제인 품급 문제에서 만주족과 한족에 대한 대우를 획일화시킨 것은 법률적으로 명대와 청대의 관리를 평등하게 대했음을 의미하기 때문에 한족 관리들에게 매우 고무적인 일이었다.

품급이 획일화되자 만주족과 한족 관리들에 대한 다른 대우도 점차 평등해졌다. 강희 11년 6월, 강희제는 예부상서 공정자龔鼎慈가 병이 난 것을 알고 한림원 만주족 학사 부달례傅達禮에게 "만주족 대신이 병이 나면 모두 의원을 보내 치료하는데, 예부상서 공정자가 병이 났다고 하오. 짐이 만주족 신하와 한족 신하를 평등하게 대하니 근시시위近侍侍衛 오해吳海와 함께 어의 여문조如文照를 데리고 공정자의 집에 가시오."라고 말하고, 어의에게도 정성을 다해 치료할 것을 당부했다.

강희 17년 12월 8일에는 강희제가 만주족 대학사 색액도와 명주에게 "만주족 신하들이 상을 당하면 특별히 신하를 보내 차와 술을 하사하는데, 만주족 신하와 한족 신하가 모두 같으니 한족 신하가 상을 당하면 내각과 한림원 만주족 신하들에게 명해 차와 술을 하사하시오."라고 말했고, 대학사 명주와 한림원 장원학사 나사리喇沙里 등이 어명을 받고 차와 술을 가지고 병부상서 왕희王熙와 한림원 장원학사 진정경에게 가져다주었다.

또한 강희제는 청 초기에 실시된 한족에 대한 만주화 정책을 개혁해 한족의 풍습을 존중하고 한족들에게 만주족과 동화될 것을 강요하지 않고 서로 자연스럽게 접촉할 수 있도록 했다. 한 예로 만주족 여자들은 전족을 하지 않았는데, 태종 때 만주족 여자들이 따라하지 못하도록 한족 여자들에 대한 전족을 금지시키고, 강희 3년에는 금지령을 재천명하고 처벌을 강화했다. 전족은 건강에 좋지 않을 뿐더러 생활하기에도 불편하기 때문에 전족을 금지시킨 것은 어찌 보면 당연했지만, 한족 사대부들이 전통을 저버리는 일이라며 반발했고, 강희 7년 7월에 좌도어사 왕희가 전족 금지령을 철회해 달라고 상소를 올리니 강희제도 어쩔 수 없이 전족을 허용했다.

또한 한족에게는 향음주례鄕飮酒禮라는 풍습이 있었는데, 매년 지방 관리들 중 나이가 많고 덕을 갖춘 사람이 지혜로운 사람을 존중하고 노인을 공경한다는 의미로 열었던 연회를 가리킨다. 이 연회에서는 선행에 대한 장려와 죄에 대한 처벌, 인사 추천 등 지방의 중요한 일에 대해 논의했기 때문에, 사실상 지방 관리들이 지방 정치를 통제하고 조종하는 일종의 수단이었다.

청이 중원에 들어온 후에는 만주족의 지주 경제가 빠르게 발전하면서 만주족 관리들의 역할이 무시할 수 없을 정도로 확대되었다. 이 때문에 강희제는 강희 9년 11월에 순천부順天府 부승府丞 고이위高爾位의 주청을 받아들여 만주족과 한족이 똑같이 향음주례를 행하도록 했다. 그리고 황제가 공자에게 제를 올릴 때에도 한족 관리들만 참석했었지만, 강희 12년 7월에는 "만주족 3품 이상의 관리는 모두 이틀간 문묘에서 거행되는 제사에 참여하라." 하는 어지가 내려졌고, 8월에는 만주족과 기인[14]旗人의 문무백관들이 부모상을 당했을 때 모두 27개월 동안 직무를 중단하고 상을 치를 수 있도록 했다. 강희제는 한족의 풍습을 최대한 존중해, 순치 초기에 한족들에게 만주족의 풍습을 강요했던 것과 뚜렷한 대조를 이룬다.

이 밖에도 강희제는 선대 황제들을 공경해 명대의 황릉과 왕묘를 보호했다. 강희 14년 9월, 강희제는 탕천湯泉과 창평昌平을 돌아보고 명대 각 황제들의 능묘가 훼손되고 주변 나무들이 앙상하게 죽어 있는 것을 보고 크게 안타까워하며, 예부에 다음과 같은 어지를 내렸다.

> 황릉을 지키는 묘지기를 두어 능묘를 세심하게 보살피고, 해당 지역의 지방 관리에게 수시로 황릉을 관리하도록 하여, 짐이 선대 황제들을 예로써 대한다는 것을 보여 주게 하라.

강희 22년(1683)에는 만주족과 한족이 서로 무시하고 반목하여 국사를 그르치지 않도록 여러 가지 조치를 발표했으며, 같은 해 9월 9일에는 "짐은 이 나라 백성이라면 민족을 가리지 않고 모두 짐의 적자[15]赤子라고 생각하노라. 짐이 백성들을 어여삐 여기는 것은 모두 그들이 행복하게 살고 편안하게 생업에 종사할 수 있게 하기 위함이라."라고 말했다.

강희 23년 11월 2일, 강희제가 처음으로 남부 지방으로 순행을 떠났는데, 어가가 금릉金陵에 다다르자, 강희제는 친히 명 태조의 능인 효릉

---

14. 만주족의 기본 행정단위인 기旗에 편입된 주민. 만주족은 물론, 몽고족, 한족이 섞여 있었다.
15. 본래 '어린 아이'라는 뜻이지만, '백성'이라는 의미로도 쓰였다.

孝陵에 가서 세 번 절하고 능을 지키는 태감과 묘지기에게 상을 내리고 황릉 주변에서 장작을 채취하지 말 것을 당부했다. 강희제의 이러한 행동에 많은 한족 관리들이 눈물을 흘리며 감격했다. 총독 왕신王新은 "고금을 통털어 이렇게 위대한 일이 없다."라며 극찬하기도 했다.

황제의 영향으로 만주족 학자들은 유가 경전에 강한 흥미를 느끼게 되었고, 점차 한족 관리들을 평등하게 대우하기 시작했다. 유명한 만주족 학자 납란성덕納蘭性德은 강희 때 진사로 급제해 시위侍衛에 오른 사람이었는데, 평소에 사대부들을 존경하고 예의를 갖추어 대했다. 한번은 강소 오강 출신의 오조건吳兆騫이 과거 중에 부정행위 사건으로 인해 관직이 강등되어 폄술영고탑貶戌寧古塔을 지키는 일을 맡게 되자, 납란성덕이 구명운동에 참여해 오조건의 관직이 회복되었고, 이 일은 한족 사대부들의 입에 회자되며 높이 평가받았다.

이때부터 만주족 관리들의 한족과의 민족적 적대감도 점차 사라지기 시작했다. 국가 안정책으로서 만주족과 한족이 모두 하나라는 인식은 적어도 이론상으로는 특수한 의의를 가지는 것이었고, 이러한 인식의 확대는 강희제의 통치 기반을 지지하는 탄탄한 버팀목이 되었으며, 삼번의 난을 진압하고 변경 지방을 통일해 다민족 국가로 발전하기 위한 기초가 되었다.

다른 종교를 허락하고 확실히 관리한다

현실에서 우리는 좋아하지 않는 일을 자주 만나게 된다. 하지만 내가 좋아하지 않는 일이라고 해서 반드시 다른 사람들도 모두 좋아하지 않는다고 말할 수 없으며, 때로는 다른 사람들은 매우 좋아하는 일일 수도 있다. 이것이 바로 개인이 대중을 위해 봉사하고, 자신을 희생해 남들에게 이로운 일을 해야 하는 이유다.

강희제는 황교黃敎를 존중하고, 달라이라마를 숭배했다. 하지만 이것이 그가 맹목적으로 달라이라마 개인의 뜻과 행동을 지지했다는 것을 의미하는 것은 아니다. 그는 총카파[6] 도법〔宗喀巴道法〕을 근거로 티베트와 몽고족의 각 정치 세력들을 단결시키고 통일시켜야 한다고 주장했다. 하지만 그는 사실상 달라이라마의 행동이 종법에 완전히 부합되는 것은 아니며, 달라이라마의 이름을 빌려 사적인 이익을 취하고, 조정과 백성에 해를 끼치는 사람들도 있다는 것을 알게 되었다. 그 후 강희제는 총카파도법의 가장 권위 있는 옹호자로서 혼란을 감화시켜 바로잡아 모든 도법을 하나로 귀결시켜야 한다는 주장을 폈다.

오삼계가 반란을 일으켰을 때, 강희제는 청해몽고병 유송반由松潘에게 사천성으로 진격해 오삼계 군대를 진압하라고 명했다. 하지만 뜻밖에도 달라이라마 5세가 오삼계를 비호하며 조정을 곤란에 빠뜨리고, 상소를 올려 청해몽고병을 사천으로 보내지 말 것을 주청했다. 달라이라마는 서남부는 날씨가 덥고 풍토가 맞지 않아 몽고군이 진격하기 힘들다며, 오삼계가 힘이 꺾이면 스스로 항복해 사죄할 것이고, 기세가 등등하다면 차라리 나라를 나누어 주고 전쟁을 끝내는 편이 낫다고 주장했다. 오계가 반란을 멈추지 않고 점차 세력을 확장해 간다면 나라의 분열쯤은 아무것도 아니라는 말이었다. 하지만 강희제의 생각은 달랐다. 그는 달라이라마에게 이렇게 말했다.

명대에 하급 관리에 지나지 않던 오삼계가 아비가 유적떼들에게 죽임을 당하자 청에게 투항했소. 이를 세조 장황제章皇帝(순치제를 뜻함)가 왕으로 봉하고 그 아들도 상공주尙公主에 봉했으며 짐도 총애했거늘, 은혜를 입고도 조정을 배반하니 이런 일은 고금을 막론하고 매우 드문 일이오. 오삼계가 은혜를 저버리고 백성들 사이에 불화를 조장하니 천인공노할 일이 아니고 무엇이오? 또한 짐은 천하 백성들의 주인이온데 나라가 분열되는 것을 어찌 보라 하시오?

---

16. 티베트 정통파 불교의 개혁자로서 라마교 황파黃派의 시조.

강희 19년 윤 8월 2일, 이번원에서는 객이객부喀爾喀部(할하부)에서 올린 조공의 명단에는 액이덕니제농厄爾德尼濟農의 이름이 있으나 달라이 라마가 올린 글에는 이 이름이 빠져 있는 것을 발견하고 진상을 조사하는 한편, 이 공물을 받아야 할 것인지의 여부에 대해 논의했다. 이 사실을 안 강희제는 이번원을 질책하며 다음과 같이 말했다.

> 몽고족 우두머리가 조공을 바쳤으면 그것을 받아야 할 것인지의 여부만 논의하면 그만이지, 어찌 달라이라마의 글에 그것이 있는지 없는지에 연연한단 말이오? 그렇다면 변방 이민족들은 달라이라마의 말에만 무조건 복종해야 한다는 말이오? 몽고족이 올린 조공을 받을 것인지의 여부는 해당 오문이 결정해서 보고하고, 달라이라마의 글은 문제 삼지 마시오.

이는 강희제가 몽고족들이 청에 복종하도록 하고, 달라이라마가 그들의 운명을 결정하지 못하도록 하기 위함이었다. 강희 21년, 달라이라마 5세 나왕 롭상 갸초가 세상을 떠났는데, 섭정을 하던 제파[17]第巴 상게 갸초(桑結嘉措)가 중앙정부에 이 사실을 알리지 않고 이 기회에 티베트 통치권을 자신의 손에 넣고, 화석특和碩特호쇼트 달라이칸의 통제 하에서 벗어나려고 했다. 그는 달라이라마 5세와 생김새가 비슷한 파붕객사帕崩喀寺의 라마강양찰파喇嘛江陽扎巴에게 달라이라마의 옷을 입고 포탈라궁의 보좌에 앉아 달라이라마 5세로 위장하도록 하고, 달라이라마가 밀법 수행을 위해 오랫동안 정좌에 들어가 외부인을 만날 수 없다고 핑

---

17. 티베트어로 '데시'라고 하며 지방 집권자를 뜻함.

계를 대고, 모든 일을 제파가 대행한다고 선포했다. 상게 갸초의 이런 행동은 티베트의 일부 승려와 귀족들이 원하는 바이기도 했다.

달라이라마 5세가 세상을 떠나기 전, 화석특 몽고족들이 티베트 안팎에서 황교黃敎 세력을 제압하면서 화석특 몽고족과의 연맹에 금이 가기 시작했다. 달라이라마 5세는 1669년 8월에 칸의 자리가 공석이 된 틈을 타, 자기 마음대로 제파를 임명하고 새로 즉위한 달라이칸에게 이에 동의하도록 강요했다. 화석특 몽고족의 통제와 억압에서 벗어나고 자신들의 권리를 회복하려는 의도였다. 또한 제파 상게 갸초가 호시탐탐 티베트 통치권을 노리는 것도 특별한 이유가 있었다.

순치 9년, 달라이라마 5세가 북경을 방문하기 전 어느 날, 달라이라마 5세가 철방사哲蚌寺에서 색랍사色拉寺로 가는 도중에 라싸拉薩 북부에 있는 귀족 중맥파仲麥巴의 저택에서 하룻밤을 묵게 되었는데, 그날 밤 중맥파의 아내가 그의 잠자리 시중을 들었고, 그 이듬해 상게 갸초가 태어나게 되었다. 그래서 사람들은 달라이라마 5세가 상게 갸초의 생부일 것이라고 추측했고, 그 추측을 입증하기라도 하듯 달라이라마 5세는 상게 갸초를 특히 총애했다. 상게 갸초가 8살 되던 해, 달라이라마 5세는 그를 포탈라궁으로 데려와 직접 교육을 시켰고, 어느덧 상게 갸초는 박학다식한 청년으로 장성하게 되었다.

상게 갸초는 26세 되던 해에 달라이라마 5세의 추대로 수많은 승려들의 환호성 속에 제파의 보좌에 앉게 되었다. 달라이라마 5세는 상게 갸초를 티베트의 미래 통치자로 만들겠다는 목표로 그를 교육시켰고, 상게 갸초도 어려서부터 받은 교육 때문에 자신이 티베트를 통치하겠다는 야망을 가지게 된 것이다. 상게 갸초는 청 황제를 기만하고 달라이라마 5세의 말을 거짓으로 꾸며서 보고하는 등 제멋대로 행동하고, 화석특이 암암리에 갈단과 손잡는 것을 막기 위해 화석특이 객이객몽고를 침범하는 것을 지지해 조정과 화석특 사이에 대립을 조장했다. 강희와 제파 상게 갸초 사이가 틀어지는 것은 당연한 결과였다.

강희 28년 1월, 강희제는 달라이라마에게 외몽고 토사도칸土謝圖汗(투시에트칸)과 철복존단파卟尊丹巴가 투항한 사실을 알리고, 액노특額魯特(오이라트)와 객이객이 과거의 원한을 풀고 협조하며 각 지역을 수비해 전쟁을 끝내려고 하고 있으며, 공동으로 갈단에 사신을 보내 전쟁을 종식시키자고 제안할 것을 제의했다. 그런데 뜻밖에도 제파 상게 갸초는 선파릉감복善巴陵堪卟을 보내 조공을 바치는 기회를 이용해 달라이라마의 명의로 된 거짓밀지를 강희에게 전달했다. 밀지에는 달라이라마가 토사도칸과 택복존단파호토극도澤卟尊丹巴胡土克圖를 잡아 갈단에게 넘겨주려 한다는 내용이 적혀 있었다. 강희제는 갈단이 토사도칸 등을 찾겠다는 것을 구실로 국경을 자주 침범한다는 사실을 알고 있었기 때문에, 달라이라마가 갈단을 비호하려 한다고 생각하고, 달라이라마에게 다음과 같은 서신을 보냈다.

> 밀지의 내용이 액노특과 객이객의 화해에 전혀 도움이 되지 않는 것이오. 달라이라마는 항상 중생을 구제하는 데 힘썼거늘, 선파릉감복이 전한 서신은 달라이라마의 뜻이 아닌 것 같소.

제파 상게 갸초는 달라이라마의 명의로 제륭濟隆을 중가르에게 사신으로 파견하면서 일은 더욱 심각해졌다. 이는 갈단과 객이객의 화해에 도움이 되기는커녕 갈단의 내몽고 침략을 부추기는 일이었다. 갈단과 상서 아라니阿喇尼가 이끄는 청군이 오이회하烏爾會河에서 교전을 벌였는데, 제륭은 갈단에게 합달哈達을 내주었고 갈단은 그 기세를 몰아닥치는 대로 민가를 약탈하고 불을 질러 극십극등기克什克騰旗 남부의 오란포통까지 진격했다. 또한 제륭은 갈단을 위해 제를 올리고 불경을 외고 전투일을 택일해 주고, 두 군대가 오란포통에서 전투를 벌이자 산꼭대기에서 전세를 관찰했으며, 청군에게 포위 당한 갈단이 패주하여 산 정상으로 올라오자 제륭은 직접 말을 타고 청군 진영으로 가서 화의를 제의해, 갈단에게 도망갈 수 있는 시간을 벌어 주었다.

강희제는 제륭의 배신이 달라이라마의 뜻이 아니라고 믿고 강희 39년 9월에 달라이라마에게 다음과 같은 서신을 보냈다.

> 객이객과 액노특이 서로 불화하니, 짐이 그대에게 누차 사신을 보내 양국의 화해를 조정했고, 그대도 항상 짐의 명에 따라 양국에 라마를 보내 화의를 제의했소. 그대가 보낸 라마들이 맡은 바 임무를 다하고 노력했다면 객이객과 액노특이 이미 전쟁을 끝냈을 것이오. 그대의 근시近侍와 제륭 등이 사사로운 이익 때문에 짐과 그대의 뜻을 제대로 이행하지 않았으며, 제륭은 갈단에게 협조하고 있소이다. 이것은 제륭 혼자서 꾸민 일이 아니며 그대의 근시가 이익을 탐하여 그대를 기만하고 갈단에게 영합하려는 것이 분명하오.

이 서신에서 말하는 '근시'가 바로 제파 강결가조를 가리키는 것이었다. 제파 상게 갸초는 진상이 알려지는 것이 두려워 달라이라마의 명의로 급하게 제륭을 옹호하고 용서를 구했다. 하지만 강희제는 제륭을 용서하지 않고 엄중히 처벌해 국법을 세우기로 결심하고, 다음과 같은 회신을 보냈다.

> 죄를 지은 사람에게 관대하게 대한다면, 앞으로 백성들에게 어찌 선할 것을 권하고, 죄인을 어찌 처벌할 수 있겠소?

제파 상게 갸초는 티베트에 대한 자신의 통치권을 공고히 하기 위해 강희 32년 겨울에 달라이라마의 명의로 사신을 보내 청에 조공을 바치고 자신에게 작위를 하사해 달라고 요청했다. 사신은 강희를 알현한 자리에서 달라이라마의 명의로 이렇게 말했다. "저희 나라의 모든 일은 제파가 다스리고 있으니 황상께서 제파를 왕으로 봉해 주십시오." 강희제는 달라이라마가 갈단을 비호한 것이 모두 제파가 한 짓이라고 의심하고 있었지만, 그동안 달라이라마가 청에 충성을 다했고, 이제 연로하여 제파에게 작위를 하사해 달라고 청하나 거절할 수 없어, 이듬해 4월 제파를 토백특국왕土伯特國王에 봉하고 금으로 만든 인장을 하사했다. 인장에는 '장와적달뢰라마교홍선불법왕포심달아백적지인掌瓦赤喇達賴喇嘛教弘宣佛法王布忒達阿白迪之印'이라고 새겨져 있었다.

그런데 제파는 황교의 지도자로 봉해지고도 입장을 바꾸지 않고 갈단을 비호하며, 다시 청에 사신을 보내 갈단의 칸 작호를 취소하지 말고 청해 등지에 주둔해 있는 청병을 철수할 것을 공공연히 요구했다. 이에 강희제의 의심은 더욱 커졌고, 그는 회신을 통해 제파를 질책했다.

> 제파는 이민족인데 어찌 청군을 철수하라고 요구하는가? 이는 갈단을 옹호하려함이 아닌가? 짐은 갈단을 청의 적으로 생각하고 있으며, 갈단은 지금도 객이객을 잡으려고 하고 있으니 청군을 철수시키는 것은 적합하지 않다. 청을 침입하면 곧 섬멸시킬 것이다.

이때 강희제는 달라이라마가 세상을 떠났을 가능성이 있다고 짐작하고, 달라이라마가 사망했을 경우 판첸[18][班禪] 호토극도胡土克圖를 라마교의 우두머리로 앉히기 위해 사신을 보내 그를 불렀다. 하지만 제파가 이를 저지해 판첸 호토극도는 북경으로 올 수 없었다.

강희 30년 5월 강희제는 친히 대장군 비양고費揚古 등을 이끌고 출정하여 차오모드〔昭莫多〕에서 갈단을 대패시켰고, 전획물들 중에서 제파가 갈단과 주고받았던 서신들을 발견하고, 투항한 병사들에게서 달라이라마가 이미 죽었고, 제파가 달라이라마의 명의로 갈단에게 외몽고를 점령하도록 종용했다는 사실을 알아냈다. 강희제는 곧장 티베트로 사신을 보내 사실의 진위를 파악하도록 했다. 그해 8월 11일, 강희제는 이번원 주사 보주保住를 시켜 달라이라마, 판첸 호토극도, 제파, 달라이 칸 등에게 황제의 칙서를 전달하고 갈단을 소탕하기 위해 갈단의 패도佩刀와 그 처 아노阿奴의 불상, 패부佩符도 가지고 가도록 했다. 제파에게 보내는 서신에서 "짐이 도법을 숭배하고 중생을 사랑하니, 도법을 수호하는 자는 보우할 것이지만 도법을 해치는 자에게는 엄한 벌을 내릴 것이다."라고 말하고, 그간 제파가 저지른 죄를 열거했다.

그대는 겉으로는 총카파의 도법을 신봉하나 속으로는 갈단과 가까이 지내고 달라이라마와 판첸 호토극도를 기만하여 총카파의 도법을 해쳤다. 우선 그대가 오랫동안 달라이라마가 세상을 떠났다는 것을 알리지 않고 제륭을 갈단에 보내 오란포통에서 갈단을 돕게 하고, 전세가 갈단에게 불리해지자 제륭을 시켜 청군에게 거짓을 화의를 요청하게 하여 갈단을 도주하게 했다. 또한 짐이 중생을 위해 판첸 호토극도를 불렀지만 그대가 저지했노라. 이 밖에도 청해의 박석극도제농博碩克圖濟農이 갈단과 혼인관계를 맺으려고 사신을 주고받고 있었는데, 그대가 중간에서 훼방을 놓았다. 그대가 없었

---

18. 티베트 서부에서 종교적 권위로 숭배되는 고승.

다면 갈단과 박석극도제농 간의 혼인이 성사되었을 것이다. 갈단은 그대의 꼬임에 넘어가 짐의 어지를 따르지 않았다. 짐은 달라이라마가 살아있다면 절대로 이런 일이 없었을 것이라고 생각하며, 달라이라마가 세상을 떠난 후, 그대가 달라이라마를 사칭하여 갈단을 속였다. 그대의 이런 행동이 도법에 맞는다고 생각하는가?

하지만 강희제의 서신의 말미에서 제파에게 죄를 씻을 수 있는 길을 제시해 주었다.

그대가 저지른 과오가 실로 크나, 총카파의 도법을 중시하여 달라이라마가 이미 세상을 떠났음을 명백하게 보고하고, 판첸 포토극도에게 라마교를 맡기고, 청해 박석극도제농이 갈단의 여식과 혼인하는 것을 성사되도록 협조한다면 짐은 그대의 죄를 사하고 예전과 같이 대우할 것이다. 한 가지만 지키지 않아도, 짐은 그대에게 달라이라마와 판첸 호토극도를 기만하고 사칭하고, 갈단에게 협조한 죄를 물어, 운남과 사천, 섬서 등에 있는 병사를 일으켜 친히 출정하거나 제후를 출정시켜 갈단에 이어 섬멸시킬 것이다.

강희제는 또 마지막으로 이렇게 경고했다. "그대가 짐의 지시대로 이행하고 1월까지 보고하지 않으면 크게 후회할 것이다."
이듬해 2월 6일, 강희제는 친히 출정하여 영하寧夏로 진격했다. 강희제의 주된 목적은 갈단의 잔여 세력을 섬멸시키는 것이었지만, 청해와 티베트를 위협하려는 의도도 깔려 있었다. 북경에서 출정한 지 사흘 때 되던 2월 8일, 강희제는 보주가 티베트에서 장랑庄浪으로 돌아와서 보낸 상소를 받았다. 상소에는 이렇게 적혀 있었다.

제파 상게 갸초가 어지를 받고 심히 두려워하며 공손한 태도로 "황상께서 미천한 소신을 토백특국왕에 봉해 주신 후로 성은에 보답하려고 생각하고 있었습니다. 소신이 어찌 감히 어지를 거스르고 역적 갈단에 영합할 수 있겠습니까?"라고 말했습니다. 요컨대 제파는 어지를 거스른 적이 없다고 합니다.

강희제는 서신에서 청해 태길의 향배가 달라이라마와 제파에 의해 결정된다고 분명히 적어 놓았고, 이에 상게 갸초는 청해 태길에게 청해의 8명의 태길이 모두 달라이라마의 제자이며, 황제에게 충성을 다할 것을 요구했다.

강희제는 제파의 공손한 태도에 크게 만족스러워하며 그의 죄를 사하고 청해와 티베트 문제를 평화적으로 해결하려고 했다. 3월 하순, 영하로 간 강희제는 보주를 시켜 제파에게 앞으로 황제에게 더욱 공손하고 어지를 거스르지 않는다면 과거의 죄를 모두 용서해 줄 것이라는 내용의 어지를 전하도록 명하고, 티베트에 가면 예전처럼 제파에게 공손하게 대하라고 당부했다. 또한 강희제는 제파에게 황제가 이끄는 대군이 이미 영하까지 진격해 왔으며, 앞서 보낸 어지에서 당부한 내용을 모두 지킨다면 황제가 더 이상 군대를 진격시키지 않을 것이라고 전하도록 했다. 강희제는 제파의 죄를 처리하는 과정에서도 고대 황제들처럼 회유와 강경을 병행했던 것이다.

강희제는 제파를 용서함으로써 청해 지방의 민족 문제를 순조롭게 해결할 생각이었다. 청해의 몽고족 태길들은 황제가 직접 대군을 영하에 주둔하고 있다는 소식을 듣고 모두 놀라 혼비백산 줄행랑을 쳤지만 제파가 청에 충성하여 황제가 그의 죄를 용서해 주었다는 것을 알고는 저마다 영하로 와서 황제를 알현하고 투항을 요청했다.

강희 26년 11월 27일, 강희제는 보화전에서 청에 충성할 것을 맹세하는 고실칸顧實汗(구시칸)의 아들 청해 찰십파도이扎什巴圖爾 태길 등을 접견하고 후한 상을 내렸다. 12월 강희제는 옥천산玉泉山에서 열병식을 거행하면서 특별히 고실칸과 찰십파도이를 초청해 청군의 위세를 과시했고, 이듬해 1월에는 찰십파도이 태길을 친왕으로 봉하고, 다른 태길들은 패륵과 패자 등으로 봉하고 황제와 함께 오대산五臺山을 유람하도록 했다. 유람이 끝난 후에는 그들에게 말과 낙타를 하사하고 관리를 파견해 청해까지 무사히 데려다 주도록 배려했다. 찰십파도이 태길을 우두머리로 하는 청해 몽고족 태길들은 이때부터 달라이라마에게 소속된 부속적인 지위에서 벗어나 청조의 티베트 안정에 크게 이바지했다.

이 시기에 강희제는 최고호법주를 자처하며 총카파 도법을 수호함으로써 황교를 믿는 각 민족과 각 정치 세력을 통일하고 변방 지역의 안정과 청의 통치 기반 확보를 실현해야 한다고 강조했다. 또한 강희제는 변방 지역 각 부족의 우두머리들이 도법 수호를 명분으로 국경을 침범하는 것은 엄격하게 제한했지만 각 교파가 각자 다른 교리를 주장하는 것은 허용해 종교의 자유를 보장해 주었다. 그는 "청이 조상신을 숭배하는 것처럼 모든 나라들은 신을 경배해야 한다. 몽고족과 회족回族, 번족番族, 묘족苗族, 과과족猓猓族 등 각 민족들은 모두 자신의 신을 숭배할 수 있으며 간섭할 수 없다."라고 말했다. 신강 일리강〔伊犁河〕 유역 중가르부의 책망아랍포탄策妄阿拉布坦(체왕랍탄)이 도법 수호를 이유로 제파를 용서하는 것에 반대하며 다음과 같은 상소를 올렸다.

> 제파가 달라이라마의 입적 사실을 숨기고 판첸을 기만하고, 달라이라마를 사칭해 객이객과 액노특을 혼란시켰으니 그 죄가 실로 큽니다. 황상께서 도법을 더럽힌 제파를 중벌에 처해 중생들을 깨

꿋하게 정화시켜 주십시오.

이 말에도 일리는 있었지만 강희제는 그가 도법 수호를 핑계로 티베트을 간섭할 것을 염려해, 강희 37년 1월 14일에 책망아랍포탄이 보낸 사신을 직접 만나 이렇게 이야기했다.

전쟁을 종식시키고 나라 안팎을 편하게 해야 도법도 시작될 수 있소. 현재 상황에서 도법을 수호하려면 또 다시 전쟁을 시작해야 하오. 책망아랍포탄의 청대로 한다면 회족들의 마음을 쓰다듬을 수는 있겠지만 그 종교를 해치게 되니, 그들에게 어찌 다시 불법에 귀의해 라마에게 엎드려 절하라고 할 수 있겠소? 지금 천하가 태평하니 이대로 두는 것이 좋을 듯하오.

강희제는 한 나라에 속한다 해도 민족들 간에 서로 다른 종교를 믿어도 되며, 자신의 도법 수호를 위해 다른 도법을 해치고, 다른 민족의 일에 간섭하는 것은 옳지 않다고 생각했다. 다민족, 다종교 국가에서 황제는 한 민족, 한 종교의 도법뿐만 아니라, 모든 민족, 모든 종교의 교법을 함께 수호해야 한다는 것이 그의 신념이었다.

각 민족의 종교의 자유를 보장해 주는 것은 다민족 국가를 통치하는 데 적합한 민족 종교 정책이었으며, 강희제는 이러한 기초 위에서 "모든 도법이 하나로 귀결된다."라는 원칙을 강조해, 각 민족과 교파로 하여금 모두 자신에게 복종하도록 하면 모든 도법을 자신의 바라는 바대로 이끌 수 있다는 계산을 품고 있었다.

【강희제에게 배우는 반란 평정의 도】

一. 강경책과 회유책을 융통성 있게 사용하라. 원칙을 고수하면서도 실질적인 효과를 중시해야 한다.

一. 나라를 지키는 도리는 오로지 덕으로써 민심을 안정시키는 것이다. 백성이 기뻐해야 나라가 편안하고 국경이 튼튼하니, 백성들의 온 마음이 든든한 성벽이 되는 것이다.

一. 타협과 겸양은 반드시 갖추어야 할 덕목이지만 갖추기가 매우 어려운 요건이며, 통치 예술의 핵심이다.

一. 자신이 좋아하지 않는 일이라고 해서 반드시 다른 사람들도 모두 좋아하지 않는다고 말할 수 없다.

一. 천하의 모든 일은 어진 마음으로 행해야 하며, 쓸데없이 위협하고 굴복시켜서는 안 된다. 은혜로움이 없으면 민심을 다독일 수 없고, 위협하지 않으면 천하를 복종시킬 수 없다.

제4장

반란 평정의 도 4
토벌과 포용을 병행한다 剿撫併用

소탕과 포용을 적절하게 병행해야 한다. 강희제는 대만을 평화적으로 통일하기 위해 적이 항복하면 목숨을 살려 주고, 투항하면 죄를 사해 주기로 하고, 어르고 토벌한 후, 다시 달래는 전략을 사용했다. 그는 20년이란 긴 시간 동안 정경에게 일곱 차례나 아량을 베풀고 회유했고, 그래도 정경이 고집을 꺾지 않자 무력 침공을 감행했다. 하지만 군사적인 공격을 실시하는 중간에도 여전히 회유책을 사용해 적들을 달래고 내분을 조장했으며, 이러한 전략으로 큰 효과를 거두었다. 강희제의 이런 전략은 오삼계의 난을 진압할 때에도 마찬가지로 사용되었다. 강희제는 한쪽에서는 치고, 한쪽에서는 어루만지는 계략으로 적들을 갈라놓고 이 틈을 타 공격해 큰 승리를 거둘 수 있었다.

배신자를 한 번 너그럽게 용서하라

강희 13년(1674) 12월, 오삼계가 거병하여 조정에 반란을 일으킨 와중에 강희제가 가장 우려하던 일이 현실로 다가왔다. 섬서 제독인 왕보신이 영강寧羌(지금의 섬서 영강寧强)에서 형부상서 막락莫洛을 죽이고 반란군과 손을 잡은 것이다.

왕보신은 산서 사람인데 도적 출신인 까닭에 용맹하고 전투에 능해 매라는 별명을 가지고 있었다. 그는 순치 연간에 청조에 반란을 일으켰다가 투항했고, 홍승주洪承疇가 남부 지방 원정을 떠날 때 총병으로 승진해 오삼계의 수하가 되었다. 오삼계는 그를 아들처럼 대하며 매우 신임했는데, 한번은 왕보신이 술에 취해 오삼계의 조카인 오응기吳應麒를 욕하자, 오삼계가 왕보신을 불러 "네가 감히 내 머리꼭대기에 올라오려는 게냐? 남들이 오삼계가 평소에 왕보신을 그리도 총애하더니 결국 뒤통수를 맞았다고 날 비웃을 것이 아니냐! 다시는 그런 말을 하지 말거라!"라고 호되게 질책했다. 오삼계의 질책에 불만을 품은 왕보신은 오삼계를 떠나려고 벼르다가, 결국 섬서 제독으로 임명받아 평량으로 부임하게 되었다. 오삼계는 왕보신이 멀리 떠나는 것을 몹시 아쉬워하며 그에게 노자로 2만 냥의 은전까지 줘어 주었고, 조정에 반란을 일으킨 오삼계가 옛 정이 그리웠는지 왕보신에게 자신의 수하로 들어오라고 유혹했던 것이다.

왕보신이 조정을 배신하자 강희제는 왕보신을 회유하기 위해 온갖 수단과 방법을 가리지 않았다. 강희제가 왕보신에게 회유책을 썼던 한 가지 이유는 군사력을 오삼계 섬멸에 집중시키려는 것이고, 다른 하나는 강희제가 왕보신의 사람됨을 잘 알고 있기 때문이었다. 왕보신이 두 차례나 청을 배신했음에도 강희제는 다시 한 번 그에게 아량을 베풀 준비를 했다. 왕보신에게는 채찍보다는 당근이 효과가 있음을 알았기 때문이다. 강희제는 왕보신에게 칙서를 보내, 왕보신이 막락을 죽인 것은 모두 막락이 군대를 제대로 통제하지 못하고 실세를 잃어 병사들을 복종시키지 못했기 때문이라며 왕보신을 두둔하고, 심지어는 "짐이 사람 보는 눈이 부족해 그대를 힘들게 했으니, 모두 짐의 탓이지 그대가 무슨 죄가 있겠소?"라고 말하며 자신의 잘못으로 돌리기도 했다.

강희제가 왕보신을 이렇게 너그럽게 대한 데에는 고도의 정치적, 군사적 계산이 깔려 있었다. 과연 강희 15년(1676) 왕보신은 다시 청으로 귀순했고, 이로써 서북전선의 군사적 위협이 저절로 제거되고, 왕보신과 북경을 협공하려던 오삼계의 의도도 물거품이 되어 버렸다. 그 후로도 강희제는 회유책과 강경책을 병행해, 군사적 공격을 진행하는 한편, 적의 내분을 조장하는 방법으로 큰 성과를 거둘 수 있었다.

강희 15년(1676) 10월에는 복건 지역에서 반란을 일으켰던 경정충이 강희제의 끈질긴 회유에 결국 투항하면서, 복건과 절강 지역이 차례로 평정되었고, 강희 16년(1677) 4월에는 비교적 늦게 반란을 일으킨 상지신이 청에 투항했다. 6월, 강희제는 각 지역의 통수統帥와 독무들에게 "반란군의 관리나 민병들이 죄를 뉘우치고 투항하거든, 과거의 죄를 모두 사하고 따뜻하게 배려하고, 반란군을 생포거나 사살하여 청군에 바치거나, 병마를 데리고 투항하는 자에게는 후한 상을 내리라."라고 명하고, 그 후로도 중요한 때마다 반란군들에게 후한 대접을 내리겠다는 칙서를 하달했다. 하지만 투항했다가 다시 배반한 자들에 대해서는 엄중한 처벌을 가했다.

강희 17년(1678) 광동 지역에서 투항했던 조택청祖澤淸이 다시 반란군으로 귀순하자 강희제는 조택청을 잡아 엄중히 다스릴 것을 명했고, 결국 조택청은 청군에게 잡혀 처형되었다. 회유책으로 반란군의 세력과 사기를 크게 떨어뜨린 후, 강희 14년(1675) 4월 악락은 반란군 장수 56명과 병사 1만 1천여 명이 투항했다고 보고했고, 같은 달 소흥 지부 허홍훈許弘勳 반란군 총병 궁정필弓廷弼과 반란 세력의 제후 오흥현吳興賢, 그리고 병사 5만 7천 8백 명이 투항했다고 보고했다. 5월에는 건서가 반란군 참모 엽존충葉存忠과 총병 한육합韓六合 등 160여 명의 장수와 병사 1만 9천 명이 투항했다고 보고하고, 7월에는 악락이 강서에서 장수 270명과 병사와 군솔 등 6만 5천 6백 명이 투항했다고 보고했다. 강희 14년부터 16년(1675~1677)까지 2년간은 회유책이 가장 큰 효과를 거둔 기간이며, 이로써 청군은 열세를 극복하고 군사 공격을 위한 기반을 닦을 수 있었다.

대만을 수복하는 문제에 있어서도 강희제는 '선회유, 후토벌'의 원칙을 일관되게 고수했다. 그는 다방면에서 정경에 대한 회유책을 사용했는데, 그의 전략이 적중한 데다가 총독 요계성姚啓聖과 제독 시랑施琅이 이를 충실히 이행하여 피 한 방울 흘리지 않고도 험난한 해상 전투보다 더 큰 전적을 거둘 수 있었다. 강희 17년부터 19년(1678~1680)까지 청은 회유정책을 이용해 정경이 이끄는 반란군 13만 명 이상을 받아들였으며, 정경의 군대는 빠르게 와해되었다.

강희제는 정경에 대한 회유책에서 직접 반란군을 겨냥하지 않고 백성들의 안정에 가장 큰 비중을 두었으며, 신하들의 건의를 긍정적으로 받아들였다. 한 예로 정경의 수하들이 과거 해징공海澄公 황방태黃芳泰를 모해했던 일 때문에 보복이 두려워, 해징공 황방태가 살고 있는 정주汀州와 장주 지역에서는 감히 청에 귀순하지 못하고 있었는데, 요계성이 강희에게 상소를 올려 정경 군대의 투항을 위해 황방태를 정주에서 떠나도록 명해 달라고 주청했고, 강희제는 그 자리에서 황방태에게 일족을 이끌고 경사로 옮겨가도록 조치했다.

강희제는 투항해 온 반란군 장수들에게 대부분 관직을 하사했고 전적이 뛰어날 경우 요직에 임명하기도 했다. 오삼계의 장수였던 임흥주林興珠는 모략에 뛰어나 제정 러시아와의 전투에서 큰 공을 세웠고, 오삼계 수하의 맹장으로 손꼽히던 한대임韓大任도 오란포통에서 갈단을 토벌하던 중 장렬히 전사했다. 강희 19년(1680) 정경의 수하인 주천귀朱天貴도 2만여 명의 군사와 3백여 척의 배를 이끌고 동산銅山에서 투항해, 시랑에 의해 요직에 임명되었고, 결국 팽호대전澎湖大戰에서 용감하게 싸우다가 전사했다. 정경 군대에 대한 마지막 토벌작전도 역시 회유책이었다.

팽호대전에서 정경의 주력군이 섬멸되어 대만 수복이 시간 문제가 되자, 요계성은 승세를 몰아 반란군을 완전히 소탕하자고 주장했고, 피로써 원한을 갚아야 한다고 주장하는 사람들도 있었으며, 정경 군대 내부에서도 필리핀으로 도주하자는 의견이 출현했다. 하지만 정경 군대 토벌의 책임자인 시랑은 끝까지 회유책을 고집했고, 결국 정경의 대장군인 유국헌劉國軒이 청의 회유를 받아들였고, 머지 않아 그의 강력한 권유로 정극상[19]鄭克塽도 청에 투항하고 말았다.

---

19. 정경의 아들. 정경이 병사한 후 정경의 뒤를 이어 왕위에 올랐다.

기러기가 오랫동안 푸르른 나무를 그리워하다

  아름답고 비옥한 섬 대만은 오랜 옛날부터 중국의 영토였다. 하지만 명 말기 정치가 부패하고 사회가 어지러워지면서 네덜란드의 손에 넘어가 38년간 식민통치를 받았고, 순치 18년(1662)에 정성공이 군대를 이끌고 대만을 침공해 네덜란드인들을 몰아내고 이곳을 반청운동의 근거지로 삼았다. 그 이듬해 정성공이 병으로 사망하자 그의 아들인 정경이 대권을 장악했다. 정경은 청조에 반기를 들고 강희제의 끈질긴 회유에도 전혀 동요되지 않았다. 정경은 제후국가로서 청에 조공을 바칠 수는 있지만 유구琉球(지금의 일본 오키나와에 위치했던 류쿠 왕국)나 조선과 마찬가지로 변발을 하지 않고 복식도 바꿀 수 없다는 입장을 고수했다.
  강희 원년부터 8년(1662~1669)까지 청과 정경은 네 차례나 담판을 했고, 삼번의 난을 토벌하는 중에도 여섯 차례나 담판을 했지만 여전히 의견차를 좁힐 수 없었다. 그런데 삼번의 난이 모두 평정되고 난 강희 20년(1681) 4월, 정경이 병사하고 열두 살짜리 아들 정극상이 왕위를 계승했다는 소식이 들려왔다. 오랫동안 대만 문제를 책임져 온 복건 총독 요계성은 황제에게 상소를 올려 대만에서 내분의 조짐이 보이니, 이 틈에 수륙 관병을 모두 동원해 대만을 토벌해야 한다고 주장하며, 시랑을 통수統帥로 천거했다.

강희제는 요계성의 건의를 받아들여, 그해 6월 팽호와 대만에 군사 공격을 감행하기로 하고, 신하들의 반대를 무릅쓰고 이광지 등이 극력 추천한 시랑을 복건수사 제독福建水師提督으로 임명했다. 그리고 2년간의 철저한 준비를 거쳐, 강희 22년(1683) 6월 시랑이 이끄는 정예부대 2만 명이 230여 척의 전함을 앞세워 대만의 주요 관문인 팽호도를 공격하기에 이른다.

당시 팽호도를 지키는 장수는 유국헌이었다. 그는 수하에 2만 명의 병사와 200척의 전함을 가지고 있었다. 17일, 시랑은 선대를 팽호열도의 팔조서八罩嶼(지금의 망안도望安島)에 정박시켰다. 해마다 봄과 여름에 걸쳐 태풍이 팽호열도를 자주 덮쳤는데, 팔조서 일대는 유난히 물의 흐름이 급해, 태풍이 다가오면 태산같이 높은 파도가 일어 정박해 있는 배들을 모두 삼켜버리곤 했다. 게다가 해마다 6월 17일과 18, 19일 3일 동안은 '관음폭觀音瀑'이라는 강한 바람이 불어 닥쳐, 기후 조건이 매우 열악했다.

바로 이때에 시랑이 팔조서에 선대를 정박시키는 것을 보고 유국헌은 큰 소리로 웃으며 이렇게 말했다.

누가 시랑이 뛰어난 장수라고 하던가? 그깟 천문지리도 모르면서 어찌 군대를 거느린다는 말인가! 우리는 그저 술이나 마시며 적들이 섬멸되는 것을 구경하면 되겠군!

그러나 시랑의 군대가 펭호도에 도착한 지 열흘이 지나도록 하늘이 그들을 돕기라도 한 것처럼 바다는 쥐 죽은 듯이 고요했다. 그렇게 되자 이제는 유국헌의 속이 타들어갔다. 그는 이것이 불길한 징조임을 직감했다. 유국헌 부대는 청군에 맞서 22일간이나 싸웠고, 결국 유국헌 부대의 참담한 패배로 끝이 났다. 유국헌 부대는 전함 159척이 전파되고 35척을 빼앗겼으며 1만 2천여 명의 군사를 잃어 거의 전멸 당한 것이나 다름없었지만, 청군은 2천 명의 병사가 죽거나 부상을 당하고, 최전선에서 지휘하던 시랑이 오른쪽 눈을 다친 것뿐이었다. 청군은 이 전투로 펭호열도 내 36개 섬을 점령했고, 유국헌은 31척의 전함만을 이끌고 대만섬으로 패주했다.

결정적인 승리를 거둔 후 강희제는 놀라 불안에 떨고 있는 정극상에게 정치적 공세를 가하기 시작했다. 무고한 희생을 줄이고 평화적으로 대만을 손에 넣겠다는 것이 강희제의 생각이었다. 강희제는 대신들에게 이렇게 말했다. "저들이 투항하지 않고 국외로 도망간다면 훗날 다시 문제를 일으킬 것이 분명하오. 그러니 회유하는 것이 상책이오." 강희제의 이러한 전략은 매우 정확했다. 정극상은 장수들의 잇따른 투항과 청의 회유에 굴복해, 그해 8월 18일, 결국 군대를 이끌고 청에 투항하고 말았다. 이 기쁜 소식이 북경에 있는 강희에게 전해지던 날이 공교롭게도 추석이었고, 그날 강희제가 감격에 겨워 지은 시가 바로 「중추일문해상첩음中秋日聞海上捷音」이다.

강희제는 정극상의 알현을 받고 그를 정황기한군공正黃旗漢軍公에 봉하고, 그의 친족과 부하들에게도 관직을 하사했다. 유국헌은 정극상을 설득해 투항하게 하는 데 공이 크다는 이유로 직예천진 총병관이라는 비교적 높은 관직을 받았다. 강희제는 또 특별히 어지를 내려 정극상의 조부 정성공鄭成功과 부친 정경이 역신逆臣이 아니라고 발표하고, 그들의 유골을 고향인 남안南安으로 옮겨올 수 있도록 배려했다.

　강희 23년(1684) 4월부터 대만에 정식으로 1부府 3현縣의 지방행정기구가 세워지고 팽호도와 동예同隸는 각각 대만주와 복건성 직할로 귀속되었다. 대만에는 총병 1명과 8천 명의 군사가 주둔하게 되었는데, 후에 해안 지역 사람들이 잇따라 대만으로 건너가면서 대만섬과 중국 본토의 관계가 밀접해졌고, 대만은 청의 동남 해안 방어를 위한 중요한 군사적 요충지가 되었다.

섬 전체에 군대를 투입시켜 순식간에 소탕한다

타인의 장점은 물론 단점까지 포용할 수 있어야 비로소 진정한 세력을 이룰 수 있듯이, 정치에서도 벗은 물론 적까지도 포용할 수 있어야 진정 훌륭한 통치자라고 할 수 있다. 3대에 걸쳐 대만을 다스리며 청에 저항하던 정씨 일가가 청에 투항하자, 강희제는 넓은 아량으로 그들을 받아들이고 후하게 대우해 주었다. 이것은 강희제가 대국 군주로서의 관대함과 인자함, 그리고 넓은 도량을 가지고 있었음을 의미한다.

팽호도에서 격전 끝에 정극상의 주력군을 대파한 것이 대만 토벌에 탄탄대로를 열어 주었던 것은 사실이지만, 평화적인 대만 수복이 가능했던 것은 청과 정극상의 노력 때문이었다.

당시 요계성은 승세를 몰아 정극상 군대를 완전히 섬멸시켜야 한다고 주장했고, 시랑에게 서둘러 패잔병들을 추격해 피로써 과거의 원한을 씻어야 한다고 부추기는 사람도 있었다. 하지만 시랑은 국가의 근본은 백성이며 사사로운 원한으로 국사를 행해서는 안 된다는 입장을 고수하며, 정극상이 청에 투항한다면, 황제에게 그동안의 그들의 죄를 모두 용서해 줄 것을 강력하게 주청할 것이라며 정극상을 회유했다. 그는 투항해 오는 정극상의 장수와 병사들을 환대하고, 대만에 있는 가족들의 품으로 돌아가도록 허락해 주며 가족들에게 서둘러 투항하면 목숨을 부지할 수 있지만, 늦으면 팽호도의 전철을 고스란히 밟게 될 것이라고 알리도록 지시했다. 시랑이 대군을 이끌고 바로 문턱까지 치달아 있으니 대만 섬에 있는 사람들이 불안에 떨지 않을 수 없었다.

당시 대만 내부에서는 풍석범馮錫范 등 몇몇 사람들이 필리핀으로 도주할 것을 논의하고 있었고, 전세가 불리하다는 풍문이 퍼지면서 민심이 극도로 혼란스러워졌다. 하지만 일부 장수들은 대만을 청에게 바치고 투항해야 한다고 주장했다. 담수수장淡水守將 하호何祐는 아들을 팽호도로 보내 정극상의 명령이 없더라도 방어를 풀고 청군에게 대만을 바치겠다고 약속하기도 했다.

장수와 병사들이 잇따라 청에 투항하고 민심이 어지러워지자 다급해진 유국헌은 풍석범과 정극상에게 청에 투항해야 한다고 강력하게 주장했고, 정극상도 심사숙고 끝에 투항을 결심하고, "민심이 흩어지고 있으니 누가 이 대만을 지킬 것이며, 바다에 떠 있는 섬이니 도망갈 곳도 없소. 청에 투항하는 것만이 유일한 살 길인 듯 하오."라며 힘없이 말했다. 일이 이렇게 되니 풍석범도 주저하는 마음이 없는 것은 아니었지만 정극상의 결정에 따를 수밖에 없었다.

윤 6월 8일, 정극상이 예관禮官 정평영鄭平英과 빈객사賓客司 임유영林惟榮, 그리고 유국헌이 보낸 증비曾蚩와 주소희朱紹熙 등을 보내 시랑과 요

계성에게 투항서를 전달하고, 앞으로 계속 대만에 머무르며 조업을 계승할 수 있도록 해 달라고 요청했다.

하지만 수사 제독 시랑은 무리한 요구라며 이를 단호하게 거절하고, 궁지에 몰린 정극상이 시간을 벌기 위해 거짓으로 투항하려는 것이라고 생각했다. 시랑은 곧 정극상이 보낸 투항서를 독신督臣에게 보내 투항을 받아들일 것인지 결정해 달라고 청하는 한편, 증비와 주소희를 다시 대만으로 보내 정극상에게 다음과 같은 뜻을 전달하라고 일렀다.

> 진정으로 투항하려는 것이라면, 유국헌과 풍석범이 직접 군사를 이끌고 와서 투항하고, 군사들이 모두 변발을 하고 본토로 이주해 조정의 지시에 따르시오. 그렇게 해야만 그대의 죄를 용서할 것을 황제께 주청드릴 것이오. 만약 그렇지 않으면 독사督師를 보내 대만을 모두 섬멸시킬 것이오.

정극상도 시랑의 태도가 단호한 것을 알고 7월 5일에 풍석범의 아우 풍석한馮錫韓과 병관兵官 풍석규馮錫圭, 공관工官 진몽위陳夢煒, 유국헌의 아우 유국창劉國昌 등을 팽호로 보내 투항서를 전달하고, 대만 땅과 백성을 모두 청에 바치고 하명을 기다리겠다고 했다. 시랑은 투항서를 가지고 온 신하들에게 자세한 정황을 물어보더니 정극상의 투항이 진심이라고 생각하고, 7월 16일에 시위 오계작吳啓爵 등을 보내 풍석규, 진몽위와 함께 대만 백성들에게 정극상이 투항했음을 알리고 변발령을 알리는 칙서를 전달하라고 명했다.

시랑은 7월 24일과 29일에 강희에게 정극상의 투항을 알리는 상소문을 올리고, 조정에서 사람을 파견해 독무와 함께 투항한 관병들의 처우 문제를 처리해 달라고 요청했다.

요계성이 보낸 정극상의 첫 번째 투항서를 본 강희제는 의정왕대신과 만주족 및 한족 대학사들의 의견을 물었고, 그들은 모두 정극상의 청을 들어 주어야 한다고 만장일치로 주장했다. 강희제도 "그들의 투항을 받아주지 않으면 국외로 도주할 것이고, 그리되면 후환을 남기게 되니 투항을 받아주는 것이 최선인 듯 하오."라고 말하고, 공부우시랑 소배蘇拜를 복건으로 보내 총독과 제독과 함께 군량미 등의 문제를 처리하고, 7월 27일에 투항한 군대에 반포할 칙서를 작성하고 시랑 등에게 지시를 전달했다. 28일, 강희제는 어지를 받으러온 소배에게 그들의 투항에 대한 입장을 재천명했다. 강희제는 이렇게 말했다.

> 병력으로써 대만을 토벌하려고 했으나, 장수들의 피로와 백성들의 피해를 줄이기 위해 특별히 투항을 받아주는 것이오. 또한 투항군의 대만 잔류는 윤허할 수 없소.

8월 11일, 어지를 받은 시랑은 군사들을 이끌고 나가 정식으로 투항을 받아들인다는 사실을 발표했고, 정극상은 13일 예관 정빈鄭斌을 항구로 보내 오색깃발과 북소리로 시랑을 환영하고, 친히 유국헌과 풍석범 등 주요 문무백관과 백성들을 이끌고 나가 천비궁天妃宮에서 시랑을 맞이했다. 시랑은 군대가 백성을 해치고 혼란스럽게 하지 못하도록 금지할 것을 요구하고, 18일에 정극상 등이 변발을 한 후 시랑이 대중들 앞에서 직접 황제의 칙령을 읽어 내려갔다.

> 그대들이 과거의 죄를 뉘우치고 투항해 오니 예전의 죄를 모두 사면해 주고 은혜를 베풀 것이다. 어지는 하늘과도 같은 것이다. 짐은 절대로 약속을 어기지 않느니라.

정극상 등은 성은에 감격하며 북경쪽 하늘을 바라보고 절했고, 이로써 대만은 다시 중국에 통일되었다.

시랑은 사실 정씨 일가와는 대대로 원수지간이었다. 하지만 그는 대만에 들어온 이래 황제의 기대를 저버리고 사적인 복수에 연연하지 않고, 심지어 정성공의 사당에 제를 올리기도 했다. 대만의 정권이 바뀌고 민심이 어수선한 상황에서 시랑의 일거수일투족이 정극상 군사들의 사기와 사회질서 안정에 결정적인 역할을 했기 때문이다. 그런 점에서 시랑은 뛰어난 군사가일 뿐 아니라, 넓은 정치적 도량을 가진 정치가였고, 그에 대한 강희제의 신임은 괜한 것이 아니었다.

낭보가 북경에 전해지자 강희제는 흥분된 마음을 감출 수 없었고, 때마침 중추절이었던 까닭에 강희제는 기쁜 마음을 「중추일문해상첩음」이라는 시로 표현하고, 자신이 입고 있던 옷을 시랑에게 하사하며, 대만을 토벌한 시랑의 뛰어난 지혜와 용맹함이 청사에 길이 남을 것이라고 칭송했다.

9월 10일, 강희제는 또 시랑을 정해장군靖海將軍으로 임명하고 정해후靖海侯로 봉해 작위를 세습할 수 있도록 하고, 대만 토벌에 참여했던 군사들의 계급을 승격시키고 상을 내렸다. 강희제는 해상 전투가 본토에서의 전투보다 훨씬 어렵다는 것을 알고 있었기 때문에 특별히 후한 상을 내렸던 것이다. 시랑은 강희 7년에 수사 제독에서 내대신으로 관직이 강등되고 한군 양황기에 소속되어 북경에서 10여 년간 살았었는데, 당시 자신의 생활을 회고하며 강희제가 내려 준 작위를 마다하고 내대신에게 내려진 화령[20]花翎을 달라고 상소를 올렸다. 병부에서는 선례가

---

20. 청대에 황족이나 고관들에게 하사한 모자 뒤에 드리우는 공작의 꼬리.

없다는 이유로 그의 청을 거절했지만, 이 사실을 안 강희제는 시랑에게 작위를 하사하고, 내대신에게 내려진 화령도 함께 하사하도록 명했다.

　강희 23년 12월, 정극상이 어명을 받고 북경에 도착했고, 강희제는 정극상을 공公으로 봉하고, 유국헌과 풍석범을 백伯으로 봉해 모두 상3기 한군으로 편입시키고, 호부에 명해 모두에게 가옥과 경작지를 하사하도록 명했다. 한편 정극상과 함께 투항한 무장 1천 6백여 명과 문관 4백여 명, 병사 4만여 명에게도 관직에 따라 상과 관직을 내렸다. 유국헌은 가장 먼저 청에 투항했고, 정극상의 투항에 큰 공헌을 했다는 이유로 강희를 직접 알현할 수 있었으며, 이례적으로 천진 총병관의 관직과 백금 200냥, 비단 20필, 말 1필은 물론 커다란 저택까지 하사받았다.

| 【강희제에게 배우는 반란 평정의 도】 |

一. 사람을 보는 눈이 부족해 실패한 일은 모두 스스로의 잘못이다.

一. 타인의 장점은 물론 단점까지 포용할 수 있어야 비로소 진정한 세력을 이룰 수 있듯이, 정치에서도 벗은 물론 적까지도 포용할 수 있어야 진정 훌륭한 통치자라고 할 수 있다.

제5장

반란 평정의 도 5
완급을 함께 사용한다 急緩互用

완급을 적절히 조절해야 한다. 한 나라의 황제는 시시때때로 처리하기 곤란한 문제에 봉착하곤 한다. 이 같은 문제를 처리하는 기본적인 원칙은 바로 나라를 도모함에 있어서 성급해서는 안 된다는 것이다. 하지만 모든 문제를 단숨에 처리하려고 해서도 안 된다. 어떤 것들은 시간을 다투어 서둘러 처리해야 해결할 수 있고, 또 어떤 것들은 문제가 저절로 약화되기를 느긋하게 기다려야 한다. 군사 반란이 전자의 경우에 해당하고, 몽고족에 대한 회유가 후자에 속한다고 하겠다. 이런 난국에서 강희제는 뚜렷한 판단력을 유지하고, 강함과 유연함을 조화롭게 운용해 주된 문제점은 해결하고, 부차적인 모순은 완화시켜 현명하게 난국에서 벗어났다.

반란군을 과감히 뿌리 뽑아 후환을 없앤다

　무릇 큰일을 이루려는 사람은 우선 높은 곳에 올라 먼 곳을 바라보는 한편, 처세에 있어서 과단성을 길러야 한다. 우물쭈물 주저하며 결단을 내리지 못하면 중요한 시기를 그대로 놓쳐 버릴 수 있다. '삼번三藩'이 제멋대로 전횡을 부리자 강희제는 단번에 이들을 소탕할 수 있는 방법을 강구하기에 이르렀고, 강희제는 크나큰 모험을 감수하고서라도 이들 세력을 없애기로 마음먹었다.

　강희제는 정식으로 '삼번'을 소탕하기 전에 물밑 작업을 통해 그들의 세력을 약화시키고 행동을 억제시켰다. 강희제가 사용했던 주요 전략은 다음과 같다.

　우선 대장군大將軍의 인장을 회수했다. 청대에는 대장군의 권세가 대단하기는 했지만, 전쟁 수행 등 임시 임무가 끝나고 나면 반드시 직무를 해제하고 인장을 조정에 반납해야한다는 규정이 있었다. 하지만 오삼계는 운남으로 내려간 지 수년이 다 되도록 인장 반납을 거부하고 있었다. 강희 2년, 강희제는 북경에 머무르고 있는 오삼계의 아들 오응웅 吳應熊에게 대신을 보내 이렇게 전했다.

> 자네 부친이 이미 운남으로 간 지 몇 해가 지나도록 갖가지 핑계로 아직 인장을 반납하지 않고 있네. 이제 나라가 평온해졌으니 인장을 반납하는 것이 어떠한가?

아들을 통해 황제의 뜻을 전해 들은 오삼계는 내놓고 싶지 않았지만 어쩔 수 없이 대장군 인장을 조정에 반납했다. 이렇게 강희제의 첫 번째 조치가 완성되었다.

둘째, 병력 감축을 통해 군량미를 절약했다. 순치 17년, 운남 군영의 병력을 5분의 2 가량 감축해 군량미를 절약하자는 제안이 제기되었지만 오삼계는 변경 지방의 혼란이 아직 가라앉지 않았다는 것을 핑계로 병력을 줄이지 않았다. 강희 4년, 신하들은 또다시 운남의 병력을 5천 명 감축하자는 의견을 내놓았고, 강희 6년에 좌도어사 왕희가 군량미 감축을 요구하는 상소를 올리자, 강희제는 평서왕과 독무 제신 작주酌籌에게 군량미 1백 석을 감축하라는 명령을 내렸다. 병력 감축은 '삼번' 토벌에 있어서 가장 중요한 조치 중 하나였다.

강희제가 삼번 토벌을 위해 실시한 세 번째 조치는 '삼번'의 전횡을 억제해 민심을 얻는 것이었다. 강희 4년, 상가희의 군대에 속한 병사 하나가 난동을 부려 민심을 어지럽힌 사건이 일어났을 때에는 단순히 사건의 재발을 막는 당부만 이루어졌다. 하지만 강희 6년에 비슷한 사건이 또 다시 발생하자 강희제는 강력한 처벌을 명했다.

네 번째 조치는 삼번 가운데 오삼계의 주둔지였던 운남과 귀주에서의 오삼계의 지방 정권을 빼앗은 것이었다.

강희 6년 5월, 오삼계가 조정을 정탐하기 위해 안질에 걸렸다며 운남과 귀주를 다스리는 직책에서 물러나겠다고 상소를 올리자 황실은 이를 윤허하고 '평서왕이 관할하던 사무를 각 성의 독무에게로 이관한다.' 하는 결정을 내렸다. 같은 해 9월, 오삼계의 세력인 운남 총독 변삼원卞三元과 운남 제독 장국주張國柱, 귀주 제독 이본섬李本深이 변경 지방의 상황이 위급해, 운남과 귀주에 대한 통치권을 다시 오삼계에게 돌려주어야 한다며 상소를 올렸지만, 당시 열일곱 살에 불과했던 강희제는 매우 단호한 태도로 그들의 상소에 이렇게 답했다.

> 오삼계가 몸이 쇠약해졌다는 이유로 자신의 직무를 내놓았고, 조정이 이를 윤허했다. 지금 운남과 귀주가 모두 평안한데, 다시 오삼계에게 과중한 임무를 맡겼다가 건강에 크게 해가될까 두렵다. 오랑캐가 국경을 침입한다면, 그때 가서 짐이 다시 적절한 명령을 내릴 것이다.

이와 함께 강희제는 오삼계와 상가희, 경중명 등의 측근을 지방의 독무에 임명할 수 없도록 규정했다. 이듬해 겨울, 오삼계와 조정의 대립이 날로 심화되는 것에 불안해진 변삼원이 훗날 있을 지도 모를 화를 피하기 위해 노모의 병을 핑계로 관직을 내놓았고, 강희제는 변삼원의 청을 윤허하고, 한군정남기漢軍正藍旗 소속의 감문곤甘文焜을 운귀 총독으로 임명했다. 그 후 감문곤은 귀양貴陽에 주둔하며 관병을 훈련시키고, 주변의 지세를 자세하게 파악해 오삼계를 견제하기 시작했다.

삼번에 대한 토벌은 평남왕 상가희가 나이가 들어 관직에서 물러나 낙향하겠다는 상소를 올리면서부터 시작되었다. 상가희는 순치 10년에도 나라가 점차 안정을 되찾고 있고 병이 들어 건강이 좋지 않아 요양이 필요하다는 핑계로 북경에 머물렀고, 2년 후에는 다시 산동 연주兗州나 요동遼東으로 가서 정착하겠다는 상소를 올린 적이 있었다. 당시에는 광동 지역의 상황이 아직 어수선하다는 이유로 순치가 그의 청을 들어 주지 않고 광동 지방이 평안해지면 다시 고려하겠다고 했다.

 강희 12년 2월, 나이가 이미 일흔 줄에 접어든 상가희가 황제에게 다시 상소를 올려 좌령관병佐領官兵을 호위대로 하여 군솔 가운데 노인 2만 4천여 명만을 데리고 요동으로 내려가겠다는 뜻을 밝히고, 자신의 아들 상지신은 제후로 봉하고 관병과 군솔들을 이끌고 계속 광동에 살 수 있도록 해 달라고 주청했다. 세월이 흘러 순치제 때와는 상황이 사뭇 달랐다. 상가희는 오랫동안 광동에 주둔하고 있었기 때문에 그 지역에서는 큰 권세를 휘두르며 재정을 장악하고 있었고, 그러므로 광동에서 완전히 손을 떼고 싶지 않았던 것이다. 그러나 강희제가 그런 상가희의 속셈을 모를 리 없었다.

 삼번 토벌을 위한 시기가 무르익었다고 생각한 강희제는 3월 12일에 어명을 내려 상가희가 요동으로 돌아갈 것은 윤허했지만, 광동 지방의 상황이 이미 안정되었다는 이유로 상가희 세력이 모두 광동에서 철수할 것을 지시했다. 황제의 뜻을 모를 리 없었던 의정왕대신들은 요동으로 이주하겠다는 상가희의 주청은 허락했지만, 그의 아들 상지신이 계속 광동에 머무른다면 그가 이끌고 있는 관병들도 가족들과 멀리 떨어져 살아야 한다며, 이미 광동 지역이 안정되었으니 상가희가 이끄는 모든 병사와 군솔들이 함께 이주하도록 명령하고, 상가희 수하의 좌우녹기左右綠旗는 광동 제독 직속으로 편입시켜 계속 광주에 머무르도록 했다.

5월 3일, 상가희와 상지신을 포함한 모든 군사를 요동으로 이주시킨 다는 내용의 어지가 흠차대신欽差大臣에 의해 광주로 전달되었다. 상가희는 비교적 공손한 태도로 어명을 받들고 요동으로 출발한 날짜와 군솔 및 병마의 수를 차례로 보고했다.

상가희의 광동 철수는 오삼계와 경중명에게 커다란 충격이었다. 이 소식이 전해지자 오삼계와 경중명은 7월 3일과 9일에 군사를 철수해 북경으로 돌아가겠다는 상소를 올렸다. 하지만 실제로 군사를 철수할 생각은 없었으며, 조정의 태도를 살피고, 또 자신들에 대한 조정의 의심을 해소하려는 심산이었다. 오삼계는 상소를 올리기 전, 책사인 유현초劉玄初와 논쟁을 벌였다.

유현초가 오삼계에게 황제가 그 상소를 받으면 곧 철수를 허락해, 혹 떼려다 혹 붙이는 격이 될 것이라며 상소를 올리지 말 것을 권유했다. 하지만 오삼계는 황제가 자신의 군대를 철수시키지 않을 것이며, 자신에 대한 의심이 풀릴 것이라고 고집을 부렸다. 하지만 결과는 오삼계의 예상을 빗나갔다. 상소를 받은 강희제는 기다렸다는 듯이 운남과 복건이 이미 안정되었다며 오삼계와 경중명의 주청을 받아들였다.

의정왕대신들도 황제의 의견에 따르기로 했다. 그들은 복건과 운남의 혼란이 가라앉아 지방에 있는 관병들만으로도 충분하다며, 정남왕 경중명이 복건에서 철수하는데 만장일치로 동의했다. 하지만 오삼계의 철수에 대해서는 의정왕대신과 대신들 사이에 이견이 발생했다. 형부상서 막락과 호부상서 미사한米思翰, 병부상서 명주와 소배, 색극덕塞克德 등은 오삼계 군대를 운남에서 철수시켜 산해관山海關 밖에 정착시키는데 동의하고, 운남 방어를 위해 만주족 관병 술증戌曾을 임시로 파견해야 한다고 주장했다. 하지만 대학사 색액도 등은 오삼계가 운남에 주둔한 후, 민생이 안정되고 오삼계에게서 전혀 반란을 책동하고 있다는 징조를 발견하지 못했다면서, 오삼계 부대를 철수시키면 운남에 관병을 추가로 파견해야 하고, 그러자면 그들의 이동노선 상에 있는 지역의 민심이 어수선해질 것이라고 우려했다. 또한 술증을 임시로 파견했다가 민심이 더욱 혼란스러워질 수 있다며 오삼계를 계속 운남에 주둔시키자고 주장했다.

의견이 분분했지만, 삼번 숙청에 대한 강희제의 입장은 확고했다. 그는 어지를 내려 오삼계와 경중명 군대의 철수를 허락했다. 오삼계의 철군에 반대하는 자들이든, 동의하는 자들이든 모두 오삼계의 모반 억제를 그 이유로 들었다. 젊은 황제라고 해서 이에 대한 생각이 없을 리 없었다. 강희제는 오삼계를 철수시키든 계속 주둔시키든 모반을 일으킬 것은 확실하기 때문에 선제공격이 최선이라고 생각했다.

강희 12년 8월, 강희제는 예부좌시랑 절이긍折爾肯과 한림원학사 부달례傅達禮를 운남으로 파견하고, 호부상서 양청표梁淸標와 이부우시랑 진일병陳一炳을 각각 광동과 복건으로 보내 총독, 순무, 제독 등과 함께 철군과 관련된 사항들을 논의하도록 명했다. 강희제는 운남으로 가는 사신들이 위험하다는 것을 알고 있었기에, 절이긍과 부달례가 북경에서 떠나는 날, 특별히 황제의 패도와 좋은 말 두 필을 하사해 무사귀환을 빌어 주었다.

강희 11년 가을과 겨울, 오삼계는 운귀 총독 감문곤이 모친상을 당해 북경에 올라온 틈을 타, 독표관병督標官兵을 귀양에서 운남으로 이동시켰다. 운남을 영원히 자신의 것으로 만들려던 꿈이 산산이 부수어지려 하자, 오삼계는 무력으로 조정에 저항하기로 결심한 것이었다.

절이긍과 부달례가 운남에 도착한 것은 강희 12년 9월의 일이다. 오삼계는 공손한 태도로 조정의 사신들을 맞이하며 11월 24일에 철군을 시작할 것이라고 말했지만, 암암리에 좌도통 오응린吳應麟과 좌도통 오국귀吳國貴, 부도통 고득첩高捷得, 사위 하국상夏國相, 오국주吳國柱 등과 모반을 치밀하게 준비하고 있었다. 11월 21일, 오삼계는 드디어 수하의 관병들을 모두 모아 놓고, 반란에 참여하기를 거부하는 운남 순무 주국치朱國治 등을 처단하는 한편, 조정에서 온 사신 절이긍과 부달례를 억류하고, 천하도초토병마대원수天下都招討兵馬大元帥로 자처하며 반청복명反淸復明(청에 반대하고 명을 부흥시킨다)을 명분으로 북경 진격을 선포했다.

의관까지 차려입은 오삼계는 카랑카랑한 목소리로 「반청격문反淸檄文」을 낭독했다.

…… 홀로 산해관을 지켰으나 화살이 모두 떨어지고 병사들도 전멸하니, 피눈물을 흘리며 소리 없이 괴로워했다. …… 오랑캐의 우두머리(청의 황제)가 덕이 없고 간교하며, 신하들도 음험하고 탐욕스러우니 …… 오랑캐들을 소탕해 백성을 구한 것은 하늘의 뜻이다. ……

이에 대해 조정에서는 다음과 같은 「토오격문討吳檄文」을 발표했다.

그대가 명 황실의 부흥을 그리고 원한다면, 옛날에 청이 산해관을 통해 중원으로 들어왔을 때에는 어찌 명 황실의 후손을 황제로 옹립하라는 상소를 올리지 않았는가? 게다가 청이 천하를 통일하고 나자 그대는 명 황실의 후예를 제거해 후환을 없애야 한다고 주장했다. 이것을 옛 주인에 대한 충성이라고 할 수 있는가? 또한 신하된 자로서 두 주인을 섬기고, 또 두 주인을 모두 배반했는데, 이를 과연 도의道義라고 할 수 있는가?

오삼계가 명을 배반하고 청에게 산해관을 열어 주었다는 사실은 삼척동자도 다 아는 사실이었으니, 오삼계가 도의를 외친다고 해도 들어줄 사람이 없었다. 오삼계는 군대가 호남과 형양衡陽으로 진격하는 동안 명망 있는 사상가인 왕부지王夫之에게 사람을 보내 연합을 제의했다. 왕부지는 일관되게 반청을 주장하고 남명南明의 신하였던 사람이지만 오삼계와는 절대로 손을 잡지 않았고, 결국 오삼계를 피해 산속으로 피신했다.

　하지만 오삼계의 모반이 아무런 지지도 받지 못했던 것은 아니다. 그는 강력한 군사력을 가지고 있었고, 거병을 일으킨 후 평남왕 상가희와 정남왕 경중명, 그리고 대만에 있는 정경과 귀주, 사천, 호광, 섬서 등지의 지인들 가운데 자신과 뜻을 같이할 만한 사람들에게 서신을 보내 동조할 것을 요구해, 명의 무장이었다가 청에 투항한 장수들을 반란군의 주력군으로 영입할 수 있었다.

　당시 반란에 동조한 총독과 순무, 제독, 총병 등 지방 관리들이 총 26명이었는데, 이 가운데 명의 무장이었던 장수가 20명이나 되었다. 또한 오삼계는 운남과 귀주에 흩어져 살고 있는 토사족과 묘족, 이족 등 각 소수민족의 병사 수만 명을 모을 수 있었다. 또한 오삼계의 주력군은 귀주성과 호남성을 공격해 14만 병력을 추가로 보탰고, 측면 부대도 사천성과 섬서성을 공격해 수만 명의 병사들을 얻었다.

　삼번의 난은 8년에 걸쳐 지속되었고 결국 청의 승리로 끝났다. 오삼계와 청의 갈등은 이미 오래 전부터 존재해 이미 종기가 곪아 있었고, 강희제는 단지 그 종기를 일찍 터뜨린 것뿐이었다. 종기는 일찍 터뜨려 고름을 제거해야 훗날 더 큰 병이 되는 것을 막을 수 있다는 것이 강희제의 생각이었다.

천하에 꿰뚫어 볼 수 없는 일은 없다

　강희제는 경솔하게 행동하지 않고 적당한 때를 기다릴 줄 아는 인재였다. 그는 정치력과 군사력을 장악하는 데에도 적절한 때가 있으며, 언제 어떤 행동을 취해야 한다는 것을 잘 알고 있었다. 다시 말해, 자신이 무엇을 해야 하는지 이미 알고 있다 해도 너무 서두르면 득보다 실이 많고, 또 너무 늦으면 도리어 일을 그르치게 되니 적당한 때를 골라 행해야 한다는 것이다. 상지신과 경정충 문제가 바로 여기에 속했다.
　상지신은 상가희의 맏아들이다. 오삼계가 처음 거병했을 때, 상가희는 오삼계와 손을 잡지 않고 청에 충성하겠다는 입장이었다. 하지만 머지 않아 상가희가 병으로 앓아 누웠고, 부친의 직무를 대신하게 된 상지신은 오삼계의 유혹과 자신의 야심을 뿌리치지 못하고, 강희 15년

(1676) 2월, 부친의 만류를 뿌리치고 군사를 일으켜 오삼계와 손을 잡았고, 상가희는 분노와 근심이 겹쳐 병세가 더욱 깊더니 결국 세상을 떠났다. 얼마 후, 상지신과 오삼계의 사이가 틀어지고, 반란이 광동 지역 지방 관리들의 강력한 반대에 부딪히자, 상지신은 강희 16년(1677) 9월에 청에 다시 투항해, 강희에게 죄를 용서받고 반란군 소탕에 참여했다. 그러나 상지신의 마음속에 여전히 청에 대한 반감이 남아 있다는 것이 여기저기에서 드러났다.

특히 상지신은 조주와 호남을 공격하라는 몇 차례에 걸친 강희제의 명령을 이행하지 않았다. 당시 호남 영흥永興이 수일 동안 오삼계 군대에게 포위 당해 매우 위급한 상황이었지만, 상지신은 지원군을 보내기는커녕 강 건너 불 보듯 방관했다. 상지신의 부하가 서둘러 진격해 반란군을 소탕해야 한다고 권유했지만 그는 여전히 군대를 움직이지 않았다. 이런 상지신의 의중을 꿰뚫어 본 것은 바로 광서 지역에서 삼번의 난을 진압하고 있던 순무 부굉렬傅宏烈이었다.

부굉렬은 강희에게 밀지를 보내 상지신이 조정에 투항한 후, 민가에 대한 노략질을 일삼고, 호남과 광서를 공격하라는 어명을 받들지 않고 있음을 알리고, 상지신이 떠나야 광동과 광서 지역이 편안해질 것이라며 통촉해 달라고 간청했다. 강희제는 여러 가지 상황을 고려해 부굉렬의 건의를 받아들였지만, 당장에 상지신에게 처벌을 내리거나 다른 지역으로 이동시키지 않고 강희 19년(1680)에 사천과 호광, 광서 지역에서 반란이 평정되고 청이 승세를 잡게 된 후에야 상지신 문제에 착수했다.

강희제는 그해 3월 형부시랑 의창아宜昌阿를 광동에 보내 상지신의 동향을 비밀리에 조사하고, 도통 왕국동王國棟과 광동과 광서 총독 김광조, 순무 김준金儁 등이 보낸 자료를 받았다. 그 자료들은 상지신이 여전히 청에 반감을 가지고 있음을 여실히 드러내는 것들이었다. 김준은 여러 가지 사실들을 근거로 상지신이 다시 청을 배반할 수 있다고 주장했다. 강희 17년(1678) 9월, 연회가 열린 자리에서 상지신이 김광조에게 "황상께서 나에게 출병을 명하시고도 나에게 황정대黃頂戴(황색 머리장식)를 하사하지 않는 이유가 무엇인가?"라고 물었고, 강희 18년(1679) 7월에는 상지신이 김광조에게 "내가 조정에 귀순하지 않았다면 자네가 어떻게 광동에서 벼슬을 얻을 수 있었겠는가? 앞으로 무슨 일이든 나에게 복종하게. 그렇지 않으면 오삼계만이 순무를 죽일 수 있는 것이 아님을 보여 주겠네."라고 말했다.

상지신은 또 이육동李毓棟을 질책하며 "네가 나와 사사건건 맞서려고 한다면 나도 네 목을 그대로 두지 않을 것이다. 황상이 온다 해도 날 어쩔 수 없을 게야!"라고 소리쳤다. 왕국동은 또 상지신의 어머니인 서씨舒氏와 호씨胡氏를 대신해 강희에게 상지신을 처벌해 달라는 상소를 올렸다. 그해 5월 강희제는 상지신을 잡아 북경으로 압송해 오라는 어명을 내렸다. 갑작스럽게 상황이 변하자, 상지신의 아우 상지절尙之節은 병사를 일으켜 왕국동을 죽였다. 그리고 때마침 광서에 있던 오삼계 부대가 청군에 패해 광동으로 도주하고 있었다.

강희제는 다시 상지신을 겨누었던 예리한 칼날을 거두고 상지신 수하의 병사들의 혼란을 막기 위해 거짓 어지를 하달했다. 상지신을 북경으로 부른 것은 사실의 진위를 알아보기 위함이지, 밀고자의 말을 모두 믿고 상지신에게 죄를 묻기 위함이 아니라는 것이었다. 과연 상지신의 병사들은 황제의 성은에 감격하며 의구심을 풀고 각자 가족들의 안전에 주력하게 되었다.

강희제가 상지신의 군대를 해산시킬 생각이 없었으니 상지신이 북경에 머무르는 동안 상지신의 부대는 자연히 그의 아우인 상지효尙之孝가 통솔하게 되었다. 8월 말, 모든 준비가 끝나고 시기가 무르익자, 강희제는 드디어 상지신에게 중형을 내렸다.

> 상지신이 충과 효를 모두 저버려 그 죄가 실로 엄중하니 참수하여 마땅하나, 친왕에 봉해졌던 것을 생각하여 특별히 사약을 내려 자결하도록 하노라. 조정에 충성했던 상가희에게는 훈장을 추서하고, 상가희의 처인 서씨와 호씨에 대해서도 처형이나 재산몰수 등을 면해 주노라. 상지신의 처에게도 연좌죄를 지우지 않겠노라.

강희제는 또 상지신 수하의 좌령관병 15명을 한군팔기로 편입시키고 수장을 다시 임명했다. 강희제는 확고한 원칙을 가지고 결정적인 시기를 놓치지 않고 과감한 조치를 단행했으며, 의창아와 장군 뇌탑 등도 황제의 치밀한 전략과 과감한 행동력에 크게 감탄했다.

경정충에 대한 처리에 있어서도 강희제는 인내심 있게 때를 기다리다가, 적당한 시기가 왔다고 생각되자 나비처럼 날아 벌처럼 쏘듯 순조롭게 일을 마무리했다.

강희제는 경정충에 대해서는 회유책을 써야한다고 생각했다. 강희 15년(1676) 경정충과 그의 권유로 본토로 온 정경 사이에 반목이 생겨, 강서 지방에서 오삼계 군대와 만나 회합하려던 계획이 실현되기 어려워지고 내부의 분란이 더욱 심각해졌다. 그해 10월, 경정충은 결국 갈 곳을 잃고 청군에 투항했다. 하지만 이듬해(1677) 11월에 경정충 수하의 장령將領이 북경으로 사람을 보내 경정충이 다시 청에 대해 반역을 일으킬지도 모른다는 상소를 올렸다.

경정충이 청에 반감을 가지고 있음을 안 후에도 강희제는 아직 경정충을 제거할 때가 아니라며 경정충의 일을 잠시 덮어 두도록 했고, 강희 16년(1679) 10월이 되어서야 강친왕 걸서에게 경정충에게 북경에 가서 황제를 알현하도록 권유하라고 일렀다. 강희제가 걸서에게 경정충이 반드시 제 발로 북경으로 와야한다고 누차 당부했지만, 걸서는 강희제의 의도를 오해하고 경정충을 제거해야 한다는 상소를 올렸다. 그러자 강희제는 강희 19년(1680) 1월에 걸서에게 특별히 어지를 내려 자신의 의도를 다음과 같이 설명했다.

> 짐은 어떤 일이든 착수하기 전에 신중하게 그 결과를 예상하오. 경거망동을 했다가는 나라 전체를 그르칠 수 있기 때문이오. 경정충을 제거하기에는 아직 시기가 성숙하지 않았소. 청군이 여러 지역을 수복했고, 회유책을 통해 수많은 반란군들이 투항해 왔소. 이런 때에 경정충이 죽는다면 투항한 반란군들은 자신들도 훗날 죽임을 당할 것이라고 생각할 것이고, 아직 투항하지 않은 반란군들도 모골이 송연하여 투항하지 않을 것이오. 짐이 지난번 경정충을 북경으로 보내라고 한 것은 경정충을 처단하기 위함이 아니라, 복건에 있는 만주족 군대의 절반을 철수시키기 위함이었소.

강희제는 어지의 마지막에서 걸서에게 경정충에게 북경행을 권유하라고 이르고, 최대한 신중을 기해야 한다고 당부하고, 경정충이 권유에 따르지 않으면 다시 비밀 상소를 올리라고 했다. 4월, 드디어 걸서가 임무를 달성했다. 경정충은 황제를 알현하기 위해 북경으로 가겠다고 했고, 강희제는 그 자리에서 허락했다. 또다시 넉 달이 흘러 경정충의 두 아우가 경정충이 모친의 뜻을 거역해 모친이 세상을 떠났다며 그를 처벌해 달라는 상소를 올렸고, 강희제는 그제서야 3년 전에 수집했던 각종 고발 자료들을 공개하고, 경정충을 국법에 따라 처리하겠다고 선포했다.

경정충의 죄상을 근거로 의정왕대신들은 그를 능지처참하기로 결정했다. 하지만 강희제는 경정충 군대가 아직 북경에 도착하지 않았다며, 경정충을 잠시 감옥에 가두고, 경정충의 수하인 마구옥馬九玉을 복건장군으로 봉해 경정충 부대를 지휘하도록 했다. 바로 이때 광동에서는 상지신에서 사약이 내려지고 있었다. 강희 20년(1681) 9월, 강희제는 경정충의 두 아우와 부하들을 한군 기旗로 편입시켰고, 21년(1682) 1월, 청군이 운남을 점령하고 오삼계의 잔당들을 소탕한 후에 경정충을 처형했다.

티베트 문제를 처리하는 과정에서 제파 상게 갸초가 달라이라마 5세의 사망을 15년간이나 숨기고 갈단과 밀통했을 때에도 강희제는 상게 갸초의 죄상을 모두 파악한 후, 심사숙고 끝에 무력으로 티베트를 평정시키지 않는 것이 좋다는 결론을 내렸다. 이는 강희제가 본래 함부로 무력을 남용하지 않는다는 원칙을 가지고 있었기 때문이기도 하지만 더 중요한 이유가 한 가지 있었다.

제파 상게 갸초의 처단을 명분으로 무력을 사용하면 큰 무리는 없지만 다른 문제들을 유발시킬 수 있어 결국 득보다는 실이 많아질 수 있었기 때문이다. 물론 상게 갸초가 자신의 잘못을 누차 인정했던 것도 무력을 사용하지 않은 원인 중 하나다. 그 후 티베트의 내부에서 달라이라마의 정통성 등을 놓고 갈등과 대립이 나타나자, 강희제는 역시 화해적인 방법으로 티베트와 몽고의 단결을 추진해 안정을 유지하는 것이 최선이라고 생각하게 되었다.

강희 59년(1720) 책망 아랍목탄阿拉木坦의 침입으로 티베트가 분열될 위기에 직면하게 되자, 티베트에 대한 통치가 위협받고 있다고 생각한 강희제는 "작금의 상황을 보아하니, 단결이 어려울 듯하다." 하고 말하며 무력 진압을 지시하고, 대군을 보내 달라이라마 6세를 보호하도록 했다. 대국적인 관점에서 시국을 살피고 무력 사용의 시기를 정확하게 선택한 강희제의 통찰력이 티베트를 살렸던 것이다.

|【강희제에게 배우는 반란 평정의 도】|

一. 강함과 유연함을 조화롭게 운용해 주된 문제점은 해결하고, 부차적인 모순은 완화시켜 현명하게 난국을 타개하라.

一. 무릇 큰일을 이루려는 사람은 우선 높은 곳에 올라 먼 곳을 바라보고, 처세에 있어서 과단성을 길러야 한다. 우물쭈물 주저하며 결단을 내리지 못하면 중요한 시기를 그대로 놓쳐 버릴 수 있다.

一. 무엇을 해야 하는지 이미 알고 있다 해도 너무 서두르면 득보다 실이 많고, 또 너무 늦으면 도리어 일을 그르치게 되니 경솔하게 행동하지 않고 적당한 때를 기다릴 줄 아는 자세가 필요하다.

제6장

반란 평정의 도 6
군정을 융합시킨다 軍政融合

군사와 정치의 관계를 잘 처리해야 한다. 200년에 걸친 청의 역사는 만주족 팔기병들이 이루고 지켜낸 것이라고 해도 과언이 아니다. 중국 역사상 소수민족이 세운 정권이 이렇게 오래 지속됐던 적은 단 한 번도 없었다. 하지만 무력으로만 따진다면 원의 통치자들이 청의 군주들보다 더 민첩하고 용맹했다. 몽고기병들은 세계적으로도 이름을 드날리지 않았던가. 하지만 원은 건국된 지 90년도 안 되어 역사 속으로 사라졌다. 뿐만 아니다. 중국 역사상 전제군주제도를 가지고 변경 지역을 이렇게 안정되고 탄탄하게 통치했던 왕조는 없었으며, 북부 지역 여러 민족들과의 관계를 이렇게 잘 처리한 왕조도 없었다. 그 이유는 무엇일까? 몽고기병들은 무력으로 정복할 줄만 알았지, 정치적으로 처리할 줄은 몰랐기 때문이다.

중국 최초의 국제평등조약

　중국의 동북 지역은 만주족들의 고향이다. 명 말기 청이 군사를 일으켜 산해관을 통해 중원으로 들어올 즈음, 서로는 바이칼호, 북으로는 외흥안령外興安嶺, 남으로는 동해, 동으로는 오호츠크해의 사할린섬에 이르는 광대한 영토가 모두 청의 세력 안에 있었다.
　1630년대가 되어서야 러시아인들은 흑룡강 유역까지 남하해 지구상에 흑룡강이라는 강이 있다는 것을 처음 알았고, 이 광활하고 비옥한 땅은 러시아인들의 탐욕스러움을 자극하기에 충분했다. 그들은 중국 영토를 침범하고 제멋대로 성곽을 지었으며 노략질을 일삼는 등 중국인들에게 큰 피해를 입혔다.
　청은 흑룡강 유역에 살고 있던 각 민족들과 함께 군대를 일으켜 러시아에 저항했고, 순치 연간에는 그들을 흑룡강 중하류 지역에서 몰아낼 수 있었다. 하지만 강희제가 정권을 잡은 후에도 러시아인들은 흑룡강 유역을 호시탐탐 노리며 바이칼호에서부터 두 갈래로 나뉘어 동진해, 중국의 객이객 몽고족들이 살고 있는 베르흐네우딘스크(지금의 울란우데)를 침범하고, 흑룡강 유역의 알바진을 다시 점령했다. 러시아는 지난번의 패배를 교훈으로 이번에는 침략의 거점을 세우고 점점 세력을 넓혀 가는 전략을 사용해, 바이칼호 동쪽과 흑룡강 유역을 점령하고 통치하기 시작했다.

강희제는 친정을 시작한 후 제정 러시아가 중국을 침략할 수 있음을 염두에 두고 있었다. 그는 "러시아가 청의 고향과 너무 가까워 서둘러 그들을 몰아내지 않으면 변경의 백성들이 편히 살 수 없다. 러시아군을 소탕하는 일은 매우 중요한 일이다."라고 말했다.

강희제는 러시아의 침략에 대한 대항을 국가 안정의 대업으로 생각하고 십여 년간 전쟁을 치르며 얻은 경험을 토대로 북방 변경 방어에 주력했다. 상세한 조사와 연구 끝에 북방 지역의 지세와 도로, 인적 상황 등을 고려해 군사 공격의 적기가 왔다고 판단하고, 명대에 사용했던 각 민족들을 기에 편입시키는 방식으로 혁철인赫哲人과 고아랍인庫雅拉人, 악온극족鄂溫克族(에벤키족), 달알이족達斡爾族(다우르족), 오로촌족鄂倫春族을 '신만주新滿洲'와 '포특합팔기布特哈八旗'로 편입시켜 1만여 명의 장정을 러시아 공격의 주력군으로 편성했다.

강희제가 친정을 시작하던 해(1667), 중국과 러시아 사이에 이른바 '근특목아根特木兒사건'이 발생했다. 근특목아는 색륜부索倫部(솔론부) 소속의 장수였는데 청에 의해 관직에 봉해졌다가 1차 청러 전투에서 청을 배반하고 네르친스크로 도망가 러시아군에 투항한 자였다. 그런데 그가 러시아군을 따라 다시 중국 국경을 침입한 것이었다. 청에는 도망친 자는 반드시 잡아 엄하게 처벌한다는 국법이 있었고, 강희제는 이에 따라 근특목아를 되돌려 달라며 러시아에 오랫동안 외교 교섭을 벌였다. 하지만 러시아는 청의 요구를 오랫동안 묵살했고, 외교 협상에서도 오만한 태도로 청에 무리한 요구를 해댔다.

오삼계가 반란을 일으키자 러시아는 그 틈을 타 청에 12가지에 달하는 요구 사항을 내세웠다. 강희제는 사람을 파견해 진지하게 협상에 임하고 러시아의 요구를 일부라도 최대한 수용하겠다는 입장을 보였다. 하지만 그중 심하게 무례하고 치욕적이라고까지 할 수 있는 몇 가지 요구에 대해서는 확실한 거절 의사를 밝혔다. 러시아 사신이 귀국하기 전, 강희제는 다시 사람을 보내 청과 화해하고 싶다면 근특목아를 청으로 돌려보내라는 강력한 요구를 전달했다.

무력이 능사가 아니며, 부득이한 경우에만 사용한다는 것이 강희제의 일관된 생각이었지만, 러시아가 청의 국경을 침범하는 것도 모자라, 청의 백성까지 넘본다는 것을 용납할 수는 없었다. 게다가 10년 넘도록 수차례에 걸쳐 외교 협상을 진행했음에도 청이 침략의 야심을 꺾지 않았기에 강희제는 삼번의 난을 진압한 후 곧 러시아에 대한 대반격에 나섰다.

강희 21년(1682) 4월, 강희제는 성경盛京(지금의 요녕성 심양)에 제례를 올리러 가는 기회에 동북 지역 변경 지방을 시찰했고, 9월에는 부도통 낭담郎淡과 팽춘彭春에게 명해 사슴 사냥을 핑계로 달알이와 색륜 일대에 가서 적의 동향을 정탐하고, 알바진의 지세와 교통에 대해 상세하게 알아보도록 했다. 그해 말 낭담은 알바진에 대한 상세한 정보를 황제에게 올렸고, 강희제는 아직 알바진을 공격할 때가 아니라고 판단하고 조금 더 준비하며 상황을 관망하기로 했다. 강희제는 또 아이훈璦琿(지금의 흑하黑河)과 호마이呼瑪爾 두 곳에 성곽을 쌓고 전함을 보수하고 군대를 훈련시키는 한편, 군량미를 비축하고, 요하遼河와 송화강, 흑룡강 수로를 정비해 보급품의 원활한 운송로를 확보하고, 오라烏喇(지금의 길림시 서북부의 오라가烏喇街)에서 아이훈에 이르는 역로驛路를 개척했다. 여기에서 강희제의 전쟁 준비가 얼마나 주도면밀하고 치밀하게 이루어졌는지를 알 수 있다.

낭중郎中 색기色奇 등이 전쟁 준비 작업의 책임을 맡았다. 당초 강희제는 길림 오라에서 흑룡강성(아이훈성)까지의 거리가 1,195리이고 그 사이에 14개의 역참을 세워야 한다는 보고를 받았다. 하지만 강희제는 측량 결과에 착오가 있음을 발견한 것인지, 아니면 거리 측정의 기준이 모호하다고 느꼈던 것인지 몰라도 역참이 매우 중요하니 다시 정밀하게 측정하라는 명령을 내렸다. 신하들이 다시 거리를 측정해 보니 과연 지난번 측정 결과에 큰 오차가 있음이 발견되었고, 길림 오라에서 흑룡강성까지의 거리가 1,340리이며 19개의 역참이 필요하다는 내용의 보고가 다시 올려졌다. 이번에는 강희제도 곧 보고를 받아들이고, 각 역참에 장정壯丁과 말 20필, 소 30두를 배치하고, 장정은 성경과 영고탑寧古塔(지금의 흑룡강성 영안寧安)이 관할하고 있는 각 유조변21)柳條邊에서 파견하고, 소와 말은 성경의 호부에서 사서 보내라는 명령을 내렸다.

강희 24년(1685) 5월 하순, 팽춘이 3천 명의 청병을 이끌고 알바진으로 진격해, 완강하게 저항하는 러시아군에게 맹렬한 공격을 퍼부었다. 이때 수백 명의 러시아군이 뗏목을 타고 흑룡강을 따라 남하해 팽춘이 이끄는 청군을 뒤에서 치려고 했다. 첩보를 입수한 청은 나무판으로 머리를 가린 병사들을 강물 속에서 잠복시키고 있다가 러시아군이 도착

---

21. 청대에 만주족들이 동북 지역에 버드나무를 심어 만든 장벽. 한족들이 청의 발상지인 동북 지역을 침범하는 것을 막는 데 주요 목적이 있었다.

하자 물속에서 뗏목을 부수어 버렸다. 뜻밖의 공격을 받은 러시아군은 반격하려 했지만 속수무책이었다.

청병들이 물속에서 공격을 하니 총을 쏠 수도 없었고, 다들 나무판으로 머리를 가리고 있으니 총을 쏘아도 소용없었다. 청병들이 뗏목으로 다가가 뗏목에 탄 러시아군의 다리를 공격하니 러시아군들은 반항도 한 번 못해 보고 그대로 물속으로 고꾸라졌다. 결과는 청군의 대승리였고, 청의 군사는 단 한 명도 죽거나 다치지 않았다. 러시아군이 여전히 성을 지키며 투항하지 않자, 팽춘은 모든 병사들에게 건초더미를 하나씩 가져와 알바진성 밖에 쌓아 두도록 했다. 화공火攻을 이용하려는 것이었다. 사태가 이렇게 되자 성안에는 일대 혼란이 벌어졌고, 수장 트루부진은 어쩔 수 없이 성문을 열고 투항했다.

강희제는 사전에 이미 팽춘에게 어지를 보내 알바진성을 점령한 후 러시아군을 단 한 명도 죽이거나 잡아 두지 말고 고이 고향으로 돌려보내라고 당부했고, 팽춘은 어명에 따라 알바진성에 있던 700여 명의 러시아군을 모두 국경 밖으로 추방했다. 강희제는 다시 어지를 내려 알바진성에 대한 방비를 철저히 하도록 지시했다. 하지만 팽춘은 알바진성을 모두 불지른 후 군사를 철수해 아이훈과 묵이근墨爾根(지금의 흑룡강성 눈강현嫩江縣) 등지로 떠났고, 알바진성에는 단 한 명의 병사도, 단 하나의 초소도 없이 완전히 무방비 상태가 되어 버렸다. 그렇게 두 달이 지나고, 러시아의 트루부진이 지난번보다 더 많은 군사를 이끌고 대량의 무기로 무장한 채 알바진성을 점령해 더욱 견고한 성곽을 지었다.

강희 25년(1686) 5월, 살포소薩布素가 이끄는 2천 명의 청군이 다시 알바진성을 포위하고 제2차 공격을 시작했다. 청군의 맹렬한 공격에 트루부진이 전사했지만 러시아군은 여전히 성을 굳게 지키고 있었다. 새로 지은 성곽은 매우 견고해 쉽사리 뚫릴 기미를 보이지 않았고, 살

포소 군대는 오랫동안 알바진성을 포위하고 진을 치고 러시아군이 지치기를 기다렸다. 드디어 연말이 되자 성안에 오랫동안 갇혀 있던 8백 명의 러시아군 가운데 대부분이 죽고 150여 명만이 살아남았다. 알바진성을 수복하는 것은 이제 시간문제일 뿐이었다. 바로 이때, 강희제에게서 전쟁을 끝내라는 어명이 내려왔다. 러시아가 드디어 국경 문제에 대해 협상에 응하기로 했다는 것이었다.

정치적 분쟁이나 충돌을 해결함에 있어서 되도록 무력을 사용하지 않는다는 것이 강희제의 일관된 입장이었지만, 전쟁에 대한 준비도 게을리 하지 않았다. 강력한 군사력이 뒷받침되어야 정치적 승리를 거둘 수 있다는 것을 그도 잘 알고 있었기 때문이다. 그는 보기 드물게 정치적 수단과 군사적 방법을 노련하게 운용할 줄 아는 전제군주였다. 알바진전투는 국토 수호의 명분 아래 진행된 것이기 때문에, 러시아의 차르가 협상을 제의하고 공격 중단을 요구하자 그 요청을 곧 받아들여 군사를 철수하고 알바진성에 대한 포위망을 풀었던 것이며, 여기에서 강희제가 국경 문제 해결에 있어서 얼마나 진지하고 관대한 태도를 보였는지 잘 알 수 있다.

러시아 측의 소극적인 태도로 인해 러시아와 청은 강희 28년(1689)이 되어서야 6월에 네르친스크에서 협상을 갖기로 결정했다. 그때 청 내부에서는 갈단이 객이객몽고를 공격해 점령하는 상황이 발생했고, 강희제는 천부적인 예민한 정치적 후각으로 갈단이 객이객몽고를 공격해 청이 내우외환의 난관에 봉착할 수 있음을 예감하고 러시아에 크게 양보하고 협상을 조기에 마무리지었다.

강희 28년(1689) 7월 24일, 색액도가 이끄는 청과 러시아의 협상단이 여러 차례의 협상 끝에 네르친스크조약을 체결했고, 그 내용은 다음과 같았다.

첫째, 북쪽으로부터 흑룡강으로 유입되는 아르군강과 그 부근의 고르비차강, 그리고 그 강을 따라 오른쪽에 위치한 대흥안령大興安嶺을 경계로 대흥안령 동쪽은 중국의 영토로 하고, 대흥안령 서쪽은 러시아의 영토로 한다. 단, 우디강 이남과 홍안령 이북의 중국 측 소유 지역에 대해서는 결정을 보류하고, 양측 협상단이 귀국해 확실히 조사한 후 사신을 파견하거나 서신을 보내 다시 결정한다.

둘째, 흑룡강으로 유입되는 아르군강을 경계로 남쪽은 중국 영토이고 북쪽은 러시아 영토다. 남쪽에 있는 러시아인 가옥은 모두 북쪽으로 이전한다.

셋째, 알바진에 있는 러시아의 요새는 모두 파괴하고 러시아인은 모두 철수한다.

넷째, 국경을 확정했으니 양국 사냥꾼들의 불법 월경을 금지한다. 1, 2명이 몰래 국경을 넘어 사냥을 하거나 물건을 훔치면 해당국 관헌으로 인도해 죄의 경중에 따라 처벌한다. 10, 15명이 함께 국경을 넘어 사냥을 하려면 반드시 사전에 보고하고 법에 따라야 한다. 만약 그중 1, 2명이 불법행위를 했다면 양국은 평화적으로 처리하고 함부로 처벌하지 않는다.

다섯째, 과거의 모든 일은 불문에 부치고, 현재 중국에 있는 러시아인과 러시아에 있는 중국인은 본국으로 추방하지 않고 잔류시킨다.

여섯째, 양국은 영구적으로 화해관계를 유지하며, 앞으로는 여권을 소지한 자에 한해 국경 출입을 허용한다.

일곱째, 조약체결 후에 도망자가 생기면 모두 체포해 본국으로 송환한다.

여덟째, 양국의 대신이 영구적인 종전과 화해에 합의했으며, 이

조약을 위반할 수 없다.

　양국은 본 조약을 중국어와 러시아어, 라틴어로 새긴 비석을 양국의 국경에 세운다. 중국은 알바진 등 장기간 러시아에 점령당했던 영토를 되돌려 받는 조건으로 본래 중국에 속했던 네르친스크를 러시아에 내주었다. 한 마디로 강희제는 러시아의 침략에 대해 무력으로 대항해 큰 승리를 거두었다고 할 수 있다. 이 조약이 체결됨으로 인해서 중국과 러시아 간의 긴장이 해소된 것은 물론, 조약 내용에 대해서도 중국과 러시아 모두 만족했다.
　이 조약을 통해 러시아는 중국의 영토를 얻게 되었고, 청은 동북 변방 지역을 안정시키고, 흑룡강과 우수리강 유역의 광활한 영토가 중국의 영토임을 법으로 명시할 수 있었기 때문이다. 또한 청은 이제 러시아와의 국경분쟁을 마무리 짓고 중가르의 반란을 평정해 완전한 통일국가를 향해 한 걸음 더 나아갈 수 있었다. 그 후 오랫동안 중국과 러시아의 국경 지역에는 평화가 찾아왔지만, 강희제는 "러시아와 화의를 이루고 국경을 확정하기는 했으나 각 성 주둔군들은 변함없이 국경을 수비하라." 하며 여전히 러시아와의 국경에 대한 방어를 늦추지 않았다. 강희제는 동북의 광활한 영토에 대해 지속적으로 군사방어를 실시했다.

대군을 잠복시켜두고 전진한다

중국은 13세기 중엽부터 티베트에 대한 주권을 가지고 통치하기 시작했고, 원 헌종憲宗 때 티베트가 중국 영토로 편입된 후로 계속 중국의 일부였다. 청이 중원으로 들어오기 전, 액노특 화석특부의 고실칸이 달라이라마 4세와 적대관계에 있던 후장장파칸后藏藏巴汗을 죽이고 티베트를 통일하고 정권을 달라이라마 5세에게 넘겨주고 그의 자손들이 달라이라마를 보좌하도록 했다. 청 순치 9년(1652)에 달라이라마 5세가 북경에 와서 조공을 바쳤고, 10년(1653)에는 순치제가 사신을 보내 정식으로 달라이라마에게 '서천대선자재불령천하석돈보통와적라달西天大善自在佛領天下釋敎普通瓦赤喇怛 달라이라마'라는 존호를 내렸다.

강희제가 친정을 시작한 후, 티베트의 몽고족과 티베트족의 연합 통치 계급 사이에 갈등이 심화되기 시작했다. 하지만 강희제는 지방 세력과의 원만한 관계를 통해 변방 지역의 안정을 유지하고자 했기 때문에 변방 지역의 그 어떤 종파나 민족과도 평화적인 관계가 결렬되기를 바라지 않았고, 몽고족과 티베트족 간의 권력 균형을 유지시키면서 티베트를 점차 청의 직속 관할 아래에 두려는 생각이었다.

고실칸(1582~1654)의 본명은 도노배호圖魯拜琥이고 막서액노특몽고漠西厄魯特蒙古 화석특부의 부장인 배파갈사拜巴噶斯의 아우였다. 그는 우루무치〔烏魯木齊〕 일대에서 유목생활을 하다가 청 숭덕崇德 원년(1636) 가을에 군대를 이끌고 청해성으로 이주했고, 숭덕 5년(1640)에 서강西康(객목喀木, 지금의 티베트 자치주)을 공격한 후 격노파格魯派(겔룩파)황교의 요청으로 티베트로 이주했으며, 숭덕 7년(1642)에는 시가체〔日喀則〕를 공격해 겔룩파와 적대관계에 있는 장파칸을 죽이고 라싸에 지방 정권을 수립했다.

또한 고실칸의 협조로 달라이라마 5세가 법왕으로 즉위하자, 객노파의 세력이 빠르게 확장되었다. 하지만 티베트 내부에 반황교 세력이 진압되면서 달라이라마와 화석특칸 사이의 연합에 금이 가기 시작했다. 강희 7년(1668) 고실칸의 후계자이자 그의 장자인 다얀칸〔達延汗〕이 세상을 떠나자, 5대 달라이라마는 칸이 공석인 틈을 타 이듬해 8월에 자기 마음대로 나복장돈다포羅卜藏敦多布를 제파로 임명했고, 강희 10년, 새로 칸으로 즉위한 다얀칸의 아들 달라이칸도 이를 인정할 수밖에 없었다. 그리고 이때부터 제파 임명권이 달라이라마에게 이양되었다. 강희 18년(1679) 5대 달라이라마는 또다시 자신이 심혈을 기울여 길러 낸 상게 갸초(1653~1705)를 제파에 임명했다.

강결가조의 숙부 중맥파진열가조仲麥巴陳列嘉措는 다얀칸과 5대 달라이라마 때 제파를 역임했고, 상게 갸초도 어릴 적부터 이런 숙부를 보고 자라면서 달라이라마로부터 총애를 받았다. 상게 갸초는 여덟 살 되던 해에 포탈라궁으로 들어가 달라이라마에 의해 직접 교육을 받아 박학다식한 청년으로 장성하게 되었다. 달라이라마 5세는 상게 갸초를 티베트 미래의 최고 통치자로 길러 낸다는 목표로 교육에 정성을 쏟았고, 상게 갸초 또한 어려서부터 달라이라마의 모든 기대를 한 몸에 받았던 탓인지 강한 사명감을 가지고 있었다.

강희 21년(1682) 달라이라마 5세 나왕 롭상 갸초가 원적했다. 하지만 제파 상게 갸초는 이 사실을 청 조정에 보고하지 않고 이를 티베트 통치권을 손에 넣을 수 있는 기회로 삼기로 했다. 그는 달라이라마의 명의로 모든 일을 처리하며 한편으로 갈단의 반란을 지우려 했다. 그가 갈단에 파견한 제륭은 오란포통에서 청군과 갈단의 부대가 전투를 벌이자 산 정상에서 전세를 살피다가, 갈단 군대가 패주하자 시간을 벌어주기 위해 청군을 속이기도 했다. 강희제는 이것이 제륭 혼자 벌인 일이 아니라 달라이라마를 보좌하는 근시近侍가 달라이라마를 속이고 꾸민 일이라고 의심했다.

여기에서 '근시'는 바로 제파 상게 갸초였다. 후에 강희제는 소막다昭莫多 전투에서 포로로 잡힌 갈단의 군사들에게서 5대 달라이라마가 이미 15년 전에 세상을 떠났다는 사실을 알게 되었고, 제파와 중가르가 결탁했다는 증거를 찾아냈다. 하지만 강희제는 넓은 아량으로 제파의 죄를 용서해 주었고, 강희 36년(1697) 제파 상게 갸초는 강희제의 어명에 따라 5대 달라이라마가 세상을 떠났으며, 1683년에 출생한 창양 갸초를 달라이라마 6세로 추대했다. 하지만 청은 이를 인정하지 않았고, 그를 '가짜 달라이라마'라고 칭했다.

화석특부 고실칸의 후계자인 납장칸拉藏汗(라상칸)과 제파 상게 갸초의 관계가 점차 악화됐다. 강희 45년(1706), 납장칸은 자기 마음대로 제파를 임명하고 청에 가짜 6대 달라이라마를 폐위시켜 달라고 요청했다. 강희제는 납장칸의 티베트 통치를 지지하며 가짜 달라이라마를 체포해 북경으로 압송했고, 가짜 달라이라마는 북경으로 압송되는 도중 병사했다.

납장칸은 아왕阿旺 이희가조伊喜嘉措를 6대 달라이라마로 옹립했지만 청해성 몽고 각 부족 태길의 반대에 부딪혔고, 청해성 부족들은 강희 53년(1714)에 이당里塘(지금의 청해성 이당현里塘縣)에 있는 칼장 갸초를 달라이라마 6세로 인정했다. 사태가 이렇게 되자 강희제는 이희가조를 달라이라마로 인정하고 납장칸과 청해성 부족 사이의 갈등을 해결하기 위해 칼장 갸초를 서녕西寧의 총카파사[宗喀巴寺]로 보내 청의 무력 통제 아래 두었다.

달라이라마의 정통성을 둘러싼 분쟁은 티베트족과 몽고족의 각 정치 세력들 사이의 복잡한 갈등을 드러내는 것이었다. 누가 달라이라마가 되느냐하는 문제는 이런 내재적인 정치 권력과 정치적 주장의 상호 충돌이 표면화된 것에 불과했다. 강희제는 정치적인 관점에서 달라이라마가 이런 정치적인 투쟁의 구심점에 서있다는 것을 간파했던 것이다. 그는 신하를 보내 청해성 각 부족들과 납장칸의 갈등에 대해 조사하고 화해하고 단결시키기 위해 노력했다.

티베트에게 가장 큰 위협이 바로 신강新疆 서부 갈단의 조카 책망아랍포탄이 이끄는 중가르 세력이었기 때문이다. 책망아랍포탄은 이미 갈단의 전철을 밟고 있었다. 그는 옛 부대를 모아 세력을 확장하고, 청에 저항하면서 하미[哈密]와 청해성, 티베트를 침범하고 있었다. 강희제는 티베트를 안정시키고 책망아랍포탄이 이 틈을 타 세력을 더욱 확장하는 것을 막기 위해, 청해성 각 부족을 모두 인정하고 청에 충성하는 세력을 지지했으며, 백성들의 숭배의 대상인 달라이라마를 최대한 보호했다. 그리고 강희 36년(1697)에서 59년(1720) 사이에 티베트에는 3명의 달라이라마 6세가 나타났다.

강희제가 티베트의 내부 단결과 민심 안정을 위해 힘쓰고 있을 때, 책망아랍포탄은 티베트에 대한 전쟁을 일으켰다. 강희 55년(1716) 겨울, 납장칸이 청해성에 모든 주의력을 집중시키고 아무런 방비도 하고 있지 않은 상황에서 아랍포탄은 책령策零 돈다포敦多布을 수장으로 군사 6천 명을 출격시켰고, 드디어 강희 56년(1717) 10월 말, 라싸를 공격해 납장칸을 죽이고 이희가조 달라이라마를 구금시켰다.

강희제는 강희 57년 봄에서야 중가르가 무력으로 티베트를 침공했다는 소식을 들었고, 강희 57년(1718) 2월, 늦게 도착한 납장칸이 지난해 10월에 보낸 구조 요청 서신을 받았다. 하지만 라싸는 이미 중가르의 손에 넘어간 후였다. 갑작스러운 비보에 조정이 발칵 뒤집혔고, 강희제는 곧 군대를 일으켜 티베트로 진격시켰다. 하지만 적을 너무 얕잡아 보았던 탓에 첫 번째 전투는 청군의 참담한 패배로 끝났다. 중가르는 야심만만하게 동으로 진격했다. 파당巴塘과 이당을 점령하고 청해와 운남을 손에 넣을 생각이었다. 중가르가 진격해 오고 있다는 소식에 청해성의 지방 제후와 관리들은 두려움에 떨며 티베트가 워낙 먼 데다가 가는 길이 험난해 공격하기 쉽지 않으니 군대를 출정시키지 말고 방어에 주력하자고 주장했다. 하지만 중가르와의 전투에서 이미 패배한 경험이 있는 강희제는 방심할 수 없었다.

강희제는 상황을 자세히 조사하고 책령 돈다포를 포함해 많은 승려와 백성들이 현재 서녕에 있는 칼장 갸초를 진정한 달라이라마 6세로 생각하고 있다는 것을 알고, 달라이라마 6세를 티베트로 돌려보내기로 했다. 청이 티베트족과 몽고족이 모두 추앙하는 지도자를 보호해 티베트로 가서 중가르를 몰아낸다면, 티베트의 민심이 청으로 기우는 것을 물론이거니와 자연히 청에 대항하는 중가르에 대한 분노로 바뀌게 되고, 중가르의 파멸은 시간문제가 되는 것이었다.

이것은 정치적 수단과 군사적 방법을 교묘하게 결합시킨 고도의 전략이었고, 당시 북경에 머무르고 있던 외국인들은 이를 두고 "티베트인들의 동정을 사고, 티베트족과 중가르의 사이를 이간질시키기 위한 중국 황제의 탁월한 선택"이라고 극찬했다. 티베트에 대한 공격이 어려운 것은 사실이었다. 강희제는 여전히 두려운 마음을 떨쳐버리지 못하고 있는 신하들을 독려하기 위해 강희 59년(1720) 1월 5일에 신하들을 불러 놓고 긴 연설을 했다.

그는 먼저 태조와 태종 때 청의 전적들을 열거하고, 오삼계의 난을 평정하고, 갈단 섬멸을 위해 단행했던 세 차례의 친정을 예로 들며, 용맹하게 싸우면 반드시 성공한다는 도리를 역설했다. 그는 또 신하들이 제 몸 하나 아끼기 위해 국사를 저버리고 의론이 분분하다며 질책하고, 중가르인들이 티베트를 점령하고 절을 불태우고 승려들을 죽였으니, 청해성의 태길들이 용감하게 맞서 싸우는 것이 당연하다고 강조했다. 또한 강희제는 길이 험하고 멀다는 주장에 대해, 책령 돈다포가 티베트로 진격했는데 어찌 청군이 가만히 보고만 있을 수 있겠느냐며 설득했다. 강희제는 마지막으로 티베트의 안정이라는 가장 중요한 문제에 대해 언급하며, 조정의 안정을 위해서라도 반드시 군대를 출격시켜야 한다고 강하게 주장했다.

반란군을 척결하고 백성을 감화시켜야 한다

청의 역사는 만주족 팔기병들이 이루고 지켜낸 것이라고 해도 과언이 아니다. 중국 역사상 소수민족이 세운 정권이 이렇게 오래 지속됐던 적은 단 한 번도 없었다.

티베트의 안정은 강희제의 가장 중요한 업적 중 하나다. 그는 선대 황제들의 성과를 기초로 티베트 안정을 크게 진전시킬 수 있었다. 강희제는 20년이라는 긴 세월 동안 심혈을 기울여 일궈 낸 티베트의 안정이라는 자신의 역작에 스스로 기뻐하고 흐뭇하게 생각했다. 한 나라의 군주로서 그는 티베트의 안정을 위해 힘써 준 장수들의 노고를 치하하며 「시평장장사示平藏將士」라는 시를 지었다.

지난 해 티베트에서 개선곡이 울려 퍼지니
짐이 연회를 베풀어 그 노고를 치하하노라.
기나긴 여정에 피로한 장수들이여, 이제 편히 쉬어라.
환호성이 봄날의 우레처럼 하늘에 울려 퍼지는도다.

시 구절에서 강희제의 호방한 기개가 그대로 드러난다.

강희 59년 1월 30일, 강희제는 무원대장군撫遠大將軍 윤제胤禵에게 군사를 이끌고 서녕에서 목로오소穆魯烏蘇로 가서 티베트로 출정한 군대의 군량미를 관리하라고 명하고, 조카인 연신延信을 평역장군平逆將軍으로 봉해 청해를 떠나 객라오소喀喇烏蘇로 진군하라고 명했으며, 갈이필噶爾弼을 정서장군定西將軍으로 명해 운남도통 무격武格이 이끄는 부대와 합류해 파당에서 티베트로 진군하도록 했다. 강희제는 이 밖에도 장군 부영안富寧安과 부이단傅爾丹, 보르덴에게 각각 파이곤巴里坤과 아이태阿爾泰에서 출발해 티베트로 진격하라고 명했다.

또한 2월 16일에는 호필이칸胡必爾汗을 '홍법각중弘法覺衆 달라이라마 6세[22]로 봉하고 만주족과 한족 관병과 청해성 군대에게 그를 호송해 티베트로 떠나게 했다. 달라이라마를 호송해 티베트로 가서 중가르를 몰아내는 방법은 정말 절묘한 계책이었다.

티베트족과 몽고족들은 달라이라마를 숭배했으며, 이땅에서 태어난 호필이칸을 달라이라마로 인정했으니, 달라이라마가 티베트로 돌아온다면 티베트족과 몽고족에게 그보다 더 기쁜 일이 없었으며, 티베트와 몽고의 장수들을 이 군사행동에 동원시킬 수 있었다.

---

22. 건륭 이후에는 홍법각중이 달라이라마 7세로 불려지며, 제파 상게 갸초가 옹립했던 창양 갸초가 달라이라마 6세로 인정된다.

중가르인들은 이제 독 안에 든 쥐나 마찬가지였다. 청군에는 대항하자니, 황교를 파괴하고 모독한 죄를 티베트족과 몽고족 백성들에게 용서받을 수 없었고, 청군에 대항하지 않자니 앉아서 죽음을 기다리는 것이 이보다 더할까.

같은 해 3월, 무원대장군 윤제는 판첸 액이덕니額爾德尼에게 서신을 보내 황제의 어지를 전달했다. 어지에는 달라이라마 호송과 티베트 안정이라는 명분을 설명하고, 판첸에게 황교의 전파와 민생 안정에 힘쓸 것을 당부하는 내용이 적혀 있었다.

곧이어 각지에서 진격해 온 청의 대군들이 군사행동을 시작했다. 정서장군 갈이필은 남로군을 이끌고 4월 16일에 성도成都에서 출발해 천혜의 요새로 유명한 라싸로 진격했다. 이들은 전로箭爐와 이당, 파당을 거쳐 6월에 찰목다察木多에 도착했고, 7월 말에는 납리拉里까지 진격했다. 당초 납리에서 잠시 쉬면서 평역장군 군대와 합류해 다시 라싸로 진격할 계획이었지만 마음이 바빴던 갈이필은 단 며칠도 쉬지 않고 적의 정세를 살피고 계속 진격했다.

당시 죽공竹工에 있던 호도극도呼圖克圖가 청에 귀순하려했었는데, 책령 돈다포는 취목비륵채상吹木丕勒寨桑을 보내 병사 2천 6백 명을 이끌고 갈이초목륜하噶爾招穆倫河 어귀를 점령하고 묵죽공잡墨竹工卡을 굳게 지키도록 했다.

이 같은 상황을 알게 된 갈이필은 부하들과 회의를 하던 중에 적들이 요지를 점령해 청에 귀순하고 싶은 자들이 귀순하지 못하고 있으니, 그러기보다 차라리 묵죽공잡과 갈이초목륜도구를 선제공격하고 서녕에 있는 부대와 함께 티베트로 진격하자고 제안했다. 정곡을 찌르는 전략이었다. 당시 공포空布 지역의 제파 아이포파阿爾布巴가 2천 명의 주력부대를 이끌고 귀순해 왔고, 갈이필은 공잡 부근까지 사람을 내보내 환영했으며, 8월 6일에는 만주족과 한족 관병들을 이끌고 티베트로 계속 진격해 공잡이랍工卡爾拉 일대에 다다르고 죽공에 있던 호도극도도 드디어 귀순해 왔다.

다음날, 갈이필은 묵죽공잡을 가뿐히 손에 넣었고, 취목비륵채상은 달목達木에서 군사를 철수시켰으며, 제파 달극은 2, 3천 명의 청군이 문턱까지 와 있다는 것을 알고 투항하고 성을 내주었다. 갈이필은 중가르 군대의 군량미가 라싸에서 보급되고 있다는 것을 알고 라싸를 점령해 군량미 운송을 중단시키기로 했다. 그는 제파 달극을 시켜 배를 모으고 8월 22일 군대 전체가 갈이초목륜하를 건넜다.

강을 건넌 갈이필은 부대를 셋으로 나누어 23일 새벽에 라싸를 공격해 점령하고, 모든 제파와 라마, 백성들을 모아 놓고 교리 수호와 티베트 안정을 위한 황제의 뜻을 알리고 달라이라마의 모든 창고를 폐쇄하는 한편, 라싸 부근의 요충지에 부대를 보내 중가르와의 왕래와 교신을 중단시키고 군량미 보급을 끊었다. 또한 제파 달극의 인장을 찍어 책령 돈다포 수하의 모든 당고특唐古特 군사들에게 칙서를 보내 해산을 명하고, 승려들의 제보로 101명의 중가르라마를 체포해 그중 죄를 지은 5명을 참수하고, 나머지는 라싸의 감옥에 감금시켰다. 갈이필과 한족 장수들이 긴밀한 협력을 통해 중요한 시기에 커다란 전적을 올리면서 승리의 기초를 닦았다.

강희 59년 4월, 평역장군 연신은 섬서와 감숙의 만주족과 한족 관병들을 이끌고 서녕에서 달라이라마를 호송해 티베트로 향했다. 그리 멀지 않은 길이었지만 가는 길목에 깊은 산과 골짜기가 많아 행군이 쉽지 않았다.

책령 돈다포가 주력군을 이끌고 이들을 따라붙어 교전을 벌였다. 여러 번의 전투가 있었고, 그중 가장 치열한 전투가 세 번 있었는데, 한번은 8월 15일, 청군이 찰복극하扎卜克河에 주둔해 야심한 밤을 틈타 습격한 책령 돈다포 군대를 대패시키고 병마와 무기를 빼앗았고, 20일에는 청군이 제눈곽이齊嫩郭爾에 주둔하고 있을 때 적병 2천여 명이 습격했지만 역시 청군에게 패했다. 22일에 청군이 찰작마라扎綽馬喇에 주둔해 있을 때에도 어슴푸레한 새벽에 적병 1천여 명이 공격했지만 이미 대비하고 있던 청군들의 집중포화에 밀려 살아 돌아간 병사보다 죽은 병사가 훨씬 많았다.

그때는 갈이필 부대가 라싸를 점령해 군량미 보급로를 차단하고, 지원군들을 모두 해산시킨 후였기 때문에, 책령 돈다포도 더 이상의 공격은 하지 못하고 살아남은 병사 수백 명과 함께 일리로 도망갔다. 연신은 군대를 달목達木에 주둔시키고 9월 8일에 소수의 병사들만 데리고 달라이라마를 호송해 티베트로 진격했고, 가는 곳마다 승려와 백성들이 그들을 크게 환영했다. 특히 뇌동분다雷東噴多 등을 지날 때에는 현지인들이 황제의 성은에 감격하며 남녀노소 할 것 없이 환호하고 악기를 연주하며 대군의 승리를 빌어 주었다.

9월 15일, 티 없이 맑게 갠 날씨에 만주족과 한족 신하, 몽고의 각 부족 수령, 티베트 황교의 고위급 라마, 귀족 등이 포탈라궁에 모여 달라이라마 갈상가조를 위해 성대한 경축 연회를 열었으며, 후환을 없애기 위해 납장칸이 옹립한 달라이라마 이희가조는 북경으로 보냈다.

갈이필과 연신 부대가 라싸에서 합류했을 때, 신강 지역에 있던 청군도 몇 차례 전투 끝에 대승을 거둔 후였다. 강희제는 어지를 보내 각 부대의 노고를 치하하고 장군 이하, 병정兵丁 이상의 계급을 승격시키고 상을 내렸다.

강희제는 정말로 기뻤다. 몽고의 제후와 패륵, 패자, 공, 태길, 토백특土伯特, 추장酋長 등이 티베트 평정을 이유로 라싸에 기념비를 세워 달라는 상소를 올렸고, 강희제도 이를 윤허해 강희 60년 9월 27일에 어명을 내려 비문을 작성했다.

비문에서는 태종 이래로 이어져 내려온 조정과 판첸 액이덕니, 달라이라마, 고실칸의 밀접한 관계를 회고하고, 책망아랍포탄이 교법 부흥을 명분으로 내세웠지만 오히려 교법을 해치고 토백특국土伯特國을 점령하려는 죄를 성토했으며, 청이 티베트로 군대를 출정시키고 달라이라마 6세를 티베트로 안전하게 호송하는 것은 교법을 다시 세우고 토백특 백성들의 안정을 되찾아 주기 위한 것임을 천명했다.

티베트 평정을 통해 티베트에 대한 관리를 강화한 강희제는 만주족과 몽고족, 녹기병綠旗兵 4천 명을 티베트에 주둔시켜 책왕낙이策旺諾爾로 하여금 정서장군의 직무를 수행하고 티베트 주둔군을 통솔하도록 했고, 이것이 바로 청의 티베트 주둔의 첫발이었다.

티베트 평정 과정에서 공포空布 지역의 제파 아이포파阿爾布巴는 가장 먼저 청에 동조해 대군을 이끌고 청군과 함께 티베트로 진격하고, 아리阿里 지역의 제파 강제내康濟鼐는 중가르의 퇴로를 봉쇄한 점을 인정받아 패자로 봉해졌으며, 스스로 투항한 융포내隆布奈는 보국공輔國公의 작위를 받았다. 강희 60년 봄, 강희제는 아이포파, 강제내, 융포내와 달라이라마의 총관 찰이내扎爾鼐 등 4명을 정무관원으로 임명해 강제내를 중심으로 하는 티베트 지방 정권을 수립시켰다.

티베트 신정부의 관리는 청 조정이 임명하도록 해, 화석특부의 영향력을 차단하고, 제파의 권력 독점을 막았으며, 티베트 각 지역 귀족들의 정치 참여를 장려했다. 이당과 파당이 청에 투항하자, 강희제는 사천 총독 연갱요年羹堯의 주청을 받아들여 이 두 곳을 사천성의 관할 아래에 두고, 전호에서 라싸로 가는 노선을 따라 역참을 설치해 티베트와 조정 사이의 긴밀성을 강화했다.

티베트 지역에서 20년 가깝게 지속되면 전쟁과 혼란이 가라앉고 중앙정부에 의해 갈윤噶倫 지방 정부가 수립되면서 티베트는 정식으로 청의 통치권 내로 복속되었고, 티베트의 평화는 강희제의 통일국가 수립에 크게 이바지할 수 있었다.

|【강희제에게 배우는 반란 평정의 도】|

一. 원을 세운 몽고기병들은 세계에 이름을 떨쳤지만 짧은 시간에 역사 속으로 사라졌다. 그들은 무력으로 정복할 줄만 알았지, 정치적으로 처리할 줄은 몰랐기 때문이다.

一. 정치적 분쟁이나 충돌을 해결함에 있어 되도록 무력을 사용하지 않아야 한다.

一. 강한 군사력이 뒷받침되어야 정치적 승리를 거둘 수 있기에 준비를 게을리 하지 말아야 한다.

一. 제 몸 하나 아끼지 않고 용맹하게 싸우면 반드시 성공한다.

제2부 용병의 도

용병의 도는 기회 포착에 있다
用兵之道, 要在乘機

1. 인자무적이니, 이것이 바로 왕도다 仁者無敵
2. 편안할 때 위기에 대비하라 居安思危
3. 준비하고 과감하게 결단을 내려야 한다 備而候斷
4. 정확하게 판단하고 기회를 잘 포착해야 한다 相機而行
5. 인재를 제대로 알고 임용하고 일단 믿으면 의심하지 않는다 知人善任, 信者不疑
6. 목표와 수단을 적절히 활용한다 經權互用

내우외환 속에서 크고 작은 무수한 전란을 지휘하면서 강희제는 매우 일관된 용병의 원칙을 가지고 있었다. 바로 '이유통병以儒統兵', 즉 '유학으로써 군대를 통솔한다.'라는 것이었다. '병兵'은 강하고 맹렬하며, '유儒'는 유연하고 관대하니, 유학으로써 군대를 통솔하면 강함과 유연함을 동시에 갖출 수 있고, 병학兵學은 실제를 중시하고, 유학儒學 윤리와 도덕을 중시하니, 유학으로써 군대를 통솔하면 이론과 실제를 결합시킬 수 있다. 군대는 이익에 따라 움직이고, 유학은 도의를 따라 일어나니, 유학으로 군대를 통솔하면 도덕과 이익이 하나로 귀결될 수 있고, 군대는 전략에 따라 행해지고, 유학은 인의仁義를 중시하니, 유학으로써 군대를 통솔하면 전략과 정략政略을 결합할 수 있다. 강희제는 성공한 제왕이자 성공한 유학자였다.

제1장

용병의 도 1
인자무적이니, 이것이 바로 왕도다
仁者無敵

군대를 중시하고 함부로 전쟁하지 않는다. 왕도王道의 근본은 병법을 절묘하게 사용하는 것이다. 나라를 지키는 도리는 덕德에 있다. 힘으로 지키는 자는 한 집안의 영웅이요一夫之雄, 위엄으로 지키는 자는 한 나라를 지킬 수 있으나, 덕으로 지키는 자는 천하를 세울 수 있다. 강희제의 전쟁에 대한 기본적인 생각은 '무력은 불가피할 경우에만 사용하며, 천하를 무력으로 위협하지 않고 덕으로써 어루만진다.' 하는 것이었다.

백성을 살피지 않고 승리한 자는 없다

용병은 병사를 쉬게 하기 위함이며, 전쟁은 전쟁을 끝내기 위함이다. 이는 전쟁에 대한 강희제의 기본적인 태도이자, 전략의 출발점이었다. 전쟁이 불가피한 경우라면 현재의 안정을 해치지 않고 전체적인 전략을 통해 반드시 승리를 쟁취해 민생의 안정을 도모했다.

강희 31년(1691) 5월, 공부工部가 고북구¹古北口를 보수할 것을 건의하고, 총병관 채원蔡元이 고북구 일대에 대한 성곽 보수 요청을 윤허해 달라는 상소를 올렸다. 하지만 강희제는 이를 윤허하지 않고 "짐은 천하

---

1. 북경 밀운현密雲縣 북동부 만리장성에 있는 요새.

를 다스림에 있어서 위험을 감수하지 않는다." 하고 말했다. 역사적인 예를 살펴보아도 진대에 만리장성을 쌓은 이래, 한과 당, 송대에 걸쳐 계속 보수했지만 변방의 혼란은 여전히 평정되지 않았고, 명 말기에 이르러서는 청태조 누르하치가 대군을 이끌고 만리장성을 통해 중원으로 남하하지 않았던가. 당시 청의 남하를 막을 수 있는 것은 아무것도 없었다. 강희제는 나라의 안녕을 유지하기 위해서는 덕으로 민심을 다스리는 것밖에 다른 도리는 없다고 생각했다. 백성들의 단합으로 든든한 성곽을 쌓자는 것이었다.

강희제는 또 "만리장성이 수천 리에 달하는데 아무리 병사를 많이 주둔시킨들 모두 지킬 수 있겠는가?"라고 말했다. 8월 강희제는 변방을 순시하면서 신하들에게 "그 옛날 진은 흙과 돌로써 만리장성을 쌓았지만, 청은 객이객에 은혜를 베풀어 그보다 더 견고한 성벽을 쌓아 러시아의 침입을 막아냈소." 하고 말했다. 강희제는 전쟁에서도 인적 요소를 매우 중시하고 통치자라면 왕도를 통해 민심을 얻어야 승리할 수 있다고 생각했다. 그는 또 다음과 같이 말했다.

> 인자무적仁者無敵이니, 이것이 바로 왕도다. 권모술수에만 치중하고 왕도를 행하지 않으면 싸우지 않아도 스스로 파멸한다. 왕도는 바로 병법을 절묘하게 이용하는 것이다.

그는 민심의 향배에 촉각을 곤두세우고 돌과 모래보다는 백성들의 단합된 마음으로 성곽을 쌓는 것이 최상책이라고 생각했다.

'왕도'란 매우 구체적인 것으로, 강희제는 용병에 있어서 왕도란 황제가 먼저 병사들의 처지를 동정하여 병사들의 지지를 얻는 것이며, 그래야 비로소 전쟁에서 승리할 수 있다고 생각했다. 『좌전左傳』에 노魯 애공公 원년(기원전 494), 초나라의 대부大夫 자서子西가 오왕吳王 부차夫差가 패배한 것은 백성들의 처지를 보살피지 않아 내부의 갈등이 심했기 때문이라고 말했다는 기록이 있다. 자서는 부차를 그 아비 합여闔閭와 비교하며 다음과 같이 말했다.

> 오나라가 초나라를 이길 수 있을 만큼 강대했던 것은 합여가 백성들의 고달픔을 이해하고 스스로 검소한 생활을 했기 때문이다. 나라에 재해가 발생하자, 친히 피해를 입은 백성들을 돌아보며 그 어려움을 함께 했고, 행군할 때에는 병사들이 더운 음식을 먹을 수 있어야 자신도 음식을 먹었다. 병사들과 동고동락했기 때문에 병사들이 용감히 싸웠고, 이 때문에 전쟁에서 승리할 수 있었다. 하지만 부차는 방탕하고 사치스러우며 여색을 밝혀 스스로 자멸했는데, 어찌 초나라를 이길 수 있었겠는가?

강희제는 자서의 이 말이 전적으로 옳다고 생각하고 "나라의 강함과 약함은 군주의 뜻에 달려 있다. 뜻이 크고 강하면 나라도 날로 강성해지지만, 뜻이 미약하면 나라는 점점 기울게 마련이다. 자고로 백성들을 살피지 않고 승리한 자는 없었다. 합여의 승리와 부차의 패배에서도 이러한 점을 알 수 있다."라고 말했다.

강희제는 늘 황궁에서 쓰는 지출을 아끼며, 관리들을 관찰하고 민생안정에 치중했다. 세금제도를 개혁하고 재해가 생기면 그해에는 세금을 면제해 준 것도 모두 백성들의 어려움을 덜어 주기 위한 조치였다. 강희제는 백성은 물론 병사들의 처지를 이해하고 보살피는 것도 게을리 하지 않았다.

강희제는 병사도 곧 백성이기 때문에 마땅히 아끼고 보살펴야 한다고 생각했다. 강희 26년(1687) 10월, 강희제는 각급 관리들이 병사들에게 재물을 걷어 병부에 바치고 있다는 것을 알고 곧 대학사 등을 불러 병사들에게 재물을 걷지 못하도록 엄하게 금지했다. 이 금지령은 주로 총독과 순무, 제독, 총병, 한족 장령將領이 통솔하는 녹영병綠營兵을 겨냥한 것이었고, 강희제는 이 밖에도 팔기에 속한 병정과 각 기旗에 속한 군사들의 생계 문제에 대해서도 매우 세심하게 배려했다.

팔기는 군사, 정치, 경제가 결합된 조직으로서, 관직이 있는 관병들은 군량미를 받았지만 다른 병사들은 아무런 경제적인 소득이 없었다. 그러나 병력 규모를 유지하기 위해 병정들이 다른 경제 활동에 종사할 수 없도록 규정했고, 이 때문에 팔기 내부의 빈부격차가 매우 심각해졌다. 어떤 기의 관원들은 권력을 이용해 사사로이 이득을 취하고, 병정들에게 나눠 주어야 할 집과 토지를 분배해 주지 않거나 개인적으로 세를 놓았고, 일부 대신과 귀족들은 병정들의 집과 토지를 겸병했다.

가난하고 힘없는 병정들은 셋돈을 내기 위해 먹을 것도 제대로 못 먹으며 매우 힘겨운 나날을 보냈고, 대부분의 병사들이 고리대에서 벗어나지 못하고 생활이 점점 피폐해졌으며, 월급의 절반 이상을 이자로 내야 했다. 생활이 어려우니 성년이 되어도 혼인하여 가정을 이루지 못하고, 죽어서도 손바닥만한 땅이 없으니 묻힐 곳을 찾기도 힘들었다. 팔기의 노비들 중 아주 극소수만이 주인에게 총애를 받거나 최소한 학대를 면할 수 있었고, 절대다수는 매우 비참한 생활을 했다. 그들은 또 설령 운이 좋아 관직을 갖게 된다 해도 받는 녹봉이 대부분을 주인에게 바쳐야 했다. 이 때문에 팔기 내부에도 계급 간의 갈등이 심했고, 순치제 통치 기간과 강희제 통치 기간 초기에 사회가 극도로 문란하고 절도와 강도 사건이 빈번하게 발생했던 것도 이 같은 갈등과 무관하지 않다.

강희제는 팔기 사회의 정상적인 질서를 유지하기 위해 친정을 시작한 후 곧 팔기의 생계 해결을 시급히 해결하기 위해 노력했다. 강희제가 이를 위해 취했던 조치는 다음과 같다. 첫째, 여정²餘丁을 합병하고 좌령을 증편해 관직 수를 늘렸다. 둘째, 만주족 갑병甲兵의 월급을 올렸다. 셋째, 전사한 병사들의 안장과 생활이 어려운 병사들의 주거 문제를 해결해 주었다.

강희 22년(1683) 8월 15일, 의정왕대신 등은 황제의 명을 받아 팔기 병사들의 처우 개선 방법에 대해 논의했다. 그들은 가난하고 혼인하지 못한 병사에게는 혼인할 여자와 돈을 내려 주고, 집이 없는 병사들에 대해서는 팔기왕八旗王 이하, 관원 이상의 관리들 가운데 집에 방이 40개가 넘는 관리로 하여금 그들에게 방 한 칸을 내주도록 했다. 또 농사지을 땅이 없는 병사들에게는 호부가 보유하고 있는 토지를 분배해 주었다. 강희 34년(1695) 5월, 강희제는 조사를 통해 팔기 병사들 가운데 집이 없는 자가 7천여 명에 달한다는 것을 알고, 각 기의 방위에 따라 각 기에 방 2천 칸을 지어 집이 없는 병사들에게 2칸씩 나누어 주고, 병사가 사망하면 방을 다시 팔기로 귀속시키도록 했다.

이 밖에도 재해가 발생하면 구휼에 나서고, 출정이 있을 때에는 그만큼의 보상을 내렸고, 빚을 대신 갚아 주는 등 다방면에 걸쳐 여러 가지 조치를 취했다. 강희제는 팔기의 수많은 군관과 병사들에게 관심을 가짐으로써 제후의 세력을 견제하고 팔기 내부의 갈등을 완화시키는 효과를 거둘 수 있었다.

강희제는 또 자신의 근시관군近侍官軍과 호위병들에게도 관심과 배려를 아끼지 않았다. 강희 23년(1684) 6월, 강희제가 더위를 피하기 위해

---

2. 장정이 전쟁에 나갔을 때 전쟁에 나가지 않고 경제적으로 장정의 가족을 돕는 장정.

고북구로 출행을 가는데, 신하들이 오란합달烏蘭哈達을 거쳐서 가는 것이 좋겠다고 했다. 그곳이 물이 풍부하고 넓은 들판이 있어 사냥감이 많아 천혜의 낙원이라는 것이었다. 하지만 한 가지 문제가 땔감을 구할 수 없다는 것이었다. 신하들은 황제의 출행에 사용될 땔감이 이미 준비되었으니 호위병들에게 땔감을 짊어지고 가게 하는 것이 좋다고 건의했다. 하지만 강희제는 어리둥절한 표정으로 이렇게 말했다.

짐 한 사람을 위해 모든 병사가 고초를 겪어야 한다는 말이오? 사냥감이 아무리 많다 한들 병사들이 힘이 든다면 짐이 어찌 기쁠 수 있겠소? 대신들은 땔감을 구할 수 있는 곳으로 다시 선택하여 보고하시오. 병사를 다스릴 책임을 진 자라면 병사들의 처지를 이해하고 동정하는 것이 마땅하오.

전쟁에서 피할 수 없는 한 가지가 바로 죽음이며, 병사들의 경우에는 더욱 그렇다. 하지만 설령 죽음이 피하기 힘든 일일지라도, 군대를 지휘하는 장수는 응당 병사들의 생명을 귀하게 여기고 병사들의 부상이나 사망을 최대한 줄이기 위해 노력해야 한다. 강희제는 장수들에게 전투에 임하면, 반드시 치밀한 사전 전략을 세운 후에 적군을 공격해야 하며, 적의 약점을 파악해 병사들의 희생을 최대한 줄일 수 있는 전략을 세워야 한다고 누차 당부했다.

만주족들은 본래 군대의 모든 장수와 병사들이 동고동락하는 전통을 가지고 있었고, 강희제는 이러한 전통을 유지시키기 위해 항상 노력했다. 그는 장수된 자는 병사의 입장을 가장 우선시해야 한다는 원칙을 고수하고 병사들의 생활에 큰 관심을 가졌다. 갈단 토벌을 위해 친정을 떠났을 때에도 강희제는 병사와 병마들을 편히 쉬게 하기 위해, 물과 풀이 풍부한 곳을 택했고, 물이 없다면 구덩이를 파서 우물을 만들었다.

그리고 짐을 운반하는 부대가 늦게 도착해 병사들이 도착하자마자 군영을 짓고 쉴 수 없는 것을 보고, 이른 새벽에 일어나 운송부대를 일찍 출발하도록 재촉했고, 어느 날은 비와 눈이 섞여서 내려 날씨가 험한데 병사들이 아직 군영을 다 만들지 못한 것을 보고 자신도 행궁으로 들어가지 않고 비를 맞으며 서서 지켜보다가 군영이 모두 만들어진 후에야 행궁으로 들어갔다. 게다가 군량미가 제때 보급되지 못하자 부대 전체가 하루에 한 끼만 먹으며 식량을 아끼도록 하고, 황제 자신과 황자들도 예외 없이 이 규정에 따라 하루에 한 끼만 먹어 장수들이 모두 감동을 받았다고 한다.

전쟁은 병사들은 물론 백성들에게도 불편과 혼란을 초래하기 마련이다. 하지만 강희제는 전쟁으로 인한 백성들의 부담을 최대한 줄이기 위해 노력했다. 강희제는 이런 원칙에 입각해 군사행동과 관련해서 필요한 물자는 모두 국고에서 지출하도록 하고 백성들에게 세금을 늘려 거두지 않았다. 갈단 토벌을 위해 많은 말이 필요하게 되자 대부분 내몽고 49기에서 사들이고, 일부는 만주족과 한족 신하 이하, 필첩식筆帖式(만주어와 한어 번역을 담당한 관리) 이상의 관리들에게서 헌납을 받아 충당했다. 강남과 절강, 산동, 강서 지역에서 갑옷을 사들일 때에도 모두 국고에서 비용을 지출했고, 전쟁터에서 가까운 내몽고와 동북 지역에 대해서는 빈민구휼에 더욱 힘썼다.

강희 34년(1695) 봄, 강희제는 내몽고 동부의 파림巴林과 옹우특, 극십극등克什克騰, 아로과이심阿魯科爾沁 등 6기의 빈민들을 구휼했는데, 빈민들이 골고루 혜택을 받지 못하는 것을 알고, 같은 해 12월에 내대신 명주를 빈민구휼 상황을 관리하도록 했다. 또 그해에 성경에 큰 가뭄이 들자 천진에서 쌀을 운송해 굶주린 병사들에게 나누어 주고, 출정에 참여했던 병사들에게는 두 달 치 식량과 다음해 일 년 치 녹봉을 주기로 하자, 이 소식을 들은 병사들이 크게 기뻐하며 더욱 열심히 싸워 성은에 보답하겠다고 했다.

강희제는 『논병論兵』의 마지막 부분에서 다음과 같은 결론을 내렸다.

> 갈단을 섬멸시킬 수 있었던 것은 나라가 태평성세를 구가하고 있고, 나라 안 백성들이 기뻐하고 나라 밖 이민족들이 복종했기 때문이다. 갈단만이 청을 부정하고 완강하게 대항하니 자멸의 길로 빠지지 않을 수 없었다. 그러므로 짐은 천시天時를 얻은 것이었다. 그리고 삭막朔幕이 땅이 넓고 지세가 험하나 어디로 진격할 수 있고, 어디에 모퉁이가 있는지 손바닥 들여다보듯 훤히 꿰뚫고 있었으니, 짐이 지리地利를 얻었다고 할 수 있다. 여기에 군량미가 공부公府에서 나오고, 갑옷이 황궁에서 나와 백성들의 부담을 줄일 수 있어 백성들이 기뻐하였으니 이는 인화人和를 얻은 것이었다. 적을 알고 나를 알고, 위로는 천시가 더해지고, 중간으로는 지리를 얻었으며, 아래로는 인화를 성취했으니 어찌 승리하지 않을 수 있었겠는가?

천시와 지리, 인화 세 가지 가운데 천시와 인화는 사실 민심을 가리키는 것이었다. 아래로는 국가가 융성하고 내우외환이 사라지니 황제가 온 백성들로부터 지지를 받고, 위로는 정의수호라는 갈단을 토벌할 명분이 생겼으니 이 또한 천심을 얻었다고 할 수 있다.

강희제는 "천하를 다스리는 도는 정치적인 일의 득실에 있다."라고 했다. 강희 재위 60여 년 동안 대규모 농민 봉기가 단 한 차례로 일어나지 않았다는 점에서도 그가 두터운 민심을 얻고 있었음을 반영하는 것이다. 그는 자신의 이러한 용병의 도리를 "힘으로 지키려는 자는 홀로 영웅이 되고, 위엄으로 지키려는 자는 한 나라를 지킬 수 있으나, 덕으로 지키려는 자는 천하를 세울 수 있다."라는 한 마디로 표현했다.

당근과 채찍으로 병사들의 마음을 공략한다

　정치든 경제든, 아니면 군사든 공격을 최우선으로 하면 반드시 승리한다. 하지만 청과 정경의 계속된 전투 속에서 강희제는 민심을 얻음으로써 전쟁의 주도권을 확보하고 승리의 기초를 다졌다.
　오삼계와 경정충은 반란을 일으킨 후, 대만에 있던 정경도 반란 세력과 손을 잡고 청의 연해 지역을 공격했다. 그러나 처음에는 정경은 청군과 직접 맞닥뜨리지 않았다. 정경이 대규모 함대를 이끌고 금릉을 점령하고, 또 천진에 도착해 청군의 보급로를 끊어 숨통을 죄라는 오삼계의 요구와 수륙 협공으로 강소와 절강을 공격하자는 경정충의 건의를 받아들이지 않고 자신의 고향이자 가장 잘 알고 있는 복건 지역을 선택했기 때문이다. 이는 경정충 군대의 꼬리를 물어 버린 셈이었다.

정경은 복건 지역에서 세력을 확장하며 2, 3년 사이에 천주와 흥화, 소무邵武, 정주汀州, 조주潮州, 혜주 등 7개 성을 점령했다. 이 가운데 조주와 혜주만이 광동의 상가희의 세력 범위였을 뿐 나머지 5개 성은 모두 경정충의 세력 범위에 속했다. 정경과 경정충 사이에 충돌이 발생하고 전투가 끊이지 않았던 것은 말할 나위도 없다. 이런 상황에서 오삼계가 계속 자신과 손을 잡을 것을 권유했지만, 경정충은 결국 강희 15년 10월에 청에 투항했고, 강희제는 경정충에게 연해 지역을 평정하여 공으로 죄를 씻으라고 명령하고, 몇 개월 만에 정경은 다시 하문廈門 앞바다의 섬만을 남기고 다시 경정충 부대에서 빼앗기게 되었고, 이때부터 청과 정경 간의 협상이 시작되었다.

강희 16년 4월, 강희제는 걸서를 보내 정경을 회유하며 투항할 것을 권유했지만 정경은 고집을 꺾지 않고, 조선의 경우와 마찬가지로, 청이 대만섬을 침범하지 않으며 변발을 하지 않고 복식을 바꾸지 않을 것을 요구했다. 그해 가을 강희제는 다시 사신을 보내 투항하여 군사와 백성들을 편히 쉬게 할 것을 권유하자, 정경은 투항하는 대신 장주와 천주, 혜주, 조주를 내놓으라고 요구했고, 강희제는 다시 한 번 크게 양보해, 조선과 마찬가지로 해마다 조공을 바치고 통상 무역을 실시할 것은 허용하지만 장주와 천주, 혜주, 조주를 내놓으라는 요구는 받아들이지 않았다.

모든 군사력을 오삼계 소탕에 집중시키고 있었기 때문에 청은 복건 지역의 안정을 위해 정경에게 계속 양보를 할 수밖에 없었던 것이다. 하지만 정경 부대는 본토로 진출한 후 풍부한 군량미를 확보해 전투력이 향상되었고, 또 자신의 요구가 받아들여지자 다시 또 복건 지역에 계속 주둔하며 군량미를 보급 받겠다는 새로운 요구를 내놓았다. 강희제가 이 요구를 받아들일 수 없었던 것은 물론이다. 강친왕은 강희에게 정경이 투항할 뜻이 없다는 내용의 상소를 올렸지만, 강희제는 계속 회유책을 고집했다.

강희제는 정경이 점령하고 있는 복건에 새로 부임한 총독 요계성에게 지역 민심을 청으로 돌리도록 하라고 지시했고, 강희 17년 6월 초 요계성이 복건 총독으로 부임하자 상황은 매우 급박하게 돌아갔다. 6월 10일 정경이 유국헌을 보내 해징海澄을 공격하고 북상해 동안同安을 점령하고 천주를 포위했으며, 다시 남안南安과 영춘永春, 덕화德化, 안계安溪, 혜안惠安에 장수들을 보내 공격하도록 했고, 정경의 수하인 오숙吳淑은 장주부에 속하는 장태長泰와 용암주龍巖州에 속하는 장평漳平을 점령했다.

정경의 거센 공격과 세력 확장으로 청군 내부에서 불안 심리가 증폭되었지만 요계성은 오히려 껄껄 웃으며 이렇게 말했다.

> 정경이 어리석은 짓을 하고 있구나! 유국헌이 해징을 무너뜨린 후 가까운 곳에 있는 장주를 놔두고 먼 곳에 있는 천주를 공격했으니 이는 병법의 기본도 모르는 것이다. 게다가 정경의 군대가 세력이 강하기는 하지만 워낙 많은 곳을 공격하고 점령한 까닭에 군대가 서로 뿔뿔이 흩어져 있어 전투력이 크게 약화됐을 것이다.

요계성은 적의 상황을 면밀히 분석해 적을 공격할 수 있는 계책을 짜서 조정에 상소를 올렸고, 강희제는 상소를 보고 크게 흐뭇해했다.

정경의 군대를 청에 투항하도록 하기 위해 요계성은 그 가족들을 공략하고 청에 투항한 자들을 관리나 장수로 등용해 단결을 꾀했다. 본래 복건 총독이었던 낭정상郎廷相은 복건 지역 주민들이 대부분 정경의 군사들과 이런저런 관련을 맺고 있다고 생각하고 백성들을 믿지 않았다. 하지만 요계성의 전략은 낭정상과 달랐다. 그는 처음 부임해 정경의 부대였다가 귀순한 사람들 가운데 실력 있는 자들을 적극 등용했다.

이런 전략은 예상외로 큰 효과를 거두었다. 복건 장포漳浦 사람인 황성진黃性震은 정성공 수하에서 백부장百夫長으로 있다가 정성공이 사망한 후 청에 투항해 복건에 정착한 사람이었다. 하지만 그는 청에서 벼슬을 얻지 못하자 승려의 차림을 하고 다니며 정국을 관망하고 있었다. 요계성이 복건에 부임한 후 대만에서 귀순한 사람들을 중시하는 것을 보고 자청해서 요계성에게 여러 가지 전략을 제시해 정경 세력 축출에 크게 이바지했다.

요계성이 부임한 후 복건 지역의 전세가 청에 유리한 쪽으로 기울기 시작했다. 강희 17년 9월 20일, 요계성과 뇌탑, 경정충 등이 장주 부근에서 정경의 주력군을 대패시키고, 장태와 동안을 차례로 수복했고, 정경 군대는 강동교江東橋, 조구潮溝 등의 전투에게 연이어 패배했다. 유군헌 부대가 해징으로 패주하자, 요계성은 정경에게 사신을 보내 회유를 권유하는 동시에 황성진의 건의를 받아들여 장주에 관아를 짓고 정경 부하들에게 귀에 솔깃할 만한 조건을 제시하며 투항을 촉구했다.

요계성은 또 투항한 자들이 생활이 어려우면 다시 도적으로 변한다는 사실을 알고 있었기 때문에, 투항한 자들 중 관직에 등용되지 못한 자들에게는 농사를 지을 수 있는 땅을 주었다. 그러자 정경 군대의 병사들이 속속 청에 투항해, 강희 17년 6월부터 11월까지 투항한 군사가 군관 1,237명, 사병 11,639명에 달했다. 이듬해 초에는 정경 군대의 대장군과 부총병 등이 투항하고, 문무백관 374명과 사병 12,124명이 투항했다. 정경 세력의 근거지에서 이렇게 많은 관리와 병사들이 투항하니 정경 부대는 거의 와해될 지경이었다.

요계성은 이에 힘입어 회유책을 더 확대해 대만에서 온 사신까지도 투항하게 만들었다. 정경 군대가 계속 청으로 투항하자 정경 군대의 전투력은 계속 약화된 반면, 본래 해전에 약했던 청의 군대에 해상 전투력이 강화되면서 전투력에서도 청이 정경 군대를 초월하게 되었다.

  회유책을 통해 복건 지역이 거의 평정되자 강희제는 요계성의 공을 치하해 병부상서에 임명했다. 복건 지역을 평정하던 기간 동안 청과 정경은 모두 여섯 차례의 담판을 벌였고, 그때마다 청은 크게 양보했다. 그 이유는 무엇일까? 강희제는 8년간 지속된 삼번의 난이 아직 완전히 진압되지 못한 상황에서 또 정경과 대립하는 것은 여러모로 바람직하지 않다는 판단을 했기 때문이다. 강희제는 먼저 더 큰 적인 오삼계를 소탕하고 난 후에 정경 문제에 손을 대기 위해 정경 문제는 잠시 덮어두기로 한 것이다.

군사 공격도 정치를 위한 것이다

　대만 수복이라는 문제에서 강희제는 '선회유, 후소탕'이라는 전략을 세웠고, 끊임없는 회유에도 불구하고 정경이 전혀 투항할 의사가 없다고 판단되자 적극적인 군사 공격을 시작했다.
　하지만 시랑이 팽호 전투에서 정경의 주력군을 패배시킨 후에는 다시 평화적인 협상으로 일을 해결했고, 강희제는 공격은 점령하기 위한 것이고, 점령은 다스리기 위함이며, 다스림은 백성들의 안정을 위한 것이라고 생각했다.
　전란이 끝나고 대만이 완전히 수복되었지만 대만은 이미 폐허가 되고 주민들의 생활은 말할 수 없이 피폐했다. 그러자 청 조정에서도 대만을 가질 것이냐, 버릴 것이냐를 두고 의론이 분분했고, 강희제는 대만을 새로 건설해 영토의 완전한 통일을 실현하기로 결정했다. 대만을 수복한 후 청의 신하들 사이에서 대만 문제를 두고 격렬한 찬반 논쟁이 일었다.

재미있는 것은 본래 대만 통일을 강력히 주장하던 이광지가 정작 대만이 통일되고 나자 대만 포기 쪽으로 입장을 바꾼 것이다. 이광지는 새로운 분열이 일어나는 것이 두렵다며 대만을 네덜란드에 넘겨주자고 중국 본토를 외세로부터 영원히 막아 내자고 주장했다.

이광지의 진정한 속뜻은 다른 데 있었다. 그는 복건 출신으로서 해적들의 노략질에 큰 고통을 겪어 통일을 적극적으로 주장했었지만, 통일이 되고 대만 방어를 위한 세금을 복건 지역 백성들이 부담해야 할 상황이 되자 대만을 포기하자고 했던 것이다.

사실 조정에서 대만을 포기하자고 주장했던 사람들은 대부분 경제, 정치, 군사적인 이유 때문이었다. 시랑은 직접 대만으로 건너가 조사를 실시하고, 강희 22년 12월 22일에 강희에게 대만의 전략적 지위와 대만을 포기한 후에 발생할 수 있는 부작용을 설명하는 내용의 상소를 황제에게 올렸다.

상소에서는 대만이 강소, 절강, 복건, 광동의 해안 방어를 위한 전략적 요충지이며, 통일할 경우 인구가 많아 농업, 수공업, 상업이 모두 발전하겠지만, 포기한다면 정경 부대의 잔여 세력이 다시 집결해 전함과 무기를 만들어 해안 지역을 침범하고, 네덜란드로 이 틈을 타 대만을 중국 침략의 교두보로 삼을 수 있다고 주장했다.

또한 시랑은 대만에 총병 1명과 수사부장水師副將 1명, 육사참장陸師參將 2명, 병사 8천 명을 두고, 팽호에도 수사부장 1명과 병사 2천 명을 두면 대만을 굳건히 방어할 수 있을 것이라고 건의했다. 시랑의 이러한 판단은 매우 정확한 것이었고, 이 보고에 힘입어 복건 총독 요계성과

도찰원 좌도어사 조사린趙士麟 등이 잇따라 대만을 포기하기 말 것을 요구하는 상소를 올렸다.

강희제는 의정왕과 대학사들의 의견을 수렴해 결국 대만에 지방 정권을 세우기로 결정했다. 역사적으로 대만에 처음으로 지방 정권이 수립된 것은 송대와 원대였지만 당시에는 팽호도에 관청을 두었던 것이었고, 대만 본토에 지방관청이 설치된 것은 이때가 처음이었으며, 정씨 세력이 건립한 부현府縣을 기초로 설립되었다.

순치 18년, 정성공은 네덜란드에게서 대만을 되찾고 승천부承天府와 천흥天興, 만년萬年 2현을 설치했고, 정경이 집권한 후에는 동녕부東寧府를 추가로 설치하고 두 현을 주州로 승격시켰으며, 남로南路와 북로北路, 팽호 세 곳에 안무사安撫司를 두었다. 강희 23년 4월 14일, 강희제는 동녕부를 대만부로 개칭하고 남로에 봉산현鳳山縣을 두고, 북로에 제라현諸羅縣을 두었다.

대만의 초대 지부知府에는 천주부 지부이자 한족군 양백기에 속하는 장육영蔣毓英이 임명되었는데, 장육영은 부임한 후 정치, 경제, 문화, 교육 등 여러 분야를 발전시키기 위해 노력했고, 3년 임기를 마친 후에도 복건 안찰사부사按察使副使로 임명되어 대만 사무를 관장했다.

그리고 대만의 건축양식에서는 서쪽으로 대문을 냈지만, 장육영이 지은 대만부현은 본토와 마찬가지로 대문이 남쪽을 향하고 있으며, 이는 대만 정권 기구가 본토와 동일한 제도를 가지고 있다는 것을 표현한 것이다.

시랑의 건의로 대만에는 총병 1명과 부장 2명, 병사 8천을 두었고, 팽호도에는 부장 1명과 병사 2천을 두었으며, 각 군영의 편제는 본토와 동일했다. 강희제는 정황기 참령參領 양문괴楊文魁를 초대 복건대만 총병관으로 임명하고 대만 지역의 민심 안정을 위해 힘써 줄 것을 특별히 당부했다.

정치적인 통일로 인해 대만 경제도 발전하기 시작했다. 통일 초기에는 인구가 적어 대만에 주둔한 병사들에게 토지를 나누어 주고 농사를 짓게 했는데, 후에 복건 연해 지역으로부터 이주해 농사를 짓겠다는 사람들이 많아졌다. 강희 23년에 18,453무畝(토지 단위. 1무=0.6667헥타르)이던 대만의 경지면적이 강희 49년에는 30,109무로 3배 이상 늘었다. 20여 년간 50퍼센트나 증가한 것이다.

경지면적이 빠르게 증가할 수 있었던 것은 본토 농민들이 대거 대만으로 이주한 것 외에도 청이 본토의 '경명전更名田'과 비슷한 제도를 실시해, 일부 관전官田을 민전民田으로 바꾸고 농민들의 경지 개간을 장려했기 때문이다. 조세제도도 개혁해 경지를 세 등급으로 나누어 등급에 따라 세금을 징수했으며, 본래 고산족高山族대만 원주민들은 남녀를 불문하고 모두 정丁으로 계산했었지만, 통일된 후에는 부녀자들은 정에서 제외했다.

토지 개혁이 이루어지면서 대만의 식량 생산량도 점차 증가해 자급자족은 물론 본토로 가져다 팔기도 했다.

문화 및 교육 방면에서도 크게 발전했다. 강희 23년, 장육영은 대만 부학臺灣府學을 세우고, 후에 '사학社學'을 3곳 설치했으며, 퇴직하던 해에는 '서원'을 건립했다. 강희제는 또 복건대만부에서 향시鄕試(지방에서 실시되던 과거)를 치르도록 했다. 강희 26년 대만에서 처음으로 향시 급제생이 배출되었는데, 바로 봉산현의 소아蘇峨였다. 같은 해 7월, 강희제는 복건 순무 장중거張仲擧의 건의를 받아들여 대만에 학교를 설립했다. 대만 출신으로 최초로 진사에 급제한 자는 강희 33년 갑술방甲戌榜에 응시한 진몽구陳夢球였다.

대만에 본토와 똑같은 정책이 실시되면서 대만의 경제 및 문화가 크게 발전했다. 대만 문제를 해결한 것은 강희제의 빛나는 업적 중 하나로서 청사에 길이 남을 것이다.

|[강희제에게 배우는 용병의 도]|

一. 용병은 병사를 쉬게 하기 위함이며, 전쟁은 전쟁을 끝내기 위함이다.

一. 나라의 안녕을 유지하기 위해서는 덕으로 민심을 다스리는 것이 중요하다. 백성들의 단합으로 든든한 성곽을 쌓는 것이다.

一. 백성들을 살피지 않고 승리한 자는 없다.

一. 힘으로 지키려는 자는 홀로 영웅이 되고, 위엄으로 지키려는 자는 한 나라를 지킬 수 있으나, 덕으로 지키려는 자는 천하를 세울 수 있다.

제2장

용병의 도 2
편안할 때 위기에 대비하라
居安思危

안정과 위기를 잘 처리해야 한다. 강희제는 "민생을 안정시키고자 한다면 반드시 외적의 침입을 막아 내야 한다."라고 강조했다. 전쟁에서 승리하려면 군대를 훈련시키고 무기를 준비해야 한다. 강희제는 각지의 장수들에게 병사들을 직접 훈련시키고 병사들이 반발하지 않도록 엄격히 단속하라고 명했다. 하지만 그는 "군대를 훈련시킴에 있어서 반발이 두려워 장수 스스로 위축된다면 곧 위험이 닥칠 것이다. 엄격하게 훈련하면 원망을 늘어놓고 먹을 것만 알고 훈련에 소홀한 자는 전쟁이 일어나도 믿을 수 없다."라고 말하고, 병사들을 예의로써 대하라고 강조했다. 이 역시 "예의를 갖춘 장수는 행군이나 전투 중에도 병사들이 목이 마르면 자신도 물을 마시지 않고, 병사들이 굶주리면 자신도 먼저 밥을 먹지 않는다. 날씨가 무덥거나 추울 때에는 병사들과 똑같은 차림을 하여 병사들을 위로하라. 또한 장수는 마땅히 위엄을 갖추어야 한다. 공을 세운 병사에게는 상을 내리고, 죄를 저지른 병사에게는 벌을 내려야 한다. 상과 벌을 분명하게 구분해야만 위엄을 갖출 수 있다." 하는 강희제의 용병 원칙이었다.

한시도 국가 방비를 게을리 해서는 안 된다

전쟁에서 승리하려면 강대한 군사력을 갖추고 잘 정비해야 한다. 실제 전쟁 경험에서 강희제는 다음과 같은 것들을 배울 수 있었다. 삼번이 모반을 꾀하고 거병하자, 만주족 장수들이 적을 두려워하는 모습에 병사들의 사기가 크게 떨어져 전투력 약화를 초래했고, 이는 전체적인 전세에 불리한 영향을 끼쳐 청은 내우외환에 시달리게 되었다. 강희제는 여러 차례나 장수들에게 병사들을 직접 훈련시키라고 명하고, 고된 훈련에 원망을 늘어놓고, 훈련은 뒷전이고 먹을 것에만 관심을 쏟는 병사는 전쟁에서도 믿을 수 없다고 말했다.

강희제는 효장태후가 생전에 자신에게 당부했던 한 가지를 기억하고 있었다. 바로 선왕들이 말을 타고 활을 쏘아 이 나라의 기반을 닦았으니 무력 방비에 소홀해서는 안 된다는 것이었다. 황태후는 순치제 때부터 청의 군사력이 점차 약화되고 있는 것을 안타까워했다.

당시 팔기에 속한 민병들이 군사력 강화에 소홀했고, 삼번의 난을 평정할 때에도 만주족 장수들이 반란군을 두려워하니 병사들의 사기도 땅에 떨어졌고 이는 전세에도 매우 불리하게 작용했다. 그 후 강희제는 군대 훈련을 강화하고 장수들에게 직접 병사를 훈련시킬 것을 명했다.

강희제는 "군대는 훈련 여하에 따라 강력한 군대가 될 것인지, 아니면 오합지졸이 될 것인지 결정된다."라고 말하고 장수들에게 직접 병사들을 훈련시키고 엄격한 규율로 군대를 다스리도록 했다.

강희 12년(1673) 1월, 강희제는 친왕과 대신, 그리고 새해를 맞이해 황제를 알현하러 온 내몽고 제후와 패륵 등을 이끌고 남원南苑으로 가서 친정을 시작한 후 처음으로 대열大閱 의식을 열었다. '대열'이란 황제가 보는 자리에서 대규모 군사 훈련과 군대 검열을 실시하는 것으로서, 춘추 시대 때에도 대열을 실시했다는 기록이 있다. 청 태조 때에는 대열 의식이 치러지지 않았고, 태종 황태극이 천총 6년(1632)에 편제된 지 얼마 되지 않은 한족 군대에 대해 검열을 실시하고, 새로 만든 홍의대포를 시범 발사했는데, 이것이 바로 청 최초의 대열 의식이었고, 그후부터는 만주족 호위병과 보병들도 대열에 참가했다. 세조 복림은 순치 13년(1656)에 남원에서 대열을 실시하고 3년에 한 번씩 대열을 실시하도록 규정했다.

강희 12년에 열린 대열은 기본적으로 순치제 때 정해진 규정에 따라 진행되었지만 규모는 훨씬 컸다. 검열을 받는 군사들은 상3기 내대신과 도통, 호위군 통령, 전봉통령과 하5기 제후와 패륵, 그리고 각 기의 호위군과 전봉 및 4품 이상의 무관이었다. 군사들은 양응대晾鷹臺 앞에 2열 종대로 정렬하고 있다가, 대열이 시작되자 각 대오의 선봉이 양응대

앞 광장의 동쪽에 줄을 섰고, 총을 쏘아 신호하자 동쪽에서 서쪽으로 달려가며 진영을 이루고 2열로 정렬했다.

강희제가 갑옷을 입고 양응대에 오르고 난 후, 3품 이상의 만주족과 한족 대신과, 한림과도翰林科道 등의 관리와 내몽고 제후, 패륵, 태길 등이 검열을 실시했다. 검열이 끝나자 병부상서 명주가 군사들이 훌륭하게 훈련되었다며 치하하고 화살을 다섯 발 쏘았고, 내대신과 시위 등이 활을 쏘고 나서 맨 마지막으로 강희제가 말에 올라 활을 쏘았다. 강희제는 갑옷을 벗고 황포로 갈아입은 후, 제후와 패륵, 문무백관들의 노고를 치하하는 연회를 열었다.

강희제는 군대 훈련을 특별히 중시하면서 무예에 능했던 팔기의 전통이 절대로 사라져서는 안 된다고 강조했다. 강희 20년(1681)에 내몽고에 만들어진 목란위장도 군사들의 사냥과 무예 훈련을 위한 것이었다. 강희제는 북경에 주둔하고 있는 관병들에게 봄과 가을 각 두 달 동안은 닷새에 하루씩 무예를 연마하도록 하고, 가끔씩 친히 연병장에 나와 순시하고 무예가 뛰어난 병사에게 상을 내렸으며, 해마다 한 차례씩 관병들을 대상으로 대포 발사 훈련을 실시했다.

강희 24년(1685) 11월 18일에도 노구교盧溝橋 밖 왕가령王家嶺에서 대열을 실시했는데, 강희제는 객이객과 액노특족의 우두머리들을 초청해 관람하도록 하기도 했다. 이 밖에도 강희제는 여러 가지 조치를 통해 군대의 실력을 향상시켰다.

강희제는 병사들의 실력을 향상시키는 것 외에 군대의 무기력 강화에도 소홀하지 않았다. 강희 19년(1680), 강희제는 대재戴梓에게 반창蟠服 소총을 만들도록 명하고 그가 만든 충천포沖天砲를 칭찬했다. 강희제는 외국의 무기 제조 기술을 도입하는 것에도 적극적이었다. 강희 13년(1674) 초, 오삼계 세력의 소탕을 위해 남회인南懷仁에게 대포를 만들도록 했고, 남회인은 그 후 몇 년 동안 산간전투에 적합한 수백 종의 대포를 만들고 포수를 양성했다.

강희 20년(1681) 9월에 노구교에서 홍의대포를 시험 발사할 때, 강희제가 친히 가서 홍의대포의 위력을 본 후, 남회인의 공의 치하하며 이렇게 말했다.

> 그동안 그대가 만들었던 대포가 섬서와 호광, 강서의 전투에서 큰 공을 세웠는데, 이번에 만든 대포는 예전 것들보다 훨씬 좋은 것 같소.

강희제는 유럽인들이 대포와 박격포 주물을 만들어 대량 생산한다는 것을 듣고, 여러 가지 크기의 대포 주물을 만들고, 포수들을 양성하라고 명했다. 그는 또 말과 노새가 끄는 소형 야전포를 만들고, 가벼운 삼각포대를 개발해 탄약과 함께 말에 싣고 운반할 수 있도록 했다.

오란포통 전투가 있기 전, 아라니阿喇呢의 기병이 갈단 부대의 강력한 화력에 밀려 크게 패하자, 강희제는 기병의 무기력 향상을 위해 팔기 정병들에게 소총 사격을 연습시키고 화기를 다룰 수 있도록 교육시키도록 했다. 강희 30년(1691) 강희제는 군대에 정식으로 화기영火器營을 설치해, 군대의 화력이 크게 강화되었다. 이 밖에도 강희 18년(1679) 8월에는 이부에 명해 복건에 가서 전함을 건조하도록 하도록 명하기도 했다.

용병의 핵심은 상벌제도다

강희제는 청이 중원으로 들어와 승승장구하며 북경으로 진격해 명을 멸망시킬 수 있었던 것은 청군의 군기가 엄하고, 공을 세운 자에게는 상을 내리고, 죄를 지은 자에게는 벌을 내리는 상벌제도가 엄격하고, 병마의 실력이 뛰어나고 무기가 강력했기 때문이라고 생각했다. 청의 군대는 규율이 매우 엄격해, 행군할 때 대열이 흐트러져서는 안 되고, 민가의 논밭을 짓밟아서도 안 되며, 산의 나무를 함부로 벨 수 없었으며, 이를 어기는 자는 엄중 문책했다. 하지만 중원으로 들어온 후에는 군기가 크게 약화되어 백성들에게 피해를 주는 일이 많았다.

삼번의 난 평정을 위해 전쟁을 시작했을 때, 젊은 강희제는 대장군 늑이금勒爾錦을 불러 행군 때에 백성들에게 피해를 주지 않도록 특별히 당부했고, 조금이라도 위반하는 병사가 있다면 군법에 따라 엄하게 다스리도록 명했다. 그리고 「출사금례出師禁例」를 제정해 구체적인 규정을 마련했다. 하지만 삼번의 난이 평정된 후에도 군기 문란은 여전히 고쳐지지 않았다. 강희 22년(1683), 호남 영흥永興에서 있었던 전투에서 실수를 저지른 관리에 대한 처리 문제를 논의하던 중 강희제가 이렇게 말했다.

> 적을 공격하다가 전투 중에 부상을 당해 돌아온 병사에게 공을 인정해 주고, 퇴각했더라도 부상을 당했다면 그 죄를 면제해 주고 있소. 그런데 불충한 병사들이 싸우는 것이 두려워 스스로 몸에 상처를 낸 뒤 후퇴하는 일이 있다고 하오. 더욱 심각한 것은 병사 하나가 부상을 당하면 수십 명이 그를 부축해 돌아와야 한다는 점이오. 청은 군법이 엄하기로 유명하지만 군법으로도 막지 못하는 점이 있으니, 부족한 군법을 상세하고 구체적으로 개정하도록 하시오.

강희제는 군법을 강화하고 완벽하게 수정할 필요성을 느꼈던 것이다. 강희 26년(1687)에는 한족 관리인 왕홍서가 장수들이 군기가 해이해져, 민가의 재물을 약탈하고 고리대로 백성들에게 돈을 빌려 주고, 부녀자를 강간하고, 사기를 치는 등 민생을 크게 혼란시키고 있다고 상소를 올렸다.

얼마 후 갈단 토벌을 위해 군대를 출정시키게 되자, 강희 29년에 군령 초안을 먼저 선포하고, 34년 말에 정식으로 17개항에 달하는 군령을 제정했다. 이 군령에는 장수에서 사병, 군마의 낙인과 꼬리의 표식, 세수 관리, 출사, 행군, 야영, 퇴각과 군량미 배급 등 전투나 군대와 관련된 구체적인 사안에 대해 매우 구체적으로 규정되어 있다. 또한 교정이 매우 엄격해 규정을 위반한 사병이나 장수는 예외 없이 엄중하게 처벌하도록 했다.

예를 들면, 행군을 할 때에는 각 기별로 순서에 맞추어 행군하고 대열이 흐트러져서는 안 되며, 백성들에게 피해를 주지 말아야 한다. 여자를 범하거나 가축을 약탈하거나, 혹은 논밭을 짓밟아서는 안 되며 이를 어기면 모두 중벌로 다스린다고 정해 놓았다. 북부 지방으로 원정을 떠나는 중에, 강희제는 이 17개 조항 외에도 구체적인 상황에 따른 규정을 추가했다.

상인들이 몰려 있는 곳에서는 소란을 피우지 말고, 퇴각할 때에는 병사 하나, 말 한 필도 낙오되는 일이 없어야 한다는 등의 규정이 포함되어 있었다. 이 17개 조항의 군령은 모두 민생 안정에 궁극적인 목표를 둔 것이었다. 강희제는 또 다음과 같이 말했다.

짐이 무력을 사용하는 것은 민생 안정을 위해 불가피한 선택이므로, 대신들이 짐이 뜻을 충분히 헤아려, 수하의 관병들을 엄격하게 단속해 민생을 혼란시키는 일이 없도록 하시오.

강희제는 군대는 기율이 세워지지 않으면 그 어떠한 일도 이룰 수 없으며, 백성에게 해를 끼치고도 대업을 이루는 사람은 없다는 신념을 가지고 있었으며, 이는 매우 정확한 것이었다. 군기를 집행할 때에도 강희제는 신상필벌信賞必罰, 즉 공을 세우면 상을 내리고, 죄를 지으면 벌을 내린다는 확고한 원칙을 가지고 있었다. 강희제는 또 다음과 같이 말했다.

병사들 가운데 공을 세운 자들에게는 반드시 상을 내려야 하오. 상

을 받고 사기가 진작되어야 적을 만나도 용감히 싸울 수 있는 법이
오. 공을 세웠음에도 아무런 상을 받지 못한다면 그 무슨 기쁨이
있어 공을 세우겠소?

 삼번의 난을 평정할 때에도 여러 차계나 상을 내렸다. 강희 15년
(1676) 강희제는 장수 조양동趙良棟에게 은 5만 냥을 내리고, 섬서 평량
平凉의 각 군대에도 상을 내렸으며, 46년(1707)에도 팔기병들을 세 등급
으로 나누어 상을 하사했다. 삼번의 난을 평정할 때부터 강희 말년까지
병사들에게 상으로 내려진 은이 수백만 냥에 이른다.
 반면, 무능하고 넋 놓고 있다가 승리의 기회를 놓치거나 부패를 저지
른 장수에 대해서는 관직을 불문하고 모두 엄하게 다스렸다. 실제로 오
삼계의 반란 평정을 위해 처음으로 대군을 이끌고 출정했던 순승군왕順
承郡王 늑이금이 강희 19년(1680) 겨울 전투가 거의 끝나갈 무렵, 군법에
따라 처벌을 받은 예가 있다. 그가 어명에 따라 중경重慶을 공격하지 않
고 도중에 형주荊州로 돌아오는 바람에 청군이 크게 승리할 수 있는 기
회를 놓쳐 처벌을 받았는데, 강희제는 의정왕대신들이 그에게 내린 처
벌이 너무 가볍다고 질책하며, 이렇게 말했다.

> 제후와 패륵은 모두 짐과 매우 가까운 사이요. 짐도 그의 죄를 관
> 대하게 처리하고 싶으나 나라의 대사를 그르쳤으니 그 죄가 결코
> 가볍지 않소. 다른 죄라면 용서할 수 있으나 제후와 패륵이라고 해
> 도 이런 경우에는 절대로 가볍게 지나갈 수 없소.

 결국 강희제는 늑이금의 군왕 작위와 의정 참여권을 취소하고 유금
시켰으며, 패륵 찰니察尼 등 장수들에게도 중벌을 내렸다.

삼번의 난이 평정된 후, 강희제는 군법에 따라 직무를 다하지 못한 장수들에게 일일이 책임을 물었다. 안친왕은 장사長沙 전투 패배의 책임을 지고 의정 참여권을 박탈당했고 1년간 감봉 처분을 당했다. 경친왕은 군대를 이끌고 출정해 항주와 금화金華에서 몇 년간 유람하며 군량미를 낭비한 죄로 군공이 취소되고 1년간 감봉 처분을 받았다. 간친왕簡親王도 강서에서 군대를 잘못 지휘해 왕의 작위가 취소되었고, 서안 장군 배타라포륵拜他喇布勒도 장사 전투의 패배로 인해 삭탈관직을 당했다. 장군 갈이한噶爾漢은 호광 전투에서의 잘못으로 관직이 5계급 강등되었으며, 도통 파이포巴爾布는 제때에 강을 건너지 못해 승기를 놓친 죄로 면직과 재산 몰수 처분을 받았다. 이 밖에 종실공宗室公 와산瓦山이 장사 전투에서 후퇴해 종실부우종인宗室府右宗人의 자격이 취소됐고, 도통 아밀달阿密達은 평량 작전에서 병사들의 퇴각을 막지 못한 책임을 지고 삭탈관직 당하고, 부도통 옹애翁愛도 출정 중의 과오로 관직이 취소됐다.

처벌을 받은 사람들이 대부분 과거에 혁혁한 전공을 세웠던 장수였고, 몇몇은 부하의 잘못에 대해 책임을 지게 된 경우였지만 강희제는 전혀 상황 참작을 하지 않고 공과를 분명하게 구분해 처벌했다. 신상필벌을 원칙으로 하는 강희제의 군사적 신념은 군대의 전투력 향상에 크게 이바지했다.

재주를 감추고 때를 기다리다

강희제가 통치하기 전 중국 동북 지역은 외적의 침입이 잦아 군대는 물론 일반 백성들까지 나서서 국경을 방어했지만 적을 얕본 탓에 큰 효과를 거두지 못했다. 강희제는 황제로 즉위한 후 자세한 연구를 통해 변경 방어 전략을 세웠다.

중국의 동북 지역은 만주족의 고향이자 청의 발상지다. 만주족의 지도자는 항상 동북 지역의 지방 관리를 맡았는데, 강희제의 증조부인 누르하치가 지휘권을 세습해 도독都督으로 승진하고 '용호장군龍虎將軍'으로 봉해졌다.

누르하치는 명 만력 11년에 거병하여 강희제의 조부인 황태극과 전쟁터를 누비며 동북 지역을 대부분 점령했고, 1630년대 말에는 서쪽으로는 바이칼호, 북쪽으로는 외흥안령, 남쪽으로는 동해, 동쪽으로는 오호츠크해 사할린섬에 이르기까지 세력을 넓혔다. 이때 러시아인들은 아직 동북 지방까지 남하하지 않았었다.

유럽 국가인 러시아는 본래 국경이 우랄산맥 서편에 위치해 중국과 접경하지 않았었다. 하지만 16세기 말 러시아가 우랄산맥을 넘어 동진해, 명 만력 47년에는 예니세이강 중류에 예니세이스크라는 도시를 만들어 러시아인들을 이주시키고, 명 숭정 5년에는 레나강에 야쿠츠크시를 건설하면서 러시아와 중국이 국경을 마주하게 되었다. 예니세이스크와 야쿠츠크는 훗날 러시아의 흑룡강 유역 침입의 거점으로 사용되었다. 명 숭정 16년, 러시아군의 야쿠츠크 제독이 원정군을 조직해 중국 흑룡강의 유역을 침범하기 시작했다.

러시아군은 중국 국경을 침입해 3년간이나 머물다가 중국인들의 공격을 받아 대패해 53명만이 살아남아 야쿠츠크로 돌아갔다. 하지만 러시아는 여기서 단념하지 않고 흑룡강 유역으로 군대를 다시 진격시켰다. 순치 연간에는 흑룡강 유역의 주민들이 청의 군대와 힘을 합쳐 러시아군을 공격해, 순치 17년에 러시아 군대를 흑룡강 중하류 지역으로 몰아낼 수 있었지만 상류의 네르친스크에는 여전히 러시아군이 주둔해 있었다.

강희 4년, 러시아군들은 중국 국경 내에서 다시 세력 확장을 꾀해, 남쪽으로는 객이객 몽고 관할 지역인 베르흐네우딘스크를 점령하고, 동쪽으로는 다시 알바진을 점령했다. 러시아군은 또한 산만했던 과거의 침입 방식을 바꿔 전략 거점을 마련하고 점차 세력을 확장하기 시작했다.

네르친스크와 알바진, 베르흐네우딘스크는 러시아의 가장 중요한 침략 거점이었으며, 러시아는 이외에도 흑룡강 중하류 지역에 소규모의 침략 거점 도시들을 세우기 시작했다. 그들은 침략 거점들을 발판으로 색륜索倫, 혁철赫哲, 비아객費牙喀, 기륵이奇勒爾 등 각 소수민족들의 재물을 약탈하고 사람을 죽였다.

강희제가 친정을 시작했을 때 러시아의 관계에서 청은 불리한 처지에 있었다. 강희제는 이것이 결코 묵과해서는 안 될 중대한 위협임을 인식했다. 현 상황에서 러시아인들을 몰아내고 국경을 방어하지 못하면 청의 발원지인 동북 지역 전체가 불안해질 것이었고, 결국 중원까지도 위험에 처하게 될 것이 분명했다.

강희제는 우선 상세한 현지 조사를 통해 러시아군이 침입한 지역의 지세와 도로교통, 민심 등을 파악해 군사 공격의 기회를 엿보았다. 그는 또 역대 러시아와의 전투 경험을 바탕으로 공격과 방어를 결합하고, 내정과 외교를 병행하는 전략을 세우고, 내정과 외교, 군사, 정치, 경제 등 각 방면을 정비하기 시작했다.

강희제는 변경 지역을 안정시키려면 우선 현지 백성들의 민심을 안정시켜야 한다고 생각했다. 외부의 적을 치기 위해 먼저 내부를 안정시키는 전략이었다. 하지만 동북 지역은 오랫동안 이민족들의 침략을 자주 받아왔기 때문에 민심이 불안하고 발전이 크게 낙후되어 있었으니, 이런 상황에서 동북 지역의 민심을 어떻게 안정시킬 수 있겠는가? 강희제는 우선 '신만주新滿洲'를 건설해 만주족들이 살 수 있는 제대로 된 근거지를 건설하고, 침략자들과 투쟁할 수 있는 탄탄한 기초를 마련하기로 했다.

강희제는 우선 동북 지역의 각 민족들을 '신만주'에 편입시켰다. '신만주'란 청이 중원으로 들어온 후 새로 기로 편입된 사람들이었는데, 강희 원년에 청은 신만주를 만드는 데 공을 세운 사람들에 대해 공적에 따라 상을 내렸다.

강희 10년 9월 2일부터 11월 2일까지 강희제는 동북 지역으로 순행을 나가 영고탑寧古塔과 와이객瓦爾喀, 호이합虎爾哈, 비아객, 혁철 등 각 민족들의 풍습을 살피고, 그들을 훈련시켜 동북 지역의 방비를 강화하도록 명했다.

강희 12년에는 대대로 송화강松花江 하류의 우수리강과 목릉하穆棱河 등지에서 살고 있는 혁철족에게 남쪽으로 이주할 것을 건의했고, 장군 파해巴海는 어명에 따라 영고탑 부근으로 이주하고 40개 좌령(청의 군사 및 행정 조직인 8기旗의 편성 단위)을 배치해 '신만주'라고 이름 붙였다.

이듬해 겨울, 파해 장군이 좌령 40명을 이끌고 북경에 와서 강희제를 알현하니 강희제가 매우 기뻐하며 상과 의복, 안장 등을 상으로 내렸다.

강희 10년에는 고아랍庫雅拉인들을 길림에 이주시키고 12좌령을 두었으며, 16년에는 26좌령을 더 추가해 혁철인과 고아랍인들로 구성된 '신만주'에는 총 78좌령이 있었다. 좌령 분포를 보면, 길림과 영고탑에 40좌령, 성경에 17좌령, 금주錦州에 5좌령, 광녕廣寧에 3좌령, 의주義州에 7좌령이 있었고, 나머지 6좌령은 북경에 있었다.

강희 53년, 강희제의 뜻에 따라 청은 이란伊蘭에서 혁철인 1,530명을 4좌령으로 편입시키고 혼춘琿春에서 고아랍인들을 3좌령으로 편입시켜, 국경 방어를 강화했다. 강희 통치시기에 혁철과 고아랍인으로 구성된 신만주에는 총 85좌령이 있었고 정³丁이 1만 명을 넘었다.

흑룡강 중상류에 거주하고 있는 악온극과 달알이, 오로촌인들을 색륜부라고 통칭했는데, 여기에는 청이 중원으로 들어오기 전부터 좌령이 설치되어 있었다.

---

3. 팔기에 속해 각종 조세와 국역을 부담하던 양인良人 남자의 통칭.

순치 연간에 러시아인들이 흑룡강 유역에 침입하자 강 북쪽에 살던 주민들이 눈강 유역으로 이주했는데, 강희 통치 초기에 이들을 새롭게 편제해 악온극인 2,314명을 성씨에 따라 29좌령으로 편제하고 정기적으로 조정에 조공을 바치도록 했다. 색륜부 사람들은 사냥에 능해 조정에 담비가죽을 조공으로 바쳤다. 색륜 부도통급 관리가 관할하는 지역을 포특합팔기布特哈八旗라고 불렀는데, '포특합'이란 만주어로 '사냥'을 가리키는 말이다.

강희 12년에 포특합팔기에 4,524명의 정이 있었고, 23년에는 색륜부 도통이 부통급으로 승격되고 정식으로 색륜총관으로 명명되었으며, 달알이 총관 1명이 추가되었다. 또 강희 30년에는 '만주총관'이 증설되고, 흑룡강 중상류 유역 전체를 관할하게 되었다.

강희제는 '신만주'와 '포특합팔기'를 조직하고, 가옥과 토지, 소, 종자를 주어 수렵 생활을 마치고 농업으로 정착하도록 했다. 농경을 시작하면서 경제가 발전하고 동북 지역의 사회도 크게 안정되기 시작했다. 순치 말년에는 동북 지역의 영고탑에 만주팔기 18좌령만 있었지만 '신만주'가 편성된 후에는 오삼계의 반란으로 병사들이 계속 차출되었음에도 불구하고 동북 지역의 군사력은 계속 증강되었다.

강희 15년, 영고탑에 부도통과 12좌령이 추가되어 신만주와 구만주에 좌령이 순치제 때의 두 배인 58명으로 늘어났다. 신만주와 포특합팔기는 흑룡강과 동북 지역의 주요 도시를 지키는 주력군이되었다.

알바진 전투에서 최초로 투입된 군대는 3천 명이었으며, 그중 오라와 영고탑의 병사가 1,500명, 달알이의 병사가 4, 5백 명으로 두 곳의 병사만 2천 명에 달했다.

제2차 알바진 전투에서 장기간 성을 포위하고 진을 치고 있었던 병사들은 대부분 길림과 영고탑의 '신만주' 병사들이었고, 이 밖에 색륜

총관과 달알이총관도 병사들을 이끌고 적의 동향을 정탐하고 역참을 건설하는 주요 임무를 수행했다. 강희제는 신만주를 새로 편성함으로써 동북 지역 각 민족의 단결과 전쟁 승리라는 두 마리 토끼를 잡은 셈이었다.

【강희제에게 배우는 용병의 도】

一. 군대를 훈련시킬 때 장수가 반발이 두려워 스스로 위축된다면 곧 위험이 닥친다.

一. 예의를 갖춘 장수는 행군이나 전투 중에도 병사들이 목이 마르면 자신도 물을 마시지 않고, 병사들이 굶주리면 자신도 먼저 밥을 먹지 않는다.

一. 군대는 훈련 여하에 따라 강력한 군대가 될 것인지, 아니면 오합지졸이 될 것인지 결정된다.

一. 상벌을 내릴 때 공과를 분명하게 구분해야 한다.

제3장

용병의 도 3
준비하고 과감하게 결단을 내려야 한다
備而候斷

'모략'과 '독단'의 관계를 잘 이해해야 한다. 황제는 독단적이지 않으면 위엄을 세우기 어렵지만, 무턱대고 독단을 부려서는 안 된다. 독단은 충분한 사고와 목표 달성을 위한 충분한 준비를 기초로 이루어져야 한다. 모략은 반드시 전반적인 영향에 대해 심사숙고를 거쳐야 하며, 일단 전략이 결정되었다면 의심하지 않고 과감하게 추진해야 한다. 스스로 의심하고 주저하다 보면 적에게 공격의 틈을 주게 된다.

중가르부의 갈단을 토벌하다

　　강희 29년(1690 8월) 말, 북경이 공황에 휩싸였다. 몽고반군이 이미 북경에서 7백 리 떨어진 곳까지 진격해 왔다는 소문이 나돌면서 쌀값이 갑자기 폭등하는 등 일대 혼란이 벌어졌다. 그리고 이 소문은 전혀 터무니없는 유언비어가 아니었다. 실제로 매우 위급한 상황이었다. 하지만 강희제는 이미 이런 사태가 올 것을 예상하고 군대를 파견해 적의 공격에 철저히 대비하고 있었다. 청군이 이미 몽고반군에게 처참하게 패했다는 풍문도 사실이었다. 전방부대의 장령 아라니阿喇尼가 절대로 교전을 벌이지 말라는 어명을 어기고 적을 얕잡아 보고 싸우다가 패한 것이었다.

　　이 반란의 주도자는 몽고 중가르부의 갈단이었다. 청 초기, 몽고족들은 막남몽고漠南蒙古(지금의 내몽고)와 막북객이객몽고漠北喀爾喀蒙古(지금의 외몽고), 막서액노특몽고漠西厄魯特蒙古에 흩어져 살았다. 액노특은 화석특와 토이액특土爾扈特(톨구트), 두이백특杜爾伯特(도르베트), 중가르〔准噶爾〕로 나뉘어 있었으며, 주로 신강 이리伊犁계곡과 이르티스강〔額爾齊斯河〕, 우루무치 등지에서 유목생활을 하며, 청에 조공을 바쳤다. 강희 통치 초기, 발하슈호 동쪽과 천산 북쪽 이리계곡에서 유목생활을 하며 살던 중가르부가 점차 세력을 확장하기 시작했다.

갈단은 중가르부 태길의 여섯 번째 아들로서 어려서 티베트에서 라마로 있었는데, 그의 친형 셍게가 아버지의 뒤를 이어 우두머리가 된 지 얼마 되지 않아, 형제들 사이의 세력 다툼으로 인해 이복형들에게 피살되었다. 강희 10년(1671) 이 소식을 들은 갈단이 티베트에서 돌아와 달라이라마의 명령이라며 이복형을 몰아내고, 셍게의 뒤를 이어 수장이 된 셍게의 아들 아랍포탄에게서 통치권을 빼앗았으며, 강희 16년(1677)에는 화석특부를 멸망시키고 액노특 전체를 호령했다. 또한 강희 17년(1678)에는 천산을 넘어 남쪽의 회부回部의 각성을 공격하고 천산 북부로 이주해 달라이라마 5세로부터 인정을 받았다.

러시아의 회유로 갈단은 또 객이객몽고 각부를 공격하면서 세력을 확장했다. 강희 13년부터 22년까지(1674~1683) 갈단은 해마다 러시아에 사신을 보내 러시아와 군사동맹을 맺고 무기 원조를 약속받았다. 후에 청과 러시아가 네르친스크조약을 체결하기 얼마 전에도 갈단은 객이객부를 침범했다.

객이객몽고는 원 태조 징기스칸의 15대손이 세웠으며, 차신칸車臣汗(체센칸)과 토사도칸土謝圖汗(투시에트칸), 찰살극도칸扎薩克圖汗(자삭트칸) 세 개의 부가 있었다. 강희 통치 초기에 각부 사이의 대립이 심각한 것을 보고 객이객을 점령하려는 갈단이 객이객몽고를 손에 넣기 위해 찰살극도칸으로 하여금 토사도칸을 침공하도록 했는데, 토사도칸이 이 사실을 청 조정에 알리지 않고 찰살극도칸과 그를 따르던 갈단의 아우를 죽이자, 갈단은 강희 27년(1688) 8월에 대군을 이끌고 객이객을 침공했다.

갈단은 제정 러시아의 지원을 얻기 위해 네르친스크조약이 체결된 이듬해인 강희 29년(1690)에 러시아에 서신을 보내, 알바진이 요새를 세웠던 곳은 본래 청이 아니라 몽고의 영토이며, 이 지역과 몽고족을 관할하는 것도 자신이라고 속이고, 차르가 그곳을 가지고 싶다면 기꺼이 바치겠다고 했다.[4] 이에 대해 러시아는 러시아군대가 액노특의 토사도칸 공격을 지원할 것이라는 내용의 회신을 보냈다.

청도 갈단의 반란을 전혀 예상하지 못하고 있었던 것은 아니다. 강희제는 삼번을 진압하고 러시아의 동북 국경 침입을 막아 내면서 갈단의 세력 확장을 예의 주시하고 있었다. 강희제는 갈단이 세력을 확장해 결국 중원을 넘볼 것임을 직감하고 있었다. 강희제는 러시아와 갈단이 결탁했다는 것을 알게 된 후, 강희 29년(1690) 5월에 북경에 온 러시아사신에게 엄중한 경고의 뜻을 전달했다.

강희제는 갈단의 침략 행위를 좌시할 수 없었다. 갈단과 러시아의 침입을 피해 객이객몽고 3부의 수장과 유목민들이 대거 청에 투항하자, 같은 해 6월, 갈단은 러시아의 지원 약속을 믿고 군사 2만을 일으켜 객이객족 추격을 구실 삼아 청의 국경을 넘어 내몽고의 오주목심을 점령하고 북경에서 불과 7백 리 떨어진 오란포통까지 진격했다.

과거에 국가의 통일과 안정과 직결되는 중대한 일이 발생했을 때와

---

4. 『17세기 러중관계』, 구소련과학원 동북아연구소.

마찬가지로 청 조정에서는 갈단 토벌에 반대하는 목소리가 출현했다. 어떤 이들은 서북 지역은 포기하는 편이 나으며 군대를 파견해도 승리를 장담할 수 없으니 북경 방어에 주력하는 편이 낫다고 주장했다. 심지어는 대만 토벌을 위해 출정했던 이광지도 점을 치더니 점괘가 안 좋다며 출병하려는 강희제는 만류했다. 하지만 강희제는 고집을 꺾지 않고 갈단이 야심이 크니 그대로 두었다가는 큰 화근이 될 것이고, 무력으로 갈단 세력을 괴멸시키는 것만이 유일한 방법이라고 강조했다.

강희 29년(1690) 7월, 드디어 강희제가 갈단을 토벌하기 위해 친정에 나서고, 형인 복전과 아우인 상녕常寧에게도 대군을 이끌고 출정해 기회를 엿보다가 갈단을 공격하라고 명했다. 8월 1일, 오란포통에서 청군과 갈단 군대의 전투가 시작됐다. 갈단은 낙타 1만 마리의 네 다리를 묶어 땅에 엎드리게 해 놓고 물을 적신 담요를 낙타 등에 덮어 탄환을 막는 방패로 삼고, 그 뒤에서 총을 쏘아 청군을 공격했다.

청의 군대는 강을 사이에 두고 진을 치고 화기로 맹렬한 공격을 퍼부었고, 치열한 전투가 벌어져 희생자가 속출했다. 청의 보병과 기병이 낮부터 해가 질 때까지 계속 강공을 계속해 드디어 적의 진지를 뚫었고, 갈단은 어둠을 틈타 도주했다. 대장군 복전은 갈단과 몰래 결탁한 티베트 라마 제륭의 거짓말에 속아 갈단을 놓쳐 버렸다. 하지만 오란포통 전투에서 갈단 군대가 큰 손실을 입은 것은 사실이었다.

강희제는 갈단이 여전히 야심을 버리지 않고 있다고 믿고 북부 지역에 대한 방어를 게을리 하지 않고 전투 준비도 계속했다. 강희제는 청에 투항한 십수 만의 객이객부 병사들을 단결시켜 그들을 북방 국경수비대로 삼기로 하고, 강희 30년(1691) 5월에 돌론노르에서 몽고족 전통의 수령회의를 열어 각부의 관계를 조율하고 청의 통치제도를 확립했다.

이것이 바로 돌론노르회맹이다. 강희제는 이 회의를 직접 주재하고 내몽고 49기의 편제에 따라 객이객 7기를 34기로 나누고, 각 기에 왕의 작위를 주고 청의 법령에 따르도록 했다. 이 회의를 계기로 객이객몽고는 완전히 청으로 복속되고 갈단은 완전히 고립되었으며, 강희제는 원하는 목적을 달성한 셈이었다. 강희제는 8월에 변방 지역을 순시하면서 "그 옛날 진은 돌과 흙으로 만리장성을 쌓았지만 짐은 객이객에게 은혜를 베풀어 그보다 더 견고한 성곽을 쌓았다."라고 말했다.

강희 34년(1695) 9월 갈단이 권토중래하여 기병 3만을 이끌고 극노륜하克魯倫河를 따라 남하해 파안오란巴顔烏蘭을 점령하고 러시아에서 소총수 6만을 지원받아 막남을 대대적으로 공격할 것이라고 큰소리 치며 선전포고를 했다. 강희제는 다시 신하들의 만류를 뿌리치고 친정을 결정했다. 강희제는 1차 원정에서 도중에 병이 나 북경으로 돌아온 경험이 있었는데, 그는 친정을 만류하는 신하들에게 "당시 짐이 전투에 직접 참가하지 못한 것이 지금까지도 유감이오."라고 말했다.

강희 35년(1696) 2월, 청의 8만 대군은 세 갈래로 나누어 갈단이 있는 파안오란으로 진격했고 때를 맞춰 협공을 개시했다. 5월, 강희제가 이끄는 중로군이 극노륜하에서 갈단 군대를 만났는데, 갈단은 처음에는 황제의 원정군이라는 것을 믿지 않았지만 산꼭대기에 올라 끝이 보이지 않을 만큼 밀려오는 군대의 규모와 황제의 깃발이 휘날리는 것을 보고 깜짝 놀라, 전세가 불리한 것을 알고 싸워 보지도 않고 어둠을 틈타 퇴각했다.

5월 13일, 무원장군 비양고가 서로군을 이끌고 토라하土喇河 부근의 차오모드昭漠多(지금의 외몽고 울란바토르 동남부)까지 진격해 도주하는 갈단 부대를 발견했다. 비양고는 먼저 선봉대 400명을 내보내 싸우면서 퇴각해 갈단 군대를 유인하고 나머지 군사는 잠복하고 있다가 대대적인 공격을 퍼부었다. 청군은 처음에는 모두 말에서 내려 싸우다가 신호가 내려지자 갑자기 말에 올라 갈단 부대를 포위했다. 갈단 부대도 완강하게 저항해 치열한 전투가 한나절이 넘도록 이어졌다. 후에 청군이 갈단 부대의 후방에 있던 군솔들을 습격해 갈단의 처를 사살하고 앞뒤로 협공하니 갈단 부대는 온통 아수라장이 되었다. 결국 이 전투는 2천 명의 전사자를 낳고, 3천여 명이 청에 투항하거나 포로가 되면서 끝났다. 갈단은 일부 기병들만 데리고 겨우 도주할 수 있었다. 이 전투로 갈단의 주력군이 완전히 괴멸되었다.

갈단은 겨우 목숨만 부지해 서쪽으로 패배했지만 남은 군사라고는 3백이 전부였고, 말과 낙타도 거의 남지 않아 사냥과 도적질로 겨우 연명했다. 강희제는 갈단과 패잔병들에 대해 회유책과 분열책을 병행했다. 갈단의 근거지인 이리는 이미 청군에게 점령당했고, 회부와 청해, 합살극도 청군에게 평정되자, 다급해진 갈단은 러시아에 지원을 요청했지만 역시 러시아도 그를 받아 주지 않았다. 하지만 갈단은 여전히 청에 투항하지 않았고, 갈단에게 더 이상 투항을 바라기 힘들다고 판단한 강희제는 갈단에게 숨 쉴 틈을 주지 않고 승세를 몰아 완전히 섬멸시키기로 했다. 강희제는 곧바로 다시 친정에 나섰고 강희 36년(1697) 4월 군대를 이끌고 영하에 도착했을 때에는 갈단은 윤 3월 13일에 이미 자결한 뒤였다.

강희제는 힘겨운 행군과 전투를 무릅쓰고 세 차례나 친정을 단행해 갈단을 섬멸하고 막북 지역의 혼란을 평정하는 한편, 북방 지역의 방어를 강화하고, 객이객몽고과 액노특몽고에 대한 통치를 강화하고, 나아가 러시아의 중국 침략 의도를 견제해, 당시 사회의 안정은 물론, 후환을 제거해 후손들이 편히 살 수 있도록 기반을 닦은 것이다.

충분히 준비하고, 일단 결정되면 흔들리지 않는다

청군의 제1차 티베트 공격은 청에게나 중가르에게나 매우 중요한 의미를 지니고 있었다. 중가르는 청의 공격에 자극을 받아 더욱 기세등등하게 동진해 객목喀木을 점령하고, 파당과 이당을 놓고 청과 쟁탈전을 벌이고, 청해와 운남 등지를 침범했다. 하지만 청해 왕공王公과 만주족과 한족 대신들은 출병에 회의적인 반응을 보였다. 티베트로 가는 길이 험해 진격하기 어렵다는 것이 그 이유였다. 하지만 강희제는 출병을 고집하여 치밀한 준비 작업을 시작했다.

우선 만주족 병사들을 추가로 파병해 대장군을 임명했다. 강희 57년 10월 초, 즉 제1차 티베트 공격이 막 실패로 돌아갔을 때, 강희제는 만주족 군대 3,800여 명을 추가로 파병해 감숙 등지에 주둔시키고, 고산패자固山貝子 윤제를 무원대장군撫遠大將軍으로 임명하고 같은 해 12월 12일에 군대를 이끌고 출병해 서녕전선으로 가도록 했다.

형주에 주둔하고 있던 만주족 병사 1천 명을 성도로 보내고, 도통 무격武格 등에게 강녕과 절강의 만주족 병사들을 이끌고 운남 중전中甸 일대로 가도록 했다.

그 다음으로 강희제가 착수한 일은 청해성 몽고의 왕공들을 단결시키는 것이었다. 강희 57년 9월 찰한단진察罕丹津 등이 북경에 와서 황제를 배알하자, 강희제가 크게 기뻐하며 그들에게 작위를 하사했다. 이는 청해 지역을 안정시켜 그들이 책망아랍포탄과 손잡는 것을 방지하기 위한 조치였다.

셋째, 사천 지역의 문무관원들을 중용했다. 사천 순무 연갱요가 변경 지역의 상황에 해박하고 노련한 솜씨로 만주족 장령들과 친근한 관계를 유지하고 있었는데, 강희 57년 10월, 전세가 매우 긴박해지자 강희제는 연갱요를 사천 총독으로 승진시키고 순무의 일도 함께 관할하도록 했다. 이는 사천의 티베트 공격을 위한 사전 준비였다.

연갱요는 만주족 병사들이 성도를 방어하겠다고 자발적으로 건의하고, 티베트 진격을 위한 역참을 세워, 군량미의 원활한 보급로를 확보했다. 이 밖에 영협부장永協副將 악종기岳宗琪도 무장으로서 두각을 나타내 요직에 임명했다. 그는 이당과 파당, 티베트 등을 공격할 때 모두 선봉에 섰고, 토사족土司族 우두머리들을 단결시켜 중가르 섬멸에 큰 공을 세웠다.

넷째, 회유책으로 이당과 파당을 투항시켜 진군을 위한 탄탄대로를 닦았다. 강희 58년 2월부터 6월까지 강희제는 도통 법라法喇와 한족 관리인 악종기 등에게 이당과 파당을 회유해 투항시키도록 명했다. 강희제는 또 티베트족과 몽고족들이 차를 매우 좋아해 하루라도 차를 마시지 않으면 못 견딘다는 것을 알고 지역 상황에 따라 차의 운송을 허용하거나 금지하도록 했다. 차를 통한 제재 조치를 내린 것이었다.

이 조치에 따르면 청에 투항한 지역은 외지로부터 일정량의 차를 들여올 수 있었지만, 투항하지 않은 지역에는 차의 반입이 금지됐다. 강희제는 특히 찰목다察木多와 사아牙雅, 찰왜扎哇, 이 세 곳은 티베트로 진격하기 위해 반드시 거쳐야 하는 곳이기 때문에 이 세 곳에 대한 회유에 정성을 다했다. 강희제는 악뢰鄂賴와 황교림黃敎林 등에게 이 세 곳의 우두머리에게 은자와 차, 비단 등을 선사하고 현지 지세를 자세히 살피도록 명했다.

다섯 번째 조치는 호필이칸의 출사를 돕기 위한 것이었다. 강희 58년 4월, 강희제는 이당 출신인 호필이칸에게 명해 객목다와 이당, 파당으로 각각 사람을 보내 어지를 전달하도록 했다. 어지에는 다음과 같은 내용이 적혀 있었다.

> 중가르가 조정을 배신하고 불교를 어지럽히고 티베트를 짓밟고 있으니 이를 절대 좌시할 수 없소. 중가르를 섬멸시키고 티베트를 되찾아 황교를 부흥시키고 티베트인들에게 평화를 찾아주기 위해 특별히 황자를 대장군으로 봉해 대군을 이끌고 출병시켰고 대군이 지금 서녕에 주둔하고 있소. 황자가 이끄는 대군이 티베트로 진격하기 위해 그곳을 지나가려 하오. 청의 대군은 백성들에게 해를 끼치지 않을 것이니 놀라거나 두려워하지 않아도 괜찮소.

티베트인들의 호필이칸에 대한 신뢰가 두터웠으므로 이 어지를 호필이칸이 전했다는 것만으로도 그들을 회유하는 데 큰 도움이 되었음은 말할 것도 없다.

여섯 번째는 조치는 행동 강령 제정이었다. 강희 58년 9월, 티베트로 파견된 호화도胡華圖 등이 황제에게 책령돈다복策零敦多卜과 티베트인들이 서녕에 있는 호필이칸을 진정한 달라이라마라고 생각한다고 보고했고, 강희제는 달라이라마를 티베트로 호송하면서 함께 군사 진격을 병행하는 전략을 생각해 내게 되었다. 그는 의정대신들을 모아 놓고 호필이칸을 달라이라마로 봉하고 이듬해 초봄에 티베트로 보내 달라이라마의 보좌에 앉히겠다고 말하고, 군대의 규모와 군량미 보급 방법 등 자세한 전략을 설명하고, 대장군에게 이 계획을 청해 왕공들에게 설명하도록 명했다.

이듬해 초, 강희제는 청해와 사천에서 출발하는 군대 외에 신강에서도 군대를 출병시켜 투르판과 우루무치 등을 공격해 적의 병력을 분산시키도록 했다.

티베트 원정을 위한 전략을 논의하는 동안에도 일부 만주족과 한족 대신들은 적을 매우 두려워하며, 티베트는 너무 멀고 길도 험해 원정을 나서기보다는 방어를 충실히 하는 것이 좋다는 입장을 고수했다. 강희제는 티베트가 책령돈다포가 티베트를 점령한다면 청해와 사천, 운남까지도 지키기 힘들다며 이들을 계속 설득했다.

병사들의 사기 진작을 위해 이듬해 1월 5일 강희제는 의정대신들에게 태조와 태종 시기에 만주족 군대가 용맹하게 싸워 전투에서 승리했던 일들과 자신이 군대를 이끌고 악주岳州와 운남, 오란포통에서의 전투를 승리로 이끌고 갈단을 몰아냈던 것을 이야기하며 전쟁하기로 결정했다면 반드시 승리를 쟁취해야 한다고 역설했다. 그리고 마지막에는 일부 만주족 신하들이 일신의 안위만을 생각하여 국사를 그르치고 있다고 질책하고, 티베트 안정을 위해 반드시 군대를 출격시킬 것임을 재확인했다.

한 번 목표로 삼은 일은 절대로 중도에 포기하지 않고 성공할 때까지 강력하게 밀고 나가는 강희제의 추진력이 돋보이는 부분이다.

【강희제에게 배우는 용병의 도】

一. 독단적이지 않으면 위엄을 세우기 어렵지만, 무턱대고 독단을 부려서는 안 된다. 독단은 충분한 사고와 목표 달성을 위한 준비를 기초로 이루어져야 한다.

一. 스스로 의심하고 주저하다 보면 적에게 공격의 틈을 주게 된다.

一. 한번 목표로 삼은 일은 절대로 중도에 포기하지 않고 성공할 때까지 강력하게 밀고 나가는 추진력이 필요하다.

제4장

용병의 도 4
정확하게 판단하고 기회를 잘 포착해야 한다 相機而行

'변화'와 '불변'의 관계를 적절히 조화시켜야 한다. 세상만사가 앞일을 예측하기 힘든 것이 사실이지만, 전쟁의 경우 특히 그러하다. 게다가 기세를 잡는 쪽이 승리하기 때문에 시시각각 변화하는 상황을 재빨리 파악하는 것이 중요하다. 강희제의 전략의 원칙이 바로 기회를 잘 파악해 전세에 따라 전략을 융통성 있게 변화시키는 것이었다. 또한 기회를 포착하기 위해서는 현재 처한 상황을 자세하고 정확하게 판단해야 했기 때문에 강희제는 항상 전투의 가장 선봉에 섰다.

기회 포착이 유일한 전략이다

전투를 지휘하는 수장으로서 실제 상황에 따라 전략과 전술을 융통성 있게 변화시키는 능력은 매우 중요하다. 이런 점에서 강희제는 뛰어난 수장이자 전술가였다. 자세한 전략과 계획을 세워 놓고 그때그때 처한 상황이나 돌발적인 상황에 따라 전략을 유동적으로 변화시킨 것이 강희제가 번번이 전투에서 승리할 수 있었던 비결이다. 거의 모든 전쟁이나 반란이 그렇듯 삼번의 난도 갑작스럽게 일어난 일이었다.

오삼계가 하늘을 찌를 듯 맹렬한 기세로 군사를 일으켜 조정을 압박하자 강희제는 대군을 출정시켜 반란군을 제압하기로 결정했다. 강희 14년(1675) 강희제는 병부에 오삼계에 대한 선제공격을 지시하고, 강서에 있던 악락에게 반란군의 근거지인 호남으로 출격해 오삼계 세력을 섬멸하고 호남을 평정시키도록 명했다. 강희제는 오삼계가 호광과 강서를 점령하고 경중명, 상가희 등 다른 번왕들과 손을 잡아 사천과 섬서를 거쳐 북경을 함락시키려는 의도임을 간파하고, 형주에 대한 선제공격으로 반란군의 숨통을 끊어 놓으려고 했던 것이다. 강희제는 형주를 손에 넣고 다시 상덕常德으로 진격하면 오삼계의 반란군은 거점을 잃고 뿔뿔이 흩어질 것이라고 판단했기 때문이다.

그는 또 반란군의 수륙요충지인 악주岳州와 장사와 무창 등 전략 요충지에 대한 공격을 병행하고, 강서를 공격해 경중명을 견제했다. 또한 서안장군 와이객瓦爾喀에게 기병을 이끌고 사천으로 들어가 단단히 방어하도록 하고, 석복신席卜臣에게는 서안으로 들어가 사천으로 진격하는 대군에 호응하라고 했다. 하지만 갑자기 섬서에 있던 왕보신이 오삼계에게 투항하는 예기치 않았던 사태가 발생해 전세가 불리해지자, 강희제는 먼저 경중명과 상가희의 반란군을 진압한 후 오삼계의 근거지인 호남을 공격하는 방향으로 전략을 바꾸었다.

강희제는 드디어 경중명과 상가희 세력을 진압하고 다시 호남 평정에 주력하게 되었다. 강희제는 섬서의 요충지이자 왕보신이 점령하고 있는 평량을 손에 넣기 위해 회유와 군사 공격을 병행했다. 하지만 섬서장군이 평량을 무너뜨릴 만한 재목이 아니라고 판단하고 도해圖海를 섬서로 파견해 지휘력을 강화하고 한족 장수들을 이용해 왕보신을 회유하여 전세를 역전시켰다.

주요 적인 오삼계를 섬멸하기 위해 강희제는 다양한 전략 전술을 구사하며, 적의 후방을 차단해 군량이 보급을 끊는 데 주력했다. 이를 위해 와이객을 사천으로 보내고 늑이금勒爾錦을 상덕으로 보내 장사의 퇴로를 차단하도록 하고, 구체적인 전술까지 자세히 지시했다.

악주를 공격할 때에는 동정호洞庭湖에 전함을 준비하도록 했는데 패륵 찰니察尼기 호수에 바람이 거세게 불어 풍랑이 심하다며 전함 철수 명령을 내려 달라고 주청했다. 하지만 강희제는 이를 허락하지 않고, 수로를 통해 이동해 속전속결로 악주를 점령하고 적의 퇴로를 끊어 놓았다. 또한 평량 공격이 어려움에 처하자 강희제는 반란군들이 성에 오랫동안 갇혀 군량미가 거의 바닥을 났을 것으로 예상하고 보급로를 끊어 자진 투항을 유도했다. 도해가 먼저 평량의 숨통인 호산돈虎山墩을 함락시키자 평량을 지키고 있던 왕보신도 투항할 수밖에 없었다.

강희제는 만주기병들의 장점을 살려 병력을 집중해 속전속결로 적지를 함락시키는 전략을 택했다. 강희 14년(1675)에서 16년(1677)까지 각지의 부대를 규합해 전략 요충지인 장사를 함락시켰고, 17년(1678) 형주를 공격할 때에도 형주에 있던 부대 외에 악주에 주둔하고 있던 부대를 불러 협공했다.

병력을 집중시켜 단번에 공격하는 전력은 강희제의 일관된 전투전략이기도 했다. 그는 갈단을 진압하기 위해 제2차 원정에 나섰을 때에도 수만 대군을 모아 집중 공격을 퍼부었고, 팽호대전에서도 시랑의 병력이 정경의 군대를 크게 앞질렀다.

강희 57년(1720), 티베트로 진격할 때에도 군사를 셋으로 나누어 총 3만여 명의 군사를 파견해 적을 독 안에 든 쥐처럼 포위해 섬멸시킬 수 있었다. 강희제는 또 전투 상황이 시시각각 변한다는 점을 잘 알고 있었기 때문에 전세의 미묘한 변화를 포착해 적의 허를 찌르는 전략을 구사했다. 강희 35년(1696), 신하들이 갈단 토벌을 위한 제2차 원정을 극구 만류하자, 강희제가 이렇게 말했다.

갈단은 올 봄에 말들에게 풀을 한껏 먹여 힘을 비축해 놓았을 테니 가는 길에 풀도 없고 모래가 많아 대군들이 행군하기에 매우 힘이

들 것은 사실이오. 하지만 짐이 직접 원정을 나서리라고는 갈단도
예상하지 못할 것이오.

실제로 강희제가 직접 원정군을 이끌고 온 것을 본 갈단은 대경실색
하여 밤을 틈타 도주했다. 강희제는 차오모드 전투에서 승리했을 때에
도 감숙에 있던 손사극孫思克에게 승세를 몰아 패주하고 있는 갈단을 서
둘러 공격하도록 명했고, 손사극이 말들이 제대로 갖추어지지 않아 힘
들다고 보고하자, 조금도 주저하지 않고 손사극과 박제博濟에게 부근에
있는 녹기병의 말을 지원받아 서둘러 출정하라고 지시했다. 또한 오삼
계가 길안吉安에 있는 부대에게 야밤을 틈타 후퇴하라는 명령을 내렸다
는 첩보를 듣고 그 길로 나포喇布에게 길안을 공격하도록 명하고, 오삼
계가 상음湘陰에서 아직 전세를 가다듬지 못하고 있을 때 수륙협공으로
대대적인 공격을 퍼부으라고 명하고, "조금이라도 늦으면 공격하고 싶
어도 하지 못한다."라고 말했다.

이런 일화들에서 강희제가 전세를 파악하는 능력과 과단성이 뛰어났
음을 엿볼 수 있다. 강희 59년(1720), 강희제는 삼번의 난을 진압할 때
마지막 곤명 전투에서 조양동이 정확한 판단으로 군대를 지휘했다며
높이 평가했다. 당시 청의 40만 대군이 곤명에 거의 다다랐는데, 수장
이었던 패자 창태彰泰가 곤명을 70리 남겨 둔 상황에서 진격을 늦추고
천천히 기회를 봐서 곤명성을 공격하려 했다. 하지만 조양동이 영하 군
대를 이끌고 도착해 속전속결을 주장했다.

장태가 고집을 꺾지 않자 결국 조양동은 스스로 병사를 이끌고 나서
서 적들과 용감히 싸워 곤명성 바로 아래까지 진격했다. 장태가 조양동
의 군사들이 모두 지쳤다며 조양동에게 퇴각을 명하고 총독 채육영蔡毓
榮 부대를 대신 투입해 진영을 지키도록 명했으나 조양동은 자신이 목

숨 걸고 빼앗은 곳을 남의 손에 넘길 수 없다고 거절했고, 장태도 할 수 없이 모든 군사를 이끌고 공격해 곤명을 함락시킬 수 있었다.

하지만 강희제가 무조건 속전속결을 주장했던 것은 아니다. 적절한 기회란 너무 서둘러도 안 되고, 너무 늦장을 부려도 안 되는 것이기 때문에 강희제는 공을 세우기 위해 무턱대고 진격하는 것은 용납하지 않았다. 그는 천시天時와 지리地利 등 여러 가지 조건을 저울질해 바로 공격할 것인지, 조금 더 기다릴 것인지를 결정했다. 강희 13년(1674), 그는 반드시 먼저 사천을 평정한 후에 운귀雲貴로 진격해야 한다고 주장했다. 이듬해 여름 날씨가 더워지자 강희제는 악락에게 남창南昌으로 돌아가 말들을 배불리 먹이고 쉬게 한 후 가을이 되면 다시 호남이나 복건을 공격하라고 명했다. 갈단을 토벌할 때에도 서둘러 공격할 것을 지시하면서도, 사막의 기후와 지리적 조건이 행군과 군량미 운송에 적합하지 않고, 우기에는 땔감을 마련하기도 힘들다는 것을 잘 알았기 때문에 길과 물이 있는 곳을 미리 잘 파악하고 말과 낙타의 먹이를 충분히 준비하라고 명했다.

강희제가 뛰어난 군사가였다는 것은 그가 독단적이지 않고 모든 일을 어명이라는 이유로 자신의 뜻대로 밀어붙이지 않았다는 점에서도 드러난다. 그는 장수들에게 전략과 계획을 수행함에 있어서 어느 정도의 재량권을 인정해 주고 전장의 상황에 따라 필요한 조치를 취할 수 있도록 했다. 삼번이 반란을 일으켰을 때 주만朱滿에게 장사를 공격하라고 명할 때에도 그때그때 닥친 상황에 따라 적절한 전략을 사용하고 어지에 너무 연연하지 말 것을 당부했고, 각지에 파견되어 있는 장수들에게 어지를 보낼 때에도 맨 끝에는 항상 '적절한 기회를 잡아 공격하시오.', '장수들의 중지를 모아 공격 전략을 결정하시오.', '상황을 보아 진격하시오.' 등의 문구를 덧붙였다. 장수들이 전략의 궁극적인 목표를 이해하고 지휘의 주도권을 잡아 승리할 수 있는 기회를 놓치지 않도록 하기 위함이었다.

강희 13년(1674) 9월, 그는 전략을 융통성 있게 운용하지 못하고 승기를 놓쳐 전세를 불리하게 만든 대장군 늑이금을 질책했고, 대만을 토벌할 때에도 총독 요계성과 수사 제독 시랑에게 전권을 위임했다. 당시 요계성과 시랑이 대만에 대한 출정 날짜를 여러 번이나 연기했는데, 강희제는 대만을 하루라도 빨리 수복하고 싶은 마음이 간절했지만 역시 그 둘의 의견을 존중해 주었고, 후에 요계성과 시랑 사이에 의견 대립이 생겨 출정하지 못하고 있다는 것을 알고 시랑에게 결책권을 주어 대만 토벌에 성공할 수 있었다. 강희제가 시랑에게 최대한의 재량권을 주었던 것은 대만이 천혜의 요새라 불릴 정도로 공격하기 힘든 지리적인 조건을 가지고 있었기 때문에 행군이나 전투 중에 돌발 상황이 수없이 발생할 것이고, 그때마다 황제에게 보고를 올리고 전진과 후퇴를 허락받기 힘들다는 점을 잘 알고 있었기 때문이다.

강희제는 군대에 대한 군량미 보급과 역참 설치를 매우 중요하게 생각해, 갈단 토벌을 위한 전쟁 중에는 몇 차례나 어명을 내려 곳곳에 역참을 설치하고 군량미를 충분히 비축해 단 한 명의 병사도 굶주리는 일이 없도록 당부했다. 책망아랍포탄을 토벌하기 위해 출병할 때에도 강희제는 장거리 원정으로 군량미가 부족할 것을 우려해 청해에 따로 군사를 주둔시켜 논밭을 경작해 원정을 떠난 군사들에게 식량을 공급하도록 하고, 또 고원 지역을 지나갈 것에 대비해 현지 사정을 자세하게 조사해 행군할 때 주의해야 할 점을 파악했다. 고원 지대를 행군할 때에는 대부분 알고 있는 것과 달리 봄이나 여름보다는 겨울이 적합한데, 그 이유가 봄과 여름에는 풀이 풍부해 말들이 살이 쪄 오랜 행군을 견디기 어렵다는 것이었다.

동북 지역 국경을 침범한 러시아와 전쟁하기 위해 출정할 때에도 매우 오랫동안 사전 준비가 이루어졌다. 강희제는 사냥을 핑계로 낭담을 동북 지역으로 보내 현지의 자세한 정황을 살피도록 하고, 아이훈과 제제합이齊齊哈爾에 목성木城을 지어 기지로 삼고, 배를 만들어 동북 지방의 흑룡강까지 이어지는 군량미 및 군수물자의 운송로를 확보하는 한편, 역참을 짓고 둔전⁵屯田을 만들고 경작해, 군량미로만 따지면 3년 동안 충분히 버틸 수 있는 양이었다.

강희 22년(1683), 강희제는 대만을 통일하기로 결정하고 시랑에게 군사통솔권을 이임한 후, 호부와 병부에 어명을 내려 원정군에 필요한 군량미 등 식량을 충분히 실을 수 있도록 전함을 수리하도록 했다. 강희제는 시랑에게 군사통솔권만 넘긴 것이 아니었다. 군수 보급 전략도 모두 시랑에게 맡겼다. 삼번의 난을 진압할 때, 강희제는 친히 원정을 떠나지 않고 북경에서 지휘하며 남부 전선에 충분한 병력을 파견하기 위해 태원太原과 연주의 군대를 집결시켰다.

연주는 강남, 강서, 호광과 가깝고, 태원은 섬서, 사천과 가깝고, 동서로 통하는 교통의 요지였기 때문이다. 후에 강희제는 하남부河南府(지금의 하남 낙양洛陽)에 역참을 새로 만들고, 한중漢中(지금 섬서성에 속함)과 안경安慶(지금의 안휘성)에 속함에도 군대를 주둔시켰다. 이로써 호북의 전세가 불리해질 경우, 안경에서 지원군을 파견하고, 하남에 있는 군대를 다시 안경으로 이동시키고, 이도 부족하다면 하북河北과 산동에 있는 군대를 하남으로 이동시킬 수 있었고, 사천에서 위급한 상황이 발

---

5. 군량을 충당하기 위하여 변경이나 군사 요지에 설치한 토지. 일정한 지방에 집단적으로 경작자를 설정하여 새로운 영토나 관유지를 경작하는 방식으로 군인이 경작하는 군둔軍屯과 민간인이 경작하는 민둔民屯 2종류로 분류되었다.

생하면 서안에서 지원군을 파견하고 태원에 있는 군대를 서안에 주둔시키고, 또 하남과 산서에 있는 병사들을 태원으로 이동시킬 수 있었다. 뿐만 아니다. 복건에서 전세가 불리해지면 강녕과 강서에 주둔한 군대를 지원군으로 보내고, 연주에 있는 군대를 강녕으로 이동시키고, 다시 직예와 산동에 있는 군대를 연주로 보낼 수 있었다.

한 마디로 결코 마르지 않는 강물처럼 지원군을 수없이 파병할 수 있었다. 또한 전선의 상황을 신속하게 파악하기 위해 황제 직속의 군사 지휘 체계를 수립하고, 병부에 기존의 역참 외에 4백 리마다 필첩식과 발십고撥什庫(팔기제도 중 좌령 아래 관직)를 각 1명씩 두고 전황을 신속하게 보고하도록 했다. 이로써 북경에서 형주, 정주에서 무창, 진정眞定(지금의 하북에 속함)에서 한중, 경성京城에서 남창까지 필첩식이 각각 7명과 3명, 10명, 11명씩 배치되어 황제에게 전황을 시시각각 보고했다.

감숙에서 서쪽으로 9일이면 형주에 닿고, 형주와 서안까지는 5일이 걸렸으며, 절강까지는 4일이면 족했기 때문에 강희제는 먼 곳에서도 전쟁을 전체적으로 지휘할 수 있었다. 결국 강희제가 나이가 어려 군대를 지휘하는 데 서투를 것이라고 생각하고 얕보았던 오삼계는 강희제의 치밀한 전략과 재빠른 임기응변의 재주 앞에서 무릎을 꿇어야 했다.

충분히 준비하고 기회를 만나면 곧 나아간다

　대만을 수복하는 과정에서 강희제는 정경을 상대로 대화든 양보든 자신이 할 수 있는 것은 모두 다 했다. 하지만 그럼에도 불구하고 정경의 고집을 꺾을 수 없자, 더 이상 대화로 문제를 해결할 수 없다고 판단한 강희제는 선봉에 있는 부대에 진군령을 내리게 되었다.
　강희 20년 9월 1일, 대만에 있던 정경의 뒤를 이어 집권한 정극상은 강희제가 시랑을 복건수사 제독으로 임명하고 대만 토벌을 준비하고 있다는 전갈을 받고 곧장 전쟁 준비에 돌입하고, 무평후武平侯 유국헌에게 대군을 이끌고 팽호도를 지키라고 명했다. 팽호도는 대만의 문턱이었지만 정씨 세력은 그동안 팽호도 수비를 크게 중시하지 않았다. 하지만 10월 빈객사賓客司 부위림傅爲霖과 총진總鎭 주고수周高壽 등이 청의 총독 요계성과 밀통해 대만 내부에서 협조하기로 한 사실이 발각되면서 그동안 주고받은 서신이 발견되었는데, 서신 가운데에서도 팽호의 방비가 허술해 신속하게 공격하면 쉽게 함락시킬 수 있을 것이라는 내용이 담겨 있었고, 이 서신을 본 정경이 서둘러 팽호도 수비를 강화한 것이었다.

유국헌은 군대를 이끌고 팽호도로 가서 배를 정박시키기가 가장 쉬운 낭마궁娘媽宮에 군대를 주둔시키고, 성곽을 쌓고 대포를 설치했으며, 군사들을 시켜 작은 배를 타고 주변 36개 섬들을 수시로 순시하도록 명했다.

정극상과 풍석범은 유국헌을 정총독正總督으로 임명해 수륙 군사들을 모두 통솔하고 부장副將 이하에 대한 처벌은 모두 사후 보고할 수 있는 권한을 주었으며, 정북장군征北將軍 증서曾瑞와 정북장군定北將軍 왕순王順 두 명을 부총독으로 임명해 함께 팽호도를 지키도록 했다. 유국헌은 전함 120척과 군사 6천~1만 명을 거느렸지만 전세에 따라 지원군이 투입되면 전함 200척에 군사가 2만까지도 늘어날 수 있었다.

하지만 겉으로 위풍당당해 보이는 정씨 세력에 심한 내부 갈등이 도사리고 있었다. 풍석범이 정경의 장자인 정극장鄭克臧을 죽이고 사위인 정극상을 옹립해 실세를 거머쥐고, 유국헌과 결탁되어 있었고, 백성들은 그들을 증오해 민심을 얻지 못하고 있었다. 게다가 이들은 이익에만 급급해 세금을 올려 거두어 백성들이 과중한 조세 부담을 견디지 못하고 도망가는 일이 허다했는데, 이런 상황에서 청과의 전쟁을 핑계로 병사들을 차출해 먹을 것도 제대로 주지 않고 전쟁을 준비하도록 하자 여기저기에서 원성이 자자했다.

각지로 파견된 병사들도 힘든 객지 생활에 시달리며, 성곽을 쌓느라 매일 고된 생활을 하다 보니 불만이 이만저만이 아니었고, 이윽고 여기저기에서 병사들이 상사를 죽이고 군량미를 훔쳐 도망가는 일이 생기기 시작했고, 팽호도에서는 청에 투항하는 병사들이 부지기수였다.

이런 정씨 세력의 내부 상황을 손바닥 들여다보듯 훤히 꿰뚫고 있던 시랑은 민심이 어지럽고 유국헌이 권력을 마구 휘둘러 백성들의 원성이 자자하니 공격의 적기가 왔다고 판단했다.

시랑은 강희 21년 10월 20일 평해平海에서 대만을 토벌하라는 어명을 받고, 각 군대의 총병들을 모아 놓고 해상훈련을 진행하는 한편, 북풍을 이용해 대만을 함락시키겠다는 전략을 세우고, 적의 형세를 정탐하도록 했다. 하지만 11월이 되자 북풍이 너무 거세어 공격을 개시하기 어렵다며 각 진영의 군사들에게 후퇴를 명했다.

요계성도 대만 통일을 지지하는 입장인 것은 사실이었지만, 그는 무력 사용보다는 회유 쪽으로 기울어 있었다. 그는 시랑이 군대를 출격시키지 않는 것을 보고 그해 12월에 대만으로 사신을 보내 투항을 권했다. 이듬해 1월 정극상이 황학黃學과 임함林衜을 보내 조선, 유구[6]琉球 등 외국의 예와 마찬가지로 신하의 나라로서 조공을 바치고 변발을 하지 않고 청이 대만 영토에 들어오지 않는다는 약속을 해 주면 투항하겠다는 뜻을 밝혔다. 하지만 요계성으로부터 이 보고를 받은 강희제는 이렇게 말했다.

> 대만 사람들은 모두 복건 출신인데 어찌 조선이나 유구와 비교할 수 있겠소? 죄를 뉘우치고 변발을 하고 투항한다면 관리로 등용하고 환대하시오. 혹시 저들 무리가 대군이 소탕에 나섰다는 것을 알

---

6. 지금의 오키나와. 1872년 일본에 점령되기 전까지는 류쿠라는 독립된 나라였다.

고 시간을 벌려는 술수일 수 있소. 만약 그것이 사실이라면 어서 군대를 진격시키시오.

강희 22년 5월 23일, 요계성은 다시 팽호도에 있는 유국헌에게 사신을 보내 회유했지만 대답은 예전과 같았고, 더 이상 회유가 먹혀들지 않을 것임을 판단한 강희제는 진군 명령을 내렸다.

이미 진격 준비를 모두 마친 시랑은 6월 포에 진군 명령을 받고, 군대를 모두 동산銅山에 모아 놓고 요계성과 군량미 보급 등과 관련된 사항을 논의한 후 11일에 각 장수들을 모아 놓고 누가 선봉에 설 것인지를 결정했다. 아무도 선봉에 서겠다고 선뜻 나서지 못하고 있을 때 우영右營의 남리藍理가 선봉에 설 것을 자원했다. 시랑이 기뻐하며 그를 선봉에 세우고, 13일에 제를 올리고, 14일 아침 7시에 드디어 2만 명이 넘는 대군을 이끌고 팽호도로 진격했다.

유국헌은 시랑이 군대를 동산으로 집결시켰다는 사실을 알고 있었지만 크게 개의치 않았다. 6월에는 파도가 거세어 바다를 건너 공격하기 어렵다며 자만하고 있었던 것이다. 그렇데 누가 알았으랴. 15일 아침 7시, 팔조八罩에서 보초를 서던 대만군 병사의 눈에 저 멀리서 전함들이 새까맣게 몰려오고 있는 것이 보였다.

바다에는 풍랑이라고는 전혀 찾아볼 수 없이 숨죽인 듯 고요했다. 보초병은 그 배들이 필시 시랑이 이끄는 적의 전함들일 것이라고 생각하고 서둘러 유국헌에게 보고했다. 보고를 듣고 놀란 유국헌은 허둥지둥 군사들에게 방어태세를 갖추고 대포를 해안으로 옮길 것을 명했다. 한 장수가 적군이 막 도착해 전세를 가다듬기 전에 선제공격을 해야 한다고 주장했지만, 유국헌은 파도가 거세게 불어 손 한 번 안 대고 승리할 수 있으니 방어에만 총력을 기울일 것을 명했다.

유국헌이 느긋한 태도를 보인 것도 무리는 아니었다. 팽호도 주변에 워낙 파도가 심해 해상 전투를 치르기에 열악한 조건이었고, 이는 강희제도 이미 알고 있는 사실이었다. 대만 진격을 위해 오랜 시간 치밀하게 준비했던 것은 강희제의 선견지명이 있었기 때문이다. 강희제는 북경에 있었지만 전황을 시시각각 보고 받고 있었다.

시랑은 이미 대만에서 투항한 이들로부터 유국헌의 주력군은 주요 항구를 방어하고 있고, 팔조와 화서花嶼, 묘서猫嶼 등 지세가 험한 곳에는 적은 병력만이 보초를 서고 있어 대군이 공격하면 곧 점령할 수 있을 것이라고 판단했다. 15일 오후 4시경, 청군의 전함이 팽호도 앞바다에 도착해 보니 과연 다른 곳은 모두 대만 군대가 탄탄히 지키고 있었지만 묘서와 화서, 팔조에는 보초선 몇 척만 지키고 있을 뿐이었다. 시랑은 이미 날이 저물어가는 것을 보고 모든 전함을 묘서와 화서로 집결시켰다. 16일, 시랑은 주사舟師들을 모두 팽호로 불러 모았고, 유국헌도 전투 준비를 마치고 청군의 동태를 살폈다.

청군의 주사들은 모두들 때마침 간조이기 때문에 수심이 얕고 바람이 거세게 불어 배를 타고 공격하기에 불리하다며 공격을 반대하고 나섰다. 하지만 시랑의 배는 이미 적의 대군에 의해 포위되어 있었다. 대만군의 공격이 시작되고, 시랑은 오른쪽 얼굴이 적이 쏜 포탄의 불길에 그을려 화상을 입었지만 개의치 않고 계속 군사들을 독려하며 진두를 지휘했다. 다행히 남리藍理의 도움으로 포위망을 벗어날 수 있었고, 남리와 협공을 벌여 적의 전함 4척을 격퇴시켰다.

남리는 전투 중에 적의 포탄에 스쳐 배에 부상을 당했고, 다행히 금진진金門津에 주둔하고 있던 천총 유관광游觀光이 서둘러 전함을 이끌고 도착해 시랑과 남시의 전함을 구할 수 있었다. 유국헌도 그들의 전함을 뒤쫓다가 포기하고 전함을 돌려 돌아갔다. 그날 저녁 시랑은 적들이 간조를 틈타 습격할 것에 대비해 방어를 철저히 했다.

첫 전투에서 청군이 손실을 입자 군사들이 동요하기 시작했고, 시랑은 군사들의 사기진작을 위해 7일에 수사들을 조도罩島에서 후퇴시키고 닷새 동안 전열을 가다듬기로 했다. 시랑은 우선 회의를 열고 첫 전투에서 공을 세운 자에게 상을 내리고 과오를 저지른 자에 대해서는 벌을 내렸다. 우선 남리는 은 2천 냥을 받고 유관광은 은 1천 냥을 받았으며, 나머지는 공과 부상 정도에 따라 각기 상을 받았고, 남리 등 부상자들은 하문廈門으로 이송해 치료를 받게 했다. 하지만 첨육기詹六奇 등 급박한 상황에 후퇴한 12명의 장수들에게 참수령을 내렸다가, 다른 장수들의 만류로 참수령을 거두어들이고, 공을 세워 죄를 씻도록 명했다.

다음으로는 첫 전투의 패배를 교훈 삼아 앞으로는 전함 5척씩 대오를 형성하고 함께 움직이도록 하고, 이를 '오매화五梅花'라고 불렀다. 이밖에도 장수들에게 명해 각 섬의 지세를 파악하고 먹을 물을 찾아보도록 하고, 각 전함마다 수장의 성씨를 깃발에 써서 매달아 전함을 쉽게 구별할 수 있도록 했다.

첫 전투에서의 패배로 시랑은 자신이 적을 너무 얕보았음을 반성하고, 군대를 치밀하게 조직해 다시 공격할 수 있는 탄탄한 진영을 갖추었다. 22일, 시랑의 군대가 충분한 준비를 마치자 청과 대만의 최대 전투인 팽호전투의 막이 올랐다. 시랑은 우선 도독 진망陳蟒, 위명魏明 등에게 50척의 전함을 이끌고 동쪽에 있는 계롱서鷄籠嶼와 사각산四角山으로 진격해 협공을 개시하도록 하고, 총병 동의董義와 강동옥康同玉 등에게 50척의 전함을 이끌고 촌심만寸心灣을 지키며 적군을 견제하도록 한 후, 시랑 자신은 56척의 전함을 각 7척씩 8조로 나누어 주력군으로 하고, 나머지 80여 척의 전함은 2조로 나누어 후방에서 지원하도록 했다.

이로써 팽호전투가 본격적으로 시작되었다. 전투는 새벽 4시부터 오후 4시까지 계속 되었고 이루 말할 수 없이 치열했다. 포탄과 화살, 돌들이 서로 교차하며 비 오듯 쏟아지고 검은 연기가 온 하늘을 뒤덮었다. 청군의 '오매화' 전술이 그 위력을 발휘하기 시작했다. 전함 한 두 척이 적에게 포위를 당하더라도 가까이에 있던 아군이 다가와 도와주니 곧 포위에서 벗어날 수 있었다.

이번 전투에서 청군은 대만군의 전함 150여 척을 부수고 35척을 빼앗았으며, 장수 47명과 장령 3백여 명, 병사 1만 2천여 명을 사살하는 큰 성과를 거두었다. 유국헌의 주력 부대가 거의 전멸되다시피 했다. 유국헌은 전세가 불리한 것을 보고 남은 군대만 이끌고 서둘러 퇴각했고, 남아 있던 부대는 청군에 투항했다. 시랑은 관리 165명과 병사 4,853명의 투항을 받아들이고, 팽호도 등 36개 섬을 점령할 수 있었지만, 총병 주천귀朱天貴와 조방시趙邦試 등을 비롯한 관병 329명을 잃고, 총병 오영吳英 등 1천 8백여 명이 부상을 당했다.

시랑은 6월 26일에 전투 결과를 강희에게 보고했고, 태황태후를 모시고 더위를 피하려 고북구古北口 밖 홍천紅川에 가 있던 강희제는 윤 6월 18일에 시랑의 보고를 받고, 크게 기뻐하며 이 사실을 팔기의 각 제후와 패자를 비롯한 모든 관리들에게 알리도록 명했다.

강희제는 해상 전투가 어렵다는 것을 알고 전황을 예의 주시하고 있었기 때문에, 팽호 전투에서 공을 세운 장수들의 노고를 크게 치하하고, 특히 부상을 입고도 용감히 싸워 전투를 승리로 이끈 남리를 크게 칭찬하고, 후에 전투가 끝나고 돌아온 남리를 조정으로 불러 직접 상처를 보고 어루만져 주며 위로하고 상을 내렸다.

아랫사람에 대한 강희제의 이런 따뜻한 배려는 군사들의 사기 진작과 단결에 큰 힘을 발휘할 수 있었다.

【강희제에게 배우는 용병의 도】

一. 지도자에게는 기회를 포착해 실제 상황에 따라 전략과 전술을 융통성 있게 변화시키는 능력이 필요하다. 기회를 포착하기 위해서는 현재 처한 상황을 자세하고 정확하게 파악해야 한다.

一. 적절한 기회란 너무 서둘러도 안 되고, 너무 늦장을 부려도 안 되는 것이다.

一. 아랫사람에 대한 따뜻한 배려는 사기 진작과 단결에 큰 힘을 발휘할 수 있다.

제5장

용병의 도 5
인재를 제대로 알고 임용하고 일단 밀으면 의심하지 않는다 知人善任, 信者不疑

'의심'과 '신임'을 잘 파악해야 한다. 장수는 곧 나라의 안위와 직결되며, 어떤 인물을 장수로 등용하느냐에 따라 승세를 쥘 수 있고, 또 때로는 싸우지 않고도 적을 굴복시킬 수 있다. 장수는 스스로 군주에게 신임 받고 있다고 느낄 때 나라를 위해 충성할 수 있으며, 장수로 하여금 신임 받고 있다고 느끼게 하려면 군주는 예禮로써 장수를 대해야 한다. 역대 군주들 가운데 장수들을 아우르고 이용하는 능력이 가장 뛰어났던 이는 바로 강희제다. 그는 천하의 영웅들을 모으고 통제하는 탁월한 능력을 지니고 있었다. 그의 장수 다스림의 가장 큰 원칙은 바로 훌륭한 장수에게는 아낌없이 상을 내리고, 공을 세우면 높은 작위를 하사하며, 예의로써 대하고 은혜를 베푸는 것이었다.

병사를 이끄는 것 보다 더 어려운 일은 없다

강희 18년(1679) 추석, 청의 5천 대군이 섬서성 남부에서 사천성으로 들어가 천강川江 상류의 백수패白水壩에 다다랐다. 이 지방에서는 이곳을 '철문감鐵門坎'이라고 불렀는데 지세가 험하기로 유명했고, 강 건너편에서는 오삼계 부대가 돌로 벽을 쌓고 나무 난간을 설치해 단단히 방어하고 있었다. 이 부근에서는 물살이 급해 배를 타고도 강을 건너기 힘들었기 때문에 아무리 용감하고 전투에 능한 장수라 해도 쉽사리 건너기 어려운 곳이었다.

이때 청군을 이끈 장수는 바로 얼마 전 공을 세우고 작위를 하사받은 한족 장수 조양동趙良棟이었다. 그는 한족 장수인 왕진보王進寶와 부대를 나누어 오삼계 세력을 섬멸시키기 위해 사천성으로 진격했고, 여기에서 큰 난관에 부딪히게 된 것이었다. 조양동은 섬서성에서 여기까지 도착하는 동안 승승장구하여 승세를 몰아 왔기 때문에 이 고비만 잘 넘기면 성도는 곧 독안에 든 쥐라고 생각했다. 조양동은 다음날이 길일이니 자신의 명령에 잘 따라 강을 건너도록 전군에 명령하고, 후퇴하는 자는 목을 벨 것이라고 했다. 이튿날 날이 밝자 조양동은 말안장도 놓지 않은 채 직접 말에 올라 앞장을 섰고, 5천 명의 기병들이 모두 강으로 들어가 강 건너편으로 공격을 퍼부었다.

물이 깊지 않아 말들이 한꺼번에 들어가니 강물이 사방으로 튀며 거센 물결이 일었고, 병사들의 함성소리가 하늘을 진동시켰다. 오삼계 부대가 맹렬한 공격을 퍼부으니 수많은 장수와 병사들이 쓰러져 강물에 빠졌지만 어느 누구도 뒤로 물러서지 않았다. 그러자 오삼계 부대도 청군들의 기세에 놀라 당황하기 시작했다. 한참 격전이 벌어지고 있을 때 갑자기 청군의 뒤편에서 큰 바람이 불어와 청군들은 바람을 타고 순식간에 강을 건널 수 있었고, 오삼계 부대는 청군의 맹렬한 공격에 제대로 저항도 못하고 섬멸 당했다. 머지않아 성도가 조양동 군대에게 섬멸 당한 것은 물론이다.

강희 14년(1675) 초, 서북 지역에서 왕보신이 청을 배반하고 오삼계와 손을 잡은 후 청군의 전세가 계속 불리해져 위기에 봉착하자, 강희제는 신하들의 건의를 받아들여 감숙 제독인 장용張勇을 장수로 기용했고, 장용의 천거로 서녕 총병관인 왕진보와 천진 총병관인 조양동도 등용했다. 그들이 이끌던 녹영병綠營兵(청군 중의 한족 부대)은 승승장구하여 곧 섬서와 감숙의 반란군을 진압했고, 서북 지역이 곧 안정을 되찾을 수 있었다.

이 공으로 장용과 왕진보, 조양동은 '서북삼한장西北三漢將'이라는 칭호를 하사받았다. 강희제가 삼번의 반란을 진압하는 과정에서 한족 장수들을 중용한 것은 팔기의 장수들에게 실망했기 때문이었다. 삼번 토벌이 시작된 후, 강희제는 만주족 황족들을 최고 장수로 임명해 전쟁터로 내보냈다.

늑이면勒爾綿을 영남정구대장군寧南靖寇大將軍으로 임명해 운남과 귀주성의 반란을 진압하도록 하고, 강친왕 걸서를 진명대장군秦命大將軍으로 임명해 복건으로 보냈으며, 패륵인 혁엽赫葉은 정서대장군定西大將軍으로 임명해 사천으로 보내고, 안친왕 악락을 정원구대장군定遠寇大將軍으로 임명해 강서 지역을 맡겼다.

처음에는 강희제도 그들에 대한 기대가 컸고, 각지에서 패전 소식이 들려올 때마다 장수들이 무능해서가 아니라, 그 아래에서 따르는 군사들이 제대로 따라 주지 못했기 때문이라고 생각했다. 하지만 강희제의 생각은 빗나갔다. 황족들은 중원으로 들어와 몇 년간 호화롭고 편한 생활에 익숙해져 이미 옛날의 팔기 장수가 아니었다. 그들은 강희제의 작전 지시에 제대로 따르지 않고 맡겨진 임무에 충실하지 않아, 승리할 수 있는 기회를 번번이 놓쳐 버렸다.

제일 처음 황명을 받고 출정을 떠났던 늑이면은 겁이 많고 소심하여 오삼계가 한 발 먼저 호남을 점령해 버렸고, 청군은 강북의 형주를 지키는 데 만족해야만 했고, 경정충 세력의 진압을 맡은 걸서도 전쟁터에서는 무능하기 짝이 없었다.

강서 지역으로 출정했던 간친왕簡親王 나포喇布는 오삼계 군대와 제대로 싸워 보지도 않고 남창南昌에 숨어 있었고, 급기야 섬서 제독 왕보신이 청을 배반하고 오삼계와 손을 잡자, 화가 불같이 난 강희제는 몸소 형주로 출정을 나서겠다고 하기도 했다. 후에 왕보신 군대를 섬멸시키라는 명을 받고 출정했던 패륵 동액董額이 제대로 임무를 수행하지 못하자, 강희제는 그를 다시 난주蘭州로 보냈지만 그는 서안에 숨어 나오지 않았고, 결국 난주마저 반란군들의 손에 넘어가게 되면서 서북 지역 거의 전체가 반란군에 의해 점령당하게 되었다.

강희제는 그때서야 삼번 토벌에 한족 장수를 등용하지 않고는 승리할 수 없다는 것을 깨닫고, 강희 18년(1679)에 장용과 왕진보, 조양동을 장수로 임명해, 녹기병을 이끌고 한중과 홍안興安(지금의 섬서성 안강安康)으로 진격해 반란 세력을 섬멸시키고 사천성을 수복하라고 명하고, 특별히 장용을 격려하고 큰 신임을 보였다. 그리고 얼마 후 강희제의 전략이 적중했는지 조양동과 왕진보가 사천성을 수복했다. 특히 조양동은 패륵 창태彰泰가 이끄는 10만 대군이 아홉 달이 넘도록 포위하고서도 함락시키지 못했던 곤명昆明을 단 한 번의 전투로 함락시켜 삼번 토벌에 큰 공을 세웠다.

삼번 진압과 갈단 토벌 등 수차례의 전투를 거친 후, 강희제는 장수들 가운데 말 타기와 활쏘기에 능하고, 병사들을 잘 통솔하는 이는 많지만 직접 행군과 전투에 참여했던 사람들은 거의 없다는 것을 알고, 실전 경험이 있는지의 여부는 겉모습으로는 판단할 수 없고, 실제로 적과 맞닥뜨린 후에야 비로소 알 수 있음을 깨닫게 되었다.

정백기 부부통이었던 색흑윤塞黑尹은 활을 잘 쏘고 겉모습에서 위용이 느껴져 군대를 잘 통솔할 것처럼 보였지만, 실제로 오란포통 전투에서는 적의 맹렬한 기세에 놀라 더위를 먹은 척 꾀병을 부려 도망치려다가 가족들의 비난으로 울며 겨자 먹기 식으로 말에 올랐지만, 다시 말에서 뛰어내려 풀숲으로 숨어 버렸다. 전투가 끝난 후 그가 군영으로 다시 돌아오니 일개 병졸들까지도 그를 비웃지 않는 사람이 없었다.

하지만 내부원외랑內府員外郎 객청아喀靑阿의 부친인 해서니海西尼는 겉보기에는 체격이 왜소하여 힘도 약할 것으로 보였지만, 복건 진압을 위한 출정에 참가하여 여덟 차례나 큰 공을 세웠고, 나중에는 부상이 심해 도저히 참전할 수 없게 되자 사람을 시켜 자신을 나무판에 눕히고 높이 들어 올리도록 하여 전투하는 모습을 바라보았고, 아군이 승리해 적의 성을 함락시키자 "내가 부상을 입어 직접 전투에 나가 적을 죽이지 못한 것이 한이로다!"라고 한탄하며 통곡했다고 한다.

또 순무였던 양희楊熙도 체격이 작고 얼굴은 못생겼지만, 상지신이 반란을 일으켰을 때 다른 두 명의 순무와 광동성에서 반란군들에게 포위당하자, 혼자 힘으로 포위를 뚫고 도망쳐 청의 군영으로 복귀했다. 이런 일련의 일들이 있은 후, 강희제는 사람은 겉모습으로는 절대 판단할 수 없다는 것을 깨달았다.

또 강희제는 말년에 직접 출정한 차오모드 전투에서 장수들 사이에 서로 협조하고 단결해야 승리할 수 있다는 것을 깨닫게 되었다. 당시 강희제가 이끄는 중로군을 본 갈단이 밤을 틈타 도망치자, 좌우 대신들이 강희제에게 철수를 권했지만, 강희제는 철수하지 않았다. 그리고 얼마 후 비양고가 이끄는 서로군이 갈단 부대를 섬멸시켰지만 군량미가 부족해 어려움을 겪는다는 소식을 듣고, 강희제는 중로군에게 첫 번째와 두 번째로 조달된 군량미를 비양고 군대에 보내고, 세 번째로 온 군량미 중에서 중로군이 18일간 먹을 양만을 남기고 나머지는 모두 서로군으로 보냈다.

서로군은 그 덕분에 굶주리지 않고 행군할 수 있었다. 그러자 강희제는 후퇴를 권유했던 신하들에게 다음과 같이 말했다.

> 그때 대신들의 말을 듣고 중로군을 철수시켰더라면, 동로군과 서로군이 군량미 걱정 없이 싸워 공을 세울 수 있었겠는가?

강희제는 장수들의 자질을 매우 중요하게 생각했고 말년에는 다음과 같이 말하기도 했다.

전쟁은 장수가 청렴하다고 하여 능히 승리할 수 있는 것이 아니다.

강희제는 삼번의 반란을 진압하는 과정에서 얻은 바가 매우 컸다. 그는 삼번의 난이 모두 평정되고 난 후, 신하들을 불러 놓고 이렇게 말했다.

한 장수가 변방에서 오랫동안 병권을 쥐고 있는 것을 바람직한 일이 아닌 것 같소. 병권을 오래 쥐고 있다 보면 교만한 마음이 생겨 반란을 일으키기 쉽소. 오삼계와 경정충, 상지신도 국법을 따르지 않고 자신이 다스리는 곳의 주인인 양 교만해져 반란을 일으켰던 것이오. 광서장군 마승음馬承蔭이 조정에 투항했을 때 마승음이 짐에게 무릎을 꿇자 그 수하의 병사들이 '우리 장수님이 무릎을 꿇다니!' 라며 수군거리는 것을 보았소. 짐은 그 모습을 보며 어떤 장수에게도 병권을 오랫동안 장악하도록 허락하지 않을 것이라고 다짐했소.

이것이 바로 반란 세력을 진압하는 과정에서 강희제가 얻게 된 가장 값진 교훈이었을 것이다.

강희제는 모름지기 장수한 병사들을 잘 통솔하고 전투에 능하며, 전술을 이용할 줄 알고 실전 경험이 있어야 하며, 군량미를 제대로 관리하고 군대의 일을 잘 이해하고, 변화에 대처할 수 있는 능력을 가지고 있어야 한다고 생각했다. 따라서 그는 무관, 심지어는 일개 병사들에게까지도 병서를 읽도록 명하고, 강희 49년(1710)에는 무과 시험 과목에 병법을 추가시켰다.

　물론 강희 자신도 수많은 병서를 읽고, 옛날 병법 중에서 교훈을 얻어 풍부한 군사 지식을 가지고 있었다. 또한 강희제는 고지식하게 병서의 내용만을 따라하는 것에 반대하고 병서의 내용 중 타당하고 실제적인 것을 취사선택하고 종합하여 융통성 있게 활용해야 한다고 말했다.

장수를 잘 선택하는 것이 승리의 관건이다

　강희제는 용병에 있어서 훌륭한 장수를 등용하는 것이 승리의 관건이라고 생각했다. 무력으로 대만을 수복하기로 결정했을 때, 강희제가 가장 고심했던 것은 누구를 장수로 등용할 것인가 하는 문제였다. 파도가 거세 한치 앞도 예측할 수 없는 어려운 해상 전투를 능히 수행할 만한 인재가 누구일까. 강희제는 여러 신하들의 의견을 수렴한 후 시랑에게 대만 수복의 총책을 일임하면서 대만 문제 해결의 탄탄한 기반을 다졌다.
　강희 18년 1월, 강희제는 우선 복건수사를 회복시키기로 하고, 같은 해 4월 호광 악주수사 총병관인 만정색萬正色을 복건수사 제독으로 임명했다. 만정색은 수사 제독으로 부임한 후 곧장 금문金門과 하문 공격을 위한 채비에 들어갔고, 드디어 이듬해 2월에 강희제의 명에 따라 진격을 시작했다.

금문과 하문 등 청 연해 지역을 함락시킨 후 강희제는 강희 19년 4월 말에 병부시랑 온대溫代를 복건으로 보내 상서 개산介山과 시랑 오노춘吳魯春, 총독, 순무, 제독 등과 함께 연해 지역 방어와 철군에 대해 논의하도록 했다. 여러 차례의 논의 끝에 8월 4일, 강희제는 장군 나합달이 이끄는 만주군을 2천 명만 남겨 복주와 장주를 지키도록 하고, 나머지 군사 2천 4백 명은 모두 북경으로 철수시키기로 하고, 대만과 팽호에 대한 공격을 잠시 미루고, 총독과 순무 등은 투항한 반란군들을 보살피는 데 주력하고 기밀을 입수하면 곧바로 어지를 올리도록 했다.

하지만 철군과 공격 중지가 대만 수복 포기를 의미하는 것은 아니었다. 이미 상지신이 죽고, 경정충은 투항해 북경에 올라와 있었으며, 오삼계도 청의 대군에 포위되어 삼번이 완전히 진압되는 것은 시간문제인 상황이었기 때문에, 다음 수순은 자연히 대만 수복이었다. 강희제가 군대를 철수했던 것은 백성들의 부담을 줄여 사회를 안정시키고, 대만 수복을 위한 군량미를 충분히 확보하기 위함이었다. 당시 강희제의 나이 스물일곱으로 이미 성숙하여 무모한 행동은 하지 않을 나이였기 때문에 철저하게 준비하고 유리한 기회를 보아 다시 공격할 요량이었던 것이다.

강희 24년 4월, 복건 총독 요계성이 대만의 부위림傅爲霖과 요강방廖康方이 보낸 밀서를 받았다. 정경이 그해 1월 28일에 이미 병사하고, 그 맏아들도 30일에 목 졸라 죽임을 당해, 겨우 12살인 둘째 아들 정극상이 왕위를 물려받았다는 내용이었다. 특히 부위림은 밀서에서 "군주가 어려 나라가 어지러우니 필시 내란이 일어날 것이오. 그때 공격하면 분명히 성공할 수 있을 것이니 때를 놓치지 마시오."라고 했고, 요강방도

"내란이 일어나면 급히 군대를 보내 대만 백성들을 구해 주시오."라고 했다. 강희제는 6월 6일에 대학사 등과 논의하여 정경이 죽었으니 분명 내란이 일어날 것이며, 그 기회에 팽호와 대만을 수복하고, 회유와 강경을 함께 사용하기로 결정했다. 이로써 강희제는 잠시 중단했던 대만 공격을 다시 시작하게 되었다.

강희제의 대만을 공격하기로 하지 조정 대신들 사이에서 의견이 분분했다. 수사 제독 방정색方正色은 대만 공격에 반대하는 상소를 올렸고, 고급 관리들도 바다를 건너다가 언제 거세 파도가 몰아닥칠지 예측할 수 없어 승산이 없다며 반대 입장을 보였다. 대만 공격에 반대하는 사람들 중에는 복건 지역 최고 군사령관인 낭황기 만주족 도통 나합달도 포함되어 있었으니 대만 공격을 반대하는 목소리가 얼마나 거세었을지 짐작할 수 있다. 무력 침공에 찬성하는 사람은 내각학사 이광지와 복건 총독 요계성, 복건 순무 오흥조吳興祚 등이었다. 이광지는 복건 안계安溪 출신으로 대만이 평정되지 않으면 동남 연해 지역이 편안할 수 없으며 무력을 사용하지 않으면 대만 평정은 요원하다고 주장했다. 그의 이러한 주장은 현지 백성들의 안녕과 평화를 바라는 복건과 절강 지역 관리들의 마음을 대표하는 것이었다.

정확한 결정을 내렸다면 이제 다음 단계는 현명하고 능력 있는 관리를 골라 일을 맡기는 것이었다. 강희제는 방정색을 복건수사 제독으로 임명했다. 요계상이 이미 여러 차례나 상소를 올려 복건수사 제독에 시랑을 임명해 줄 것을 요청했지만, 시랑은 아들 시제施齊와 조카 시해施亥가 정경 군대에서 관리를 맡고 있었기 때문에 혹시라도 내통하여 청 조정에 반란을 일으킬지 모른다는 이유로 임명되지 않았다. 하지만 후에 요계성이 끈질긴 조사 끝에 시제와 시해는 정경 세력의 기밀을 청에 제공했다는 이유로 강희 19년 2월에 온 가족이 몰살당했음을 알아냈고,

이로써 강희제의 의심이 풀리면서 다시 시랑을 신임하게 되었다.

　강희 20년 7월, 이광지도 시랑을 천거하고 나섰다. 시랑이 정경 세력에게 아들과 조카의 가족을 모두 잃었으므로 그 복수심이 클 것이고 바다에 대해 잘 안다는 것이 그 이유였다. 강희제도 방정색이 기대만큼 일을 잘 처리하지 못하는 것을 보고, 곧 이광지의 건의를 받아들여 7월 28일에 시랑을 우도독충복건수사제독총병관右都督充福建水師提督總兵官으로 임명하여 복건으로 보내고, 방정색의 직위는 육군 제독으로 강등시켰다. 그러자 무력 침공에 반대하던 대신들이 다시 들고 일어나 시랑이 반란을 일으킬 것이 분명하다며 시랑의 수사 제독 임명에 반대했다. 하지만 강희제는 시랑이 아니면 대만을 평정할 사람이 없다고 굳게 믿었기 때문에, 대신들의 반대를 무릅쓰고 시랑에게 중책을 맡겼다. 강희제의 과감함과 예리한 판단력이 돋보이는 대목이다.

　시랑은 수사 제독으로 임명되자마자 13년 전 자신이 상소를 통해 주장했던 무력과 회유를 겸용하는 전략을 내놓았고, 이 역시 강희로부터 허락받고 구체적으로 실천할 수 있게 되었다. 그가 내놓은 전략은 무력 공격에 주력하면서도 무력을 내세워 투항을 유도하는 방법이었다. 정경이 여러 차례의 회유에도 투항하지 않았지만, 이제 무력을 내세워 투항을 권유한다면 받아들일 수밖에 없을 것이라는 생각이었다.

　시랑은 강희 20년 10월 6일에 복건에 부임했고, 강희 3년과 4년에 대만을 공격했다가 실패했던 경험을 되살려 독督과 무撫, 제提 사이에 서로 견제하지 않도록 하기 위해 자신이 모든 전권을 가져야 한다고 생각하고, 자신이 모든 전권을 가지고 대만으로 출정하겠다는 상소를 올렸다. 하지만 강희제는 총독인 요계성이 군사를 통솔하고, 제독인 시랑이 팽호와 대만을 공격하라는 입장을 견지했다. 하지만 강희제는 총독과 제독의 의견이 완전히 상반된다는 점은 간과하고 있었다.

시랑은 남풍을 이용해 한 사람이 군대를 이끌고 진격하여 먼저 팽호를 공격해 대만의 숨통을 죄어야 한다고 주장했다. 그는 강희 21년 3월 1일 상소를 올려 황제에게 자신에게 대만 공격의 모든 전권을 부여해 달라고 요청하고, 요계성이 능력은 탁월하지만 북방 출신이기 때문에 해상 전투에는 서투를 수 있으니 군량미 조달만을 관리하도록 해 달라고 했다. 특히 지금 팽호도를 지키고 있는 유국헌은 정씨 세력의 장수들 가운데 가장 용맹하고 날랜 자이니 팽호만 손에 넣으면 대만 전체는 쉽게 손에 넣을 수 있을 것이라고 주장했다. 반면 요계성은 북풍을 이용하고, 전함을 두 부대로 나누어 각각 총독과 제독이 통솔하고 대만과 팽호를 동시에 공격해야 한다고 주장했다. 두 사람이 서로 자신의 의견만을 고집하고 한 치의 양보도 하지 않으니 대만 공격도 계속 지연되고 있었다.

그러자 시랑은 강희 21년 7월 13일에 다시 상소를 올려 자신에게 군사 공격의 전권을 부여해 달라고 청했다. 그는 이 상소에서 "황상께서 이 충신을 믿으시어 전권을 위임해 주신다면, 소신이 바람이 부는 상황을 보아 진격하여 곧 대만을 함락시킬 것이옵니다. 만약 소신이 실패한다면 소신에게 그 죄를 엄중히 물어 주시옵소서."라며 자신 있게 말했다.

하지만 시랑의 계속된 간청에 대해 강희제는 매우 신중한 입장을 고수했다. 강희제는 의정왕대신회의를 열고 의정왕대신들의 생각을 물었다. 대학사 명주가 말했다. "대만 공격의 전군을 한 사람에게 위임한다면 총독과 제독 사이에 서로 견제하는 것을 막을 수 있으니 그리하는 것이 좋을 것 같사옵니다." 그의 말에 강희제도 생각을 바꾸어 시랑에게 전권을 위임하기로 결정했다.

하지만 그 후에도 시랑은 바람의 상황이 좋지 않다는 이유로 대만 공격을 차일피일 미루었고, 강희제는 이에 불만이 생겼다. 하지만 강희제는 "신중함을 잃지 않고 해상 전투이니 더욱 신중을 기해야 하고 바람의 상황도 중요할 것이니 짐이 억지로 진격하라고 명령하지 않을 것이오."라고 말했다.

강희제는 또 장수들을 배치하는 일에 있어서는 중용을 유지했다. 시랑이 요계성에게 처벌을 받은 적이 있는 남리를 중용하고, 요계성이 기용했던 평양총병 주천귀朱天貴는 군사들과 함께 절강성 평양으로 돌려보내려 하자, 병부에서 남리를 우영유격령주사右營遊擊領舟師에 임명하는 것을 반대했지만, 강희제는 남리와 주천귀를 모두 임명해도 좋다고 생각하고, 남리를 우영유격령주사로 임명하고, 주천귀는 군대를 데리고 복건에 남아 다음 전략에서 활약하도록 했다. 훗날 전투에서 과연 남리와 주천귀는 모두 용감하게 싸워 공을 세웠고, 주천귀는 장렬하게 전사했다. 여기에서 강희제가 인재를 알아보고 적재적소에 배치하는 능력이 뛰어났음을 다시 한 번 확인할 수 있다.

【강희제에게 배우는 용병의 도】

一. 인재를 알아보고 적재적소에 배치하는 능력이 승리의 관건이다.

一. 책을 읽어 내용 가운데 타당하고 실제적인 것을 취사선택하고 종합하여 융통성 있게 활용해야 한다.

一. 장수는 스스로 군주에게 신임 받고 있다고 느낄 때 나라를 위해 충성할 수 있다. 장수로 하여금 신임 받고 있다고 느끼게 하려면 군주는 예로써 장수를 대해야 한다.

제6장

용병의 도 6
목표와 수단을 적절히 활용하라
經權互用

'경經'과 '권權'의 관계를 조화롭게 처리해야 한다. 병가에서 '경'이란 목표를 확실하게 정하고 견지하는 것을 의미하며, '권'이란 융통성 있는 전략을 사용해야 한다는 것이다. 장수의 결정이 승리의 근본인 만큼, 목표를 확실하게 세우고 흔들림 없이 목표를 향해 나아가는 것이 강희제의 용병술의 가장 큰 특징이었다. 그는 원대한 목표와 실질적인 전술과 수단을 절묘하게 조화시켰고, 목표를 실현할 수 있다는 자신감을 버리지 않았다. 이것이 바로 강희제가 승리할 수 있었던 중요한 요인이다.

군심을 안정시키고 어루만져 승리를 쟁취하라

　장수의 결정이 승리의 근본인 만큼, 목표를 확실하게 세우고 흔들림 없이 목표를 향해 나아가는 것이 강희제의 용병술의 가장 큰 특징이었다. 그는 원대한 목표와 실질적인 전술과 수단을 절묘하게 조화시켰고, 목표를 실현할 수 있다는 자신감을 버리지 않았다. 이것이 바로 강희제가 승리할 수 있었던 중요한 요인이다.

　청의 녹영병綠營兵은 녹기영綠旗營 또는 녹기綠旗라고도 불렸으며, 전국에 60만 명 가량이 있었지만 지위가 낮고 대우도 별 볼일 없어 오삼계 세력이 호시탐탐 노리는 세력이었다.

　오삼계가 반란을 일으킨 후, 운남과 귀주, 호광, 사천의 제독과 총병들이 자신의 군대를 이끌고 잇따라 오삼계에서 투항하면서 오삼계 세력이 급속히 불어났고, 다급해진 강희제는 녹기병에 대한 경계와 방비를 서두르기 시작했다.

강희 12년 12월 말, 오삼계가 반란을 일으켰다는 소식이 조정에 전해진 지 얼마 안 되어, 강희제는 직예의 각성 순무들이 계속 병무를 관할하도록 하는 한편, 각 지에 무표撫標 좌우 2영씩을 두고 각 성 녹영병에 대한 관리와 통제를 강화했다.

강희제는 특히 용맹하고 전투에 능하기로 유명한 섬서와 감숙의 녹기에 대한 통제를 중요하게 생각해, 섬서 총독 합점哈占과 제옥 장용張勇, 왕보신 등에게 다음과 같은 어지를 내려 보냈다.

> 그대들은 짐이 등용한 신하들이니 짐과 생사를 함께 하고 서로 의지해야 하오. 짐은 변경 지방을 방어하고 민심을 다스리는 데 있어서 그대들에게 모든 것을 의지하고 있소.

이 어지를 받고 섬서 제독 왕보신은 곧 오삼계가 반란에 동조할 것을 권유하며 보내온 패찰牌札을 조정에 바치고, 자신의 아들 계정繼貞을 북경에 보내 충성을 표시했다. 강희제는 이에 기뻐하며 왕보신에게 상을 내리고, 그 아들에게 대리사소경大理寺少卿이라는 작호를 내렸다.

강희 13년 1월, 사천에서 반란이 일어나 오삼계 세력과 손을 잡은 후, 강희제는 다시 이런 일이 발생하는 것을 막기 위해 막락莫洛을 보내 섬서를 관리하도록 하고, 순무 이하 병사들에 대해 엄격한 기율을 실시하도록 했다. 섬서 순무는 항상 만주인이 맡았기 때문에, 그의 임무는 주로 제독인 왕보신을 감시하고 통제하는 것이었다.

강희제는 녹이에 대한 통제를 강화하는 한편, 녹기병들의 마음을 어루만지는 일에도 소홀히 하지 않았다. 그러나 막락은 그렇지 않았다.

그는 녹기병들을 의심하고 무시하여 장수와 병사들의 불만을 샀고, 급기야는 막락과 왕보신의 관계가 심각하게 틀어져버렸다.

이런 상황을 모르는 강희제는 막락이 왕보신의 군대를 이끌고 사천성으로 진격해, 보녕保寧에 대한 오랜 공격에도 성이 함락되지 않아 곤경에 처해 있는 만주군들을 지원하겠다는 상소를 올리자 이에 동의했다.

왕보신은 본래 호남으로 가겠다고 했으나 윤허를 받지 못했다. 그러자 막락은 군사들을 소집한 지 얼마 안 되어 믿을 수 없다며 사천으로 가지 말 것을 권유했지만 아랑곳 하지 않고 왕보신의 군대 2천을 이끌고 사천으로 진격했다. 그러자 왕보신은 다음과 같이 말하며 노발대발했다.

> 막락이 날 피곤에 지친 병사들과 함께 사지로 몰아넣고, 용맹한 군대를 데리고 가버렸다!

강희제도 막락이 새로 소집한 녹영병들을 데리고 사천으로 진격한다는 소식을 듣고 불안하게 생각하여 급히 어지를 보내 경솔하게 진격하지 말라고 당부했지만 막락은 어명마저 따르지 않고 11월 28일에 군대를 이끌고 사천으로 떠났다.

강희제는 다시 대장군 패륵 동액을 출정시켜 막락과 합류하여 사천에 있는 대군을 지원하도록 했지만, 동액의 군대가 당도하기도 전인 12월 초, 막락이 영강寧羌에 도착했을 때, 왕보신은 군량미가 부족하다는 핑계로 반란을 일으켜 막락을 살해했다.

왕보신이 반란을 일으키자 강희제의 근심은 더욱 깊어졌다. 강희제는 섬서 독무를 보내 상세한 상황을 조사하도록 하고, 왕보신의 아들 왕계정을 보내 왕보신에게 뜻을 돌리도록 권유하도록 하는 한편, 12월

23일에는 왕보신에게 투항한다면 죄를 묻지 않겠다는 어지를 내렸지만 모두 소용이 없었다.

당시만 해도 왕보신의 세력은 강하지 않았다. 영강에서 규합한 2천 명은 반란이 일어난 후 뿔뿔이 흩어져 버리고, 평량平凉에서부터 따르던 군대마저 제각각 고향으로 돌아가 버렸다. 하지만 당시 한중에 주둔하고 있던 대장군 동액이 반란을 진압하기는커녕, 청을 배반하고 오삼계와 손을 잡는 사건이 일어나면서 순식간에 한중과 흥안 일대가 오삼계 세력으로 편입되었다.

왕보신은 사람을 보내 진주秦州를 방어하도록 하고, 자신은 옛날부터 동고동락을 함께 하던 병사들과 함께 평량으로 돌아갔다. 그러자 오삼계는 서둘러 왕보신에게 은 20만 냥과 함께 평원대장군과 섬서동로총관이라고 새겨진 패찰을 하나씩 내리고, 오삼계를 대신해 세력을 규합하게 했고, 결국 감숙성 동부와 섬서성 북부가 차례로 오삼계에게 투항하거나 무력으로 점령당했다. 그러나 사태가 이 지경이 되도록 조정에서는 군사가 부족하여 이렇다 할 대응을 하지 못했다.

강희 14년 2월, 감숙 순무 화선華善이 왕보신이 관산關山 동부와 기산岐山 북부, 황하 이남을 점령하고 사천에 있는 오삼계와 서로 연락하고 있으며, 서쪽의 토족과 회족들까지 혼란한 틈을 타 국경을 침범하는 위급한 상황이니 감숙 제독인 장용의 권력을 강화해 녹영병의 위급한 상황을 해결해 달라는 상소를 올렸다. 강희제는 이 건의를 즉시 받아들여 감속 제독인 장용을 '정역장군靖逆將軍'에 봉하고, 감숙성 평정이라는 중책을 맡겼다.

그리고 얼마 후, 장용이 왕보신이 보낸 사신을 사살하자 강희제는 곧 그의 작호를 정역후靖逆侯'로 올려주었고, 장용 수하의 서냥 총병 왕진보와 영하 총병관 진복陳福, 감속 총병관 손사극도 각각 큰 공을 세웠다.

2월 17일, 난주성이 함락되었다는 소식이 조정에 전해지자, 강희제는 서둘러 대장군 패특 동액과 장군 아밀달 등을 보내 진주와 평량을 공격하도록 하는 한편, 장용과 그 수하의 총병 3명에게 밀지를 보내 이에 협공하도록 명령했다.

이에 장용은 직접 남로군을 이끌고 하주河州와 조주洮州로 진격해 공창鞏昌(지금의 감숙성 농서隴西)을 함락시켰고, 왕진보는 서로군을 통솔하여 난주를 공격했으며, 북로군 진복은 영하에서 남하해 화마지花馬池와 정변定邊 등지를 평정했다.

그리고 동액 등이 이끄는 동로군까지 가세해 왕보신이 점령하고 있는 지역을 단단히 봉쇄했다. 손사극은 각로군에 대한 지원과 양주涼州 및 감주甘州를 다스렸다. 2월부터 6월까지 단 다섯 달 만에 왕보신 세력의 거점인 평량과 그 부근의 고원固原을 제외한 모든 지역의 청에 의해 수복된 것이다.

이런 성과는 모두 강희제가 녹영병으로 하여금 독자적으로 전투를 수행하거나, 독립적이고 평등한 관계로 만주군대와 연합하여 전쟁하게 하면서 지위가 격상된 녹영병들이 스스로의 역량을 마음껏 발휘한 결과였다. 그러나 대장군 동액은 여전히 옛날 습관을 버리지 못하고 늘 장용이 세운 공을 폄하하기에 급급했고, 이 사실을 안 강희제가 그를 크게 꾸짖기도 했으며, 장용 또한 동액의 태도에 매우 민감하게 반응해 황제에게 동액과 평량 공격을 함께 하지 않겠다는 상소를 여러 차례 올렸다.

강희 15년 2월 1일, 강희제는 상가희가 보낸 보고를 통해 광동성의 형세가 위급하다는 것을 알게 되었다. 광동성을 잃게 된다면 그 서쪽에 있는 오삼계 세력 진압이 더욱 힘들어질 것은 불 보듯 뻔한 일이었다. 서둘러 오삼계 세력을 평정해야겠다고 생각한 강희제는 강서와 호광에 더 많은 병력을 지원하기로 하고, 2월 10일에 도통대학사 도해를 무원대장군으로 임명하고 섬서로 보내 평량 공격을 지원하도록 했다.

강희제의 큰 기대를 한 몸에 안고 출정한 도해는 5월 17일에 평량이 도착해, 성 북쪽의 호산돈虎山墩에서 왕보신 군대를 격파시킨 후 곧 성 안에 있던 왕보신 세력에 대한 회유를 시작했다. 드디어 6월 15일, 왕보신이 수하를 이끌고 나와 투항했고, 고원과 경양慶陽 등지에 있던 왕보신의 군대도 차례로 투항해 왔다. 조정에 승전보가 도착하자 강희제는 크게 기뻐하며 왕보신을 원래 관직에 복직시키고 공을 세워 죄를 씻으라고 명령했다.

녹영병을 중시했던 강희제의 정책에 따라, 도해는 만주병과 녹영병이 평등한 관계를 유지하며 전투를 수행하도록 했고, 그 결과 섬서성을 평정할 수 있었던 것이다.

서북 지역이 안정되자 강희제는 병력을 나누어 광동 지역을 지원하기로 했다. 그는 먼저 녹영병 장수들의 공을 치하하기 위해 정역장군 장용을 일등후一等侯에 봉하고, 왕진보를 일등아사함니합합번一等阿思哈尼哈哈番으로 봉하는 한편 분위장군奮威將軍의 작호를 하사하고 평량 등지의 제독의 사무를 함께 보도록 했다. 또한 손사극은 일등아달합합번一等阿達哈哈番에 봉해져 양주 제독으로 부임하게 되었다.

왕보신 세력 진압과 서북 지역 평정 과정에서 전국 녹영병들의 지위도 함께 높아졌다. 강희 15년 5월, 강희제는 병부에 명해 각 성 녹기병들이 반란군 평정에 큰 공을 세운 것을 치하하도록 했다. 같은 해 7월 하남부에서 토족들이 영녕현을 침범해 노략질을 일삼자, 영년현에 주둔하고 있던 만주족 참령 호십패胡什覇 등은 가까이에 있는 만주족은 가만히 두고, 도리어 멀리에 있는 순무가 녹영병을 이끌고 가서 토족을 토벌해야 한다고 주장했고, 이 사실을 안 강희제는 호십패 등을 크게 질책했다.

　강희 16년 6월에도 간친왕 나포가 강서 총독 동위국董衛國의 의견을 무시하고 녹영병을 함부로 이동시켰다가 강희에게 호된 질책을 받은 일이 있었다. 이때 강희제는 앞으로 녹기병을 이동시키려면 총독인 동위국과 논의하라고 명했고, 그해 겨울, 강희제는 만주족 장군이 녹기병 이동에 간여하지 못하도록 규정했다.

큰 뜻을 이루는 데 있어 사소한 것은 고려하지 않는다

강희 12년(1673) 12월 21일, 북경 병부에 두 필의 역마가 도착했다. 엄동설한이었지만 말에서 내린 이들의 얼굴에는 땀이 송글송글 맺혀 있었다. 그 둘은 가쁜 숨을 몰아쉬며 문기둥을 붙잡고 아무런 말도 하지 못했고, 한참이 지나서야 겨우 숨을 진정시키고 말문을 열었다. 그 둘은 강희제가 얼마 전 오삼계 군대의 변방 철수문제를 처리하기 위해 귀주로 보낸 특사들이었다. 한 명은 호부원외랑인 살목합이었고, 다른 한 명은 병부랑중 당무례黨務禮였다. 그 둘은 생명의 위험을 무릅쓰고 오삼계가 반란을 일으켰다는 경천동지할 커다란 소식을 알리기 위해 달려온 것이었다.

강희제는 그해 8월 예부시랑 절이금折爾肯과 학사 부달례를 운남으로 보내고, 호부상서 양청표梁淸標와 이부시랑 진일병陳一炳을 각각 광동과 복건으로 보내 삼번 철수에 대해 논의하도록 하고, 살목합과 당무례, 그리고 또 다른 세 명을 귀주로 보낸 바 있었다. 살목합과 당무례 등이 11월에 귀양에 도착하자 운귀 총독인 감문혼甘文焜이 오삼계가 이미 11월 21일에 반란 가담을 거부하는 운남 순무 주국치朱國治를 죽이고 절이 긍과 부달례를 감금하고 거병했음을 알려주었다.

그 둘은 이 다급한 소식을 조정에 빨리 알리기 위해 다시 북경으로 서둘러 길을 떠났으나, 도중에 진원鎭遠(지금의 귀주)에서 이미 오삼계의 격문을 받고 반란에 가담하기로 한 진원의 수장이 그들의 말을 빼앗아 돌려주지 않았다. 그 둘은 가까스로 다른 말 두 필을 구해 원주沅州(지금의 호남 지강芷江)에서야 다시 조정의 역마를 구해 11일 동안 밤낮없이 달려 북경으로 돌아올 수 있었던 것이다. 그 둘의 이런 노력 덕분에 호광 총독 채육영이 상세한 상황을 보고하기 하루 전에 조정에 오삼계의 반란 소식이 알려질 수 있었다. 살목합과 당무례가 북경에 도착한 지 며칠 후, 그 둘을 따라 귀양으로 갔던 수행관리가 북경으로 돌아왔고, 다른 두 명의 수행관리와 감문혼은 모두 귀주에서 반란 세력에 의해 죽임을 당했다.

오삼계는 강희제가 삼번을 철수할 것이라고는 꿈에도 생각하지 못하고 서남 지역을 단단히 방어하면서 조정에 거짓으로 철수하겠다는 상소를 올리면 황제도 자신의 공을 생각해 그대로 남아 있으라고 할 것이라고 예상했다. 하지만 오삼계의 책사였던 유현초劉玄初가 말했다.

황제가 나으리를 운남으로 보낸 것은 그저 적당한 핑계거리가 없었기 때문입니다. 만약 나으리께서 스스로 철군하겠다고 한다면 즉시 허락할 것이 분명하옵니다. 상가희와 경정충이 스스로 철수하겠다면 그렇게 내버려두십시오. 나으리는 이 운남만 지키고 계시면 됩니다. 괜히 다른 사람을 따라할 필요가 무엇이겠사옵니까?

그러자 오삼계가 크게 성을 내며 말했다.

내가 철수하겠다고 상소를 올리면 황제가 날 만류할 것이 분명하다. 내가 철수하겠다는 상소를 올리겠다는 것은 황제의 의심을 풀기 위함이야!

그렇지만 상소를 올린 후 나타난 결과는 오삼계가 이제 약관의 나이인 강희를 너무 우습게 보았음을 증명하는 것이었다. 강희제는 오삼계의 의도를 간파했고, 결국 오삼계는 생애 두 번째 반란을 단행하기에 이른다.

오삼계는 스스로 '천하도초토병마대원수天下都招兵馬大元帥'라고 칭하고 이듬해를 주왕周王 원년으로 삼기로 연호까지 정한 후, 부하들에게 변발을 하지 않고 명나라의 복장을 입을 수 있도록 허락했으며, 흰 깃발을 사용하고, 보병과 기병도 흰 깃털이 달린 모자를 쓰도록 했다. 오삼계는 또 반청 격문을 발표하고 반청흥명反淸興明를 명분으로 내걸었다. 한족의 반청 감정을 이용해 민심을 자기 쪽으로 돌리려는 전략이었다. 하지만 그 효과는 기대 이하였다.

오삼계에 동조한 세력들은 명의 관리였다가 청에 투항해 각 성의 관리로 임명된 무장들뿐이었다. 거병 초기, 오삼계는 기세등등하게 호남을 공격했고, 귀주와 사천, 광서 등지에서 차례로 투항해 왔다. 강희 13년(1674) 3월, 경정충도 복건에서 반란을 일으키고, 15년(1676) 2월에는 상지신도 광동에서 거병하니 양자강 이남이 삽시간에 전쟁의 불길

속으로 빨려 들어갔다.

각지에서 반란이 일어났다는 소식이 조정에 전해지자, 삼번 철수에 반대했던 색액도가 다시 역사적 경험을 예로 들어 서한의 경제景帝가 조착晁錯을 죽였던 것처럼[7] 역시 삼번 철수를 주장했던 관리에게 죄를 물어 처형하고, 오삼계의 죄를 사해 사태를 평정해야 한다고 주장했다. 하지만 강희제의 생각은 달랐다. 그는 당초 한경제가 조착을 처형했음에도 7국의 난이 평정되지 않았고, 이는 반란을 일으킨 오왕 비濞 등의 진정한 목적은 다른 데 있었기 때문이라고 생각하고, 이런 역사적 과오를 재연해서는 안 된다며 "삼번 철수는 짐의 뜻이었는데 다른 누구에게 죄를 물을 수 있겠소?"라고 말하며, 오삼계와의 전면전을 벌일 뜻이 있음을 내비쳤다.

그리고 얼마 후 오삼계가 청과 천하를 양분하자는 제안을 하자, 강희제는 북경에 있는 오삼계의 아들 오응웅吳應熊과 손자 오세림吳世霖을 처형하라고 명했다. 이 소식이 전해지자 오삼계는 경악하며, "나이도 어린 것이 이렇게 대담하다니 앞으로 희망이 없구나!"라고 탄식하며 큰 충격을 받았다. 강희제는 정치, 군사 등 여러 방면에서 재능을 발휘하며, 전략을 세우고 전쟁을 지휘하여 전세를 유리한 방향을 몰고 갔고, 결국 경정충과 상지신을 투항시키고, 오삼계를 완전히 고립시킬 수 있었다.

오삼계는 이미 교류한 적이 있는 티베트의 달라이라마 5세에게 강희에게 오삼계가 투항한다면 목숨을 살려 주고, 무력으로 맞선다면 국토

---

7. 경제 즉위 3년(기원전 154)에 당시 제후국 가운데 오吳, 초楚, 조趙, 교서膠西, 교동膠東, 치천菑川, 제남濟南 7국이 연합하여 중앙정권에 맞서 반란을 일으켰는데, 이를 7국의 난이라고 한다. 7국의 난이 발발하자, 경제는 당초 제후국 토벌을 주장했던 조착을 처형했다.

를 내주고 제안하도록 했다. 하지만 강희제는 크게 화를 내며, "짐이 천하의 주인이거늘 어찌 나라를 나눌 수 있는가?"라고 호통을 치고 오삼계를 토벌하겠다는 생각을 굽히지 않았다.

오삼계의 반란은 백성들을 고통스럽게 할 뿐 전혀 지지를 얻지 못했으며, 여기저기에서 오삼계를 비난하는 목소리가 드높았다. 강희 17년(1678) 3월, 청군이 전면적인 공세를 펼치자, 오삼계는 장수들이 자신을 배신하고 청에 투항할 것을 우려하여, 형주衡州(지금의 호남 형양衡陽)에서 자신을 황제라 칭했고, 몇 개월 후에는 청의 공격에 내분이 겹쳐 병으로 사망했다. 그가 죽은 후 손자 오세번吳世璠이 그의 자리를 계승하고 운남을 방어하는 데 주력했지만 이미 전세는 청으로 한참이나 기울어 있었다. 강희 20년(1681) 10월, 청군이 셋으로 나뉘어 곤명에 대한 협공을 벌이자, 28일에 오세번이 자살하고 그 부하들이 청에 투항했다. 8년 동안 10개 성에 걸쳐 진행된 삼번 토벌 전쟁이 최후의 승리를 거두는 순간이었다. 밤에 승전보를 받은 강희제는 이제야 크게 한 시름을 놓으며 승리를 기뻐했다.

삼번 토벌은 강희제가 중국 통일을 확고히 한 첫 번째 업적이었다. 혹자는 이를 두고 "강희 20년 이후에야 나라 전체에 활기가 돌기 시작했다."라고 말하기도 했다. 이 말처럼 삼번 토벌에서의 승리는 사회 경제의 전면 회복에 중요한 기초를 마련하는 계기가 되었다.

적의 우두머리를 먼저 공격하라

적을 공격할 때에는 적의 우두머리를 먼저 공격했다. 우두머리가 사라지면 그 부하들은 자연히 흩어지게 마련이기 때문이다. 삼번의 난을 평정함에 있어서 강희제는 오삼계를 주된 적으로 삼았고, 그러므로 호남이 가장 중요한 결전지였다. 그는 각지에서 승전보가 들려올 때마다 "짐은 다른 지역보다도 오삼계가 점령하고 있는 악주와 풍주에서의 승전보를 들어야 비로소 기뻐할 것이다."라고 말하기도 했다. 그러므로 삼번과의 전쟁을 시작한 이래로 그는 호남 평전에 전력을 기울였다.

섬서에서 왕보신이 반란을 일으켰을 때에도 강희제는 역시 호남과의 연관성까지 마음에 두고 전면 공격에서 우회 포위로 작전 전략을 수정했다. 그는 오삼계가 장기간 악주와 풍주에 거점을 두고 있었고 군량미는 주로 장사와 형주에서 조달받았기 때문에 오삼계를 섬멸하기 위해서는 우선 장사를 공격해 군량미 조달을 끊어야 한다고 생각했다.

그는 악락에게 다음과 같은 어지를 보내 장사 함락의 중요성에 대해 재천명했다.

> 장사를 공격하는 것은 적의 군량미 보급로를 봉쇄하고, 적의 병력을 분산시키며, 광서 지역의 숨통을 끊고, 더 나아가서는 강서의 문턱을 단단히 방어하는 중요한 의미를 가지고 있다.

그리고 섬서성에서 반란이 일어나자, 강희제는 오삼계가 이 틈에 양양과 형주를 공격할 것이라고 생각하고, 오삼계가 형주와 양양 공격에 주력하고 있는 사이에, 호남을 공격해야 한다고 생각했다. 그리고 이런 이유로 강희 14년 1월 29일, 강희제는 악락에게 강서의 요지를 서둘러 평정하라고 명령하고 호남 전선으로 진격하라고 명했다.

같은 해 9월, 호광 총독 채육영도 이와 비슷한 작전 전략을 제안했지만 그때는 이미 강희제가 내린 어명이 하달된 후였고, 북경에 있는 강희제가 세운 전략이 전선에 있는 채육영의 전략보다도 더 치밀하고 충분했다. 여기에서 강희제가 전선의 상황을 얼마나 잘 이해하고 있었으며, 전략을 세우는 데 얼마나 탁월한 능력을 가지고 있었는지 짐작할 수 있다.

강희제의 예상대로 오삼계는 왕보신의 반란을 틈타 형주와 양양을 공격했다. 오삼계는 군사 7만을 장사와 예릉禮陵, 평향萍鄕에 주둔시켜 악락의 공격에 대응하도록 하고, 다시 7만 군사는 악주와 풍주에 주둔시켰으며, 자신은 형주 북쪽에 있는 송자현松滋縣으로 가서 전투를 전반적으로 지휘했다. 강희제는 형주와 양양을 단단히 방어하면서 간친왕 나포에게 강서를 공격해 악락이 강서를 서둘러 평정하고 호남 전선을 지원할 수 있도록 도우라고 명했다.

악락은 강희 15년 2월에 강서 의춘宜春을 점령한 후 평향현을 수복하고, 다시 군대를 서쪽으로 몰아 황제의 뜻에 따라 호남을 공격했다. 이에 강희제는 6명의 대장군 가운데 3명을 호남 전선에 투입시켰다. 사태의 심각성을 깨달은 오삼계는 18명의 장군과 10여 만의 병력을 모아 장사 방어에 온힘을 기울였다. 하지만 강희제는 이미 오삼계가 직접 지원군을 이끌고 장사로 올 것임을 예상하고, 악주와 풍주의 병력이 약해진 틈을 타 형주와 악주의 대장군에게 악주와 풍주를 공격하도록 명령했다.

하지만 상희와 늑이면은 각각 3월 초와 3월 18일에 강을 건넜지만 그 후로는 전진이 계속 지연되다가, 3월 29일 늑이면이 전투에 패해 형주로 돌아갔고, 이 때문에 전체적인 포위 전략이 제대로 실행되지 못했다. 강희제는 이를 매우 안타깝게 생각했다.

각로군 장수들의 행군이 지체되면서 강희제가 세운 포위 전략이 틀어지게 되었고, 강희제는 의례적으로 전봉통령前鋒統領인 목점穆占을 도통으로 임명하고, 정남장군征南將軍의 작호를 하사하고 정예부대를 이끌고 호남을 공격하도록 했다. 목점은 만주족 정황기에 소속된 장수로 성은 나랍那拉이요, 엽혁패륵葉赫貝勒 금대십錦臺什의 후손이었고, 시위 겸 좌령이었으나 공을 세워 만주족 부도통과 전봉통령의 자리에 오른 자였다. 목점에게 엽혁나합씨족의 용맹하고 호전적인 피가 흐르고 있어서인지 그는 이미 여러 차례의 전투에서 큰 활약을 한 바 있었다. 그에 대한 강희제의 기대가 실로 컸다. 강희제는 출정하기 전에 목점을 북경으로 불러 직접 격려하기도 했다.

오삼계는 삼면이 청군에게 포위되어 곤경에 빠지자, 어려운 상황을 벗어나기 위해 4월에 직접 군대를 이끌고 형주로 진격했다. 7명의 장수에게 3만 군사를 이끌고 호남 남부의 의장宜章으로 진격해 광동 동창을 공격하고, 다시 군사를 나누어 강서 남안南安을 공격하도록 했다. 그러자 강희제는 장군 망의도와 각라서노覺羅舒恕에게 각각 운주韻州와 남안을 공격해 호남 전선을 지원하도록 하고, 목점에게는 간친왕 나포와 함께 형주와 영흥을 함락시키도록 명했다.

목점은 곧 다릉주茶陵州와 유현攸縣을 수복하고 승세를 몰아 남하하여 안인安仁과 영현酃縣도 점령했으며, 강희 17년 초에는 침주郴州와 정양旌陽을 함락시키고, 계동桂東과 흥녕興寧, 의장, 임무臨武, 난산蘭山, 가화嘉禾, 영흥永興 등을 투항시켜 오삼계의 광동 공격 계획을 철저히 저지하고, 호남 전선에서 오삼계와 결전을 벌이려고 벼르고 있었다. 하지만 새로 수복한 지역이 많아질수록 각 성 제후들 사이의 갈등이 불거지지 시작했고, 목점도 군대를 나누어 각 성에 주둔시키고 자신은 침주에 주둔하고, 도통 의리포宜理布는 영흥에 주둔시켰다. 6월 오삼계가 마보馬寶와 왕서王緖, 호국주胡國柱 등의 정예부대를 집결시켜 영흥에 대한 강공을 전개했다.

도통 의리포와 호군총령 합극산哈克山 등이 전력을 다해 오삼계 군대의 공격에 저항했지만 전세가 불리하게 돌아갔다. 강희제는 영흥의 전황을 예의 주시하며 크게 걱정했지만, 오삼계가 죽었다는 소식이 전해진 후 반란군이 저절로 흩어지면서 전세가 비로소 역전되기 시작했다.

간친왕과 목점은 모두 주둔지를 버리고 영흥으로 진격하지 않았다는 이유로 사후에 크게 질책을 받았다. 강희제는 영흥에서 곤경에 처했던 원인이 군대가 너무 분산되었기 때문이라고 생각하고 전술의 원칙을 새롭게 세우고, 장수들에게 다음과 같은 어지를 내렸다.

적의 성을 공격할 때에는 반드시 아군의 힘을 먼저 헤아려 승산이 있을 때에만 공격하도록 하시오. 만일 적의 병력이 아군보다 더 강하다면 지원군을 받은 뒤에 공격을 개시하시오.

전쟁 중에 오삼계는 광서의 울림鬱林과 호남의 침주, 그리고 영흥 등지는 매우 중요하게 생각했지만, 동정호 북쪽의 악주에 대해서는 크게 신경을 쓰지 않았다. 이런 상황에서 강희제는 목점을 형주와 영흥으로 보내 공격하도록 하는 동시에 적의 허점인 악주를 공격하기로 했다. 강희 17년 윤 3월, 강희제는 상담湘潭에서 군대를 이끌고 투항한 친군수사 장군 임흥주林興珠를 후작侯爵으로 봉하고, 건의장군建義將軍이라는 작호를 하사한 후, 안친왕 군대의 선봉에서 싸우도록 했다. 임흥주는 수륙협공으로 악주를 봉쇄하자고 건의했다.

그의 전략은 선대의 절반을 군산君山에 정박시켜 상덕常德으로 가는 길을 차단하고, 나머지 선대는 향로협香爐峽과 편산扁山, 포대구布袋口 등에 주둔시키는 한편, 구귀산九貴山에 군영을 마련하여 장사와 형주로 가는 길목을 차단하면 악주는 싸우지 않고도 손에 넣을 수 있다는 것이었다. 강희제도 임흥주의 전략이 타당하다고 생각하고 기꺼이 받아들였다. 강희제는 이를 위해 형주와 섬서, 하남, 안경 등지의 군대를 악주 포위에 투입했고, 이렇게 해서 모인 선박이 5백 척이 넘고, 병정이 3만이었다. 적의 병력을 크게 능가하는 규모였다.

오삼계는 군사적으로 주도권을 잃고 형세가 점점 불리해지자 강희 17년 3월에 형주에서 서둘러 황제를 자처하여 스스로 위안을 삼았지만 8월 17일 병사했고, 그 아들마저 교살당하여 손자인 오세번이 황위를 물려받았다. 하지만 군심이 이미 동요되면서 오삼계 군대는 자멸의 길로 빠져들고 있었다. 강희제가 이 절호의 기회를 놓칠 리 없었다. 강희제는 대장군 패륵찰니에게 수륙 협공을 통해 악주를 점령하라고 명하는 한편, 강남에 자모포子母砲 1천 대를 보내고 형주와 강서에도 병력을 지원했다. 적군의 병력이 적고 군량미도 제대로 보급되지 못했으므로 10월 하순을 기점으로 오삼계 군대는 세력이 크게 약화되기 시작했다.

강희제는 무력 공격을 대대적으로 전개하는 동시에 오삼계 수하에서 수사장군으로 있는 두광학杜光學의 아들 두국신杜國臣을 보내 두광학을 회유했고, 이 일이 알려지면서 두광학은 피살되었다. 두광학을 투항시키는 일은 수포로 돌아갔지만 이 일로 오삼계 군대의 내분이 심화되었고, 급기야 강희 18년 1월 18일에는 총병 왕도충王度沖과 장군 진박陳珀 등이 청에 투항해 왔으며, 오응린도 성을 버리고 도망가면서 청은 악주를 수복할 수 있었다. 이 소식이 조정에 전해지자 강희제도 크게 기뻐했다.

호남에서의 승리가 눈앞에 다가오자, 강희제는 각로군의 대장군과 패륵 등에게 투항하는 적군에게는 죄를 면하고 관직을 하사하여 회유책을 쓰라고 명령했다. 그의 전략은 적중하여 한두 달 사이에 호남의 전세가 크게 호전되었다. 장사를 지키던 오삼계 부대가 스스로 성을 머리고 도주하자 악락이 군대를 이끌고 장사에 주둔하고, 승세를 몰아 다시 남하하여 상담을 수복했다. 이 밖에도 찰니는 상음湘蔭을 공격하고, 호광 제독 상아桑峨와 고산패자固山貝子 창태彰泰 등은 화용華容과 석수石首 두 현을 점령했으며, 늑이면이 의도宜都와 풍주, 상덕 등을 잇따라 손에 넣었고, 간친왕 나포도 야밤을 틈타 형주를 공격하여 함락시키자, 오삼계 수하였던 총병과 순무 등이 차례로 투항해 왔다.

호남이 평정되자 강희제는 사천과 운남, 귀주에 대한 공격 준비에 돌입하고, 각로군의 방향과 임무를 다시 정했다. 그리하여 늑이면은 형주로 돌아가 형주와 악주, 양양 등의 군무를 처리하는 한편, 호북 파동巴東 등지를 공격하여 도적떼들을 소탕하고 홍안을 점령하여 섬서군대와 함께 사천으로 진격했고, 찰니는 원릉과 지강을 점령하고 풍주 이남의 군무를 처리하면서, 귀주로 들어가는 길목인 진용관辰龍關을 확보했다. 또한 악락은 보경부寶慶府와 무강주武岡州 등지를 함락시키고 귀주로 들어가는 또 다른 길목인 풍목령楓木嶺을 점령했으며, 나포와 목점은 협공으로 영주永州 일대를 평정하고, 정예부대를 조직해 희불希佛로 하여금 망의도 장군의 전선으로 가 광서 전선에서의 전투를 지원하도록 했다. 이는 운남성으로 들어가는 새로운 길목을 확보하기 위한 전략이었다. 또한 악락이 무강 풍목령을 공격했을 때에는 광서 순무 부굉렬傅宏烈이 후방에서 적군의 보급로를 차단하면서 더욱 힘을 얻어 쉽게 승리할 수 있었다.

하지만 진주辰州 진용관 전투는 다소 시간이 오래 걸려 강희 19년 3월에서야 함락되었고 적의 수장이 군대를 이끌고 투항했다. 이렇게 하여 사천과 운남, 귀주 공격을 위한 준비가 완벽하게 이루어질 수 있었다.

【강희】제에게 배우는 용병의 도

一. 목표를 실현할 수 있다는 자신감을 갖고, 원대한 목표와 실질적인 전술과 수단을 절묘하게 조화시켜야 한다.

一. 지위가 격상된 병사들은 스스로의 역량을 마음껏 발휘해 공을 세울 수 있다.

一. 적을 공격할 때에는 적의 우두머리를 먼저 공격하라. 지도자가 사라지면 그 부하들은 자연히 흩어지게 마련이다.

제3부 정치의 도

천하의 이익을 백성에게 돌린다
公四海之利治利, 一天下之心治心

1. 허와 실을 함께 사용한다 亦虛亦實
2. 왕권을 중시하고 패권을 억제한다 崇'王'抑'覇'
3. 다스림보다는 덕을 중시한다 重德輕治
4. 법을 중시하고 형벌을 내림에 신중을 기한다 重法愼刑
5. 다스리지 않는 것이 다스림이다 不治而治
6. 각자 스스로의 도리를 행한다 各行其道

모든 정치사상을 하나로 귀결한다면 '안거락업安居樂業' 즉 '편안히 생활하면서 즐겁게 일하기 위함'이라고 표현할 수 있을 것이다. 지구상의 그 어떤 정치적 사상과 이론도 결국에는 이 간단한 원리에서 벗어나지 못한다. 따라서 위정자들은 반드시 민심을 살펴 나라를 다스려야 하며, 민심에 따르면 정치가 바로 서지만, 민심에 역행하면 정치가 부패하고 만다. 옛말에도 한 나라의 흥망성쇠는 군주가 아니라 백성에게 달려 있다고 했다. 송대 왕안석王安石은 부국강병을 위한 일련의 개혁을 실시했지만, 민심을 제대로 살피지 못하고 잘못을 고치지 못했으며, 공을 세우는 데 급급하여 너무 서두르다가 결국 실패했다.

제1장

정치의 도 1
허와 실을 함께 사용한다
亦虛亦實

'허虛'와 '실實'을 적절하게 사용해야 한다. 직접 천하를 두 손으로 일군 영웅호걸들 중에 치세의 영웅으로 추앙받는 이들이 없는 까닭은 무엇일까? 그것은 그들이 학식과 교양이 부족했기 때문일까? 유가사상이 통치이념으로 자리 잡은 후, 황제들 가운데 유가의 도리만으로 위업을 달성한 황제가 몇이나 되는가. 유학자로 이름을 날리고 심지어는 성현으로 추앙받는 석학들 가운데 나라를 다스리고 치국안민에 힘쓴 사람이 거의 없는 것은 무슨 이유일까? 이는 그들이 그저 앉아서 텅 빈 이론만을 논했을 뿐 직접 행동하고 실천하지 않았기 때문이다. 강희제는 이 이론과 실천, 즉 '허'와 '실'을 절묘하게 조화시키고 경세치용의 도리로 삼았다. 그는 정통 유가의 이론으로 민심을 다스렸으며, 백성들을 감동시켰고, 또 한편으로는 농업을 중시하고 치수 사업에 주력하여 백성들의 물질생활을 풍요롭게 했다.

경세치용을 치국의 도리로 삼는다

　유학은 중국의 고대 전통문화를 이해하는 데 빼놓을 수 없는 중요한 부분이며, 황제들의 통치 기반이기도 했다. 한무제 때 제자백가 가운데 유가를 최고로 치기 시작한 이래로 유가사상은 황제들에게 추앙받았고, 당·송을 거치면서 공자와 맹자의 유가사상을 송의 정호程顥, 정이程頤, 주희朱熹 등이 이어받아 학통을 이어갔다. 청조에도 강희제의 조부이자 태종인 황태극이 유가 경전을 처음 접한 이래로, 강희제의 부친인 순치제도 항상 유가 경전을 옆에 두고 읽었으며, 강희 역시 유가를 숭배하여 국가 통치의 근본으로 삼고 직접 실천했다.

　강희 8년(1669) 4월 15일, 강희제는 태학太學을 세우고 공자를 모시도록 하고, 한족 사대부의 요구에 따라 과거에서 팔고문八股文을 채택하도록 했다. 이는 한족 사대부들의 마음을 얻는 데 중요한 역할을 했으며, 심지어 팔고문을 과거에 채택함으로써 한족들의 민심이 평정되고 나라의 기초가 탄탄해졌다고 평가하는 역사가도 있다.

강희제가 유가를 공부한 목적은 단 한가지 실제에 이용하는 것이었다. 강희 10년(1671) 2월 17일, 강희제는 처음으로 보화전保和殿에서 경연대전經筵大典을 거행했고, 그 후로는 매년 봄과 가을에 한 차례씩 경연대전을 실시했으며, 같은 해 4월 10일에 처음으로 일강日講을 시작했고, 강희제는 그때부터 일강관 웅사이 등의 도움으로 주희가 주석을 단 사서四書부터 시작해, 『상서尙書』와 『주역周易』, 『시경詩經』, 『자치통감강목自治通鑑綱目』에 이르기까지 열심히 공부했다.

그는 또 자신이 모두 공부하고 난 후에는 『강의講義』(강의 내용을 기록한 책)를 편찬하여 신하와 백성들도 공부하기를 장려했다. 강희제는 또 16년 12월에는 『일강사서해의서日講四書解義序』를 친히 저술하고 공자와 맹자의 지위와 중국 역사에서의 역할을 크게 격상시키고, 유가를 만세의 통치이론으로 삼도록 했다.

강희 23년(1684) 11월, 그는 처음으로 남부 지방에 대한 순행을 실시하던 중, 산동 곡부曲阜(공자의 고향)를 지나다가 친히 공묘孔廟에 들러 절하고 '만세사표萬世師表'라는 편액을 하사하고 대성전에 걸도록 했으며, 공자의 묘비를 새로 만들도록 명하고 그 비문을 직접 지었으며, 공묘가 새로 지어지자 강희제는 황자들을 데리고 직접 가서 제를 올리고, 직접 『고제문告祭文』을 써서 낭독하기도 했다.

---

1. 명·청 시대 과거에 쓰인 문체. 제예制藝·시문時文이라고도 한다. 문체에 고정된 격식이 있어서 파제破題, 승제承題, 기강起講, 입수入手, 기고起股, 중고中股, 후고後股, 속고束股의 8부분으로 이루어진다.

강희제는 또 성현을 행도行道, 즉 도를 행한 성현과 명도明道, 즉 도를 명확하게 밝힌 성현으로 구분하고 다음과 같이 말했다.

요堯임금과 순舜임금², 우왕禹王(중국 고대 하夏나라의 시조)과 탕왕湯王(중국 고대 상商나라의 시조)은 문무를 겸비하고 군주이자 스승의 경지에 다다랐으므로 도를 행한 성현이요, 공자는 관직에 오르지 않고 가난하였으나 도리를 세상에 설파하고 제자들을 가르쳤으므로 도를 밝힌 성현이다.

그는 도를 밝힌 성현을 숭배했지만 스스로는 도를 행한 성현이 되기를 바라며, 성리학을 추앙했지만 그것을 실제에 적용함에 있어서는 적당하게 수정을 가했다.

송대에 이르자 유학은 정호와 정이, 주희에 의해 체계적인 학문으로 발전하게 되었다. 정호와 정이, 주희는 유가사상을 중심으로 하고 불교와 도교를 논점과 사상을 흡수해 유학을 하나의 철학을 우뚝 서게 했다. 유학 중에서도 특히 남송의 육구연陸九淵과 명의 왕수인王守仁으로 대표되는 심학유파心學流派는 정좌와 돈오, 참선 등을 중시하여 불교의 선종과 비슷해졌다.

명대 초기에는 성리학이 통치 지위로 올라서고, 명대 중엽에는 왕양명王陽明의 학설이 급속히 발전하게 되었다. 하지만 명대 말기에 이르자 유학은 쇠퇴기로 접어들었고, 멸이 멸망하자 학술계에서는 약속이나 한 듯 모두 망국의 원인을 통치자의 부패와 실제와 동떨어진 성리학에

---

2. 중국에서 성군으로 추앙받는 전설 속의 제왕들.

서 찾았다. 그리고 성리학과 반대로 경세치용을 주장하는 실학이 득세하기 시작했다.

  육구연과 왕수인이 주창한 심학의 지위가 이미 땅에 떨어진 상황에서 강희제는 정호와 정이, 주희의 성리학을 제창했다. 하지만 그는 주희와 공맹을 최대한 연결시켜 공자와 주희를 함께 숭배하고 경서에 주석을 달고 보급했던 주희의 공적을 치하하고 성리학을 경세치용의 수단으로 발전시켰다. 강희제는 또 성리학을 사회통치사상으로 삼기 위해 유학을 공부한 신하들에게 명의 영락제永樂帝 때 편찬한 『성리대전性理大全』을 새로 보완하도록 하고, 직접 서문을 지었다.

  강희제는 또 웅사이와 이광지 등에게 명해 『주자전서朱子全書』를 편찬하게 하고, 강희 51년(1712) 2월에는 주자, 즉 주희를 공맹 이후의 최고의 유학자라고 칭송하고 대학사에게 명해 공묘 대성전의 십철十哲 가운데 두 번째로 모시도록 했다.

  강희제가 평생토록 유가 경전을 탐독하고 주희의 성리학을 숭배한 것은 사실이지만, 그는 스스로 성리학자가 되기를 원하지는 않았다. 성리학자는 실제와 동떨어진 사상을 가지고 있고 편협된 사고방식을 갖기 쉽다는 것이 바로 그 이유였다. 그는 말년에 다음과 같이 말했다.

> 성리학 경서들은 입신의 근본이니, 읽지 않으면 아니 되고, 행하지 않으면 아니 된다. 하지만 성리학은 스스로의 사상만 옳다고 생각하는 폐단이 있다.

  그는 또 고서에는 무턱대고 믿고 따를 수 없는 점이 많다며 경서를 읽으면서도 스스로의 주관을 뚜렷하게 세워야 한다고 주장했다. 이런 원칙에서 출발해 그는 일생 동안 주희의 성리학을 숭배하고 제창했지만, 성리학에 대한 그의 관점은 당시의 성리학자들과 다른 점이 많았으며, 실제에 적용함에 있어서도 성리학과 완전히 부합하지 않는 부분이 많았다. 이것은 바로 그가 실제에서 출발하고, 몸소 도리를 실천했으며, 실질적인 효과를 중시했기 때문이다.

반란 평정과 황하 치수, 조공 운반을 주요 사업으로 삼았다

황하는 예로부터 자주 범람하였기에, 역대 황제들 가운데 황하에 대한 치수 사업을 중시하지 않은 이가 없었다. 특히 한무제는 직접 신하들을 이끌고 하남 복양현濮陽縣을 찾아 강둑을 쌓는 일을 감독했다. 강희제도 황하 치수 사업에 전력을 다한 황제 중 하나였다. 그는 황하에 대한 치수 사업을 천하를 통치하는 데 있어 가장 중요한 대사로 삼고, 30년 동안이나 진행된 치수 사업을 직접 지휘하여 위대한 업적을 남겼다.

황하 하류는 자주 범람하여 물길이 바뀌기 일쑤였고, 이 때문에 명대 홍치弘治 연간에는 물길이 바뀌어 서주徐州에서 남쪽으로 향하다가, 청구淸口(지금의 강소성 회음淮陰 서쪽)에서 회하淮河 및 대운하와 합류해 다시 동쪽으로 흘러 청하清河(지금의 강소성 회음 서남쪽)와 운제관云梯關(지금의 강소성 빈해濱海 서남쪽)을 거쳐 바다로 흘러들어갔다. 황하는 상류에서 많은 진흙을 실어다가 강변에 퇴적시켰으며, 회하와 서로 물길을 다투었는데 황하의 흐름이 회하보다 거세어 황하의 물이 역류하면서 하구를 막거나 범람했고, 때로는 황화와 회하의 물이 함께 대운하로 유입되어 강둑이 터지면서 수재가 발생하곤 했다.

명 말엽에 몇 년간 전란이 끊이지 않으면서 범람한 강둑을 보수하지 못해, 강희 초기에는 수재가 더욱 빈번하게 발생했다. 강희 원년부터 15년(1662~1676)까지 사서에 기록된 수재만 해도 6천여 차례에 달하며, 그중 10여 차례는 그 피해가 특히 심각했다. 강희 6년(1667) 7월, 강희제가 친정을 시작한 지 얼마 안 되어 큰 홍수가 발생했는데, 황하가 도원桃源(지금의 강소성 사양泗陽 서남쪽)에서 범람하여 홍택호洪澤湖를 덮치니 3백여 길이나 되는 둑이 삽시간에 무너져 버렸다.

이 홍수로 매년 일곱 개 성에서 바친 조공미가 북경으로 운송되는 운하가 크게 손실되었다. 이때부터 강희제는 황하 치수를 위해 매일 밤낮을 고민했고, 강희 11년(1672)에는 공부에 명해 현재 있는 제방 외에 제방을 다시 쌓기로 해 치수 사업을 확대했다. 하지만 그 이듬해에 삼번의 난이 일어나면서 치수 사업은 잠시 중단될 수밖에 없었다.

강희 15년(1676) 여름, 강희 6년(1667)에 발생했던 홍수를 능가하는 대규모의 홍수가 발생하자, 강희제는 공부상서 기여석冀如錫과 시랑 이상아伊桑阿에게 명해 재해 상황을 조사하도록 하고, 각지에 제방을 어떻게 쌓아야 할 것인지에 대해 면밀히 조사하라고 특별히 당부했다. 그리고 강희제는 전란과 상관없이 황하에 대한 치수 사업을 계속하기로 결정했다. 그해 겨울, 강희제는 강남 회양淮揚의 황하 강변에 있던 버드나무를 모두 베어 강둑을 쌓는 데 사용하도록 하고, 일꾼들을 독려하기 위해 나무를 4만 그루 이상 베는 자에게는 직급을 1급 승진시켜 주겠다는 어명을 내렸다. 또한 강희제는 기여석 등이 조사해 온 결과를 토대로 하도 총독河道總督인 왕광유王光裕를 면직시키고, 안휘 순무 근보靳輔를 하도 총독에 새로 임명하고 근보에게 큰 기대를 걸었다.

근보는 책임감이 강한 관리였기 때문에 강희제는 그를 크게 신임했고, 근보는 그 기대에 부응하여 부임하자마자 재해 상황을 직접 시찰하고, 『치리하공팔소治理河工八疏』라는 저서를 통해 다음과 같은 구체적인 황하 치수 조치를 제안했다.

첫째, 청강淸江 포구(지금의 강소성 청강시)의 강바닥을 파내 바다로 물이 유입될 수 있도록 하고, 강바닥에서 파낸 진흙은 강의 제방을 쌓는데 사용한다.

둘째, 고가언高家堰 등 황하와 회하의 제방이 터진 곳을 막고, 얇아진 제방을 두껍고 탄탄하게 쌓는다.

셋째, 고가언 서쪽에서 청수담운하淸水潭運河까지 부채꼴 모양으로 제방을 쌓는다.

넷째, 숙천현宿遷縣의 제방을 보수하고, 감수패減水壩를 쌓아 대규모 홍수가 발생했을 때 물이 여러 지역으로 분산되어 범람하도록 하여 하류 제방이 받는 압력을 줄인다.

근보의 이런 건의에 대해 강희제는 크게 기뻐하여 근보의 현명함을 칭송하고 건의를 적극 받아들였다. 강희 17년(1678) 봄, 치수 사업이 순조롭게 진행되었고, 이듬해에는 그 성과가 나타나기 시작해 물에 잠겼던 일곱 개 현의 민전民田들이 모습을 드러내고 경작할 수 있게 되었다. 이에 강희제는 크게 기뻐하며 청수담 공사로 새롭게 생긴 물길과 새로 쌓은 제방에 '영안하永安河'와 '영안제永安堤'라는 이름을 직접 지어 하사했다.

강희 21년(1682)에는 근보가 다른 조치들도 모두 완성되어 하류의 물길이 이미 통하게 되었다고 보고를 올렸다 강희제는 또 치수 사업에 대해 냉정하고 과학적인 태도를 견지하면서, 18년(1679)에는 "비가 오지 않아 공사에 좋은 조건인데, 왜 공사가 빨리 마무리되지 않는가?"라고 질책했고, 그 이듬해에 또다시 홍수가 나자 직접 현지에 가서 상황을 관찰하고 치수 사업을 감독했다. 23년(1684) 그는 처음으로 남부 지역에 대한 순행을 실시했는데, 당시는 이미 삼번의 난이 평정되어 중원 지역이 평온을 되찾아가고 있었다. 강희제는 산동에서 근보를 만나 몇 년간 치수 사업에서 근보가 보여 준 탁월한 능력을 치하하고 성과를 높이 칭찬하는 한편, 앞으로 계속 열심히 노력해 백성들이 편히 살 수 있도록 해 달라고 당부했다.

그는 이 순행에서 황하 치수는 제방을 튼튼히 쌓는 것이 가장 중요하다는 점을 알게 되었고, 근보가 건의한 감수패가 물이 하류 지역에서 집중적으로 범람하는 것을 막을 수는 있지만, 물이 범람해 민전을 해치는 단점이 있다는 것을 발견하고, 물길이 막히지 않고 소통되는 곳에는 감수패를 쌓지 못하도록 했다. 강희제는 또 고우高郵 등지에서 민가가 물에 잠겨 백성들이 살 곳을 잃은 것을 보고 강남 총독 왕신王新을 질책했다. 그런데 치수 사업이 잠시 어려움에 부딪히자 조정에서 이 기회를 이용해 근보가 실시한 1단계 치수 사업의 성과를 전면 부인하고, 교체를 주장하는 세력들이 나타나기 시작했다. 하지만 강희제는 이런 주장을 일체 듣지 않았다.

또한 강희제는 남부 지역으로 순행을 떠나기 전, 남부 지역을 시찰하고 북경으로 돌아온 내각학사 석주席柱로부터 근보의 얼굴이 초췌하기 그지없고, 물길이 잘 정돈되어 물이 막힘없이 흐르고 있다는 보고를 받고 크게 기뻐했다. 강희제는 또 순행을 나가 근보를 직접 만난 자리에서는 근보에게 치수 사업의 중심을 물길 정비에서 민생 안정으로 전환하겠다는 결심을 내비치고, 이를 위해 황하가 바다로 흘러들어가는 길목의 강바닥을 파내는 공사를 시작하기로 했다. 그리하여 강희 22년(1683)부터 27년(1688) 봄까지 근보의 2단계 치수 공정이 진행되었다.

강희 23년(1684) 말, 강희제는 또 안휘 안찰사安徽按察使 우성룡于成龍에게 황하 하류에 대한 치수 공정을 맡아 근보와 협력하도록 했다. 하지만 황하 하류에 대한 치수 사업에 있어서 우성룡과 근보는 각기 다른 의견을 가지고 있었다.

우성룡은 강바닥을 파내어 수심을 깊게 해야 한다고 주장했지만, 근보는 높은 제방을 쌓아야 한다고 주장했고, 또 어떤 이들은 근보가 지금까지 치수 사업을 추진하면서 현지 백성들에게 둔전을 개간하도록 하여 현지 백성들의 생활이 피폐해졌다고 비난하고 나섰고, 일부에서는 근보와 당시 이미 탄핵된 대학사 명주 등이 결탁하여 매년 치수 사업에 투입된 자금을 빼돌렸다고 고발했다. 하지만 강희제는 확고하게 주관을 세우고 근보와 명주를 연계시키지 않았으며, 제방을 쌓기 보다는 강바닥을 파내는 것이 더 낫다는 입장을 피력했다. 그리고 둔전으로 인해 민생이 피폐해졌음도 인정하고 둔전을 줄이도록 명했다.

강희제가 근보의 재능을 높이 사고, 또 그간 치수 사업에서 이룬 공적을 귀하게 생각하는 것은 사실이었지만 민생을 해치는 것을 용납할 수 없었던 것이다. 하지만 근보는 하류에 대한 치수와 둔전에 관한 문제에서 자신의 뜻을 굽히지 않았고, 강희 27년(1688) 봄에는 근보의 주장이 강희제가 용납할 수 있는 선을 넘어서고, 어사 곽수郭琇와 조운 총독漕運總督 모천안慕天顔 등이 근보를 탄핵하자 강희제는 결국 근보를 파면시켰고, 근보의 치수 사업을 도와 공을 세운 진황陳潢도 둔전으로 민생을 해쳤다는 죄명으로 북경으로 압송되었다가, 머지않아 병으로 사망했다.

강희제도 치수 사업에 대한 문제를 논의하는 과정에서 우성룡이 치수에 대해 잘 모르고 있다는 것을 알게 되었지만, 모천안과 동눌董訥 등의 재능과 품성이 그리 탐탁하지 않은 것을 보고, 어쩔 수 없이 근보를 엄중히 처벌하고 우성룡을 비호했다. 하지만 그는 신하를 현지로 보내 실제 상황을 자세히 조사하고, 있는 그대로 보고하도록 했다.

조사 결과 근보의 치수 사업에는 큰 잘못이 없었으며 모천안이 치수 사업에 훼방을 놓았는데, 이는 우성룡이 사주한 것임이 밝혀졌다. 이에 강희제는 또 다시 직접 남부 지역에 가서 상황을 시찰하기로 하고, 강희 28년(1689) 초에 근보와 우성룡에게 2단계 치수 사업을 시작하라고 명령한 후, 남부 지역으로 순행을 나섰다. 2차 순행에서 강희제가 가장 주의 깊게 본 것은 근보가 현지 민생을 피폐하게 만들었다는 우성룡의 주장의 진위 여부였다.

강희제는 직접 시찰을 마친 후, 감수패를 쌓은 것이 물의 흐름을 늦추는 데 큰 실효를 거두었으며, 현지 백성들도 이로 인해 큰 이익을 보았음을 알게 되었고, 순행을 마치고 북경을 돌아온 후에는 근보가 치수 공정에서 큰 공을 세웠음을 재천명하고, 31년(1692)에는 근보를 다시 하도 총독에 임명했다. 하지만 근보는 그해 말 연로한 데다가 격무에 피로를 견디지 못하고 병으로 드러누웠고, 그럼에도 불구하고 강희에게 치수 공정을 위한 수많은 건의를 올려 강희에게 모두 채택되었다.

이런 일련의 일들을 통해 강희제가 실사구시를 중요하게 생각하고 현명한 관리를 아끼고 중용했음을 알 수 있다. 10년 동안 실시된 근보의 치수 사업으로 인해 황하에 대한 치수가 탄탄한 기반을 마련할 수 있게 되었고, 해마다 백성들의 생활에 극심한 피해를 주던 홍수도 막을 수 있게 되었다. 그리고 그 후의 치수 사업은 이미 쌓은 제방을 보수하는 것을 중심으로 이루어졌다.

황하에 대한 치수 성공으로 국가 안정의 기반을 마련하다

근보가 죽은 후부터 강희 38년(1699)까지 강희제는 우성룡과 동안국 董安國 등을 하도 총독에 임명했으나, 모두 제대로 임무를 수행하지 못해 치수 사업이 점점 어려워졌다. 근보가 죽은 후 하도 총독에 오른 우성룡은 근보가 살아있을 때 근보의 주장에 극력 반대하던 것과 달리, 근보가 했던 그대로 치수 사업을 진행했다. 이를 의아하게 생각한 강희제가 우성룡에게 그 이유를 묻자, 우성룡도 근보의 주장에 반대했던 자신의 잘못을 인정했다. 이에 강희제는 우성룡을 크게 질책했다.

강희 36년(1697) 오랫동안 강희를 어렵게 하던 갈단과의 전쟁이 끝나자, 강희제는 다시 치수 사업에 전력을 기울일 수 있었고, 38년 (1699) 2월, 강희제는 세 번째 순행을 실시하고 제대로 진행되지 않고 있는 치수 사업의 상황을 파악하고, 과거 근보의 경험과 다년간의 치수 사업에서 터득한 교훈을 결합시켜 3단계 치수 사업을 실시하기로 결정했다. 강희제는 이제 치수 사업의 중점을 청구의 강바닥을 파내는 일에 두고, 황하의 물길을 북쪽으로 이동시켜 회하의 물이 시원하게 흐르도록 하기로 했다. 강희제는 우성룡에게 다음과 같은 구체적인 치수 방법까지 알려주었다.

첫째, 우선 황하의 강바닥을 파내 홍택호洪澤湖의 물이 황하로 흘러 들게 하여, 홍택호의 물이 범람하지 않도록 할 것.

둘째, 황하의 물길이 굽어지는 곳에 곧은 물길을 새로 내어 물이 곧장 흐르도록 만들 것.

셋째, 운제관 부근에 있는 난황패攔黃壩를 제거할 것. 이 제방은 동안국이 강희 35년(1696)에 쌓은 것인데 이로 인해 상류에서 물길이 막히고 하류에서 물이 원활하게 흐르지 못하고 있었다.

넷째, 이미 있는 제방을 보수할 것.

강희제의 이런 방법들은 상류와 하류의 상황을 함께 고려해 홍수 피해를 막기 위해 근보의 경험을 발전시킨 것이었다. 강희제가 세 번째 순행을 실시한 후, 황하 치수 공정은 모두 강희제가 직접 고안한 방법에 따라 진행되었고, 이 점은 강희제가 역대 어느 황제보다 뛰어난 부분이었다. 하지만 우성룡은 강희제의 지시를 제대로 이행하지 못하여 강희를 실망시켰고, 강희 30년(1700)에 심각한 홍수가 발생하자 강희제는 근보를 그리워하는 마음이 간절했다.

바로 이때 우성룡이 병으로 세상을 떠나자 강희제는 곧 장붕핵張鵬翮을 후임으로 임명했다. 장붕핵은 강희로부터 청렴한 관리로 칭송받았던 관리로 치수 사업은 처음이었지만 열심히 일해 강희제의 지시를 모두 충실히 이행했고, 그 덕에 치수 사업이 큰 진전을 보게 되었다.

장붕핵은 또 강희제의 지시를 이행하는 동시에 스스로 구체적인 공사 방법을 제안해 강희에게 모두 받아들여졌다. 그 한 예로 장붕핵은 황하의 제방에 돌로 수문을 설치하고 풀로 둑을 쌓아 황하가 역류하는 것을 막자고 건의했고, 강희제도 이를 허락했다.

강희 40년(1701) 말, 장붕핵이 강희제가 지시한 수리 공사를 모두 완료하자, 강희제는 장붕핵의 노고를 치하하면서도, 수리 공사가 모두 완료되기는 했지만 내년에 우기가 다시 닥쳐 비가 많이 온 후에도 홍수가 발생하지 않아야 비로소 안심할 수 있다며 냉정함을 잃지 않았다. 특히 그는 홍택호에 있는 고가언의 상황을 걱정했다. 홍택호의 수심이 황하보다 높아 홍택호의 물이 황하로 흘러들 수 있었기 때문이다.

드디어 강희 41년(1702) 여름, 그간의 치수 사업의 성공 여부가 결정되는 중요한 순간이 다가왔고, 강희제의 마음도 초조해졌다. 그는 밤잠도 이루지 못하고 홍택호의 일을 걱정했다. 그리고 9월, 장붕핵은 강희에게 강희제의 지시에 따라 청구 부근에 쌓은 배수패排水壩가 결정적인 역할을 해 황하의 물이 순조롭게 흘러 역류하지 않았으며, 고가언의 제방도 튼튼하게 버텨 주어 홍수가 발생하지 않았다는 반가운 소식을 전했다.

장붕핵이 3년간 실시한 치수 사업이 큰 성과를 거두었음이 증명된 것이었다. 강희제는 42년(1703) 1월에 네 번째 순행을 실시하고 고가언과 황하 남쪽의 제방들을 몸소 둘러본 후 북경으로 돌아와 대신들에게 황하 치수 사업이 성공했음을 정식으로 선언했다.

강희제는 황하 치수 사업에서 하류에 제방을 쌓고 물길을 정비하는 데 주력해 상류와 중류의 토사 유실을 근본적으로 해결하지는 못했지만, 하류에서 매년 발생하던 홍수를 근절하여 농지 경작을 정상화시키고, 민생을 안정시키는 큰 성과를 거둘 수 있었다. 강희 44년(1705), 다섯 번째 순행에 나선 강희제는 혜제사惠濟祠에서 제방 위에 앉아 대신들에게 다음과 같이 말했다.

> 짐은 이곳에 올 때마다 혜제사에서 황하를 바라보았소. 38년(1699) 이전에는 황하가 범람하여 우리가 서 있는 이곳이 온통 누런 황톳물로 가득 차 있었기 때문에 배를 타고 둘러보았는데, 강물과 강둑의 높이가 같았고, 사방을 아무리 둘러보아도 모두 물뿐이었소. 하지만 이제 강둑이 강물보다 몇 길이나 높으니 짐의 치수 사업이 크게 성공한 것 아니겠소?

강희제는 황하와 회하, 운하를 정비하는 동시에, 북경 서쪽을 지나는 운하도 보수했다. 산서성에서 발원하는 이 운하도 항상 범람하였는데, 상류는 상간하桑干河라고 불렸고 북경 부근에서는 노구하盧溝河라고 불렸다. 황하와 마찬가지로 물살이 급하지 않고 토사를 많이 쓸고 내려와 물길이 쉽게 막혀 자주 범람하였다. '소황하小黃河'라는 별명을 가지고 있는 이 강은 하류의 물길이 자주 바뀌어 '무정하無定河'라고도 불렸다. 북경의 대외 교통을 위협하고 강 주변의 각 현에 적잖은 피해를 주고 있었다.

강희제는 36년(1697) 몸소 이곳을 둘러본 후, 이듬해에 우성룡에게 제방을 쌓고 물길을 새로 내 천진 서고西沽를 거쳐 바다로 흘러들어가도록 만들라고 명령했다. 이 공사에서는 총 130리나 되는 물길의 강바닥을 모두 파내고, 남북으로 180리의 제방을 쌓았으며, 공사가 완료되자 강희제는 이 강의 이름을 '영정하永定河'라고 지었다. 그리고 강희 40

년(1702)에 다시 새로운 물길을 내고 난 후, 이 강은 수십 년간 단 한 차례로 범람하지 않았다. 강희제는 영정하에 대한 치수 공사를 진행하면서, 황하에 대한 치수 공정을 황하와 환경이 거의 유사한 이곳에서 먼저 시험해 보고 난 후에 성공하면 황하의 치수 사업에 적용해야겠다는 생각을 하게 되었다.

그 후 영정하에 실시해 성공한 조치들이 황하에도 실시되었는데, 강이 구부러진 곳에 곧은 물길을 새로 낸 것과 돌로 제방을 쌓은 것 등이 바로 그런 예다. 하지만 이 방법은 후에 신하들이 재정 낭비가 심하다는 이유로 반대하고 나서면서 중단되었다. 강희 55년(1732), 영정하 제방에 대한 보수가 실시되었고, 그 후로는 역시 범람하지 않았고, 주변의 농지가 홍수의 피해를 받지 않게 되면서, 새우와 물고기를 잡아 생활하던 현지 백성들이 농사를 지으며 안정된 생활을 영위할 수 있게 되었다. 민생 안정과 복지는 바로 다년간의 치수 사업을 통해 얻어진 가장 큰 성과였다.

치수 사업에 있어서 강희제는 역대 어느 황제보다도 더 큰 성과를 거두었다. 그는 홍수 대비는 물론 운하를 정비해 민생을 안정시키기 위해 노력했고, 치수 사업을 가장 중요한 국가의 대사로 삼고 수십 년간 그 어떤 내우외환에도 굴하지 않고 치수 사업을 지속적으로 추진했다. 그는 러시아의 침입에 저항해 전투를 벌일 때는 물론이고, 갈단 토벌을 위해 세 차례나 원정을 단행하던 해에도 남쪽 지방을 시찰하는 것은 잊지 않았고, 통일이 완성되고 난 후에는 치수 사업에 더욱 주력했다.

그는 또 한 나라의 통치자로서 직접 치수 이론과 구체적인 방법을 연구하고 역대 치수 사업의 경험에서 교훈을 찾기 위해 공부했다. 이는 역대 그 어떤 황제도 하지 못했던 일이다. 그는 다음과 같이 말하기도 했다.

은 치수 사업을 중요하게 생각해 치수 사업에 관한 책은 모두 찾아서 읽었다. 경험에 비추어 보면, 치수 사업은 이론상으로는 쉽지만 실제로 실천하는 데에는 큰 어려움이 따른다.

그는 수리에 대한 풍부한 지식을 가지고 있었을 뿐만 아니라 관련 기술까지도 습득해 기구를 사용해 수심을 측량하는 법도 알고 있었고, 세 번째 순행에서는 강둑에서 직접 수평의를 사용해 수심을 측량하고, 강 바닥이 주변의 논보다 높고, 홍택호의 수심이 황하보다 낮다. 이 때문에 홍택호의 물이 황하로 유입되어 황하의 범람을 부추기고 있으니, 황하의 수심을 깊게 하는 것이 최선의 방법이라고 단정했다.

강희제는 또 근보와 진황 등의 방법을 깊이 연구해 수정하고 보완하여 직접 치수 사업을 관장했으며, 이 같은 전략으로 큰 성과를 거둘 수 있었다. 감수패를 적게 건설하고, 곤수패滾水壩를 많이 쌓은 것도 강희제의 생각이었다. 감수패는 물을 조금씩 빼내어 강물이 한꺼번에 범람하는 것을 막는 작용밖에는 하지 못했지만, 곤수패는 물이 불어나면 물의 속도를 늦추어 제방을 보호하고, 물이 적을 때에는 물을 저장해 운하를 통한 운송이 제대로 이루어질 수 있도록 했기 때문이다.

강희제는 역대 치수 사업의 경험을 토대로 자기만의 독특한 방법을 고안했는데, 명대에는 서주 이전의 상류에 대한 치수에 주력한 반면, 강희제는 서주 이후의 하류에 대한 치수도 병행하여, 중상류에 대한 치수 사업은 명의 치수법을 많이 도입했다.

그는 또 명대에 산동 미산호微山湖 일대에서 산에 저수지를 만들고 물을 저장해 두었다가 가뭄에 사용했던 방법도 본받을 만하다고 생각했다. 치수 사업에 있어서 강희제의 업적이 높이 평가되는 또 한 가지 이유는 그가 직접 현지에 나가 상황을 둘러보며 실천을 중시했다는 것이다. 그는 치수가 어렵다는 것을 잘 알고 있었으며, 강의 상황이 자주 변하기 때문에 직접 현장에 나가서 보지 않고는 탁상공론에만 그칠 수 있다고 생각하고 30년간 여섯 차례나 직접 순행을 나섰고, 위험을 무릅쓰고 황하에서 직접 배를 타고 다니며 정황을 살피고 수심을 측정했다. 그의 이런 모든 노력이 그의 치수 사업 성공에 발판이 될 수 있었다.

강희제의 치수 사업 성공은 중국 통일에 중요한 기초를 마련해 주었고, 사회 발전과 국가 안정을 촉진하는 데 큰 역할을 했다.

농업은 통치의 근본이다
農者天下之大本

　농업을 근본으로 하는 전제주의 사회에서는 황제들이 농업을 크게 중시하여, 적어도 해마다 한 차례씩은 직접 논밭을 가는 의식을 거행했고, 황후도 양잠 시범을 보여 백성들의 경작을 장려했다. 강희 역시 친히 논밭을 경작하고 농업 재배에 대해 연구해 경작법의 발전에 큰 공헌을 했으며, 이 역시 강희제가 다른 황제들과 다른 점이었다.

　그는 농업을 통치의 근본이라고 생각하고, 13년(1673)에 호부에 명해 새로 개간한 농지에 대해 과세를 시작하는 연한을 늘리도록 하고, 농업을 중시하던 전통사상을 계승하여, 『빈풍豳風』과 『무일無逸』 등을 여러 번 읽고 서한의 농업 정책을 암송할 수 있을 정도였으며, 황궁의 풍택원豊澤園 옆에 친히 논밭을 일구고 뽕나무를 심어 누에를 치며, 백성들에게 솔선수범하는 모습을 보여 주었다.

강희 20년(1681) 6월 말, 논에서 막 이삭이 패는 때, 강희제는 풍택원에서 경작 시범을 보이던 중 다른 벼보다 키가 크고 이삭이 잘 익은 벼를 발견하게 되었다. 강희제는 이것이 새로운 벼의 품종일 수도 있겠다는 생각이 들어, 이씨를 받아 보관해 두었다가 그 이듬해에 다시 논에 심었다. 그리고 그해 6월 그 벼는 과연 가장 먼저 익었고 이삭도 모두 튼실했다. 강희제는 우연히 발견한 이 조생벼가 농업생산과 백성들의 생활에 큰 도움을 줄 수 있을 것이라고 생각하고 이를 정성껏 길러, 이듬해에는 경작면적을 더 늘렸다.

이 벼는 색깔이 약간 붉은 빛을 띠고 다른 벼들보다 조금 길었으며 맛과 향이 매우 좋았으며, 황제의 논에서 났으므로 어도御稻라고 이름 붙여졌다. 하지만 강희제는 이 새로운 발견에 대해 매우 신중한 태도를 보여 서둘러 재배를 장려하지 않고, 우선 북경과 승덕承德에서 시범으로 경작해 보기로 했다. 강희 30년(1691) 4월, 강희제는 풍택원에서 몇몇 대신들을 불러 놓고 이렇게 물었다. "대신들은 짐이 경작한 벼를 보았소?" 대신들이 대답했다. "보았사옵니다. 벼가 이미 많이 자라 있었사옵니다. 벌써부터 그렇게 무성하게 자란 벼는 처음 보았사옵니다." 그러자 강희제는 그제서야 대신들에게 그 조생 품종을 소개했다.

> 짐이 우연히 6월에 이미 다 익은 벼를 발견하고 그 씨를 받아 다음 해에 심었는데, 역시 6월밖에 안 되어 벼가 모두 익는 것을 보았소.

10년간이나 시험 경작을 실시한 후에 비로소 신하들에게 이 사실을 알린 것이었다. 그 후 강희제는 승덕의 피서산장에 논을 일구고 조생벼의 종자를 외부에도 나누어 주기 시작했고, 이때부터 승덕에서 벼 경작이 시작되었다.

강희제가 어도를 직접 경작한 것은 궁중에서 먹을 양식을 얻기 위함만은 아니었고, 식량 증산을 통해 백성들의 생활에 도움을 주는 것이 더 주된 목적이었다. 어도 재배에 성공한 후 그는 "짐은 식사 때마다 천하의 백성들과 음식을 나눌 것이다."라고 말하기도 했다. 강희제는 54년(1715)부터 강남에도 어도를 보급하고, 소주와 강녕에서 8년간 시험 경작했다. 그는 남부 지방은 기후가 따뜻해 북부 지역에서보다도 더 이른 시기에 벼가 익을 것이라고 예상하고, 여름에서 가을로 넘어가는 시기에 조생벼를 수확하게 되면 백성들의 생활에 크게 도움이 될 것이며, 한 해에 두 번 수확할 수 있다면 같은 면적의 논에서 생산량을 두 배로 늘릴 수 있으니 역시 백성들이 배불리 먹을 수 있을 것이라는 기대에 부풀었다.

강희제는 또 소주 직조蘇州織造 이후李煦가 벼 경작에 서툴러 첫 해에 큰 수확을 보지 못하자 경작 경험이 풍부한 이영귀李英貴를 보내 경작을 지도하도록 하여 효과를 보았다. 당시 소주와 강녕 일대에서는 벼가 익으려면 145일 정도가 걸렸지만, 어도는 100일도 안 되어 곧 수확할 수 있을 정도로 자랐고, 짧게는 70일만에도 수확할 수 있었다. 현지 백성들이 이 품종을 경작한다면 한 해에 두 차례나 벼를 수확할 수 있을 것이고 같은 면적에서 수확량도 50퍼센트 가량 늘릴 수 있다는 결론이 나왔다.

강희 55년(1716) 10월, 시험 경작 명령을 받은 강녕 직조 조부曹頫가 농민들이 어도를 매우 좋아하며 귀중하게 여긴다고 보고하자, 강희제는 이 품종을 강남 지역에 널리 보급해 민생에 도움이 되도록 하라는 어명을 내렸다. 그리고 몇 년 동안 조부와 이후 등의 추천으로 강소와 절강, 안휘, 강서 일대에서 어도를 경작하게 되었다.

유명한 소설 『홍루몽』에서도 어도에 대한 내용이 나온다. 강남에서는 이때부터 이모작이 시작되어 지금에 이르고 있으며, 강희제가 발견한 어도가 150여 년간 경작되었다.

강희제는 어도 외에 '경서도京西稻' 재배에도 성공하여 널리 보급했다. 천진 총병관 남리가 천진에서도 논을 개간하도록 해 달라고 상소를 올렸고, 강희제는 궁중에서 벼를 경작한 경험을 기초로 구체적인 방법을 제시해 남리의 청을 들어주었다. 이렇게 해서 남리는 천진에서 논 150경頃(논의 면적을 세는 단위, 1경=2만여 평)을 개간하고 벼를 경작하는데 성공했다.

강희제는 만리장성 바깥의 추운 지역의 농업 발전에도 큰 관심을 가져, 승덕에서 어도를 시험 경작하는 한편, 해마다 변방 지역에 순행을 나갈 때마다 현지의 토양과 시후를 연구하고 농부들의 경험을 수집하고 경작 감독을 맡은 관리들에게 그곳에서 어떤 작물을 경작하는 것이 적합한지를 물었다. 그는 또 관리들에게 농업기술을 백성들에게 보급하라고 명했다.

강희제는 또 이곳의 기후가 춥고 바람이 심하여 곡식을 심을 때에도 너무 꼿꼿하게 세워서 심지 말고, 너무 조밀하게 심으면 수확량이 적으니 조금 간격을 두어 심어야 한다고 당부했다. 강희제는 자연 조건이 열악한 지역에서는 꼭 곡식 재배만을 고집하지 말고 그 지역의 환경에 맞는 작물을 다양하게 재배해야 한다고 생각했다.

강희 55년(1716) 3월, 그는 대학사를 불러 감숙성 임조臨洮와 공창의 경우 곡식을 재배할 수 없는 조건이지만 그래도 수초는 자라므로 몽고처럼 목축을 발전시켜야 한다며, 오로지 곡식 생산에만 주력하지 말고 목축 등 여러 가지 분야에서 생산량을 늘릴 수 있도록 하라고 당부했다. 강희제는 또 장가구張家口와 보안保安, 고북구古北口 등지를 시찰하면서 사람들이 수로를 만들어 논에 물을 대는 것을 보고, 가뭄이 심한 몽고 지역에서 이 방법을 사용하면 좋겠다고 생각했다. 그리고 몽고에 관개 기술을 보급했다. 그뿐만이 아니었다. 그는 또 오한敖漢과 내만柰曼 등지에서는 토지가 비옥한 것을 보고 이곳에 곡식을 심으면 수확량이 많을 것이라고 생각했다. 그리고 홍안 등지의 경작이 불가능한 사람들이 곡식을 사고파는 무역을 하여 큰 이익을 얻고 있는 것을 보고, 그들이 국경을 넘어 들어와 내지의 식량을 사들이는 것을 금해 쌀값이 폭등하는 것을 방지했다.

풀무치(메뚜기)의 습격은 당시 홍수와 가뭄 다음으로 심각한 재해였다. 강희제는 풀무치로 인한 피해를 자세하게 연구한 후 『포황설捕蝗說』이라는 저서에서 고대부터 이어진 풀무치로 인한 피해를 모두 소개하고, 각 성장단계에서의 풀무치의 특징을 근거로 그에 맞는 포획 및 박멸 방법에 대해 기록했다.

이 책은 현대적인 관점에서 보아도 풀무치 퇴치에 관한 학술 논문이라고 할 수 있다. 그가 풀무치 퇴치를 명령한 어지에는 탁상공론식의 쓸데없는 명령은 없었고, 구체적인 포획 방법만 기록되어 있다. 그는 민간의 경험과 지식을 종합해 각급 관리들에게 백성들에게 구체적인 실천 방법을 보급하도록 명했고, 30년(1691) 9월에는 대학사에게 다음과 같이 말했다.

> 짐이 풀무치의 생장과정을 연구해 보니, 풀무치가 알을 낳기 전에 날씨가 추워지면 풀무치가 모두 동사하여 이듬해에도 다시 생겨나지 않지만, 이미 알을 낳고 난 후에 날씨가 추워지면 풀무치는 동사해도 그 알이 남아 다음 해에 다시 성충이 되어 피해를 입힌다오.
>
> 그해에는 추위가 늦게 찾아와 풀무치들이 이미 산란을 했을 것이므

로 서둘러 벼를 수확하고 논을 갈아 풀무치의 알들을 땅 속 깊이 묻는 것이 좋겠다고 건의했다.

강희 51년(1712) 보지寶坻와 풍윤豊潤, 패주覇州, 문안文安, 통주通州 등지에서 풀무치의 습격으로 심각한 피해를 입자, 강희제는 곧 구체적인 풀무치 잡는 방법을 백성들에게 널리 홍보했다. 그가 소개한 풀무치 잡는 방법은 다음과 같다.

> 풀무치가 남쪽을 향해 날면 앞부분이 날아오르고 뒷부분은 그저 따라서 날아오르며, 무리가 흩어지지 않고, 죽을 때에도 서로 붙어서 함께 죽으려고 한다. 따라서 풀무치를 잡을 때에는 뒤에서 따라가면 잡을 수 없고, 어느 쪽에서 날아오르는지 잘 살펴 앞쪽에서 덮치며 잡아야 한다.

보지와 풍윤 등지에서도 이 방법으로 수많은 풀무치를 잡았고, 패주와 문안, 통주 등지에서도 큰 효과를 보았다. 강희제는 또 풀무치가 1년에 두 번 산란을 하기 때문에 풀무치가 이미 사라졌다고 생각해도 그 알들이 남아 있다가 또 다시 성충이 되어 나타날 수 있으므로 조심해야 한다고 당부하고, 호부 관리를 풀무치로부터 피해를 입은 직예와 산동 등지로 보내, 풀무치 알이 남아 있다가 이듬해에 또 다시 피해를 입히지 않도록 풀무치 알을 박멸하도록 도왔다.

농업을 중시하고 과학적으로 경작 기술을 연구하여 농업을 발전시킨 강희제의 업적은 그 어떤 황제와도 감히 비교될 수 없는 것이었다.

강희제에게 배우는 정치의 도

一. 농업을 중시하고 자연재해를 방비하여 백성들의 물질생활을 풍요롭게 해야 한다.

一. 학문을 연구하는 목적은 단 한 가지 실제에 이용하는 것이다. 과학적으로 기술을 연구하고 발전시켜 실생활에 도움을 주는 것이 바로 백성을 위하는 길이다.

一. 실제 상황을 연구하고 몸소 도리를 실천하며 실질적인 효과를 중요하게 생각하라. 직접 현장에 나가서 보지 않고는 탁상공론에만 그칠 수 있다.

제2장

정치의 도 2
왕권을 중시하고 패권을 억제한다
崇'王'抑'霸'

'왕도王道'와 '패도霸道'를 잘 조화시켜야 한다. 중국 고대 정치사상은 대부분 국가 통치와 관계되어 있었으며, 크게 '왕도'와 '패도'로 나뉘었다. 옛말에 "삼왕[3]三王은 도덕으로써 다스렸고, 오패[4]五霸는 공을 세우는 데 그 뜻이 있었다."라고 했다. 왕도와 패도의 차이가 바로 여기에 있었다. 하지만 후에는 패자로 칭해지는 이들이 공도 중요하게 여기지 않고 수단과 방법을 가리지 않고 오로지 나라를 손에 넣는 데만 급급했다. 강희제는 백성을 다스리고 나라를 관리함에 있어 패도를 버리고 왕도를 사용해야 한다고 주장하고, "한고조는 관대하게 나라를 다스리니 그가 천하를 얻자 만백성이 기뻐하였고, 광무제는 부드러운 도리로써 천하를 통치하니 나라가 흥성했으며, 당태종도 감화를 가장 중요시했다. 이렇게 성군으로 추앙받는 황제들 가운데 관대함을 베풀지 않은 이가 드물었다."라고 말했다.

---

3. 중국 고대 하나라의 시조인 우왕禹王과 상나라의 시조인 탕왕湯王, 그리고 주나라의 무왕武王을 가리킴.
4. 춘추시대 5명의 패자霸者. 제후諸侯를 모아 그 회맹會盟의 맹주盟主가 된 자를 패자라고 한다. 보통 제환공齊桓公과 송양공宋襄公, 진문공晉文公, 초장왕楚莊王, 진목공秦穆公, 혹은 제환공과 진문공晉文公, 초장왕楚莊王, 오합려吳闔廬, 월구천越句踐을 꼽는다.

인의仁義로써 왕도를 지킨다

이른바 도통道統이라는 것은 공자와 맹자가 계승하여 발전시킨 삼왕 오제의 치국사상이다. 도통에 따라 나라를 다스리는 것을 왕도라 했고, 도통을 거스르면 패도라 했다. 왕도는 도통을 진정하게 계승하고 실현한 것이요, 패도란 도통을 혼란스럽게 하는 것이었다.

강희제는 왕도와 패도의 차이를 이렇게 설명했다.

> 인의를 행하면 왕도요, 권모술수를 중시하면 패도다. 천자가 백성들을 부모처럼 공경하고, 스승처럼 존경하면 백성들도 천자를 믿고 따르는데, 이를 왕도라 하고, 천자가 엄격한 법을 세우고 백성들의 행동을 금지하여 백성들이 천자를 두려워하면, 패도라 한다.

우선 왕도와 패도는 기본적인 지도사상부터 매우 다르다. 인의를 행하고 백성들의 굶주림과 고통에 관심을 갖고 어루만지는 것은 왕도이고, 권모술수를 일삼고 법률의 위엄만을 강조, 혹독한 형벌을 내리고 백성들이 그 폭력을 두려워하는 것은 패도다. 두 번째로 왕도와 패도를 행하는 자의 마음가짐도 다르다. 왕도는 '공심公心'에서 나오고, 패도는 '사심私心'에서 나온다. 또한 왕도는 인정에 부합하고 하늘의 뜻에 따르며 사회의 법칙을 준수하며 전진하지만, 패도는 이 모든 것에 역행한다. 따라서 왕도와 패도의 결과는 완전히 다를 수밖에 없다.

왕도를 행하면 백성들이 기꺼이 따르므로 왕도로 백성들을 다스리면 대업을 오랫동안 유지할 수 있지만, 패도를 행하면 인의를 행한다고 해도 거짓된 인의이고 공적인 명분의 내면에 사적인 실속이 깔려 있고, 백성들이 두려워하기 때문에 오래 되면 반드시 반란이 일어나고 민심이 떠날 수밖에 없었다. 바로 이것이 강희제가 평생토록 왕도를 중요하게 생각했던 이유다.

강희제가 왕도가 천하를 다스리는 유일한 도리이며 왕도와 패도를 함께 사용해서는 안 된다고 한 것은 왕도가 민심을 따르는 것이기 때문이었다. 역사적으로 보아도 성세라고 불리던 시대에는 모두 황제가 민심을 거스르지 않고 천하를 다스렸음을 알 수 있다. 어느 시대나 백성들의 공통된 바람은 경작할 땅이 있고 평화롭게 생활하는 것이었다. 군주가 이 도리를 깨닫고 민심이 향하는 쪽으로 나라를 다스리고 백성들을 아끼면 반란이나 전란 등 그 어떠한 혼란도 일어나지 않았다.

강희제는 청렴하고 간소한 정치가 바로 왕도의 특징이라고 생각했다. 중국 역사상 복작하지 않고 간소한 정치로 백성을 다스린 군주는 나라를 흥성하게 만들었으나, 정국이 불안정하고 정권이 바뀌어 정치가 복잡해지면 내우외환이 잇따랐음을 그도 알고 있었다. 강희제는 백성들은 스스로 노동을 통해 살 수 있는 경작지만 있으면 편안하게 살 수 있고, 반란을 일으키지도 않기 때문에 다스리기 쉽고, 법률이 너무 엄격하지 않아야 한다고 생각했다. 이것은 역대 황제들의 경험에서 그가 스스로 터득한 진리였다.

따라서 강희제의 모든 왕도론은 우선 백성들에게 경작할 땅과 종자를 주고 작물을 재배하고 가축을 키울 수 있는 조건을 마련해 준다는 것에서 출발했다. 또한 그가 법률과 형벌을 너무 엄격하게 시행하지 않은 것은 백성들에게 일할 노동력을 보장해 주기 위함이었다. 충분한 노동력과 노동 수단만 확보되면 백성들은 굶주리지 않았고, 삶을 즐길 수 있었으며, 이러한 기반 위에서 교육도 통치 질서에 대한 복종이 이루어지는 것이었다. 강희제는 왕도와 패도가 완전히 상반되는 도기이기 때문에 물과 기름처럼 서로 섞일 수 없다고 생각하고, 패도를 행하는 것은 물론이거니와 왕도와 패도를 혼용하는 것조차 거부했던 것이다. 그는 왕도와 패도를 혼용하면서 나라를 흥성시키고자 한다면 이치에 부합하지 않는 것이라고 말하기도 했다.

강희제의 왕도론은 주희의 왕도론과 일치하는 점이 있었다. 주희는 다음과 같이 말했다.

> 왕도는 하늘의 이치에 따라 인을 행하고 의를 말하는 것이며, 패도는 인의를 수단으로 사리사욕을 채우는 것이므로 인의를 말해도 그것은 거짓이다.

강희제는 왕도는 인의를 행하고, 패도는 권모술수를 행하는 것이라고 했으니 강희와 주희의 왕도론이 일맥상통했다. 하지만 강희와 주희의 논리가 완전히 일치하는 것은 아니었다. 주희는 삼왕 이래로 왕도를 행한 이가 없었으며, 그 이유는 요임금과 순임금, 우왕과 탕왕, 문왕과 무왕 이후에 한과 당의 황제들이 삼왕오제의 도통을 이해하지 못하고 공리만을 좇았기 때문에 패도에 속한다고 했다. 그러나 강희제는 삼왕 이후 한과 당에도 왕도를 행한 이가 있었다며 다음과 같이 말했다.

> 한고조가 관대하게 나라를 다스리니 그가 천하를 얻자 만백성이 기뻐하였고, 광무제는 부드러운 도리로써 천하를 통치하니 나라가 흥성했으며, 당태종도 감화를 가장 중요시했다. 이렇게 성군으로 추앙받는 황제들 가운데 관대함을 베풀지 않은 이가 드물었다.

강희와 주희의 주장이 다른 이유는 무엇일까? 이것은 그들의 관점이 달랐기 때문이다. 주희는 송의 유약하고 무능한 통치 기반을 강화하기 위해 실질적인 공을 배척하고 이상적인 인격을 추구하는 방향으로 치우친 것이고, 강희제는 삼왕 이후에도 왕도로써 천하를 통치해 큰 공을 세운 이들이 있다고 한 것은 왕도의 실질적인 부분을 강조하기 위함이었다. 그는 왕도를 행하여 중국을 통일하고 싶었다. 다시 말해, 강희제는 스스로 삼왕의 뒤를 이은 정통 황제가 되려 했던 것이다.

조세를 면제해 주다

강희 26년(1687) 9월, 대학사와 호부상서가 강녕 7부府와 섬서 전체 지역 백성들이 27년(1688)에 내야 할 조세와 26년(1687)에 완납되지 않은 조세의 내역을 강희에게 보고했는데, 그 항목이 6백만 개가 넘었다. 신하들이 조세 항목이 너무 많다고 건의하자, 강희제는 "짐이 민생 안정에 힘쓰고 있으니 조세가 많아도 모두 가치가 있는 것이다. 국고가 부족하면 백성들을 위해 일할 수 없다."라고 말했다.

강희제는 천하를 관대함으로써 통치하고, 민생 안정을 최우선으로 한다는 말을 여러 차례나 했고, 조세를 경감해 백성들의 부담을 덜어 주는 것을 중요한 정책 중 하나로 삼았다. 역대 황제들도 모두 조세감면정책을 실시하기는 했지만 강희만큼 조세 감면을 많이 해 준 황제는 없었다. 조세 감면은 특별한 상황이 있을 때에만 실시됐는데, 그중 하나가 '재견災蠲', 즉 자연재해를 입은 지역에 대한 조세 감면이었다.

강희제는 재해로 심각한 피해를 입은 지역에 대해 피해 정도에 따라 조세를 감면해 주었는데, 경작지의 10분의 7, 8이 피해를 입으면 조세의 절반을 감면해 주고, 10분의 9, 10이 피해를 입으면 조세를 전액 감면해 주었다. 강희 28년(1689), 직예 지역에 가뭄이 심하게 들어 선부宣府(지금의 하북성 선화宣化)와 광평廣平(지금의 하북성 영년永年), 진정眞定(지금의 하북성 정정正定) 관할의 44개 주현州縣의 경작지 거의 전체가 큰 피해를 입었고, 보정保定, 순덕順德(지금의 하북성 형대邢臺), 대명大名, 순천順天(지금의 북경), 하간河間(지금의 하북에 속함) 관할의 56개 주현의 경작지의 10분의 7, 9가 피해를 입었다.

그해 8월 강희제는 이들 지역에 대한 당해와 이듬해 상반기 조세를 면제하기로 결정했다. 또한 피해를 입은 후 경작지의 피해가 지속될 경우에는 조세 감면 기간을 3년까지 연장해 주었고, 일부에서는 영원히 조세를 면제해 주기도 했다. 강희 7년(1668) 11월, 하남 안양과 임장에서 홍수가 발생해 토사가 논밭을 모두 덮쳐 버리자 이 지역의 조세를 3년간 면제해 주었고, 얼마 후 섬서 미현郿縣에서 산사태가 일어나 쏟아져 내린 돌 더미가 경작지를 훼손하여 더 이상 경작이 불가능해지자 이곳에 대한 조세를 영원히 면제해 주었다. 이 밖에도 '보견輔蠲'이라 하여 여러 해 동안 밀린 조세를 감면해 주는 조치도 있었다.

강희제는 28년(1689)에 두 번째 순행에서 배를 타고 산양현山陽縣(지금의 강소성 회안현淮安縣)을 지나던 중 강소성에서 밀려 있는 220여 만 전량錢糧(조세로 거두어들이는 재물과 식량을 통칭)을 면제해 주기로 하고, 같은 해 12월에는 21년부터 24년(1682~1685)까지 운남 둔전에서 밀려 있는 7만 1천 2백 냥의 전량과 쌀과 보리 10만 7백 석을 감면해 주기로 했다. 일찍이 강희 4년(1665)에는 어사 학유납郝維納이 재해로 피해를 입은 지역에서 전부田賦(토지에 대해 부과하는 세금)는 면제되었지만, 정은丁銀(납세자에 대해 부과하는 인두세人頭稅)은 면제되지 않아 사람만 있고 경작지가 없는 가구에서는 조세 감면의 혜택을 받을 수 없다고 건의했다.

당시 청의 조세제도는 명의 제도를 그대로 본뜬 것으로서 조세가 인두세인 정부丁賦와 토지세인 전부田賦로 나뉘어져 있었다. 16세부터 60세까지에 해당하는 인정人丁은 정은丁銀을 내야 했고, 경작지의 면적에 따라 그 주인은 전량을 내야 했으며, 정부와 전부를 지정전량地丁錢糧이라고 통칭했다. 학유납은 정은도 전량과 마찬가지로 감면해 주어야 한다고 주장했고, 강희제가 이를 받아들였다. 그리고 얼마 후에는 남의 땅을 경작하고 있는 전농佃農도 조세 감면의 혜택을 받을 수 있도록 하기 위해 재견을 실시할 때 관부의 토지를 경작하는 빈민들에게도 피해 상황에 따라 조세를 감면해 주기로 하고, 백성들에 대한 혜택을 늘리기 위해 수해 지역 백성들에게 우선 당해 전량의 10분의 3을 면제해 주고, 다시 세부 항목별로 세금을 감면해 주어, 지방 관리들이 우선 조세를 거두어들인 후에 조세를 감면하는 폐해를 막기로 했다.

이 밖에도 나라에 경사가 있거나 황제가 순행을 나갈 때에도 특별 조세 감면 조치가 내려졌는데, 이를 '은견恩蠲'이라했다. 강희 57년(1718) 서북 지역에서 갈단을 토벌하고 난 후 전쟁에 참여하고 군량비 보급 등을 위해 애쓴 백성들의 노고를 치하하기 위해 섬서와 감숙에 대해 58년(1719)에 내야 할 188만 3천 냥의 지정은과 그동안 밀렸던 4만 냥의 조세를 면제해 주었다.

삼번의 난을 평정하고 사회가 안정되면서 농업도 발전하기 시작하자, 강희제는 국고가 점점 불어나는 것을 보고 처음으로 대규모 조세 감면 조치를 실시했는데, 이를 '보면普免'이라고 했다. 강희 21년(1682) 9월, 강희제는 천하가 평정되면 대대적으로 조세를 감면해 주겠다고 약속하고 대학사에게 호부와 함께 전국 조세 총액을 산출하도록 명했다. 24년(1685) 강희제는 남부 지역에 순행을 나서서 민생을 시찰하고 북경으로 돌아온 후 "국고가 충분하니 내년에 각 성에 대한 조세를 감면해 백성들의 부담을 경감시키고, 해마다 각 성을 돌아가며 조세를 감면해 주겠다."라고 선포했다.

당해에는 직예 8부가 23년(1684)에 납부하지 않고 밀려 있는 전량 60여만 냥과 당해 조세의 3분의 1인 50여만 냥을 감면해 주기로 했다. 또한 연말에는 하남과 호북, 직예, 강남, 산동 등지의 24년(1685)과 25년(1686)에 납부해야 할 전량을 면제해 주고, 매년 한 개 성, 혹은 몇 개성에 대한 대규모 조세 감면을 실시했다.

강희 통치 중기 이후로 국가의 힘이 강성해지면서, 강희제는 조세 감면 조치를 확대해 백성들의 부담을 더욱 줄여 주었다. 그는 다음과 같이 말했다.

> 조세 감면은 백성을 위한 일이다. 전량을 징수하는 것은 본래 국고를 채우기 위함인데, 국고가 이미 충분하다면 많이 거두어들일 필요가 없지 않은가?

강희 41년(1702)에는 운남과 귀주, 사천, 광서 등지에서 그동안 조세 감면의 혜택을 많이 보지 못했다는 이유로 43년(1704) 조세를 전액 면제해 주었다. 또한 48년(1709)에는 강희제가 국가의 재정 수입이 충분하고, 대형 토목공사를 진행하지 않고 있어 더 많은 전량이 필요하지 않다며 전국적으로 50년(1711)에 납부해야 할 조세를 감면해 주었다.

당시 호부 장붕핵이 조사한 결과에 따르면, 강희 원년부터 48년(1662~1709)까지 면제된 전량이 역대 그 어느 황제가 감면해 준 조세의 양보다 많았으며, 이는 사회경제의 발전과 민생 안정에 큰 도움이 되었고, 51년과 52년(1712~1713) 2년간 세 차례나 전국 19개 성에 대한 조세 감면이 이루어져 당해 지정은과 그동안 밀린 3천 2백만 냥의 조세를 감면해 주었는데, 이는 1년간 전국에서 거두어들인 조세의 양과 거의 맞먹는 규모였다.

강희 재위 61년간 사서에 기록된 조세 감면 횟수만 해도 5백여 차례에 달하며, 규모가 컸던 것만 따져도 30여 차례에 달했다. 강희 49년(1710)에 그동안 감면된 조세의 액수가 이미 1억 냥이 넘었다. 강희제는 또 "조정에서 은혜를 베푸는데 백성들이 그 혜택을 보지 못하고 있으니 안타까운 일이로고"라고 탄식했다. 사실 그의 조세 감면제도의 최대 수혜자는 지주였지만, 땅이 있는 농민과 땅이 없는 전호佃戶의 부담도 줄어들어 노동에 적지 않은 동기를 부여해 주었고, 이로써 농업경제의 전반적인 발전을 촉진할 수 있었다.

백성들의 어려움을 속히 해결하라

　강희 4년(1665) 2월, 산서 순무 양조楊照가 상소를 올려 지난해 태원과 대동 관할의 20개 주현에 가뭄이 발생해 피해가 심각하니 올해 전량을 감면하고 국고를 풀어 구휼해 달라고 간청했다. 이 상소를 받은 강희제는 재해 상황에 대한 조사와 보고가 늦어 백성들을 제때에 구휼하지 못했다며 크게 화를 내며 상세한 조사를 명했다.

　조사 결과 피해 상황이 매우 심각해 30개 성의 백성들이 심하게 굶주리고 있으며, 현지 독무가 재해가 일어난 것을 숨기고 조세를 예년과 똑같이 징수하려 하다가 더 이상 숨길 수 없는 지경에 이르자 뒤늦게 조정에 보고했음이 밝혀졌고, 강희제는 현지에 대한 조세 감면과 국고 지원으로 백성들을 구휼하고 상황을 늦게 보고한 독무를 처벌했다. 강희제는 조세 감면으로 백성들의 부담을 덜어 주는 것을 자연재해 극복의 주요 수단으로 삼았으며, 평소에도 각급 관리들에게 재해가 발생하면 즉각 조정에 보고하도록 당부한 바 있었다.

한 번은 감숙 공창에서 역병이 발생해 가축들이 떼죽음을 당했는데, 곧 봄 농사를 시작해야 했기에 조정에 도움을 청할 시간적인 여유가 없었다. 그래서 공창 순무인 화선華善이 직접 강희 11년(1672)에 거두어들인 조세 중에서 자금을 지원해 경작에 사용할 소를 사고 관아에 비축 중이던 종자를 농민들에게 나누어 준 일이 있었다. 이에 호부는 조정에 보고도 하지 않고 함부로 국고에 손을 댔다며 화선 등 현지 관리들을 처벌하려고 했지만 강희제는 백성들을 구하기 위해 한 일이었으므로 죄를 물을 수 없다며 그들을 처벌하지 않았다. 강희제가 재해 구휼을 얼마나 중요하게 생각했었는지 알 수 있는 예이다.

강희 9년(1670)에는 회안淮安과 양주揚州에서 홍수가 발생했는데, 현지 관아에서 비축하고 있던 식량은 모두 지난해에 재해민 구휼에 다 써버려 남아 있지 않았으므로, 한 관리가 조정에 바쳐야 할 전량을 잠시 사용하고 나중에 조정에서 구휼 식량이 도착하면 이 중에서 조정에 바쳐야 할 전량을 메꾸는 방식을 제안했다. 하지만 호부에서는 규정에 따라 조정에 바쳐야 할 전량을 사용하는 것을 허락하지 않고, 봉양창鳳陽倉에 비축된 식량을 백성들에게 나누어 주고, 부족하다면 전 성의 각 관리들에게 모금을 해서 해결하도록 했다. 하지만 강희제는 이 일을 매우 중요하게 생각하여, 우선 신하를 현지로 급파해 피해 상황을 조사한 후, 피해가 심각할 경우 조정에 바쳐야 할 조세 중에서 일부를 백성 구휼에 사용해도 좋다고 명했다.

그해 10월 홍수의 피해 상황이 점점 더 심각해져 황하와 회하의 수위가 계속 높아지고 제방이 여기저기에서 터지자 백성늘의 민가가 수없이 물에 잠겼고, 보리 수확은 물론 벼 파종도 어려워 백성들이 큰 어려움에 처하게 되었다. 그러자 강희제는 곧장 조정에 바칠 전량을 백성들에게 나누어 주고 현지의 조세를 감면하라는 명을 내렸고, 이듬해에도 회안과 양주의 홍수 상황이 심각하다는 소식을 듣고, 서둘러 백성들을 구휼하지 않는다며 호부관리들을 크게 질책하고, 모든 수단을 동원해 피해를 입은 백성들을 도와주라고 명했다. 그런데 재미있는 것은 호부에서 어명에 따라 은 6만 냥을 재해 지역에 지원하기로 하자 뜻밖에도 강희제가 이를 허락하지 않았다는 것이다.

강희제는 어지를 내려 백성들이 굶주리고 있으니 은자로는 큰 도움이 안 되며 직접 식량을 지원하라고 명했다. 강희제는 또한 산동도어사 도월제塗越提가 제안한 구휼안을 받아들여, 각부의 주현 곳곳에 미창米倉을 설치해 굶주린 백성들이 식량을 받기 위해 한꺼번에 몰려들어 줄을 서서 기다리는 일이 없도록 하고, 사람 수에 따라 한 사람당 쌀 한 되씩, 3일에 한 차례씩 나누어 주었다. 이렇게 하니 쌀 한 석이면 한 사람이 1백 일 동안 먹을 수 있었고, 1만 석이면 1만 명이 1백일 동안 먹을 수 있었으며, 10만 석이면 10만 명이 가을 추수 때까지 굶주리지 않고 끼니를 때울 수 있었다. 회안과 양주는 강희 통치 초기의 대표적인 수해 지역으로서 강희제는 이곳에 대해 여러 차례나 구휼을 실시했으며, 근보와 진황이 황하와 회하에 대한 치수 사업을 실시해 성과를 거두면서 상황이 크게 호전되었다.

강희 18년(1679) 7월, 북경 지역에서 강한 지진이 발생해 심한 피해가 발생하자, 호부와 공부의 구휼 규정에 따라 무너진 집을 보수할 능력이 없는 기민旗民과 한민漢民(기旗에 편입되지 못한 주민)에게 각각 은 4냥과 2냥씩을 주고, 죽은 시신을 수습하지 못하는 사람들에게는 시신 한 구당 은 2냥씩을 주었다가, 강희제가 이를 부족하다고 여겨 10냥으로 늘려 지급했다. 그해 겨울, 수많은 굶주린 백성들이 북경으로 모여들자, 강희제는 5개 성에 죽창粥倉을 설치하고 빈민을 구휼했으며, 강희 19년(1680) 3월에 빈민구휼 기한이 끝나자, 어사 홍지걸洪之杰이 상소를 올려 남은 식량과 돈을 굶주린 백성들에게 나누어 주어 고향으로 돌아가게 하자고 건의했지만, 강희제는 아직 보리가 익을 때가 되지 않아 고향으로 돌아간다 해도 먹을 양식이 없을 것이라며 빈민들에게 두 달간 죽을 더 공급하도록 명하고, 보리를 수확할 수 있을 때쯤 고향으로 돌려보내도록 했다.

또 태의원과 5개 성의 의원들에게 명해 가난한 백성들 가운데 병이 난 사람들을 치료하도록 명하고 관리를 보내 관리했다. 6월이 되어 구휼 기한이 모두 만료되었지만 강희제는 여전히 북경에 각지에서 올라와 구걸하고 노숙하고 백성들이 많은 것을 보고, 또 다시 측은지심이 발동해 기한을 3개월 더 연장하고 태의원 의원 30명을 5개 성에 보내 병자들을 치료하도록 했다. 그 후에도 매년 가을과 겨울에 북경의 5개 성에 죽창을 설치해 가난한 백성들에게 죽을 나누어 주도록 했다.

강희제는 재해 복구에 만전을 기하고 재해 방비를 크게 제창했다. 강희 18년(1679) 6월, 강희제는 호부에 명해, 수재나 가뭄이 발생했을 때 백성들을 구휼할 수 있도록 충분한 식량을 비축하도록 했다. 그는 또 매년 풍년이 들지만 백성들이 이를 비축할 줄 모르니 한 번 흉년이 오면 굶어죽는 사람이 부지기수라고 말하고 각지의 관리들에게 백성들이 평소에 식량을 비축해 위기에 대비하는 습관을 기르도록 지도하라고 당부하고, 각지에 사창社倉과 의창義倉을 설치해 현지인들이 관리하고, 춘궁기에 곡식을 빌려 주고 가을에 상환하며 쌀 한 섬마다 이자를 한 되씩 받도록 했다.

그 이듬해 강희제는 또 다시 상평창곡常平倉穀을 해당 주현에 소속시켜 빈민 구휼에 대비하도록 하고, 의창과 사창에 비축된 곡식은 해당 촌에 소속되어 빈민 구휼에 대비하도록 했다. 훗날 지방 관리들이 이 규정을 제대로 시행하지 않아 재해 복구와 구휼사업이 모두 국가에 의해 이루어지기는 했지만, 강희제의 이런 적극적인 재해 방비와 복구 지원 조치는 실로 큰 가치를 지니고 있었다.

강희제는 또 '평가조미平價糶米'라는 방법을 사용해 이재민들의 어려움을 덜어 주었다. 평가조미란 일정한 가격으로 나라에서 비축하고 있는 쌀을 판매하는 방법인데, 강희 32년(1693) 경기京畿 지역에 흉년이 들어 쌀값이 폭등하자, 강희제는 통창通倉에 비축된 쌀을 시가보다 낮은 가격에 매달 1만 석씩 출하하도록 하고, 이 쌀은 한 사람당 몇 되씩만 팔도록 규정해 이 쌀을 대량으로 사다가 비싸게 팔아 차액을 남기지 못하도록 했다.

이듬해, 패주와 문안文安에 홍수가 발생하자, 강희제는 또 천진 등지에 비축된 쌀 10만 석 가운데 3만 석을 방출해 빈민들에게 지원하고, 나머지 7만석은 시가보다 싼 가격에 판매하도록 했다. 또한 강희제는 이 제도가 순조롭게 실시될 수 있도록 하기 위해 관리를 보내 실시 상황을 감시하고 조금이라도 부패를 저지르는 사람이 있으면 엄중하게 처벌했다.

강희제는 그해 직예 안주安州(지금의 하북성 안신安新 서남쪽) 등 11개 주현의 빈민들을 구제하면서 곡식 배급과 평가조미 방법을 계속 사용했고, 재해가 복구된 후에도 쌀값이 크게 오르면 상세히 원인을 조사해 적절히 대처했다. 강희 39년(1700) 3월, 강희제는 대학사들에게 다음과 같이 명령했다.

영정하를 건설하는 데 부역이 집중되니 쌀이 많이 필요하고, 그러다보면 쌀값이 크게 오를 것이 분명하오. 호부의 현명한 사관司官 두 명을 보내 산동과 하남에 비축된 쌀 2만 석을 신안信安과 유차柳 岔(지금의 하북성 패주)에 출하해 현지 관리들과 함께 시가보다 낮은 가격으로 판매하도록 하시오.

삼번 평정과 갈단 토벌을 위한 전쟁을 수행하던 시기에도 재해 구휼에 힘쓰고 굶주린 백성들이 어려움을 이겨낼 수 있도록 도왔던 강희제가 말년에 사회가 안정되고 국가가 부강해진 후에 빈민 구휼 사업을 그만둘 리 없었다. 그는 말년에는 더 많은 자금과 식량을 투입해 굶주린 백성들을 도왔고, 이는 민생 안정에 커다란 역할을 했다. 강희 55년(1716) 윤 3월 1일, 강희제는 창춘원에서 대학사와 문무대신들을 불러 모아 빈민 구휼에 대한 일을 논의했다.

그는 우선 직예 순무 조홍섭趙弘燮이 순천과 영평(지금의 하북성 노룡盧 龍)에서 곡식의 가격이 급등하자 비싼 값에 곡식을 사서 싸게 팔 수 있도록 국고에서 자금을 지원해 주고, 비축하고 있는 쌀을 시가보다 낮은 가격에 팔도록 해 달라는 상소를 올렸다고 말하고 다음과 같이 말했다.

짐이 천하를 다스림에 있어서 민생을 가장 근본으로 생각하는데, 나라가 태평한 시기에도 백성들이 곡식이 없어 굶주리는 이유가 무엇이라고 생각하오? 지난해 순천과 영평 등지에 재해가 발생하여 비축하고 있는 쌀을 싸게 내다팔고 조세를 감면해 주어 지금 현지 국고의 식량이 충분하지 않은데, 이런 상황에서 국고의 자금을 풀어 곡식을 산다면 곡식 가격이 더욱 오를 것이 자명한 일 아니겠소? 지금 경창京倉과 통창에 충분한 곡식이 비축되어 있으니, 그곳에서 쌀 20만 석을 방출하여 순천과 영평에 지원하고, 통창에 비축된 곡식을 북경 주급에서 싼 값에 팔도록 하시오.

수십 년에 걸쳐 실시된 강희제의 재해 구휼과 조세 감면 조치로 빈민들의 생활을 근본적으로 바꾸어 놓지는 못했지만, 재해민들이 어려움을 극복하는 데 큰 힘이 되어 주었던 것은 분명한 사실이다. 강희제는 역대 그 어느 황제보다도 빈민 구휼을 위해 국고를 지원하는 데 적극적이었으며, 지원 규모 또한 가장 많았다.

백성들의 논밭을 침범하지 않는다

만주족들은 중원으로 들어오기 전에 이미 농업 중심의 경제구조를 갖추고 있었다. 전쟁 중에 포로로 잡혀 온 사람들은 경작에 투입되어 기민旗民들의 생활에 필요한 식량을 생산했고, 만주족들은 귀족 대장군에서 평민들까지 모두 경작지와 노비들을 가지고 있었는데, 중원으로 남하한 후에도 기민들의 생활을 안정시키기 위해 북경 부근에 논밭을 일구어 팔기 관병들에게 나누어 주었다.

만주족들은 이때에도 역시 예전의 노비제도를 답습하여 노비들에게 곡식을 경작하도록 하고, 전쟁에서 사용하는 무기와 말안장 등은 출정자 자신이 직접 준비했는데, 이런 제도 때문에 기인들마다 전쟁을 대비하기 위한 환경이 필요했다. 다시 말해, 기인들은 노비인 한인들의 경작지와 가옥이 있는 곳에서 자신의 말을 키웠던 것이다. 말과 노비가 한 곳에서 생활하는 이런 야만적인 제도 때문에 청대 초기에는 사회 생산력이 크게 약화될 수밖에 없었다.

순치 원년(1644) 12월, 청 조정은 주인이 없는 땅을 조사해 만주족에게 나누어 준다는 평계로 토지를 마구 구획해 개인 소유로 편입시켰고, 이로 인해 수많은 농민들이 땅을 잃고 팔기의 노비로 전락했으며, 이를 피해 고향을 떠나 유랑 생활을 하는 사람들도 많아졌다. 순치제는 호부에 어명을 내려, 북경 부근에 있는 한인들이 경작하고 있는 주인 없는 토지와 명나라의 황족과 부마, 공, 제후, 백, 태감 등의 소유였으나 주인이 죽어 주인 없는 토지가 많으니 이를 자세히 조사하고, 만약 주인이 아직 생존해 있다거나 주인은 죽었지만 그 자손이 생존해 있다면 식구 수에 따라 면적을 계산하여 분배해 주고, 나머지 면적은 만주족 제후와 공신, 병정 등에게 나누어 주도록 했다.

만주족들은 변방 지역에서 인정人丁의 수를 기준으로 경작지를 분배하는 제도는 실시했는데, 북경 부근에 있는 한족 소유의 땅에도 이와 같은 제도를 적용시키고, 남는 토지는 전부 몰수했다. 본래 명 황족의 소유였다가 가난한 농민들이 경작하고 있는 땅은 모두 몰수되어 만주족 귀족에서 분배되었는데, 이런 일련의 조치들이 모두 농민의 토지를 강제로 점유하고 몰수하는 것이나 다름없었다. 순치 원년부터 4년(1644~1647)까지, 북경 밖 5백 리 내에서 세 차례에 걸쳐 대규모 토지 몰수가 실시되어 한족들이 경작하고 있던 14만 6천 경이 넘는 땅이 몰수되었으며, 그 범위가 북경 교외와 하간河間, 준화遵化, 순천, 보정 등 42개 주현에 달했고, 주인이 없는 땅에서 주인이 있는 땅까지, 그리고 토지에서 가옥까지 적용 범위도 확대되었다.

몰수 대상이 된 토지 안에 살고 있는 한족 농민들 가운데 노인들은 죽고 젊은이들은 궁지에 몰리자 무리지어 대항하고 산적떼로 전락하기도 했다. 강희 6년(1649)까지도 홍승주가 북경 외곽에 산적떼들이 출몰하니 양향良鄕과 통주, 해자海字, 창평昌平 등지에 만주족 관병들을 보내 순찰을 돌아야 한다고 건의했으며, 직예 순무 우성룡은 땅과 집을 잃고 몰려다니는 유적떼들을 막기 위해 담을 쌓아야 한다고 건의하기도 했다.

다음의 일화에서 당시 만주족들의 만행과 한족들의 저항이 어떠했는지 알 수 있다. 북경 외곽의 한 촌락에 가난한 노파가 있었는데, 다른 가족은 하나도 없고, 열 살도 채 안 된 손자를 키우며 외롭게 살고 있었다. 하루는 만주족 5명이 이곳에 와서 노파의 집이 포함된 땅을 몰수하고, 그 노파에서 서둘러 집을 떠나라고 강요했다. 하지만 갈 곳 없는 노파는 손자를 안고 문에 기대어 울기만 해다. 마을 사람들도 그 노파를 매우 딱하게 생각했지만 달리 도울 방도가 없어 안타까워할 뿐이었다. 그런데 그 마을에 남을 돕기를 좋아하는 변대유邊大有라는 사람이 있었다.

마을 청년들이 그를 찾아가 만주인들에게 가서 노파의 집을 돌려줄 것을 사정해 달라고 부탁했다. 변대유는 곧장 만주인들을 찾아가 간청을 해 보았지만 아무런 소득이 없었고, 도리어 욕만 한껏 듣게 되었다. 예전부터 만주인들을 미워하던 변대유는 이 일에 크게 화가 나 자기 집에 가서 단도를 가지고 나섰다. 그의 처가 만류했지만 그는 아랑곳하지 않고 곧장 그 만주인들에게 달려가 모두 죽여 버렸다.

마을 사람들도 변대유의 행동에 모두 놀라 도망치라고 권유했지만 변대유는 태연하게 큰소리로 "내가 죽음을 두려워할 것 같소? 내가 도망치면 이 노파와 아이가 엉뚱하게 죄를 뒤집어 쓸 것이 아니오? 그러면 난 도리어 이 노파를 해친 것이 되지 않소! 사내대장부가 죽음이 두려워 도망간다니 말도 안 되오!"라고 소리치더니 스스로 관아로 달려가 목을 매 자결했다. 변대유의 이 일은 먼 곳까지 전해져 한족들 사이에서 칭송이 자자했다.

기민들은 경작지를 손에 넣은 후에도 스스로 경작하지 않았고, 주인을 따라 중원으로 들어온 노비들 중 일부는 주인과 함께 전쟁에 나가느라 경작에 힘을 쏟을 수 없었다. 그러자 많은 경작지들이 금세 황무지로 변해 버렸다. 한족들의 저항과 토지 황폐화 등 부작용이 속출하자 순치 4년(1647) 이 조치가 폐지되었지만, 만주족 귀족들은 여전히 강압적으로 한족들의 토지를 빼앗고 점유했다.

강희 통치 초기, 오배가 전횡을 일삼으면서 대규모 토지를 몰수하자, 북경 외곽에 사는 한족들이 또 다시 땅을 빼앗기게 되었다. 강희 8년(1669), 강희제는 오배를 숙청한 직후 다시는 한족들의 토지를 강점하는 일이 없도록 금지시키고, 경작지를 얻지 못한 기민들에게는 고북구 바깥의 빈 땅을 나누어 주었다. 하지만 그 후에도 토지 강점 사건이 근절되지 않자, 강희제는 이런 폐단을 확실히 뿌리 뽑기로 결심했다. 강희 24년(1685) 순천부윤順天府尹 장길오張吉午가 내년부터 평민들이 개간한 땅에 대해서는 영원히 몰수하지 못하도록 해야 한다고 상소를 올렸으나 호부에서 이를 허락하지 않았다. 하지만 강희제는 이 기회를 놓치지 않고 특별 어명을 내려, 백성들이 스스로 개간한 땅을 몰수하는 것을 영원히 금지시키고, 조정의 법령을 어기는 자는 엄히 다스릴 것이라며 단호한 뜻을 밝혔다.

한족의 토지에 대한 몰수가 금지되자 생산력이 증강되고 민족 간의 갈등이 완화되었으며, 특히 민생 안정에 크게 도움이 되고, 투충投充이 크게 줄어들었다. '투충'이란 가난한 한족 농민들이 만주족 귀족의 노비로 들어가는 것을 의미한다. 청 초기에는 각 기에서 투충을 받아들이는 것을 허용했으나, 빈민들의 생계 보장이라는 당초의 뜻과는 달리 부작용이 많이 나타났다. 어떤 이들은 토지가 몰수당해 생계 수단과 집을 잃자 어쩔 수 없이 노비로 들어갔고, 또 어떤 이들은 토지가 몰수당할 것을 두려워하여 스스로 노비로 들어가기도 했다.

토지 몰수로 인해 노비의 길을 선택하는 한족이 크게 늘어났고, 순치 초에 실시된 세 차례 토지 몰수 기간에 투충한 장정들만 해도 5만 명에 달했고, 그 식솔들까지 합치면 20만에 육박했다. 투충한 자신은 신체의 자유를 박탈당하고 사고 팔리는 일도 비일비재했으며, 자녀들의 혼사도 마음대로 결정할 수 없고 모든 것을 주인의 말에 따라야 했다. 심지어 주인은 노비를 죽이고도 배상할 필요가 없었다.

이런 폐단으로 인해 노비제와 봉건제의 생산 관계에 커다란 모순이 발생하게 되었고, 민족 사이의 갈등의 골도 깊어졌으며, 급기야는 토적들이 신분을 숨기고 기인의 노비로 들어가 주인의 재산을 빼앗고 관부에 항거하는 일까지도 벌어졌다. 그러자 순치 4년(1647), 조정은 한족들의 투충을 영원히 금지시켰다. 하지만 이 조치는 실효를 거두지 못했고, 강희 24년에 강희제가 토지 몰수 정책을 완전히 폐지한 후에야 투충의 폐단이 점차 사라지게 되었다.

강희제가 만주족들의 한족 토지 강탈과 투충을 금지한 것은 만주족과 한족 사이의 갈등을 해소하고 생산력을 발전시키기 위함이었다.

[강희]제에게 배우는 정치의 도

一. 관대하게 나라를 다스리면 만백성이 기뻐하고, 부드러운 도리로써 천하를 통치하면 나라가 흥성한다.

一. 백성들의 굶주림과 고통에 관심을 갖고 어루만지는 것은 왕도이고, 권모술수를 일삼고 법률의 위엄만을 강조, 혹독한 형벌을 내리고 백성들이 그 폭력을 두려워하는 것이 패도다.

一. 청렴하고 간소한 정치로 나라를 다스리면 나라가 흥성하고 정국이 불안정하고 정권이 바뀌어 정치가 복잡해지면 내우외환이 잇따른다.

제3장

정치의 도 3
다스림보다는 덕을 중시한다
重德輕治

'덕德'과 '치治'의 관계를 잘 조화시켜야 한다. 천하를 얻고 민생을 이롭게 하는 것은 '덕'이 있는가의 여부에 달려 있는 것이지, '치', 즉 어떻게 다스리는가에 의해 결정되는 것이 아니다. 일찍이 걸왕은 천하의 재물을 탐했고, 무왕은 재물을 베풀었으며, 진시황은 천하를 형벌로써 다스렸고, 한고조는 관대함으로 다스렸다. 그 결과 무왕과 고조는 천하와 민심을 함께 얻을 수 있었다. 한대와 수대 말기에는 백성들이 굶주림에 지쳐 나라를 전복시켰다. 예로부터 성군과 명장은 이 도리를 절실히 깨닫고 나라를 통치하고 병사들을 구휼했다. 또한 민심은 '의義'로써 얻어야 한다. 민심은 '의'가 있는 곳으로 모인다. 강희제는 왕도로써 백성들을 아끼고 보살피며 백성들을 풍족하게 해 주어야 한다고 생각했다. 다시 말해 백성들이 배불리 먹고 따뜻하게 입어야 비로소 민심이 황제를 향해 기울 수 있다는 확고한 신념을 가지고 있었다.

법령보다 감화를 우선으로 한다

　강희제의 국가 통치의 궁극적인 목표는 천하가 평안하여 전란이 일어나지 않고, 길에서 시체가 발견되지 않으며 백성들이 밤에도 안심하고 문을 열어 놓고 잘 수 있는 나라를 만드는 것이었다. 그리고 그는 이 목표를 실현하기 위해서는 법령보다는 감화를 우선시해야 한다고 생각했다. 강희제는 나라가 백성에 대한 감화를 중시해야 백성들이 비로소 바로 서고, 의義로써 백성들을 바로 세우는 것이 바로 감화의 핵심이라고 굳게 믿었다. 강희제는 "성군은 백성을 다스림에 있어서 인仁으로써 키우고, 의義로써 가르친다."라고 했는데, '백성을 바로 세운다.' 라는 것은 바로 백성들이 통치의 도를 거스르지 않음을 의미했고, 또 이것은 왕도정치의 최종 목표였다.

관대함으로써 나라를 다스리는 것이 바로 왕도사상의 기본적인 특징이다. 강희제는 왕도를 가장 중시하고, 관대함과 인을 숭상했으며, 위엄은 중요하게 생각하지 않았다. 그는 책에서 얻은 지식과 직접 나라를 다스린 경험을 토대로 "군주의 덕은 관용이 최고이며, 나라를 다스리는 도리로 관대함만한 것이 없다."라고 말했다. 옛날 정나라의 정치가 자산子産은 덕을 갖춘 군주만이 관대함으로써 백성을 다스릴 수 있으며, 일반적인 통치자들은 백성을 복종시키기 위해 엄격한 법률을 사용해야 한다고 했다. 하지만 강희제는 이것이 천하를 다스리는 근본적인 도리는 아니며, 군주는 백성들에게 관대함을 베풀어야 한다고 주장했다.

강희제는 또 구체적인 예를 들어 자기주장의 타당성을 증명했는데, 역사적으로 관대함으로 백성들을 다스려 나라를 망하게 한 군주가 없다는 것이었다. 그는 "진나라는 엄격한 법령을 시행했다가 몇 년도 버티지 못하고 곧 멸망했고, 한 고조는 관대함으로 나라를 통치하여 민심을 얻었으며, 당 태종도 백성들을 감화시키는 데 주력하고 형벌은 거의 사용하지 않았다."라고 말하고, 군주는 반드시 관대함을 행하고, 사람을 많이 죽여서는 안 된다고 주장했다.

강희제의 왕도치국사상의 특징은 법제 정비에 있어서도 두드러지게 나타난다. 그는 법률을 제정하는 데 있어서 백성들의 목숨을 귀하게 여기고 형벌을 다스림의 유일한 수단으로 삼지 않았다. 바로 이런 이유 때문에 그의 법제관은 다음과 같은 세 가지 기본적인 관점으로 나눌 수 있다.

첫째, 법을 가지고 있다고 해서 그것이 다스림은 아니다. 강희제는 법률과 형벌은 일시적인 근절 효과는 있을지언정 백성들을 영원히 감화시킬 수는 없다고 생각했다. 둘째, 법률 제정의 본뜻은 사람들로 하여금 법률을 어길 수 없도록 하는 것이다. 하지만 법률이 너무 상세하고 법망이 조밀하여 백성들이 두려움에 떨며 편안하게 생활하지 못한다. 따라서 법률을 하나 세우면 수많은 폐단이 발생한다. 셋째, 법률을 집행하려면 법률을 제대로 집행할 수 있는 현명한 인재가 필요하다.

　법이 완벽해도, 그 법을 집행하는 사람이 법률보다 더 큰 권력을 가지고 있다면 법은 백성들을 고통스럽게 하는 수단으로 전락할 뿐이다. 따라서 그는 법률을 제정하는 것보다 더 중요한 것은 법률을 집행하는 사람이 중도를 지키는 것이며, 이 두 가지가 조화를 이루어야 비로소 이상적이라고 말했다.

　강희제는 혹독한 형벌과 엄격한 법률을 반대하고, 왕도를 행하고 덕으로써 형벌을 가볍게 해야 한다고 주장했다. 그는 "천자가 덕으로써 백성을 감화시키면 소송이 없을 것이고, 현명한 관리는 형벌을 간소하게 하여 백성들이 안심하고 생활할 수 있도록 해야 한다."라고 말하고, 백성들 사이에 싸움이 일어나 소송을 벌이면 원고와 피고 모두 크게 지치고 자주 관아를 오가다 보면 생활이 안정되지 않고, 심하면 가산을 탕진할 수 있으므로, 이런 비극을 막기 위해 군주는 관대함을 가장 귀한 덕목으로 삼아야 한다고 여러 차례나 강조하고, 구체적인 법률 집행 방법을 다음과 같이 제안했다.

　첫째, 덕으로써 백성을 감화시키고 형벌을 엄하게 사용하지 않는다. 강희제는 형벌이 아니라 왕도로써 나라를 다스려야 한다고 주장했다. 강희제는 또 군주가 백성을 감화시키지 않아 백성들이 법을 어기면 그 죄가 백성에게 있지 않다고 말하고, 백성들이 법을 어기지 않게 하려면 형벌을 강화하기보다는 우선 덕으로써 백성들을 감화시키려고 했다.

이것은 강희제가 생각하는 이상적인 법치의 도리이기도 했다.

둘째, 법률을 간소하게 제정한다. 강희제는 국가를 제대로 관리하려면 우선 관대함으로써 다스려야 하며, 법률은 간소해 사람들이 쉽게 지킬 수 있어야 한다고 주장했다. 특히 처벌 조항은 너무 복잡하거나 혹독해서는 안 되며, 이 점이 실천되어야 나라가 편안해질 수 있다고 했다. 강희제는 인명은 재천이니 형벌을 사용하는 데 있어서 매우 신중해야 하며, 죄상을 상세하게 조사하고, 법망을 느슨하게 하고, 형벌을 간소하게 하는 것이 가장 중요하다고 강조했다.

셋째, 법률 집행에 있어서 신중함을 기하고, 실제 상황에 대해 법률을 적용하며 가벼운 죄를 무겁게 처리해서는 안 된다. 강희제는 각지의 총독과 순무, 신문을 맡은 관리들이 형벌을 결정함에 있어서 신중하지 못하고 편협된 생각으로 임하기 때문에 가벼운 죄를 중하게 처벌하거나, 불공정하게 법률을 집행하고 사리사욕을 좇는 등 주객이 전도되는 부작용을 낳는다고 지적했다. 강희제는 여러 차례나 삼법사三法司의 각 관리들에게 백성들 가운데 법망에 걸리는 사람이 많은데 그 원인이 상층은 아직 감화가 덜 되고, 하층은 춥고 굶주렸기 때문이라고 분석했다.

넷째, 형벌을 정돈하고 탐관오리를 처벌하여 억울하게 옥살이하는 일이 없도록 한다. 강희제는 형벌을 정비하고 덕으로써 형벌을 완화하기 위해 노력했으며, 형부가 법률을 집행함에 있어서 공정함을 잃고 수많은 폐단을 낳고 있다며 통탄했다. 당시 형부에서는 죄인을 혹독하게 심문해 거짓 자백을 받아 내거나, 형부 관리가 마음대로 사건을 조작하는 일이 비일비재했다. 강희제는 형부에 직접 어지를 내려 형벌은 사람의 목숨과 관계되는 일이니 신중하게 심문하고 형벌을 내리도록 당부했고, 혹형으로 무고한 사람을 처형하지 못하게 하고, 만약 그런 일을 저지른 관리가 있다면 녹봉을 삭감하고 관직도 강등시켰다.

다섯째, 법률은 만인 앞에 평등하며 법률을 집행함에 있어서 가장 중요한 것은 진실을 추구하는 것이다. 그는 형부 관리들에게 아무리 작은 사건이라도 반드시 진실을 확실히 밝히고, 사실을 조사하지도 않고 심문만으로 죄인을 처벌하지 않도록 당부했다. 하지만 워낙 세상이 복잡하다 보니 아무리 자세하게 조사한다 해도 진실을 가려내기 힘든 일들이 허다하고, 또 관리들이 뇌물을 받고 진상을 은폐하거나 중죄를 가볍게 처벌하는 등 폐단이 많았다. 강희제는 이러한 문제들을 해결하기 위해 일련의 심문 원칙을 만들어 관리들에게 하달했다. 심문 원칙은 다음과 같다.

죄인을 심문하는 모든 관리는 사건을 처리함에 있어서 분노하지 않고 중도를 유지해야 한다. 사건을 심판할 때에는 공정함을 최우선으로 하고, 잘못이 있다면 곧바로 고쳐야 한다. 잘못된 것을 알면서도 다시 심문하지 않고 진실을 은폐하여 무고한 자를 처벌해서는 안 된다.

여섯째, 사건의 근본을 규명하고 사람을 되도록 죽이지 않는다. 한무제는 엄격한 형벌을 시행해 수많은 사람을 처형했다. 하지만 강희제는 되도록이면 사람을 죽이지 않는 것을 원칙으로 했다. 도적떼들이 날뛰어 민심이 흉흉해지자, 강희제는 다음과 같이 말했다.

> 도적떼들이 많다는 것은 백성들이 궁핍하여 배불리 먹지 못하기 때문이다. 이 일은 도적떼들을 소탕하고 처벌하는 것에 주력할 것이 아니라, 일의 근본부터 치료해야 한다. 백성들의 의식주를 해결하여 백성들을 감화시키면 도적떼들도 자연히 줄어들 것이다.

요컨대, 강희제는 관대함으로써 국가를 통치할 것을 주장하고, 법률 집행에 있어서도 잔혹한 범죄자나 군기 문란자, 탐관오리 등을 제외하고는 모두 관대하게 다스렸다. 그러나 그가 관대함과 형벌 완화 등을 주장한 것은 사실이지만, 그렇다고 해서 기준 없이 무조건 관대하기만 했던 것은 아니다. 그는 "관대함과 엄격함 사이에서 중도를 유지해야 하며, 정치는 관대함 속에서도 절도를 잃지 않음이 제일이다."라고 말했다.

이것이 바로 왕도사상을 바탕으로 한 강희제의 치국안민治國安民의 도리이며, "관대함으로써 형벌을 줄이고, 인으로써 법률을 완화하며, 법률로써 인을 보완하는 것"이 그 핵심이다.

백성들을 정착시키고 민생을 안정시킨다

몽고족 각 부족들을 완전히 통일시키기 위해 강희제는 다륜낙이多倫諾爾(몽고 지역의 중심 도시)를 직접 찾아가 갈등을 불식시키고 작위를 하사하여 민심을 다독였다. 갈단 세력을 토벌한 후에는 객이객몽고 각 부족에 대한 편제를 새롭게 시작하고, 갈단의 침입으로 지연되었던 대규모 회맹5會盟을 거행하기로 결정했다. 일찍이 청태종 황태극이 재위 기간 중에 49기 몽고의 관례에 따라 객이객몽고에 맹기盟旗를 설치하고자 했지만, 뜻을 이루지 못하고 세상을 떠났다. 그 후 객이객몽고는 갈단

---

5. 제국이나 제후 사이에 맺어지는 회합과 맹약, 혹은 그때 행해지는 의식.

의 침입으로 강희 27년에 남하했고, 부족들 사이의 통일이 시급한 상황이었다. 차신칸車臣汗 납목찰륵納木扎勒을 중심으로 하는 귀족들은 49기의 선례를 따라 청 조정에 객이객에서 내몽고와 똑같은 정치제도와 군사제도를 실시할 수 있도록 허락해 달라고 요청했다.

강희제는 객이객의 각 부족들이 법도가 없어 통제되지 않아 서로 공격하고 전쟁을 벌이는 등 혼란스러워 서둘러 새롭게 조직하고 질서를 세워야 한다고 생각하고, 납목찰륵의 요청을 받아들여 내몽고 49기에 대한 관리 규정을 객이객몽고에도 적용시키기로 했다. 강희에게 이것은 조부인 황태극의 유업을 계승한다는 의미도 가지고 있었다.

객이객몽고에 대한 편제는 강희 28년 10월 8일부터 시작되었다. 강희제는 의정대신들에게 "객이객 부족들이 심하게 굶주려 서로 싸우고 노략질을 일삼고 있으니 서둘러 현명한 몽고 관리를 보내 법도를 세우고 유랑민들이 다시 돌아오도록 해야겠소."라고 말했다. 그리고 조정은 회의를 거쳐 과이심토사도친왕科爾沁土謝圖親王 사율沙律과 이번원시랑 문달文達 등 네 명을 차신칸부로 보내고, 내객이객우익기달이한친왕內喀爾喀右翼旗達爾漢親王 낙내諾內와 이번원시랑 중포언도中布彦圖 등 다섯 명을 토사도칸부로 보냈으며, 태길시위 다이제사희복多爾濟思希卜과 시족학사 달호達虎 등 다섯 명을 찰살극도칸부로 보냈다. 그들의 임무는 찰살극을 증설하고, 뿔뿔이 흩어져 유랑하고 있는 부족들을 불러 모으고, 기대旗隊를 조직해 부족민 관리를 용이하도록 하는 한편, 노략질 등 각종 범죄를 금지하고 법도를 세우는 것이었다.

이렇게 해서 이듬해 봄 객이객몽고에 모두 15기가 조직되었다. 이 중 14기는 모두 새로 조직된 것이었고, 1기만이 순치 12년에 조직된 것이었다. 강희 29년 초 기대 편제가 완료되자, 강희제는 7월에 회맹을 거행하기도 했지만, 뜻밖에도 갈단이 내몽고를 침입하면서 회맹이 연기

될 수밖에 없었다.

　오란포통 전투가 끝난 강희 31년 1월, 강희제는 객이객 회맹을 거행하기로 다시 결정했고, 3월에는 거행 장소를 상도하上都河와 객이둔하喀爾屯河 사이에 있는 칠계七溪로 정했다. 이 칠계가 바로 다륜낙이이며, 다륜낙이란 몽고어로 일곱 개의 호수라는 뜻이다. 그해 4월 12일, 외몽고로 민생 시찰을 나선 강희제는 객이객의 수십만 백성들의 민심을 다독였으며, 4월 30일에 다륜낙이에 도착했다. 황제의 행궁이 지어지자, 객이객 각 부족의 귀족들이 불원천리 달려와 내몽고 49기의 귀족들과 함께 황궁 주변에 막사를 쳤다. 5월 1일부터 7일까지 다륜낙이의 상도목장에 객이객 귀족들이 모두 참석한 가운데 회맹이 거행되었다. 첫날에는 회의 준비가 이루어졌는데, 강희제는 병부상서 마제馬齊 등과 함께 찰살극도칸의 작호와 객이객 귀족들의 자리 배치 문제, 객이객 각 부족들의 문제에 대해 보고를 듣고 해결 방법을 논의했다.

　둘째 날인 2일에는 객이객 각 부족들 사이의 단결에 대해 논의했다. 강희제는 행궁에서 토사도칸과 철복존단파호토극도哲卜尊丹巴胡土克圖를 만나 부족들 사이의 갈등에 대한 자신의 의견을 밝히고, 대학사 후상아候桑阿 등에게 회맹에 참석한 객이객 각 부족의 귀족들을 만나 자신의 의견을 전하도록 했다. 강희제가 대학사를 통해 그들에게 전한 내용은 다음과 같다.

　　7기 객이객 형제들이 서로 반목하고 있다는 것을 들었소. 짐이 25년에 특별히 신하를 파견해 각 부족들 간의 화해를 주선하고 각 부족들은 이미 화해를 선언했소. 그런데 토사도칸 등이 약속을 지키지 않고 액노특을 침범하고 찰살극도칸과 득극득흑흑이근아해得克得黑黑爾根阿海를 사살하였소. 이로 인해 객이객이 혼란스러워지고 민생이 어려워졌소. 이제 토사도칸 등이 예전의 과오를 모두 자백하고 스스로 뉘우치겠다고 하오. 회맹이 거행되는 동안 그의 죄를 엄중히 처벌한다면 짐과 그대들의 마음이 모두 편치 않을 것이고, 이제 모두 각 부족들이 단결하기로 하였으니 그들을 용서하고 민생 안정에 최선을 다하는 것이 옳다고 생각하오.

  강희제가 토사도칸의 과오를 지적하면서도 죄를 물어 처벌하지 않겠다고 한 이면에는 찰살극도칸부의 불만을 누그러뜨리는 동시에 밖으로는 제정 러시아의 침략에 대항하고, 안으로는 갈단의 침입에 결연하게 저항했던 토사도칸을 보호하고, 이로써 객이객몽고의 단결을 회복하고, 갈단을 더욱 고립시키려는 치밀한 계략이 깔려 있었다. 이제 오랫동안 전란의 고통을 받아온 객이객몽고의 단결과 통일은 거스를 수 없는 추세였고, 모두가 원하는 것이었기 때문에, 객이객몽고의 각 칸과 태길들도 강희제의 뜻에 찬성했다.

  5월 3일에는 각 부족에게 후한 상과 작호가 수여됐다. 상을 모두 수여한 후, 강희제는 연회를 마련해, 객이객의 칸과 제농濟農, 태길 등 35명의 귀족들을 불러 허심탄회하게 자기 생각을 털어놓을 수 있는 기회를 주었다. 연회가 끝나자, 강희제는 객이객의 칸과 제농, 대길 등의 요청에 따라 내몽고 49기의 편제와 명칭을 객이객에 그대로 적용시키고, 내몽고 기민들과 마찬가지로 객이객 기민들에게도 땅을 나누어 주어 정착해 살도록 하겠다고 선포했다. 이렇게 해서 객이객에 19개 기가 증설되어 기의 수가 총 34개로 늘어났고, 객이객 3부의 명칭도 3로路로 바꾸어, 찰살극도칸부와 토사도칸부, 차신칸부를 각각 서로西路와 북로北路, 동로東路라고 칭하기로 했으며, 이 3로는 후에 다시 3맹盟으로 바뀌었다. 이 밖에도 각부 귀족들에게 작호와 표창이 하사되었다.

5월 4일에는 열병식이 있었고, 5일에는 강희제가 친히 객이객 각부의 빈민들을 둘러보며 은과 비단을 하사하고, 객이객 왕과 패륵, 패자, 공, 태길 등에게는 소와 양을 하사했다. 6일에는 본래 상서였던 아라니와 시랑 포언도, 색낙화素諾和, 문달, 달호 등을 객이객 기의 좌령으로 편입시키고 유목할 수 있는 땅을 주었으며, 7일에 회맹이 끝나자 강희제는 북경으로 돌아오고, 상서는 남아 회맹에서 논의되지 못한 일들에 대해 논의하기로 했다. 49기 몽고족과 객이객의 칸, 왕, 패륵, 패자, 공, 대길 등도 각각 자신의 부족으로 돌아가면서 서로 이별을 아쉬워하며 눈물을 흘리기도 했다. 이 밖에도 각 부족들의 요청을 받아들여 다륜낙이에 회종사淮宗寺를 건립해 종교로써 백성들의 마음을 하나로 모으기로 결정했다.

　다륜회맹의 성공으로 객이객몽고는 길게 이어지던 내분을 끝내고, 중국 북부 몽고족들의 단결을 촉진할 수 있게 되었고, 조정으로서는 객이객에 대한 관리를 강화해 변경 지방 방어를 위한 중요한 힘을 얻게 되었다. 강희제는 다륜회맹에서 돌아오는 길에 신하들에게 "진시황은 돌과 흙으로 만리장성을 쌓았지만, 짐은 객이객에 은혜를 베풀어 만리장성보다 더 튼튼한 방벽을 쌓았노라."라고 말했고, 이는 훗날 사실로 증명되었다.

　회맹을 통해 객이객몽고의 내분이 종식되고 새롭게 정비되었다는 소식이 전해지자 집을 버리고 각지로 떠돌던 부족민들이 속속 돌아왔고, 청 조정은 이들을 따뜻하게 맞이하고 적절하게 배치했으며, 사람 수와 공적에 따라 상응하는 작위를 하사했다. 강희제의 이러한 조치는 매우 정확한 것이었다. 이 소식을 듣고 떠돌다가 제정 러시아로 흘러들어갔던 몽고족들까지 다시 돌아와 객이객 세력의 힘이 빠르게 강성해졌고, 이들은 훗날 갈단 침입에 맞선 전투에서 큰 역할을 발휘했다.

덕을 쌓으면 멀리에서도 찾아와 복종한다

대외 교류에 있어서 강희제는 먼 나라는 회유하고, 가까운 나라는 따뜻하게 보살피는 정책을 사용했다. 따라서 먼 나라와 교류함에 있어서는 대국의 천자로서의 풍모를 최대한 강조하고, 이웃 나라에 대해서는 기꺼이 돕고 협조하여 인자한 모습을 보였다.

공자는 "먼 곳의 사람들이 복종하지 아니하면, 스스로 문덕文德을 닦아서 그들을 오게 하고, 그들이 찾아오면 편안하게 하라."라고 했고, 강희제는 이 도리를 굳게 믿었다. 그는 천하를 다스리는 도가 혼란하면 반란이 일어나고, 바르면 모두가 편안하며, 이것이 바로 모든 사물의 발전 원칙이라고 생각했다. 강희제는 나라의 안팎이 서로 협조하면 천하가 태평하고 백성들이 즐겁고 편안하게 살 수 있다고 했다. 당시 청은 거리나 크기, 힘의 강약 등과 관계없이 많은 나라와 교류하고 있었고, 강희제는 이 많은 나라에 대해 일률적으로 관대하고 인자한 정책을 사용했다.

강희 3년(1664) 3월 16일, 동쪽과 남쪽의 속국들과의 일을 담당하고 있는 예부에서 안남국安南國(지금의 베트남)에서 보낸 조공품이 청의 규정에 부합하지 않으니 안남국에 청의 규정을 준수해 줄 것을 명령해 달라는 상소를 올렸다. 하지만 강희제는 이 상소에 다음과 같은 비답을 적었다.

> 외국인들이 청을 흠모하여 조공을 바치면 그것을 그대로 받으면 그만이고, 규정에 부합하는지의 여부를 가릴 필요는 없다. 예부는 연회를 열어 안남국에서 온 사신을 대접하라.

강희 7년 5월 27일에는 안남국의 왕 여유희黎維禧가 6년에 한 번씩 조공을 올리도록 해 달라고 요청했지만 예부에서는 규정을 들어 종전과 같이 3년에 한 번 올리라고 했다. 하지만 안남국 왕은 사신을 통해 강희에게 "저희 나라가 청과 멀리 떨어져 있는 데다가 지세가 험하여 조공을 바치는 데 큰 어려움이 있사옵니다. 조공을 바치는 연한이 달라져도 폐하에 대한 공경심에는 전혀 변함이 없을 것이옵니다." 하는 친서를 바쳤다.

이 서신을 읽은 강희제는 곧 예부에 명해 안남국의 요청을 들어주도록 했다. 그리고 6년 후, 예부는 안남국에서 바친 금은 그릇이 조공 목록표에 기록된 것보다 적다고 보고하자, 강희제는 대학사를 불러 "외국에서 바친 조공은 그 양이 중요한 것이 아니라, 정성이 중요한 것이니 성의가 있다면 그만이오. 조공품의 수량을 가지고 논한다면 다른 나라들이 청을 우습게 볼 것이오. 게다가 조공을 바치기 위해 험하고 먼 길을 거쳐 온 사신들이 아니오?"라고 말하고, 안남국의 조공품이 적다하여 죄를 묻지 말 것을 예부에 명했다.

  20세기 초, 중국의 정치가 손문孫文도 다음과 같이 말했다.

중국이 최고로 강성했을 때에는 정치적인 힘이 주변의 나라에 모두 미쳤고, 서남아시아 국가들이 매년 조공을 바쳤다. 특히 강희제 통치 기간에 중국은 사해四海에 위엄을 떨쳤는데, 그것은 무력이 아니라 문덕으로 주변 나라를 감화시켜서 이룬 것이었다.

덕으로 천하를 감복시킨다
德服天下

통치 말년, 강희제가 몽고의 토이호특부土爾扈特部에 대해 실시했던 정책에서는 몽고에 대한 회유로 천하를 감복시켰던 그의 웅대한 지략을 엿볼 수 있다.

토이호특은 액노특몽고의 4부 중 하나로서, 명 말기 이전에는 중가르와 화석특, 두이백특 3부와 함께 중가르 지역에 살았다. 하지만 명 숭정제 통치 초기에 토이호특부는 작라사부綽羅斯部 귀족들의 탄압을 이기지 못하고 수장 화악이륵극和鄂爾勒克의 통솔 하에 조상 대대로 살던 탑이파합대塔爾巴哈臺 일대를 떠나 유랑하다가 복이가하伏爾加河 하류에 정착했다. 근 1세기 동안 타향에서 떠돌면서 온갖 풍파를 겪었던 탓에 토이호특부인들은 조국에 대한 그리움이 그 누구보다도 강했고, 멀고

험한 길을 거쳐야 했음에도 불구하고 중앙정부와 현지에 있는 액노특부와 긴밀한 연락을 유지했다.

숭정 13년, 화악이륵극은 자신의 아들 서고이대청書庫爾岱靑을 데리고 수천 리 길을 달려 탑이파합대로 와서 중가르부 태길 파도이혼巴圖爾琿이 주재하는 액노특과 객이객 각부의 왕공회의에 참석했다. 그 회의에서 그는 각 부족 수장들과 그 유명한『몽고액노특법전몽고오이라트법전』을 제정하고 몽고족 각부의 관계를 조장했다. 화악이륵극은 또 중가르부와 통혼 관계를 맺어 자신의 딸을 파도이혼에게 시집을 보내고, 손자인 붕초극朋楚克은 파도이혼의 딸을 아내로 삼았으며, 이로써 두 부족 사이의 관계가 크게 개선되었다. 강희 통치 초기, 붕초극의 아들인 아옥기阿玉奇가 칸의 지위를 계승하고 청에 조공을 보냈고, 액노특 태길인 갈단이 청을 공격했을 때에는 청의 편에 섰지만, 한편으로는 자신의 딸 색특이찰포色特爾札布를 갈단의 조카인 책망아랍포탄에게 시집보냈다.

강희 36년, 갈단의 반란이 평정된 후, 아옥기칸은 먼 길을 마다않고 북경으로 사신을 보내 이를 경하했다. 하지만 책망아랍포탄이 갈단의 뒤를 이어 서북 지역을 점령해 토이호특부와 청 조정의 왕래를 가로막았고, 강희 38년에는 아옥기의 조카 아랍포주이阿拉布珠爾가 티베트에 갔다가 돌아오는 길에 중가르 지역을 지나게 되었지만 책망아랍포탄에 의해 길이 가로막혀 갈 곳을 잃게 되었다. 아랍포주이는 어쩔 수 없이 청 조정에 도움을 청했고, 이를 동정한 강희제는 그를 고산패자에 봉하고 가욕관嘉峪關 밖 일대를 하사하여 유목할 수 있도록 배려해 주었다. 이런 상황을 가장 안타깝게 생각하고 노심초사했던 것은 먼 곳에 있는 토이호특부 사람들이었다.

그들은 제정 러시아 피터 1세로부터 스웨덴과의 전투를 위해 군사 3천을 빌려 달라는 강요를 받고 부족민들의 목숨의 대가로 제정 러시아의 영토 일부를 얻어내고 청 조정에 조공을 바칠 수 있는 권리를 가지게 되었다. 강희 50년, 아옥기칸은 살목탄薩穆坦 등 사신 8명을 북경에 보냈고, 그들은 장장 2년에 걸친 긴 여정 끝에 북경에 도착해 강희를 알현하고 조국을 향한 그리움을 호소했다.

살목탄 등이 먼 길을 달려 찾아오니 강희제는 크게 감동했고, 타향살이를 하고 있는 토이호특부에 대한 동정과 애정을 표현하기 위해 내각시독 도리침圖理琛 등을 보내 청을 대표해 토이호특부를 직접 둘러보도록 했다. 강희 51년 5월 20일, 도리침 일행 30여 명이 북경을 떠나 객이객몽고를 거쳐 제정 러시아 국경 안으로 들어갔다. 하지만 차르정부가 이들의 월경을 허락하지 않았고, 그들은 중러 국경의 러시아 측에서 5개월이 넘게 기다린 후에야 국경을 넘어도 좋다는 허가를 받을 수 있었다. 러시아로 들어온 그들은 바이칼호를 건너고 시베리아를 거쳐 한대 삼림과 늪을 지나 천신만고 끝에 드디어 유럽 카스피해 근처의 대초원에 도착했다. 북경을 떠난 지 2년이 조금 넘어서였다. 강희 52년 11월 중순, 사절단 일행은 토이호특과 제정 러시아가 인접한 곳에 있는 살랍탁부薩拉托夫에 도착했고, 사절단이 도착했다는 소식이 정식으로 아옥기칸에게 보고됐다.

고향에서 손님이 왔다는 소식에 토이호특부 사람들은 크게 감동했고, 아옥기칸도 모든 부족인을 모아 털모자와 옷을 지어 사절단을 맞이할 준비를 하고, 태길 위정魏正 등을 보내 사절단을 영접했다. 강희 53년 1월, 도리침 일행이 토이호특부의 유목지에 도착하자, 아라포주이阿喇布珠爾의 부친이자 아옥기칸의 형인 납찰이마목특納札爾瑪穆特이 청 조정이 자신의 아들을 환대해 준 데 대한 감사의 표시로 사절단에게 말을 선물하고 사절단을 환대했다. 아옥기 수하의 태길과 라마들도 모두 성대한 연회를 열어 그들을 환영했다. 6월 초, 사절단은 아옥기칸이 있는 마노탁해(瑪努托海)에 도착하자, 아옥기칸은 그들을 위해 성대한 환영 의식을 거행했다.

도리침은 우선 강희제가 직접 보낸 친서를 낭독하고 아옥기칸에게 안부를 전했으며, 아라포주이를 돌려보내겠다는 조정의 결정을 전하고, 강희제가 아옥기칸에게 하사한 선물을 전달했다. 아옥기칸은 이에 다시 감격하며 사절단을 후하게 대접했고, 그 후로 십수 일 동안 사절단에 대한 깊은 우정을 표시하기 위해 아옥기칸의 누이이자 악제이도 차신칸(鄂齊爾圖車臣汗)의 처인 다이제랍포탄(多爾齊拉布坦)과 소속 라마, 아옥기칸의 아내 달이마파랍(達爾瑪巴拉)과 그 맏아들 사극도이찰포(沙克都爾札布) 등도 성대한 연회를 베풀었고, 사절단에서 선물을 주었다. 연회에서 그들은 고향에서 온 손님들에게 감사를 표시하며 청의 정치와 경제 상황 등에 대해 물어보고, 제정 러시아가 사절단의 방문을 저지하려고 했었다는 이야기도 했다.

강희 53년 6월 중순 도리침 일행은 토이호특부 방문을 순조롭게 마치고 귀국길에 올랐다. 아옥기칸은 사절단을 위해 성대한 환송식을 거행하고 청에 다시 조공을 바치기 위해 사절단에 사신을 동행시켰다. 하지만 아옥기가 파견한 조공사신들은 객산(喀山)에서 제정 러시아를 위해 구금되어 다시 토이호특부로 돌아갈 수밖에 없었다. 도리침은 북경에 돌아와 『이성록(異城錄)』이라는 책을 써 여행 중의 경험을 기록했는데, 이 책에는 시간 순서에 따라 당시 여정이 자세하게 기록되어 있으며, 제정 러시아와 토이호특부의 자연환경과 풍속, 특산물 등이 그림과 함께 자세하게 소개되어 있다.

제정 러시아는 또 토이호특부와 청 조정의 왕래를 계속 방해해 토이호특인들의 원성을 샀는데, 결국 건륭 35년에 제정 러시아에 대한 토이호특인들의 분노가 극에 달해 십수 만에 달하는 토이호특부인들이 제정 러시아에 대항하는 봉기를 일으켰고, 당시 토이호특부인들은 악파석칸渥巴錫汗의 지휘 하에 제정 러시아 군대와의 치열한 전투 끝에 건륭 36년 6월에 청 국경 안으로 들어와 청 조정으로부터 따뜻한 환영을 받았다. 오랫동안 오매불망 그리던 고향땅을 드디어 밟은 것이었다.

|【강희제에게 배우는 정치의 도】|

一. 성군은 백성을 다스림에 있어 인으로써 키우고, 의로써 가르친다.

一. 군주의 덕은 관용이 최고이며, 나라를 다스리는 도리로 관대함만한 것이 없다.

一. 덕으로써 백성을 감화시키면 소송이 없을 것이고, 현명한 관리는 형벌을 간소하게 하여 백성들이 안심하고 생활할 수 있도록 해야 한다.

一. 관대함으로 형벌을 줄이고, 인으로써 법률을 완화하며, 법률로써 인을 보완하는 것이 치국안민의 핵심이다.

一. 먼 곳의 사람들이 복종하지 아니하면 스스로 문덕을 닦아서 그들을 오게 하고 그들이 찾아오면 편안하게 하라.

제4장

정치의 도 4
법을 중시하고 형벌을 내림에 신중을 기한다 重法愼刑

'법法'과 '형刑'을 잘 조화시켜 사용해야 한다. 강희제가 비록 왕도를 중시하기는 했지만, 그렇다고 해서 법을 완전히 무시한 것은 아니었다. 강희제는 "위정자는 농부가 곡식을 기르듯 인자하고 선량한 마음으로 나라를 다스리고, 농부가 잡초를 뽑아내듯 죄인을 처벌해야 한다. 고로 정치는 농사와 다름없다."라고 말했다. 이런 비유에서 강희제가 국가를 통치하는 데 있어서 법률과 감화라는 두 가지 수단을 함께 사용했음을 알 수 있다. 그는 단지 감화를 우선할 뿐 법률을 사용하지 않은 것은 아니었다. 그도 악인과 악한 세력은 법률로서 옭아맸고, 법률로써 범죄를 억제했다.

관대함과 엄격함을 적절히 조화시키는 것을 선이라 한다

법률을 제정하기는 하지만 그것을 신중히 집행하고 가혹하고 복잡한 형벌을 사용하지 않으며 관대함을 가장 우선으로 한다는 것이 그의 기본 원칙이었다. 강희제는 50년(1711) 3월에 신하들에게도 이와 비슷한 당부를 했다.

독무들은 일을 처리함에 있어서 절대로 냉정하고 가혹하게 하지 말 것이며, 관대함으로 백성들을 다독여야 한다. 천하를 다스리는 근본은 바로 관대함이다. 너무 까다롭고 혹독하게 대하면 백성들이 편히 살 수 없다. 조신교趙申喬가 절강 순무로 부임하자 백성들의 원성이 자자했고, 후에 호남 순무로 부임해서는 관직의 고하를 막론하고 모든 관리들을 탄핵했다. 천하에 좋은 관리가 단 한 명도 없다는 것인가? 고급 관리들은 경솔하게 하급 관리를 탄핵해서는 안 된다.

또한 형부의 관리들에게도 형벌을 결정함에 있어서 사건의 정황에 따라 각기 다르게 판결할 것을 명했다.

강희제는 또 나라에 큰일이 있을 때마다 옥에 갇힌 죄인들에 대한 사면을 실시하고, 여름에 날씨가 너무 더우면 관리를 보내 감옥을 시원하게 청소하라고 하고, 물증을 찾지 못한 혐의자들은 석방해 주었다.

하지만 강희제가 형벌을 내림에 있어서 신중을 기하라고 한 것이 형벌을 아예 폐지하거나 죄를 지어도 처벌하지 않음을 뜻하는 것은 아니었다. 그의 주장은 법률을 적절하게 집행해 선한 사람은 마음 놓고 살 수 있고, 악한 사람은 요행을 바랄 수 없도록 하자는 것이었다. 그는 『신형론愼刑論』이라는 저서에서 다음과 같이 말했다.

> 형벌은 부득이한 경우에 사용하는 것이다. 형벌이 가벼우면 몸에 상처만 내지만 무거우면 목숨을 앗을 수도 있으니 천하의 비참한 고통 가운데 형벌이 최고니라.

이런 강희제의 생각을 곡식을 키우고 잡초를 골라내는 농부의 마음과 연결시킨다면, 관대함을 중시하는 강희제가 추구하던 것이 결코 무한한 관대함이 아니라 관대함 속에서도 절도를 잃지 않는 것임을 잘 이해할 수 있다. 그는 또 다음과 같이 말했다.

> 무조건 관대함만을 강조하면 사람들이 두려움을 모르는 법이다.

사람을 다스릴 때에는 관대함과 엄격함 그 어느 쪽으로도 치우쳐
서는 안 되며, 그 중간에서 중도를 지켜야 한다.

청대 기인旗人들 중에는 팔기에 편입된 만주족과 몽고족 외에도 오래 전에 청에 투항하고 명에 반기를 든 한족도 포함되어 있었다. 청이 중원으로 들어온 후, 이들은 중원 통일의 공신으로 인정받아 일반 한족들보다 높은 지위를 부여받았다. 이런 불평등한 민족 간의 관계는 필연적으로 사회 갈등을 불러왔다. 사회를 안정시키기 위해서는 이런 갈등의 골이 깊어지지 않도록 하는 것이 시급했고, 또 이것은 강희 앞에 놓인 매우 중요한 문제이기도 했다. 하지만 더 심각한 문제는 청 황실 구성원들 모두가 이 점을 인식하거나 정확하게 처리하려고 노력하지 않았다는 점이다.

강희제는 기인과 민인民人(기인에 대응되는 일반인)의 관계를 매우 중시하고, 기의 장두莊頭(지주의 관리인)들이 민인을 박해하는 것에 몹시 분노했다. 그는 이 문제를 해결하는 임무를 직예 순무에게 일임했다. 강희 21년 2월 14일, 강희제는 새로 임명된 직예 순무 격이고덕格爾古德에게 "직예기의 장두들이 민인들과 함께 지내면서 민인들을 괴롭히고 있다고 하오. 그대가 부임하면 이런 사실들을 자세히 조사하여 엄격하게 처벌하시오."라고 당부했다.

격이고덕이 부임한 지 얼마 되지 않아 정황기 만주인이자 무영전대학사인 명주의 좌령에 소속된 한 기호旗戶가 민인의 무덤을 빼앗으려고 하다가 고발당한 사건이 일어났다. 그런데 완평지현宛平知縣 왕양렴王養濂이 그를 비호하며, 민가에 피해를 주지 않았다고 주장했다. 그러자 격이고덕은 사건을 자세하게 조사해 그 기호가 민인의 무덤을 빼앗으려 한 것이 사실임을 밝혀냈고, 황제의 명에 따라 그 기호는 물론 그를 비

호한 완평지현까지 가차 없이 처벌했다.

  한 사회에서 법률적 수단으로 범죄를 예방하는 것은 필수적인 일이다. 하지만 법률이 만능은 아니며, 도덕과 교육도 역시 가장 중요하기는 하지만 무엇이든 다 해결할 수 있는 것은 아니다.

  나라를 다스림에 있어서 너무 서둘러서는 안 된다는 것은 일강관 웅사이의 건의였다. 강희 12년(1673) 8월의 어느 날, 강희제는 웅사이의 강의가 끝난 후 그를 어전으로 불러 다스림의 도리에 대해 이야기를 나누었다. 웅사이가 말했다. "서두르면 다다를 수 없는 것이 바로 정치입니다." 강희제도 이에 동조하며 "날이 가고 달이 가면서 여유롭게 다스리면 오래 걸리기는 하지만 큰 효과를 볼 수 있지."라고 말했다.

형벌을 내림에 신중을 기한다

강희제는 세상이 혼란할수록 엄격한 법률을 시행해야 한다는 논리에 반대하고 백성을 감화시키고 형벌을 내림에 있어서 신중을 기해야 한다고 주장했다.

강희제는 사회 전체의 조화를 유지하려고 했다. 백성들이 힘들면 집을 버리고 떠나 유랑을 하니 자연히 도적떼가 창궐하고, 사회가 발전하면 백성들이 배불리 먹고 따뜻하게 입으니 감화시키기도 쉽다는 것이 그의 일관된 주장이었다. 그는 지방 관리들이 함부로 형벌을 사용하고 사람들을 옥에 가두지 못하게 하고, 송사訟事가 끊이지 않는 것을 매우 가슴 아프게 생각하고, 한 나라가 법률을 제정하는 것은 사람들로 하여금 죄가 무서운 것을 알고 스스로 경계하기 위함이라고 했다.

강희 20년, 그는 법률 집행 기관에서 올린 상소를 통해 사형이 너무 많이 행해진다는 것을 알고, 형부와 대리사大理寺, 도찰원의 관리들을 불러 놓고 이렇게 말했다.

군주는 도덕으로써 백성을 감화시키고, 형벌로써 백성을 교화하는 것은 특별히 신중해야 하오. 형벌은 경고의 역할을 할 때 가장 이상적이오. 그러므로 법률을 집행하는 관아에 있는 그대들의 역할이 매우 중요하다고 하겠소. 그대들이 공정하게 법률을 집행해야 백성들이 억울한 일을 당하지 않을 것이오. 백성들이 무지몽매하여 법을 어기고 죄를 저지르는 것은 교육을 잘 받지 못해서일 수도 있고, 생활이 궁핍하기 때문일 수도 있으며, 습관이 되어 국법을 두려워하지 않기 때문일 수도 있소. 나는 이런 모든 백성들을 측은하게 여기고 있소. 독무와 죄인을 심문하는 관리들이 중대한 사건을 심리할 때, 법률에 대해 잘 알지 못하여 죄에 상응하는 적절한 형벌을 내리지 않고 일을 억지로 끝맺으려고 하거나, 자신의 생각만 고집하고 자백을 위조하여 엉뚱한 죄명을 씌우기도 하고, 또 사사로운 관계나 이익 때문에 일의 시비가 전도되는 일도 있소. 앞으로 형벌을 결정하는 관리에 대한 감독을 강화하고 죄인 심문과 사건 심리를 공정하게 처리해야 할 것이오. 또 사건의 경중에 따라 적절한 형벌을 내리시오. 함부로 법률을 초월하는 은혜를 베풀어서도 안 되고, 형벌을 남용해서도 아니 되오. 지금까지의 과오를 통감하고 앞으로는 덕으로써 백성들을 감화시키고 백성들의 목숨을 귀중하게 생각하는 짐의 본뜻을 잘 실천하여 무고한 사람을 희생시키지 않도록 각별히 주의하시오.

강희제는 형관이 뇌물을 수수하거나, 사적인 관계에 의해 애매모호하게 사건을 종결시키거나, 이유 없이 판결을 미루는 등 법률 집행 과정에서 나타나는 수많은 폐단을 해결하기 위해 관리들에게 재삼 당부하고, 때로는 호되게 질책하기도 했다. 이 덕분에 강희 22년 전국에서 사형에 처해진 죄인은 40명도 되지 않았다. 당시가 삼번의 난이 막 평정된 때라는 것을 감안하면 이는 매우 놀라운 일이다.

강희제는 법제에 대한 자신의 원칙과 사상을 확실히 설명하기 위해 『신형론』이라는 책을 편찬했다.

이 책에서 강희제가 위대한 군주이자, 인문주의 정신에 입각한 사상가였음을 알 수 있다. 그는 천성적으로 동정심이 많고 사람을 관대하게 대할 줄 알았던 성군이다. 하지만 그를 평생토록 가슴 아프게 한 사건이 있었다. 그는 말년까지도 이 일만 생각하면 가슴이 저리고 등줄기에 식은땀이 흐른다고 했다.

강희제가 통치권을 잡고 얼마 되지 않았을 때의 일이다. 아직 나이가 어린 그였지만 자신의 두 손과 지혜로 나라를 지금껏 한 번도 누려 보지 못한 태평성세의 길로 나아가게 하겠다는 결심만은 그 누구보다 강했다. 한번은 한 관리가 무거운 죄를 지었다. 이 소식을 들은 강희제는 자신도 모르게 크게 화가 나 감정을 억제하지 못하고, 그 관리에게 요절腰折, 즉 허리를 꺾어 죽이는 형벌을 내리라고 명했다. 드디어 형이 집행되는 날이 왔다. 산발을 한 죄인이 채시구菜市口에 있는 형장으로 압송되었다. 죄인은 곧 높디높은 단 위에 앉혀졌고, '악' 하는 외마디 비명소리와 함께 순식간에 그 관리의 몸이 두 동강이 나서 바닥으로 떨어졌다. 하지만 그의 상체는 아직 죽지 않고 살아 피범벅이 된 채로 구르며 비명을 질러댔다. 형장에 모인 사람들이 모골이 송연해지며 두려움에 휩싸였다. 당시 그 비참한 장면을 직접 목도한 강희제는 당초 그 관리의 죄를 엄중히 처벌하겠다는 결심은 온데간데없이 사라지고 온몸이 사시나무 떨리듯 떨렸다.

이 사건으로 강희제가 받은 정신적인 충격은 이만저만한 것이 아니었고, 이때부터 그는 형벌을 내림에 신중을 기하겠다는 생각을 하게 된 것이다. 그가 형벌을 절대 사용하지 않겠다는 이상주의자는 아니었지만, 형벌을 내림에 신중을 기하겠다는 생각은 일생 동안 변함이 없었다.

형벌을 적게 내리는 것은 나라를 진정으로 위하는 지도자라면 누구나 추구하는 바이다. 강희제는 삼번의 난이 막 평정되어 나라가 아직 완전히 안정을 되찾기 전이었음에도 한 해에 처형당한 이가 단 40여 명밖에 되지 않았다. 이는 역대 황제들 가운데 최고의 성군으로 추앙받는 당태종 이세민만이 비교될 수 있는 공적이다. 당태종이 통치하던, 나라가 가장 태평했던 시기에 한 해 동안 처형당한 이가 20명이 정도였다. 현명한 군주들은 사상적으로 서로 통하는 면이 있는 것인지, 강희제와 당태종은 모두 중국 역대 성군 중의 성군으로 손꼽히고 있으며, 백성들에게 관대하고 인자하게 대했던 점이 지금까지도 칭송받고 있다.

오랜 통치 기간 동안 강희제는 형벌을 신중하게 사용했을 뿐 아니라, 측은지심과 연민 때문에 처벌해야 마땅한 죄인들을 용서해 준 적도 많다. 이 때문에 그는 생전은 물론 사후까지도 많은 이들에게 관대하고 인자한 성군으로 추앙받았지만, 그의 뒤를 이어 보위에 오른 옹정제에게는 '방임주의자'라는 책망을 듣기도 했다. 사실 그의 이런 생각은 그가 살던 당시의 시대적 요구로 인해 생겨난 것이다.

명 말기 이래로 전란이 끊이지 않고, 청 초기에 실시된 고압적인 정책과 혹독한 형벌로 인해 백성들은 도탄에 빠지고 민생은 황폐해질 대로 황폐해진 상황이었기 때문에 안락하고 걱정 없는 삶은 만백성의 소원이었다. 게다가 강희제는 사서를 읽으며 진나라가 가혹한 정치로 나라를 잃자 한나라 초기에는 관대한 정치로 민심을 얻었으며, 수나라 조정이 사치와 방탕으로 나라를 망하게 하니 당나라 초기에는 검소함을 최고의 미덕으로 삼아 태평성세로 나아갔다는 것을 알게 되었다. 이런 모든 것들이 어린 소년 황제에게 혼란을 헤치고 나아갈 방향을 제시해주었던 것이다.

사실 강희에게는 다른 선택의 여지가 없었지만, 이것은 정확하고 현명한 선택이었다. 오배 세력을 축출하고 난 후 거의 모든 사람들이 오만무도하여 황제도 눈에 보이지 않던 이 간신이 소년 황제에 의해 최고로 가혹한 처벌을 받게 될 것이라고 믿어 의심치 않았다. 오배가 그간에 저지른 행적들이라면 구족을 멸하여도 과함이 없었고, 강희 자신도 이미 오랫동안 오배에 대한 분노와 원한을 가슴에 담고 있었기 때문에 가장 잔혹한 수단으로 그를 처단하는 것은 어찌 보면 당연한 일이었다. 하지만 뜻밖에도 강희제는 나이는 어렸지만 보통 사람들로서는 상상조차 하기 어려울 정도의 관용과 덕을 갖추고 있었다. 강희제가 오배에게 내린 형벌은 사형이 아니라 연금이었고, 구족을 멸한 것이 아니라 가산을 몰수한 후 오배의 가족들을 타지로 이주시킨 것뿐이었다. 이런 처벌은 한낱 말단 신하들로서도 이해하기 힘든 것이었다. 하지만 모두들 오배를 너무 관대하게 처벌하는 것이라고 생각하면서도 영민한 풍모가 풍기는 이 소년 황제의 넓은 아량을 칭송하지 않는 이가 없었다.

강희제의 이런 관대함은 삼번의 난을 평정한 후에도 여실히 나타났다. 그는 반란을 주동했던 우두머리들은 죄의 경중에 따라 처형하거나 형벌을 내렸지만 반란을 협조했던 이들에 대해서는 관대함을 베풀었다. 그리하여 오삼계 부대에 있던 장수와 병사들은 대부분 동북 지역의 역참에서 참정站丁으로 일하며 스스로 생계를 꾸려나갔고, 경정충과 상가희의 친척들은 대부분 한족 군대의 노비가 되었다.

강희제는 또 37년에는 당시 도주한 반란군의 장수들에 대해서는 계속 지명수배 하도록 했지만, 나머지 병사들에 대해서는 황무지를 개간하고 전량을 납부하며 살 수 있도록 하고, 그 자식들도 과거에 응시할 수 있도록 아량을 베풀어 주었다.

　그뿐만이 아니다. 각지에서 반란을 일으킨 평민과 산적들에 대해서는 진압을 계속했지만 단순 가담자와 생계가 어려워 동조한 일반 백성들은 사면하고 정착할 수 있도록 도와주었다. 또한 나라에 경사가 있을 때에는 백성들 사이의 싸움으로 관아에 하옥되어 있는 사람들 중에서 구금 기간이 길었던 사람들에 대해 감형이나 사면을 실시했다. 이런 특별사면이나 감형은 수도 없이 많이 실시되었다. 하지만 '10악^{6}惡'과 탐관오리에 대해서는 관용을 베풀지 않았다.

　강희제는 법률을 집행함에 있어서 구체적인 원칙을 제시했을 뿐만 아니라, 복잡하고 중대한 사건인 경우에는 직접 심의기록을 읽고 판결에 참여했다. 심지어는 심문을 맡은 관리에게 주릿대를 함부로 사용하지 말도록 당부하고, 형부에는 죄인의 목에 씌우는 칼의 구멍의 크기와 두께까지도 모두 똑같이 만들 것을 명령하기도 했다.

　강희 37년 11월, 대학사가 죄인 48명에 대한 사형판결기록을 보고했지만, 강희제는 심의기록을 여러 번 읽어 본 후 35명만 사형에 처하도록 했다. 강희 41년에는 형부관리들을 불러 놓고 이렇게 말하기도 했다.

　　짐은 백성들의 목숨을 소중하게 생각하며 그들이 살길을 찾을 수 있기를 바라오. 형부에서 판결기록을 올릴 때마다 짐은 그것을 몇

---

6. 중국 고대의 법이 가장 무겁게 처벌하였던 10가지 죄. 모반謀反, 모대역謀大逆, 모반謀叛, 악역惡逆, 부도不道, 대불경大不敬, 불효不孝, 불목不睦, 불의不義, 내란內亂 등이다.

번이나 읽고 또 읽어 죄인을 살릴 수 있는 이유가 있을지 찾아보고 있소. 죄인이 죄를 저지른 것이 사실이라고 해도 즉각 처형하기보다는 감옥에 가두어 잠시 처형을 미루고 이듬해에 다시 관찰하도록 하시오. 하지만 죄인들이 곧장 처형되지 않는다는 것을 알면 살 수 있다는 희망을 가지겠지만, 감옥 안에서 몇 달간 살다 보면 개과천선하고 싶어도 별다른 방도를 찾을 수 없을 것이오. 짐은 그들이 몹시 불쌍하오.

그는 감옥에 구속되어 있는 죄인이더라도 병이 나면 어의를 시켜 병을 치료해 주고 약을 지어 주라고 명령했고, 병을 치료하지 않고 방치하는 관리는 엄하게 벌했다.

순치제 통치 기간에 강압정책에 반대하는 많은 관리와 그 가족들, 그리고 여러 가지 일에 연루된 사대부와 강남의 부호들, 혹은 청에 반대하다가 실패한 사람들이 동북 지역의 철령鐵嶺과 상양보尙陽堡, 길림吉林, 영고탑 등 황량한 지역으로 유배를 당하고, 현지에 있는 만주족들의 노비가 되어 온갖 수모와 고초를 겪고 있었다. 강희제는 친정을 시작한 지 얼마 되지 않아 형부에 명해 유배를 보내는 시기를 바꾸도록 하며 이렇게 말했다.

10월에서 1월까지는 겨울인 데다가 유배당하는 죄인들은 모두 가난하여 옷도 제대로 입지 못하니 몹시 추울 것이요. 그들이 죄를 저지르기는 하였으나 그렇다고 해서 길에서 얼어 죽어 마땅한 것은 아니니 불쌍하기 그지없소. 앞으로는 10월에서 1월과 한여름인 6월에는 죄인을 유배지로 보내지 마시오.

강희 21년, 그는 삼번의 난을 평정한 후 동북 지역에 있는 선조의 능에 제사를 지내러 갔다가 유배된 죄인들이 힘들게 생활하는 것을 직접 보고 놀라며 이렇게 말했다.

짐은 이제껏 영고탑과 오라烏喇로 유배된 죄인들이 이렇게 고초를 겪고 있다는 것을 알지 못했는데, 선조의 능에 제를 올리러 왔다가 그들의 참상을 직접 보았다. 그들은 몸을 쉴 수 있는 집도 없고 농사를 지을 돈도, 능력도 없다. 게다가 남방 출신인 사람들은 약한 몸으로 이렇게 추운 곳에 와서 고향과는 전혀 연락도 하지 못하고 살고 있으니 측은하기 그지없다. 그들이 비록 스스로 지은 죗값을 치르고 있는 것이기는 하지만, 요양遼陽과 같은 지역으로 유배된 것만 해도 이미 죗값은 모두 치렀다고 할 수 있을 것이다. 그들에게 농사지을 땅을 주어 생계를 꾸려가도록 하고, 집을 지을 수 있게 해 주어라!

그리고 며칠 후 그는 형부에 다음과 같은 어지를 내렸다.

죄인들을 유배시킨 것은 본래 그들이 계속 살 수 있도록 하기 위함이었다. 그런데 그들을 계속 이 춥고 황량한 곳에 버려둔다면 결국 고통 받다가 죽게 될 것이니 이는 본래의 뜻에 부합하지 않는다. 앞으로는 사형을 면한 죄인들은 모두 상양보로 유배시키고, 상양보로 보내야 할 죄인들은 요양으로 보내도록 하라. 그리고 반란죄를 저질러 유배시켜야 할 죄인들은 지금까지와 마찬가지로 오라로 보내는 대신, 노비로 삼지 말도록 하라. 형부는 죄인이지만 불쌍히 여기는 짐의 뜻을 헤아려 앞으로는 반드시 이 규정에 따라야 한다.

강희제는 남들에게 보여 주기 위해 겉으로만 형벌을 내리는 데 신중했던 것이 아니라, 실제로 자신의 주장을 실천했으며, 이로 인해 많은 관리와 백성들을 감동시켰다. 그는 강희 43년 3월에는 또 '열심熱審'을 금지시켰는데, '열심'이란 명의 영락제永樂帝가 즉위한 후, 조카인 건문제建文帝에게서 황위를 찬탈했다는 비난을 받자, 이를 상쇄시키기 위해 실시했던 일련의 '인정仁政'을 가리키는데, 구체적으로는 매년 여름, 곤장형 이하의 형벌에 처해진 죄인들을 심리하여 석방하거나 잠시 석방했다가, 가을에 다시 심리하는 조치였다.

강희 9년, 즉 강희제가 친정을 시작한 지 3년째 되는 해에 명대의 관례에 따라 매년 소만[7]小滿 후 10일부터 입추 하루 전까지를 열심 기간으로 정하고, 각 성에서 일률적으로 시행하도록 한 바 있었다. 하지만 강희 43년 그는 형부에 다음과 같은 어지를 내렸다.

열심이 형벌을 신중하게 처리하는 조치인 것은 사실이나, 형벌은 평상시에도 항상 신중하게 내려야 하는 것이지 날씨가 더울 때에만 신중해야 하는 것은 아니다. 열심을 통해 감형하는 것이 죄인들에게 좋은 제도라면, 초심 때부터 적당히 감형을 해 주면 더 좋은 제도가 아니겠는가? 더욱이 하옥되어 있는 죄인들에게는 더운 여름보다는 추운 겨울이 더 견디기 힘들 것이니 여름에 감형한다면 겨울에는 더더욱 감형이 필요하지 않겠는가? 이 제도가 죄인들을 배려한 것은 사실이지만, 이로 인해 우매한 관리들이 태만해지고 있다. 그리하여 앞으로 열심의 관례를 폐지하노라.

---

7. 24절기의 하나. 입하와 망종 사이에 들며 음력 4월, 양력으로 5월 21일 무렵이 된다.

형벌을 신중하게 내리기 위한 강희제의 노력이 가장 돋보인 부분은 중대한 사안의 죄인에 대한 최종 판결이었다. 그는 죄인에 대한 최종 판결을 내리는데 있어서 더 없이 신중했다. 자신이 긋는 한 획으로 사람의 목숨이 좌우되기 때문이었다. 사람은 한 번 죽으면 다시 살아날 수 없고, 무고하게 처벌당하면 다시 수습하기 어려우니 나중에는 후회한다 한들 소용없는 일이었다. 청은 명의 제도를 본받아 매년 가을에 그해에 전국에서 사형을 판결한 사건들을 모아 다시 심의하고 사형 여부를 최종 확정했는데, 이를 조심朝審, 또는 추심秋審이라고 했다. 조심에서는 지방에서 중앙의 형부에 이르기까지 모든 사형사건들을 차례로 심의하고, 최종적으로 이상한 점이 발견된 사건을 황제에게 보고를 올리고 황제가 판결하도록 되어 있었다.

삼번의 난을 평정한 후, 나라가 점점 안정을 되찾아가면서 범죄율도 눈에 띄게 줄어들었고, 경제가 발전하고 사회질서가 확립되면서 갈단의 난을 평정한 후에는 나라가 더욱 안정되었다. 그리하여 강희 37년에는 한 해 동안 사형 당한 죄인의 수가 35명에 불과했다. 강희 45년 11월에는 보고된 70명의 사형예정자 가운데 25명만 최종 사형이 확정되고 나머지는 모두 황제에 의해 반려되었다. 강희 51년에도 50건의 사형 안건이 보고되었고, 최종적으로 사형이 확정된 안건은 32건에 불과했다.

강희제는 대학사들에게 자신이 젊었을 때 원본청袁本淸이라는 태감에게서 들었던 이야기를 해 주곤 했다. 원본청이라는 자는 명 말기 숭정제가 통치하던 때부터 황실에서 태감으로 일했는데, 한번은 서사패루西四牌樓에서 많은 사형수들에 대한 처형이 이루어졌고, 숭정제가 우연히 태감을 보내 그것을 보고 오게 했다.

처형장으로 갔던 태감은 사형을 당하는 죄인 중 한 명이 억울하다고 외치는 것을 보고 다급하게 황궁으로 달려와 숭정제에게 보고했다. 그러자 숭정제는 원본청에게 억울하다고 외친 죄인에 대한 처형을 잠시 중단하라는 내용의 어지를 전달하게 했다. 하지만 원본청이 처형장에 도착했을 때는 이미 그 죄인의 목이 잘린 후였다. 그러자 원본청은 처형을 기다리고 있는 다른 죄인들에 대한 처형을 모두 중단시켰고, 이것을 안 숭정제가 크게 화를 내며 원본청을 흠씬 두들겨 팼다.

이야기를 마친 후 강희제는 대학사에게 "이것이 모두 평상시에 신중하게 형벌을 내리지 않았기 때문이오. 인명은 재천이니 반드시 자세하게 조사해 죄인으로 하여금 살 수 있는 길을 찾아 주어야 마땅하오." 하고 말했다. 강희제는 또 추심에 대한 생각을 "세상에는 마음대로 되지 않는 일이 있는데, 그중에서도 가장 안타까운 일이 바로 추심에서 최종 판결을 내리는 일이다." 하고 밝혔다.

이렇게 동정심이 많다는 것은 어찌 보면 '성숙한' 정치가의 모습이 아닐 수도 있다. 하지만 놀라운 것은 강희제가 당시 이미 1억이 넘는 거대한 인구를 가진 국가에서 매년 20, 30명만을 사형시키고도 나라를 태평성세로 이끌었다는 점이다. 강희 54년에는 추심으로 사형이 결정된 죄인의 수가 15명에 불과했다.

백성들의 생명을 중요하게 생각하는 강희제의 정책은 그의 국가 통치의 중요한 기반 중 하나였으며, 이로써 사회가 크게 안정될 수 있었다.

가혹한 형벌은 완화한다

만주인들은 중원으로 들어오면서 수많은 한족 노비들도 함께 데리고 왔고, 이 중에는 죄를 지어 노비가 되거나 인신매매로 팔려 노비가 된 사람들은 적었고, 대부분이 만주인이 국경을 침범해 잡아간 한족 백성들이었다. 그런 까닭에 한족 노비들이 도망치는 사례가 적지 않았다. 한인漢人들은 노비로서의 비인간적인 삶을 견디지 못하고 도망쳤고, 도망친 후에는 다른 주인을 찾아 다시 노비가 되지 않고 고향으로 돌아가서 신분을 숨기고 살았다. 만주족들이 한족의 토지를 강점하고 몰수하기 시작한 후로는 한인들이 도망치는 사례가 더 많아졌고, 강압에 의해 투충한 한족 노비들도 저마다 도망쳤다.

그리하여 순치 원년(1644) 9월에는 도망자 색출령이 내려졌고, 순치

3년(1646)에는 섭정왕 다이곤이 몇 달 동안 도망친 한인만 해도 수십만에 이른다며 새로운 도인법逃人法을 반포했다.

도인법이란 도망친 노비들을 잡아 처리하는 법령이었는데, 순치제 이전까지는 도인법이 모두 있었고, 규정도 매우 가혹했다. 종전의 도인법에 따르면 도망쳤던 노비가 잡히면 채찍 1백 대를 맞고 주인에게 돌려 보내졌고, 도망자를 숨겨 주면 즉시 사형에 처해지고 재산을 몰수당했다. 그리고 신고하는 자에게는 상이 내려지고, 도망자가 나온 지역의 현관은 관직이 강등되었다. 하지만 새로 제정된 도인법에서는 도망자에 대한 처벌이 약화되어 두세 차례 이상 도망쳤다가 잡혀야 사형을 당했고, 사형이 결정되었더라도 특별사면으로 처형을 면할 수 있었다. 또한 도망자를 숨겨 준 기인에 대한 처벌은 더욱 경감되어 채찍 1백 대와 벌금 다섯 냥으로 줄어들었다. 가혹한 규정은 모두 한인에 대한 것이었다.

순치 31년(1654)에는 조정에서 병부에 독포시랑督捕侍郎을 두고 도망자에 관한 일만 처리하도록 했으며, 한족 관리들이 도망자 처벌에 있어서 소극적이라고 질책하고 도인법을 엄격하게 적용할 것을 명했다. 그 해 경정충의 조부인 정남왕 경중명이 어명을 받고 광동 지역으로 출정을 떠났는데, 행군 도중에 부하가 도망자를 숨겨 주었다가 발각되어 스스로 목숨을 끊었다는 기록이 있는 것만 보아도 당시 도망자 문제가 얼마나 심각했는지 짐작할 수 있다.

도인법은 만주 노비제의 관례에 따라 정해진 것으로서 도망자들을 숨겨 준 자에 대한 처벌에 중점을 두고 있어 노비들이 도망치는 것을 효과적으로 억제할 수 없었을 뿐 아니라 악한 마음을 먹는 사람들은 이를 악용할 수 있었다. 또한 가장 큰 피해를 보는 것은 한족 지주와 평민들이었기 때문에 민족 간의 심각한 갈등을 초래했다. 순치 연간에 민간 봉기가 수없이 많이 발생했는데, 봉기를 일으킨 자들은 대부분 도망친 노비들이거나 토지를 만주족에게 몰수당하고 살 곳을 잃은 농민들이었다. 새로운 도인법이 실시된 후에 일어난 봉기 가운데 규모가 큰 것만 해도 순치 4년(1647)에 일어난 하간기의河間起義, 5년(1648)의 산동 서원기의栖園起義와 산동 서하우칠기의西霞于七起義 등이 있다. 한족 관리들은 수차례에 걸쳐 도망자 처리 문제에 대해 상소를 올리고 한족 지주들의 이익을 보호해 달라고 요청하기도 했다.

하지만 도인법에 대한 개혁은 강희제가 즉위한 후에야 비로소 시작될 수 있었다. 그는 만주족 귀족들의 합법적인 이익을 보장하면서 한족 관리들의 요구를 들어준다는 원칙을 세우고 도인법을 개정했다. 강희 4년(1665), 그는 의정왕대신들에게 도인법을 수정하도록 명했고, 이렇게 개정된 도인법에서는 도망자를 숨겨 준 사람에 대한 처벌이 약해지고, 도망자에게 공갈과 협박을 저지른 자에 대한 형벌이 강화되었다.

강희 10년(1672)에는 또 도망자를 잡아 원주인에게 돌려줄 때, 도망자가 도피 중에 낳아 기르고 민인에게 시집보낸 딸은 도망자의 주인의 노비가 되지 않도록 했다. 11년(1672)에는 개정된 도인법을 만주어와 한족어로 인쇄해 각급 지방 정부에 하달해 집행하도록 하고, 도망자가 도망 중에 저지른 절도, 강도 등의 범죄 행위에 대해서는 형법에 따라 판결하고, 도인법과 형법 가운데 위반 정도가 더 큰 죄를 기준으로 처벌했다. 위반 정도가 같을 때에는 그중 하나에 대해서만 처벌하도록 했다.

순치 10년(1653) 이후에는 기인들의 노비 관리에 대해 규정을 마련하고 노비를 사는 사람들은 반드시 인결印結(관리임을 나타내는 보증서의 일종)을 사용하도록 했다. 그 전까지는 노비를 사면서 인결을 사용하지 않아 사려는 사람이 하는 말만 믿고 노비를 거래했지만, 그 후부터는 인결이 없다면 모두 민인으로 간주해 노비를 살 수 없었다.

강희 11년 8월 강희제는 대신들의 건의를 받아들여 왕공과 장군들은 도망자 문제에도 손을 대지 않도록 하고, 왕공과 장군에 속한 노비들이 도망쳤다가 잡히면 현지 독무에게 심리를 맡기도록 했다. 하지만 유일하게 영고탑에서는 종전과 마찬가지로 장군이 심리하도록 했다. 각 성 독무들은 대부분 한족이 맡고 있었으므로, 그들이 새로운 도인법 집행을 맡은 후부터는 한족의 무고한 희생이 훨씬 줄어들었다. 강희 12년(1673) 9월 북경에서 약한 지진이 발생했는데, 강희제는 이것이 하늘의 경고라고 생각하고 나라 안정에 더욱 주의를 기울이기로 했다.

며칠 후 강희제는 관대함으로 나라를 다스리고, 죄는 공정하게 처벌하며 가혹한 형벌을 내리지 말 것을 강조하는 어지를 이부 등에 하달하고, 복잡한 형벌 조항을 간소하게 수정하라고 명했다. 강희제는 이 밖에도 도망자들에 대한 처벌을 완화할 것을 병부에 명하고, 도망자들이 도망 중에 아내를 얻고 자식을 낳았다면 그들을 떼어 놓지 말 것이며, 15세 이하의 도망자에 대해서는 세 번까지는 사형에 처하지 못하도록 했다. 강희 15년(1676)에는 또 기인들이 노비를 거래할 때에는 반드시 지방 관리의 관인官印을 사용하도록 했다.

강희제가 몇 차례에 걸친 도인법 개정을 통해 도망자 문제를 개선해 나가면서, 강희 29년(1690)에는 도망자 문제가 점차 수그러들기 시작했고, 강희 38년(1699) 11월에 이르러서는 도망자 문제가 더 이상 사회 문제로 대두되지 않았다. 그러자 강희제는 도망자를 전적으로 관리하던 병부독포아문을 폐지하고 형부 내에 독포사督捕司를 두어 도망자들을 관리하도록 했다.

강희 13년(1673) 8월, 어사 황경기黃敬璣가 팔기 소속의 노비들 가운데 자결하는 자가 많다고 상소를 올리자, 강희제는 노비를 박해하는 것을 금지했고, 같은 해 6월에는 팔기의 포의좌령 소속 노비들이 주인이나 남편이 죽으면 순장되는 악습을 금지시켰다. 또한 27년(1688)에는 예부에서 관례에 따라 산서성의 열부 형씨荊氏 등이 남편이 죽자 함께 순장되었다며 상과 표창을 내려 달라는 상소를 올리자, 강희제는 이렇게 말했다.

> 남편이 죽으면 따라 죽은 것은 이미 금지시켰다. 근래에도 각지에서 순장이 공공연하게 이루어지고 있다고 하는데, 사람의 목숨은 그 무엇보다도 중요한 것이다. 그리고 남편이 죽은 것만으로도 불쌍한 일인데 어찌하여 스스로 목숨을 버린다는 것인가? 생명을 귀하게 여기지 않고 남편이 죽었다고 해서 따라 죽는다는 것은 황당무계한 짓이다. 만약 그들에게 표창을 내린다면 앞으로 순장이 더욱 성행할 것이 아닌가? 앞으로 남편이 죽으면 따라 죽는 관행을 엄격하게 금지시킬 것이며, 관아에서도 이런 여성들에게 표창을 내리지 말 것이다.

삼번의 난을 진압하고 있을 때에도 팔기 관병들이 한족을 잡아다가 노비로 삼는 일이 계속되었고, 강희 16년(1677)에는 강서 지역의 청군들이 한인들을 붙잡아다가 노비로 삼다가 강희제에게 호되게 질책당했다. 정남왕 경정충 부대에서 청군에게 자식을 빼앗긴 자만해도 절강 출신 5백여 명과 강서 출신 5백여 명으로 1천여 명에 달했다. 강희 18년(1679) 7월 북경에서 큰 지진이 발생하자, 강희제는 하늘이 노한 것이라고 생각하고 나라의 각종 폐단을 근절하기 위한 일련의 조치들을 선포했는데, 그중 하나가 바로 지방 총병과 장수들이 민인들의 재물과 자식을 빼앗지 못하도록 하는 것이었다. 강희제는 장군이 백성들에게 피해를 주었다면 관직을 빼앗고, 패륵이라면 종인부宗人府에 넘겨 죄를 처벌하도록 했다. 민인을 잡아다가 노비로 삼는 것을 금지한 강희제의 조치는 백성들로부터 높이 칭송받았다.

복건 지역에서 정경이 하문을 점령하고 해징에 침입한 후, 해안가에 경계선을 긋고 경계선 밖에 사는 백성들을 모두 경계선 안으로 이주시키고 경계선 밖과는 왕래를 완전히 끊도록 했다. 강희 18년(1679) 초, 청 조정은 다시 복녕福寧에서 조안詔安에 이르는 지역에 살고 있는 사람들을 내지로 이주시키고, 바다와 가까워 위험하다는 이유로 군대를 주둔시켜 지키게 했는데, 이로 인해 수천 리에 달하는 해안에 사람 그림자를 찾아볼 수 없게 되어 버렸다.

이때 내륙으로 이주한 사람들은 대부분 정착하지 못하고 떠돌다가 만주족 관리들에게 잡혀 노비로 전락했다. 후에 총독 요계성이 만주족 군대를 복건에서 철수시키면서 강친왕 걸서에게 팔기병의 노비로 전락한 사람들을 풀어 줄 것을 재삼 요청했고, 팔기병은 거액의 몸값을 받은 후에야 노비들을 풀어 주었다. 이때 노비 2만여 명을 자유의 몸으로 풀어 주기 위해 팔기병에게 제공된 돈이 자그마치 20만 냥이었다. 절강성 동부 지역에서도 매년 강제로 잡혀 노비가 된 사람들이 많았고, 그 중 수만 명이 풀려날 수 있었는데, 이 모든 것이 강희제가 지방 관리들에게 백성들에게 관대함을 베풀 것을 재삼 당부한 결과였다.

|【강희제에게 배우는 정치의 도】|

一. 무조건 관대함만을 강조하면 사람들이 두려움을 모르는 법이다.

一. 법률을 적절하게 집행해서 선한 사람은 마음 놓고 살 수 있고, 악한 사람은 요행을 바랄 수 없도록 한다.

一. 서두르면 다다를 수 없는 것이 바로 정치이다. 여유롭게 다스리면 오래 걸리기는 하지만 큰 효과를 거둘 수 있다.

一. 법률을 제정하고 그것을 집행할 때 신중을 기하며 가혹하고 복잡한 형벌은 사용하지 않고 관대함을 우선시해야 한다.

一. 백성들의 생명은 국가 통치의 중요한 기반 가운데 하나다.

제5장

정치의 도 5
다스리지 않는 것이 다스림이다
不治而治

'다스림治'과 '다스리지 않음不治'를 적절히 사용해야 한다. 여기에서 다스리지 않는 것은 함은 백성들이 스스로 할 수 있도록 내버려 두는 것이다. 강희제는 정치는 복잡하지 않아야 한다고 주장했으며, 자신의 저서 『강연서론講筵緒論』에서는 "사서를 보면 나라가 건국된 초기와 중기의 군주들은 간결한 정치를 실시했고 신하와 백성들이 모두 따랐으나, 말기에는 국법이 혼란해지고 조령모개 식으로 자주 바뀌면서 결국에는 지키는 이가 아무도 없게 되었다. 치국의 도리는 덕화德化에 있으며, 정치가 깨끗하고 법령이 공평해야 백성들이 각자의 자리에서 열심히 일할 수 있고, 천하가 편안해진다."라고 했다.

정치 개혁이 능사가 아니다

　장장 8년에 걸친 삼번의 난이 모두 평정되고 나자 강희제는 이제 태평천하를 이룩하기 위한 원대한 꿈을 실현시키는 데 착수했다. 그런데 이 포부를 실현시키는 데 있어서 가장 큰 걸림돌은 정치에 있는 것이 아니라, 경제에 있었다. 당시 중원의 18개 성이 모두 안정을 되찾고 변방의 티베트와 서북 지역, 국경 밖의 몽고와 동북 지역 등도 모두 청의 판도 내에 있었기 때문이다. 게다가 전국 주요 도시와 전략적 요충지에서는 이미 녹영병들에 의해 반란을 억제하고 안정을 유지할 수 있는 군사적 체계가 형성되어 있었다.
　삼번이라는 강력한 위협이 사라지고 나자, 계속되는 변방 지역의 반란과 외적 침입으로 인한 전란도 이제 나라 전체의 안녕을 위협할 수는 없었고, 따라서 나라 안정을 위해 크게 고심할 필요가 없었다. 경서와 사서를 수없이 읽은 강희제는 이제는 무너진 국가 경제를 되살려 민생을 풍족하게 만들 차례라는 것을 직감했다.

또한 강희제는 사서를 통해 어떤 시대이든 전란은 나라와 백성 전체에게 심각한 피해를 안겨 준다는 것을 알고 있었고, 나라의 근본은 백성이며, 농경 사회에서는 그 근본을 다시 서게 하려면 농민들에게 농사지을 땅을 주고 농업을 발전시키는 것이 유일한 방법이라는 것도 알고 있었다.

한고조 유방은 초나라와의 전쟁에서 승리한 후, 진 말기의 농민 봉기와 초나라와 한나라의 전쟁을 겪으면서 백성들의 생활이 극도로 궁핍해졌다는 것을 알고, 농경과 황무지 개간을 장려하기 위한 10여 개 항의 법령을 선포했다. 한고조는 이 법령을 통해, 병사들을 고향으로 되돌려 보내 생산에 전념할 수 있도록 하고, 3년간은 부역을 소집하지 않으며, 전쟁 중에 토지를 잃은 대지주가 원래 자신의 소유였던 토지에서 계속 농사를 지을 수 있게 하는 한편, 그들이 새로 개간한 황무지도 그들이 소유할 수 있도록 허락해 주었다. 또한 민생 안정이라는 목표 하에서는 그토록 호전적이던 한고조도 불편한 심기를 억누르고 끊임없이 북방 지역을 침입하는 흉노족과 화친을 맺을 수밖에 없었다.

민생 안정에 대해 이야기할 때 강희제는 항상 '소규조수蕭規曹隨'라는 고사성어를 빼놓지 않았다. 이 고사성어에 얽힌 이야기는 다음과 같다. 한나라 때, 소하蕭何의 뒤를 이어 재상이 된 조참曹參이 나랏일은 뒷전이고 매일 술을 마시고 시를 읊으며 풍류를 즐기자, 관리들이 이상하게 생각하며 "나으리, 어찌하여 재상이 되신 후 새로운 정책을 내놓지 않으십니까?" 하고 물었다. 조참이 히죽거리며 대답했다.

내가 해야 할 일을 소하 나으리께서 이미 다 해 놓으셨기 때문이오. 난 그저 이미 정해진 규정과 정책을 잘 유지하기만 하면 그만이오.

이 말을 듣고 모두들 고개를 갸우뚱거렸고, 이 말의 깊은 뜻을 진정으로 이해한 사람은 거의 없었다.

강희제는 이 이야기 속의 조참을 매우 훌륭한 인물이라고 생각했다. 사실 조참은 당시 농민들의 생활이 매우 궁핍하여 맹목적으로 변방에서 전쟁을 일으키다가는 나라의 혼란을 가중시키고 백성들을 도탄에 빠뜨릴 뿐이라는 것을 잘 알고 있었고, 또 소하가 워낙 지혜로운 인물이기 때문에 소하가 실시한 정책을 대대적으로 개혁할 필요도 없을 뿐더러, 백성들이 이미 적응한 정책을 바꾼다면 백성들이 나라의 정책이 언제 또 바뀔지 몰라 불안함을 느껴 안심하고 생업에 전념할 수 없다는 것도 잘 알고 있었던 것이다. 요컨대 조참은 다스릴 때와 다스리지 않을 때를 잘 판단하는 훌륭한 정치가였다.

강희제는 민심 안정을 최우선으로 하여, 지방 관리들이 새로 부임할 때마다 직접 어지를 내려 정무政務를 수행함에 있어서 신중함을 기하고, 수행과 함부로 개혁을 실시하지 말고 백성들이 생산에 전념할 수 있는 시간과 환경을 만들어주라고 당부했다.

강희 27년 3월 1일, 산동 포정사위布政使衛가 황제를 알현했을 때에도 강희제는 그에게 "지방에는 법령이 이미 잘 정비되어 있소. 적당한 개혁이 필요한 부분이 있다고 생각되면 그 상황을 현지 독무에게 보고하고, 독무로 하여금 짐에게 보고하도록 하시오." 하고 말했다.

그리고 달포쯤 후에 사천과 섬서의 총독으로 부임할 강사태葛思泰가 황제를 알현하러 왔을 때에도 강희제는 "사천과 섬서 지역은 이미 안정되었으니, 부임지에 가도 더 이상 정책을 바꾸거나 새로운 정책을 실시할 필요가 없소."라고 말했고, 그해 6월 9일, 하남 순무로 새로 임명된 염흥방閻興邦이 황제를 알현하는 자리에서도 "순무에게는 다른 임무는 없소. 그저 관병들이 백성에게 피해를 입히거나 민생을 혼란시키지 않도록 관리하기만 하면 되오. 부임지에 하면 관병과 백성들 사이에 갈등이 생기지 않도록 노력하시오."라고 당부했다.

그리고 그 후 열흘도 안 되어 강소 순무로 부임할 홍지걸洪之杰이 찾아오자, 강희제는 더욱 단호한 어조로 "지방 관리들은 안정을 가장 중시해야 하오."라고 강조했다. 강희제가 석 달 동안 새로 부임지로 떠나는 관리들에게 똑같은 당부를 했던 것은 그들이 공을 세우고 부임지의 면모를 새롭게 혁신시키기 위해 변화와 개혁을 추구하여 백성들을 불안하게 할 것을 우려했기 때문이다. '안정'은 사람을 편안하게 하고 생활을 자연스럽게 하며, 법률과 군대 또한 '안정'을 수호하기 위해 존재하는 것이다. 너무 많은 사상과 이론을 강조해 백성들의 생각을 통제하지 않고, 그들을 풀밭에서 조용히 풀을 뜯는 양떼나 말떼들처럼 자유롭고 편안하게 살도록 하는 것이 강희제의 목표였다. 황제는 목동이자, 그들의 수호신이 되어야 했다.

나라와 백성이 모두 평화롭고 여유롭게 생활하는 것, 이것이 바로 강희제가 추구하는 이상이었다. 그러나 안정을 추구하는 이런 관념도 역사적 경험과 당시의 사회적 상황에 의해 생겨난 것이었다. 강희제는 선천적으로 총명하며 지력과 담력을 모두 갖추었기 때문에 자신감이 충만한 사람이었다. 하지만 삼번의 난을 겪으면서 그는 안정이 최우선임을 깨닫게 되었고, 이러한 이유로 그는 일생 동안 대대적인 개혁이나 혁신을 추진한 적이 없다. 강희제 스스로도 삼번의 난이 자신의 정치적 관념에 큰 영향을 미쳤음을 인정했다.

짐이 황제로 즉위해 정식으로 대권을 행사한 지도 20여 년이 흘렀다. 그동안 수많은 일을 겪으면서 짐은 무엇이든 한 가지 일을 하는 것도 쉽지 않은 일이라는 것을 깨닫게 되었고, 그래서 매번 조심스럽고 신중하게 일을 처리할 수밖에 없었다. 삼번의 난이 일어나기 전까지는 짐도 무슨 일이든 간단하게 생각하고 쉽게 목표를 달성할 수 있다고 생각했다. 하지만 삼번의 난을 겪고 나니 무슨 일이든 성공하려면 매우 어렵다는 것을 알게 되었다. 그래서 어떤 일을 하든 실행하기 전에 심사숙고하고, 또 대신들과 충분히 논의한 후에야 결정했다.

자연스러움과 '무위이치無爲而治', 즉 '아무것도 하지 않음으로써 다스리는 것'이 강희제가 추구하는 정치적 이상이었다. 때로는 안정과 단결을 도모하기 위해 일부러 우유부단한 척하기도 하고, 심지어는 방임하기도 했다. 말년에는 강희제도 정치적인 방임정책으로 인해 여러 가지 폐단이 초래되었다는 것을 알았지만 역시 일관된 원칙을 버리지 않고 관대함을 계속 강조했다. 관대하고 편안한 환경이 조성되어야 비로소 나라가 발전할 수 있다고 믿었기 때문이다.

편원 순무偏沅巡撫 반종락潘宗洛에게 보냈던 훈시에서 강희제의 정치적 인식이 가장 잘 드러난다. 훈시의 내용은 다음과 같다.

오늘날 천하가 태평하니 새로운 일을 벌이지 않는 것이 가장 좋소. 개혁은 좋은 점도 있지만 폐단도 함께 불러오는 것이오. 옛말에 '일이 많은 것보다는 일이 적은 것이 낫다'고 했소. 이것이 바로 짐의 생각이오. 천하를 다스림에 있어서 가장 중요하게 생각해야 할 것은 바로 관용이며 관용을 베풀어야 비로소 온 백성들에게 지지를 받을 수 있소. 관리들은 아집이 강하여 무슨 일이든 자기 의견을 고수하고, 남에게 너무 모질고 매정하게 대하는 경향이 있소. 관리가 그러면 아랫사람들이 어찌 맡은 임무를 마음 놓고 처리할 수 있겠소? 군주의 도리는 안정을 유지하는 데 있는 것이지 혁신을 꾀하는 데 있는 것이 아니오.

강희제가 보여 준 대부분의 정치적 행동들은 모두 이런 원칙에 입각한 것이었다. 하지만 안정이 곧 아무것도 하지 않음을 의미하는 것은 아니다. 강희제는 하늘과 선왕을 공경하고 백성을 사랑하는 것을 치국의 근본으로 삼고, 역대 선왕들의 실패와 성공의 경험에서 교훈을 얻고, 민심의 향배를 잘 살펴 민심을 잃지 않았다. 그는 또 자신의 저서에서 이렇게 말하기도 했다.

> 인류의 역사를 살펴보면, 천하의 흥망성쇠가 수없이 반복되지만 민심을 얻어 흥성하지 않은 이가 없었고, 민심을 잃어 망하지 않은 이가 없었다. 짐은 이것을 교훈으로 삼아 경거망동하지 않을 것이다.

전란이 그치지 않고 내우외환에 시달리면서도 강희제가 빈민 구휼과 조세 감면, 유민 정착 등을 소홀히 하지 않고, 직접 어지를 내리고 조사하고, 또 신하를 파견해 일을 처리한 것도 바로 이 때문이었다.

강희제는 결코 말로만 백성들을 감동시킨 것이 아니라, 행동으로도 백성들을 감화시켰다. 실제로 강희제가 백성을 자식처럼 아꼈음을 알 수 있는 예가 한둘이 아니다. 강희 16년 9월 28일, 24세의 젊은 황제는 만리장성을 따라 변방 지역을 시찰하며 민생을 살폈다. 그런데 난묵소蘭墨蘇 지역에 다다랐을 때, 그는 누군가 길 가에 누워 있는 것을 발견하고, 곧장 시위관侍衛官을 보내 살펴보고 무슨 연고인지 물어보도록 했다.

그는 왕사해王四海라는 농민이었는데, 본래 만리장성 밖에서 살다가 지금은 변경 지역에서 머슴으로 일하고 있었다. 그런데 고향에 가족들을 보러 가는 길에 가지고 온 음식이 다 떨어져 며칠을 굶었더니 기운이 없어 길가에 누워 있는 것이었다.

그의 딱한 처지를 안 강희제는 "그가 나의 아들은 아니지만, 배가 고파 땅에 누워 일어나지 못한다니 가엾지 아니한가? 어서 가서 그에게 죽을 먹여 기운을 차리게 하여 이리로 데려오라."라고 말했다. 그리고 죽을 먹고 기운을 차린 왕사해가 강희 앞에 대령하자, 강희제는 대학사 색액도를 시켜 더 자세한 상황을 물어보고, 현지 관리들에게 지칠 대로 지쳐 한 발짝도 걸을 수 없는 그를 잘 보살펴 기력을 회복하게 한 후, 고향으로 돌아가 가족들과 만나게 해 주라고 명했다.

이 일화에서 강희제가 백성들의 어려움에 얼마나 관심을 가졌는지 잘 알 수 있다. 역사적으로 백성을 자식처럼 아끼겠다고 말하는 제왕과 재상들은 많았지만 백성들에게 환심을 사기 위한 말뿐인 경우가 대부분이었다. 하지만 강희제는 그들과는 달랐다.

> 황제들은 구중궁궐에서 나고 자라 백성들의 어려움을 거의 알지 못한다. 그래서 짐은 수재가 일어났을 때 백성들이 수초로 허기진 배를 채우는 것을 보고, 백성들의 어려움을 잊지 않기 위해 직접 수초를 씹어 보았다.

강희제의 이 말에서 그가 진정한 인본주의자였음을 알 수 있다.

경제 발전을 위해 황무지를 개간하라

 명 말기와 청 초기에 이르는 수십 년간 끊임없이 이어진 전란으로 중국의 사회경제와 농업경제는 극도로 피폐해졌다. 특히 고향을 등지고 유랑하는 백성들이 많아 논밭이 버려져 황무지로 변해가는 상황이 매우 심각했다. 순치 9년(1652) 산동 순무가 산동과 섬서, 하남 등 5개성에서 적게는 10분의 3, 많게는 10분의 6의 토지가 황무지로 변했다고 보고한 바 있으며, 순치 18년(1662)에는 전국적으로 거두어들인 전부田賦를 토대로 계산할 때 경작지가 559만 2천여 경에 불과했다는 통계자료가 남아 있다.
 이것은 명 초기의 10분의 6에 불과한 규모다. 또한 봉천 부윤奉天府尹이 보고한 바에 의하면, 산해관 밖의 상황은 더욱 심각하여 성벽에서 깨어져 나온 돌조각이 들판 여기저기에 널려 있고 농사를 짓는 사람은 하나도 찾아볼 수 없었다. 강희 10년(1672)에는 사천성에 경작할 땅은 있지만 경작할 농민이 없었다고 한다. 청은 순치 원년(1644)부터 유민들의 황무지 개간을 장려하는 정책들을 실시하기 시작했지만 전란이 계속되면서 유랑민이 늘어나 황무지 개간이 제대로 이루어질 수 없었다. 강희제는 즉위 직후부터 황무지 개간을 장려했고, 친정을 실시하기 전부터 여러 개성에서 개간된 황무지가 크게 늘어났다는 보고를 받았다.

강희 6년(1667)에는 하남과 산동, 산서, 강남, 절강 등지에서 관병들이 황무지를 개간했고, 중경과 기주夔州, 성도에서는 녹영병 7천을 차출해 성도의 황무지를 개간했다. 이것은 모두 강희 6년(1667)에 어사 초진肖震이 건의한 바에 따라 시행된 것이었다. 강희 7년(1668), 어사 서욱령徐旭齡도 황무지 개간이 20여 년간 실효를 거두지 못했던 원인을 분석해 상소를 올렸는데, 그가 주장한 원인 중 하나가 농지로 개간된 황무지에 대한 세금 부과가 과다하다는 것이었다. 그는 황무지가 개간된 지 3년째부터 일률적으로 전부를 부과하고 있는데, 토질이 각각 다르기 때문에 각각의 토지마다 차등을 두어 세금 면제 기간을 달리해야 한다고 주장했다. 강희제는 서욱령의 주장에 일리가 있다고 생각하고 그의 건의를 받아들여 황무지 개간을 장려하기 위한 일련의 정책들을 제정했다.

강희 10년(1672), 강희제는 새로 개간된 황무지에 대한 세금 면제 기간을 3년에서 4년으로 연장했고, 이듬해에는 다시 6년으로 늘렸다가, 12년(1673)에는 다시 10년으로 연장했다. 황무지를 농지로 개간한 지 10년이 지나야 세금을 부과하겠다는 것은 매우 파격적인 제안이었다. 하지만 얼마 후 삼번의 난이 발발하면서 이 정책이 순조롭게 실시되지 못하고, 전쟁 시기에는 기본적으로 3년 후부터 세금을 부과했다. 하지만 강희제는 전쟁이 끝나기 전인 18년(1679)에 농업 발전을 촉진하기 위해 세금 면제 기간을 6년으로 늘렸다.

강희 8년(1669) 강희제는 명대에 각지 제후들의 농경지였던 토지에 대한 정책을 제정했다. 당시 명대에 제후들의 소유였던 토지를 경작하는 농민은 그 규모에 따라 조세를 납부해야 했는데, 세금 부담이 너무 커 이 지역을 떠나는 사람들이 계속 늘어났다. 강희제는 이런 토지에 대한 소유권을 변경해 농민들이 자유롭게 이런 토지에서 경작할 수 있도록 했다.

처음에는 제후들의 명의를 폐지하고 그 토지를 경작하는 백성들에게 식량으로 세금을 바치도록 했지만, 후에는 토지 가격에 따라 돈으로 세금을 걷도록 바꾼 후 백성들의 부담이 커졌다. 그러자 다시 제도를 바꾸어 고정 가격으로 세금을 내도록 하고, 아무도 경작하지 않는 토지는 백성들에게 나누어 주어 안정적으로 경작할 수 있도록 했다. 전국적으로 10여 개 성에 흩어져 있는 옛 제후의 토지가 20여만 경에 달했으며 대부분이 비옥한 양전良田이었는데, 강희제는 이 토지를 경작하고 있는 사람들에게 그 토지에 대한 소유권을 부여해 주었다.

삼번의 난이 평정된 후에는 황무지 개간 장려 정책이 더욱 실효를 거두어, 유민들이 정착하여 안정된 생활을 하고 황무지 개간이 활발하게 이루어졌다. 또한 사천과 운남, 귀주, 섬서, 감숙 등 전란의 피해가 큰 지역에 대해서는 타 지역에서 이주해 들어와 황무지를 개간할 수 있도록 장려했다.

강희 29년(1690)에는 사천을 떠난 민호民戶들이 황무지를 개간하려고 할 경우 그 토지에 대한 영구적인 소유권을 인정해 주었고, 서안 등지에 정착하려는 유민들에 대해서는 소를 사고, 종자를 구입하고, 일꾼을 쓸 수 있도록 은자 열 냥씩을 지원해 주었다. 개간지가 점점 많아지자 강희제는 "국고가 충분하니 세금을 더 거두지 않아도 된다."라고 말하며 세금 면제 기간을 연장해 주었다.

강희제의 이런 정책에 힘입어 강희 24년(1685) 전국적으로 경지면적이 607만 8천여 경으로 크게 늘어났으며, 새로 개간되어 세금을 내지 않는 농지와 각지에서 숨기고 보고하지 않아 통계에 포함되지 않은 농지까지 합치면 실제 경지면적이 이보다 훨씬 많았을 것으로 추정된다. 강희 51년(1712) 강희제는 농업 생산 방면에서 얻은 성과에 대해 이야기하며, 운남과 귀주, 광서, 사천 등이 안정되고 백성들이 많아지면서 경작지도 늘어나, 이제 버려진 땅이 거의 없다며 만족스러워했다. 강희제의 황무지 개간 정책이 농업 발전 촉진이라는 당초 목적을 달성했던 것으로 평가할 수 있다.

풍습에 따라 천하를 다스린다

다민족 국가를 통치하기 위해 강희제는 민족과 지역에 따라 통치 방법도 달라져야 한다고 생각하고, 각 민족의 풍습을 중시하고 지역 간의 차이를 조사해 무조건 통일하도록 강요하지 않았다. 이런 개방적인 민족 정책이 있었기에 많은 민족들이 큰 갈등 없이 함께 살 수 있었고, 변방 지역도 안정될 수 있었던 것이다.

강희제는 청 초기에 실시했던 한족에 대한 만주화 정책을 대대적으로 수정해, 한족의 풍습을 중시하고 한족과 만주족의 문화가 자연스럽게 가까워질 수 있도록 유도했다.

그 좋은 예가 바로 전족이다. 청 태종 때부터 한족 여자들의 전족을 금지해, 전족을 하지 않던 만주족 여자들이 전족을 하게 되는 것은 미연에 예방했는데, 강희 3년(1664)에 강희제도 전족 금지령을 재천명하고 어기는 자는 엄하게 처벌할 것이라고 선포했다.

전족이 여성들의 건강에 좋지 않을 뿐만 아니라, 일하는 데 지장을 주기 때문에 전족을 금지한 것은 전혀 탓할 일이 아니었다. 하지만 한족 여성들은 이미 오래 전부터 전족을 해 왔기 때문에 금지령이 내려진 후에도 쉽게 전족을 풀어 버리지 않았고, 한족 사대부들도 불만을 품게 되었다. 그러자 강희 7년(1668) 7월에는 예부에서 한족 여성들의 전족을 다시 허락해 달라는 상소를 올렸고, 좌도어사 왕희王熙도 전족 금지령을 폐지해 달라고 요청했다. 이에 강희제는 한족 사대부들을 달래기 위해 특별히 그들을 청을 들어주어 전족 금지령을 취소했다.

또한 한족에게는 향음주례鄕飮酒禮라는 풍습이 있었는데, 향음주례란 지방에서 매년 한 차례씩 나이가 많고 덕이 높은 연장자들을 존중하는 의미에서 그 지역에서 나이가 많고 관직이 높은 원로들을 위해 연회를 베풀고 지역의 큰일에 대해 논의하는 것이었다. 이것은 겉으로는 연회의 형식을 빌렸지만 실제로는 지방 관리들이 지방 정치를 좌우하는 일종의 정치적 행사였다. 그런데 만주족들이 중원에 들어와 지주 경제가 신속하게 발전하자, 만주족 관리들의 역할도 결코 무시할 수 없을 정도로 커졌다. 이에 강희제는 9년(1670) 11월에 순천부 부승府丞 고이위高爾位의 청을 받아들여 만주족과 한족이 매년 한 차례씩 함께 향음주례를 거행하도록 했다.

또한 그 전까지는 황제들이 공자에게 제를 올릴 때에는 한족들만이 황제를 수행하여 제를 올렸지만, 강희 12년(1673) 7월부터는 문묘에서 제를 올릴 때 3품 이상의 만주족 문관도 참석하도록 규정했고, 같은 해 8월에는 만주족과 기인 문무 관리들에게 부모상을 당하면 27개월 동안 무덤을 지키며 상을 치르도록 명했다. 한족의 풍습을 존중했던 강희제의 이런 모습은 한족들에게 만주족 풍습에 무조건 따를 것을 강요하던 순치제와 선명한 대조를 이룬다.

강희제는 한족 이외에 다른 민족들의 풍습과 종교 신앙 등도 모두 존중해 주었고, 그 덕택으로 몽고족들은 종전과 마찬가지로 맹기제盟旗制를 유지하며 라마교를 신봉할 수 있었다. 또 힘과 권세를 가진 제후가 찰살극[8]札薩克에 봉해 달라고 요청하면 거의 대부분 승낙해 주었다. 몽고족뿐만 아니라 신강의 회족과 위구르족 거주지에서도 토관土官과 토사土司제도를 그대로 두었으며, 티베트족과 대만 고산족 등도 고유의 신앙과 풍습, 사회 조직 등을 유지할 수 있었다.

각 민족들의 풍습과 신앙을 존중하자 정치적인 통일과 각 민족들의 응집력 강화라는 두 마리 토끼를 잡을 수 있게 되었다. 강희제는 명 말기 복이가하 유역으로 이주한 토이호특부와도 계속 왕래하여, 말년에는 도리침 등을 사신으로 보내기도 했다. 제정 러시아로부터 세례를 받고 러시아 정교를 믿으라는 강요를 받고 있던 토이호특부인들은 각 민족 고유의 종교를 존중해 주는 청의 종교 정책에 큰 관심을 보였다. 그리고 그들은 청이 라마교를 믿을 수 있도록 허락하고 지원해 주며, 달라이라마와 밀접한 연락을 주고받는다는 것을 안 뒤에는 고향에 대한 그리움이 더욱 강해졌고, 결국 건륭제 때 고향 산천으로 다시 돌아오게 되었다.

강희제가 각 민족의 풍습을 그대로 유지하며 다스리는 것을 강조하기는 했지만 이것이 방임을 의미하는 것은 아니었다. 강희제의 목적은 점진적인 유도와 관리 강화를 통해 사회 발전과 민족 단결을 도모하는

---

8. 몽고족 지방 정권의 작위. 맹장盟長에 버금가는 지위를 갖는다.

것이었다. 그 한 예로 만주족들은 팔기제도를 그대로 유지하면서 좌령이 기층의 기호旗戶들을 통제했는데, 북경 일대에서는 못된 장두와 기인들이 민인을 괴롭히는 일이 허다했는데도 관리가 그것을 벌하지 못했다.

강희 25년(1686), 새로 부임한 직예 순무 우성룡은 강희제의 지원 하에 본래, 현지의 주현州縣에 속하지 않는 팔기인들을 민인과 함께 보갑9) 保甲으로 편입시키고, 발십고와 향장으로 하여금 서로 감시하고 견제하도록 했다. 또한 기인이든 민인이든 도적을 당하면 도와주도록 하여 민생 치안을 크게 개선했다. 강희제는 또 만주족들의 사치와 낭비가 용납하기 힘든 지경에 이르자, 적극 나서서 개혁을 외쳤다. 청 건국 이래 순치제까지는 모두 만주족의 옛 제도를 그대로 답습했기 때문에 순치제 복림福臨이 붕어했을 때에도 관습대로 순치제가 생전에 쓰던 모든 유품이 건청궁 밖에서 불태워졌다.

수많은 금은보화와 비단옷이 함께 불 속에 던져지니 불꽃의 색깔이 화려하기 그지없었고, 이를 직접 보았던 강희제는 대전 앞에서 금은보화를 불태웠다며 두고두고 언짢아했다. 그는 보물과 의복, 장신구 등이 하얗게 잿더미로 변하는 것을 보며 너무도 아까운 생각이 들었고, 그때 이미 자신이 솔선수범하여 유품을 기념으로 신하들에게 나누어 주기로 결심했다. 그리고 그는 정말로 임종이 다가오자 자신이 쓰던 물건들을 직접 신하들에게 나누어 주었고, 나머지는 그가 붕어하여 염하기 전에 지명된 사람에 의해 신하들에게 하사되었다. 이를 '반상유념頒賞遺念'이라고 하는데, 이런 풍습은 강희 이후로 청의 역대 황제들을 거치며 그

---

9. 작은 단위의 지역을 관할하는 민간 자치 경찰.

대로 이어졌다.

　몽고족은 라마교를 신봉했는데 다소 맹목적이고 미신적인 경향이 있어, 라마와 호토극도, 홀필이칸 등이 불로장생할 수 있다는 말만 믿고 진위도 가리지 않은 채, 맹목적으로 기도하고 가축을 희생시켜 제물로 바치면서 가산을 탕진하는 일이 자주 발생했다. 이에 강희제는 28년(1689) 11월 어지를 내려 허무맹랑한 말로 혹세무민하고 백성들의 재산을 갈취하는 이들을 엄하게 다스릴 것임을 알렸고, 나중에는 몽고족 교화를 위해 파견된 관리들에게 중원의 법도를 그대로 적용시키지 말고, 자연스럽게 동화시키는 데 주력하라고 당부했다.

　한편 동북 지역의 각 민족들은 서로 흩어져서 거주하기 때문에 관리하는 데 어려움을 겪자, 강희제는 흑룡강 중상류에 있는 색륜과 달알이, 악륜춘족은 '포특합팔기'로 편제하고, 흑룡강 하류와 우수리강 동쪽에 있는 고아랍과 일부 혁철인들은 '신만주'로 편제했으며, 기로 편제되지 않은 각 소수민족에는 '성장姓長'과 '향장鄕長'을 두어 관리하게 했다. 당시 혁철, 비아객, 악륜춘, 기륵이, 기아객라奇雅喀喇 등은 생활 습관은 달랐지만 수렵 생활을 한다는 점에서 비슷하여, 각 호마다 담비가죽 한 장씩을 세금으로 납부하도록 했다.

　강희 15년(1676) 길림에서 정식으로 호戶로 편입되어 담비가죽으로 세금을 내는 혁철인과 비아객인이 1,209호에 달했고, 강희 61년(1722)에는 701호가 늘어나 모두 1,910호가 되었다. 이들이 매년 지정된 장소에 와서 담비가죽을 세금으로 바치면 청 조정에서 재물을 나누어 주며 보답했는데, 세금 납부자의 신분에 따라 품질에 차등을 두어 옷이나 빗, 바늘, 허리띠, 실, 단추 등 일용품을 나누어 주었다. 그리고 이 과정에서 거래도 이루어졌다.

　이런 조치들은 넓은 곳에 따로 흩어져 사는 소수민족들을 보호하고 관리하는 데 그 목적이 있었다. 만주어로 '포특합'이란 '사냥'을 의미했다. 그러므로 '포특합팔기'는 사냥하여 그 가죽과 담비가죽을 조정에 바쳐야 할 임무가 있었으며, 여기에는 엄격한 수량과 품질 상의 요구가 뒤따랐다. 이 규정에 부합하지 못하면 관리에 의해 처벌을 받았다.

강희제는 옛날에는 아극살 등지에서 좋은 담비가죽이 많이 났지만 마구잡이로 사냥하여 이제는 그 양이 현격히 줄어들었으니, 규정에 부합하지 않는 담비가죽을 바친다고 해서 처벌하는 것은 불합리한 일이라고 생각하고, 34년 12월(1696) 1월에 담비가죽의 수량만 규정에 부합한다면 질이 떨어진다 해도 처벌하지 말도록 명령해 변방 지역의 지방 관리와 백성들의 관계를 개선했다.

청 조정은 각 민족들이 바치는 말과 소, 양, 혹은 기타 물자에 대해 등가교환 방식으로 물물교환하거나 부족할 경우 돈을 주어 충당하여 소수민족들이 손해를 입지 않도록 배려했다.

강희제는 또 소수민족들이 가뭄으로 먹을 것이 부족해 굶주릴 경우, 중원에서와 마찬가지로 관리를 보내 구휼하게 했다. 강희 22년(1685) 8월에는 달알이합납오이達斡爾哈納烏爾 등 소수민족들이 굶주림을 견디지 못하고 내륙으로 이주해 오자, 이번원에서 그들을 기로 편입시켰고, 강희제는 특별히 어지를 보내 그들의 생계를 보살펴 줄 것을 당부하기도 했다.

강희제는 또 대국적인 관점에서 출발해, 영지領地에 관한 소수민족들의 특정한 요구에 대해서는 단호하게 거절했다. 예를 들면 감숙성 산단하山丹河 상류의 산단현과 민락현民樂縣 동쪽에 황성탄黃城灘이라고 불리는 넓은 초원이 있었는데, 이곳은 내륙에서 감주甘州(지금의 장액張掖)와 숙주肅州(지금의 주천酒泉), 안서주安西州(지금의 안서安西), 그리고 신강의 하미 등지로 통하는 길목이었다. 청해성에 거주하는 태길이 황성탄이 자신들의 소유라며 돌려줄 것을 계속 요구하자, 당시 친정을 시작한 지 얼마 되지 않았던 강희제는 단호한 어조로 보정대신들에게 "황성탄은 초원지대이며 청의 가장 중요한 요충지이니 그들에게 양보할 수 없소이다." 하고 말했다.

강희 21년(1682) 악제이도칸鄂齊爾圖汗의 손자인 나복장곤포羅卜臧滾布가 갈단의 추격을 받고 쫓겨 와 용두산龍頭山 일대에 정착하게 해 달라고 요청하자, 강희제는 곧장 관리를 보내 용두산의 지리적 위치와 전략적 지위 등을 조사하게 했다. 그런데 용두산은 감주성 북쪽 동대산東大山의 지류이자 변경 지역으로 통하는 요지였으며, 감주와는 30리, 산단과는 2리밖에 떨어지지 않은 곳이었다. 강희제는 이곳 역시 소수민족이 점령하기에 적합하지 않다고 생각하고 그의 요구를 거절했다.

강희제는 중요한 지역은 조정이 관할해야 한다는 확고한 원칙을 가지고 있었으며, 이 원칙의 이면에는 국방을 튼튼히 하고 각 소수민족에 대한 관리를 강화한다는 목적이 깔려 있었다. 소수민족의 거주지와 인접한 곳은 대부분 교통의 요지이자 무역의 거점, 혹은 전략적 요충지였기 때문이다. 이런 지역을 중앙정부에서 직접 관리함으로써 각 민족 간의 정치, 경제, 문화적 교류를 강화하는 한편, 황무지를 개간하거나 군대를 주둔시키는 등 유사시에 사용할 수 있었다. 하지만 이런 지역에 대한 중앙의 통제력이 너무 약하면 국방은 물론 민족들 간의 교류 강화도 제대로 추진할 수 없었다.

앞서 들었던 황성탄을 예로 들어 보면, 강희제가 당시 그 지역을 청해성 태길에게 내주었다면 청해와 서투西套에 있는 화석특부는 한데 연결되지만, 중원과 서북 지역 각 민족 간의 교류는 자연히 끊기게 되었을 것이고, 심지어는 갈단이 서투를 점령한 후 황성탄을 통해 청해성으로 진격해 들어갔을 수도 있다. 그러나 강희제가 이곳을 청해성 태길에게 넘겨주지 않고 중앙정부의 관할 아래에 두면서, 서투를 점령한 갈단이 더 이상 전진하지 못했고, 그 덕택에 청해성을 안전하게 지킬 수 있었다.

 요컨대 강희제는 소수민족을 효과적으로 관리하고 안정을 유지함으로써 각 민족의 풍습에 따라 다스리고, 각 민족의 경제, 문화의 발전을 촉진시키는 데 든든한 발판을 마련할 수 있었다.

|【강희제에게 배우는 정치의 도】|

一. 정치가 깨끗하고 법령이 공평해야 백성들이 각자의 자리에서 열심히 일할 수 있고 천하가 편안해진다.

一. 나라의 근본은 백성이며 무너진 국가 경제를 되살려 민생을 풍족하게 만들어야 한다.

一. '안정'은 사람을 편안하게 하고 생활을 자연스럽게 하며, 법률과 군대 또한 '안정'을 수호하기 위해 존재하는 것이다.

一. 인류의 역사를 살펴보면, 천하의 흥망성쇠가 수없이 반복되지만 민심을 얻어 흥성하지 않은 이가 없고, 민심을 잃어 망하지 않은 이가 없다.

一. 각 지역에 따라 통치 방법도 달라야 한다. 각 지역의 차이를 조사하고 풍습을 존중해야 한다. 무조건 통일만 강조해서는 안정될 수 없다.

제6장

정치의 도 6
각자 스스로의 도리를 행한다
各行其道

'분할[分]'과 '합병[合]'의 관계를 적절하게 운용해야 한다. 나누어야 할 것은 응당 나누고, 합쳐야 할 것은 반드시 합쳐야 하며, 나누어야 할 때 나누고, 합쳐야 할 때 합치는 것, 이것은 위정자가 갖추어야 할 중요한 덕목 가운데 하나다. 『역경易經』에서는 그 어떤 일도 갑작스럽게 변하는 것은 없으며, 어떤 일이 돌발적이라고 생각하는 것은 사람의 지혜가 부족하기 때문이며, 사실 이전부터 잠재되어 있었던 것이라고 했다. 분할과 합병의 전환 또한 그렇다. 종교 정책에 있어서 강희제는 이 분할과 합병의 관계를 절묘하게 처리했다. 강희제는 각 민족들의 종교와 신앙의 자유를 보장하여 각자 원하는 종교를 믿을 수 있도록 하면서도, 적당한 때에 혼란을 수습하여 각 민족들의 도법을 하나로 모았다.

정치·경제적인 이유로 종교를 금하지 않는다

강희제는 유능한 황제였다. 그는 난세에 황상에 올랐지만 어려서부터 제왕의 도를 배우고, 허황된 학문은 하지 않았으며 실사구시의 정신을 길렀으며, 유가의 훌륭한 전통을 계승했다. 그는 실질적이지 않고 먹고 입는 것과 관계가 없으며, 정치적으로 유용하지 않은 것이라면 모두 거부했고, 이런 관념 때문에 그는 종교에 대해서도 비판적인 입장을 가지고 있었다. 그는 "짐이 불교의 경전을 읽어 보았는데, 그 허황됨이 이루 말할 수 없으며 정치에도 무익하다."라고 말하기도 했다.

강희제는 세상은 객관적으로 존재하고 만물이 생생하게 눈에 보이는데도, 불교는 세상을 공허하다고 하고 천지만물이 생장을 멈추었다고 하니 상도常道를 벗어난 것이라고 생각하고, 또 불교와 도교 모두 허황되기 그지없으며, 혹세무민하고 사회에 타성만을 안겨 주는 해악이라고 비판했다. 그리고 그의 마지막 결론은 불교는 정치에 전혀 도움이 되지 않는다는 것이었다. 그의 정치적 이상은 속세에 그 뿌리를 두고 있었기 때문에 종교와는 거리가 멀 수밖에 없었다.

역사적인 경험과 교훈도 그로 하여금 종교를 부정하게 하는 한 요인으로 작용했다. 강희 11년(1672) 2월 28일, 태황태후를 모시고 적성온천赤城溫泉으로 가던 중 한 도사道士가 어가를 향해 다가와 무릎을 꿇고 청할 것이 있다고 했다. 강희제가 무슨 청인지 묻자 그 도사는 자신의 묘당廟堂에 사액을 해 달라고 했다. 그 말을 들은 강희제는 따르던 대신들에게 "이 도사가 감히 짐에게 사액을 청하여 혹세무민하려고 하는구나."라고 말하고 다음과 같은 어지를 내렸다.

> 짐이 친정을 시작한 이래로 묘당에 사액을 내려 달라는 청은 한 번도 들어준 일이 없다. 양무제梁武帝는 불교를 좋아하여 절을 세우는 데만 전념하다가 결국 대성臺城에서 굶어 죽었고, 송휘종宋徽宗은 도교를 좋아하다가 아들과 함께 금金에 포로로 잡혔다. 짐은 이것을 타산지석으로 삼을 것이다. 도사가 마음을 깨끗하게 하고 몸을 수양하는 데 전념할 것이지 어인 일로 사액이 필요하단 말인가. 본디 엄하게 처벌해야 마땅하나 관용을 베풀 것이다. 앞으로 또 다시 경거망동을 했다가는 절대로 용서받지 못할 것이다.

양무제와 송휘종은 역대 황제들 가운데 불교와 도교에 심취했던 것으로 유명한 황제들이었는데, 양무제는 불교를 좋아하여 정사는 돌보지 않고 절을 짓는 데만 열중하다가 경제景帝가 반란을 일으켜 결국 대성에서 굶어죽었고, 송휘종도 도교에 심취하여 나라 방비를 게을리 하다가 금나라의 침입으로 포로로 잡혀 생을 마감했다. 강희제는 이 두 가지 교훈을 가슴에 절실히 새기고 경계하며, 신하들에게도 종교는 백해무익한 것이라고 여러 차례 당부했다.

승려 지주와 세속의 지주 사이의 경제적 갈등 또한 강희제가 종교를 억압한 원인 중 하나였다. 불교도 도교와 마찬가지로 지주계급이 백성을 억압하고 통제하는 보조적인 수단이자 왕권을 보완하는 것인데, 한당대 이래로 계속 강성해져 주객이 전도되어, 명대에는 곳곳에 절을 짓기 위해 백성들의 혈세를 헛되이 낭비하여 나라 재정이 바닥나고 백성들도 도탄에 빠졌다.

종교가 기형적으로 발전하여 경제 파탄까지 초래한 것이다. 불교는 그 후로도 계속 발전해 강희 시대에 이르러서는, 절이 수없이 많고 승려의 수도 수십만에 달했으며, 승려들이 지주처럼 넓은 땅을 소유하고, 심지어는 승려 한 명이 절을 소유하고 자신이 스스로 종파를 창시하고 불도들을 끌어 모아 재산을 축적하는 부작용도 나타났다. 또한 승려 지주가 농민들의 토지를 겸병하여 민전이 줄어들고 토지를 잃은 농민들이 승려가 되고, 이로 인해 나라의 장정 수가 점점 줄어들고 세속 지주와 승려 지주와의 갈등이 더욱 심해졌다. 강희제는 이런 상황에 개탄을 금치 못했다.

당시 강희제는 물론 대부분의 만주족 귀족들이 종교를 싫어했는데, 당시 만주족 원로들은 대부분 누르하치 말기와 황태극이나 순치제 때 천하를 종횡무진하며 공을 세웠던 장수들이었다. 그들은 정치, 군사, 경제가 모두 매우 실질적인 것이었다. 지금의 이 강산이 자신들의 피와 노력으로 얻어진 것임을 누구보다 잘 알고 있었기 때문에, 불교의 주장은 모두 허황되고 국익에 도움이 되지 않는다고 생각했다. 한번은 황제가 해회사海會寺라는 곳을 지나다가 학사 부달례에게 "이 절에 스스로

도라고 자처하는 미친 중이 있다고 들었소. 가서 한번 보고 오시오." 하고 말했다. 부달례가 잠시 후 돌아와서 말했다.

그 중을 만나 보았사온데 말투와 행동거지가 모두 미치광이 같았사옵니다. 또한 설령 그자가 진정한 생불이라 해도 나라에 무슨 이익이 있겠사옵니까? 어차피 일도 하지 않고 밥을 먹고, 옷감을 짜지도 않고 옷을 입고, 스스로 도를 자처하여 민심을 현혹시키는 나라의 해악일 뿐이옵니다. 이런 사교邪敎를 모두 엄하게 금지하시옵소서.

이 말에 강희제는 "예로부터 이들이 나라에 큰 해악을 미친다는 것을 짐도 잘 알고 있노라."라고 대답했다. 이것은 강희제와 만주족 귀족들의 종교에 대한 기본적인 인식이 가장 잘 드러나는 대화다. 강희제와 만주족 귀족들이 종교를 배척했던 직접적인 원인은 바로 정치와 경제적인 문제에 있었다.

순치제 때부터 강희 통치 초기까지 각지에서 반청 투쟁이 격렬하게 일어나니, 토지가 황폐해지고 농민들이 고향을 등지고 여기저기로 떠돌면서 국가의 재정도 날로 어려워져 한 해 전체에 거두어들이는 세금으로는 오삼계 부대 한 곳만 겨우 먹여 살릴 수 있을 뿐이었다. 그러므로 '일하지 않고 먹고, 옷을 짓지 않고 옷을 입는' 승려들에게 반감이 생길 수밖에 없었다.

강희제를 비롯한 만주족 귀족들을 더욱 자극했던 것은 불교와 도교, 천주교 등이 반청 투쟁에 밀접하게 관여하고 있다는 사실이었다. 특히 삼번의 난이 발발하자, 여러 가지 종교의 신도들이 삼번과 손을 잡고 음으로 양으로 그들을 지원했다. 강희제와 대부분의 만주족 귀족들이 불교도와 천주교도 등을 일하지 않고 먹고, 옷을 짓지 않고 옷을 입는 무리라고 증오하고, 종교 금지를 주장했던 것도 무리는 아니었다.

강희제는 천주교에 대해서도 부정적인 입장을 가지고 있었다. 로마 교황 클레멘스 11세가 청나라와 로마 간의 분쟁을 야기하자, 강희 59년 11월 18일, 강희제는 건청궁 서난각西暖閣에서 부베 등 서양에서 온 선교사들을 불러 놓고 "그대들이 하고 있는 일은 청의 국익에 전혀 도움도 되지 않고, 그렇다고 손해될 것도 없소. 그러니 그대들이 떠나든 남든 짐은 전혀 괘념치 않을 것이오." 하고 말했다. 하지만 강희제는 매우 명철한 사고를 가진 정치가였다.

그는 종교가 사회에 끼치는 해악에 대해 인식하면서도 종교가 금지한다고 금지되는 것이 아님을 잘 알고 있었다. 게다가 역사적인 경험도 조정에서 억지로 종교를 금지시키고, 승려들에게 환속을 강요해 봤자 사회적인 혼란만 가중된다는 것을 증명하고 있었다. 그리고 무엇보다도 강희제가 종교를 금지할 수 없다고 단정한 가장 큰 이유는 불교와 도교가 이미 1천 년이 넘도록 그 명맥을 유지해 오면서 나라와 백성들에게 뿌리 깊은 영향력을 가지고 있다는 것이었다.

자유를 허용하나 방종은 허용하지 않는다

　강희 15년(1676) 6월 5일, 목화륜穆和倫이 강희에게 몽고 지역에 있는 라마들을 모두 추방해야 한다고 간언하자, 강희제는 "라마들은 쫓아낸다 해도 곧 다시 나타날 것이오. 그것은 그대는 물론 군주인 나도 강요할 수 없는 일이오."라고 말했다. 실제로 강희제는 종교가 금지한다고 사라질 수 있는 것이 아니라고 생각하고 차라리 현실적인 정책을 사용해 종교가 끝없이 만연하는 것을 막고 사회 안정을 유지하는 편이 낫다고 생각했다. 그런데 그 이면에는 종교가 때로는 필요하기도 하다는 인식이 깔려 있었다.
　생활이 궁핍하여 살아가기 어려운 빈민들에게 있어 종교는 속세의 고통을 줄여 주고 이상과 행복을 추구하며 살 수 있도록 도와주는 일종의 마취제와도 같은 것이었고, 부자들에게 종교는 백성들에 대한 탄압과 착취를 교묘하게 가릴 수 있는 수단이었다. 심지어 할 일이 없어 무료한 유한계급에게는 일종의 심심풀이가 될 수도 있었다.

강희제는 종교가 민생에 무익하나, 금지한다고 금지되는 것이 아니라고 생각하고 또 그것을 '있으나 없으나 한' 존재로 보고, 이중적인 종교 정책을 사용하기로 했다. 이중적인 종교 정책이란 그대로 놓아두지만 마음대로 세력을 확장하지 못하도록 제한하고, 그 마취적인 기능만 교묘히 이용하는 것이었다. 그는 다음과 같은 두 가지 정책으로 종교의 세력 확장을 억제했다.

첫째, 정학正學을 제창하고 종교를 비판하며 종교를 믿지 않는 사람을 높이 평가했다.

강희제가 말한 '정학'이란 바로 성리학을 의미한다. 그는 성리학을 신봉하는 이들을 중용하고, 특히 성리학을 연구하고 그 이론을 몸소 실천하는 사람들을 특히 중시했다. 이것은 강희제가 성리학에 정통하고 사물의 이치를 이해해야만 모든 일의 필연적인 결과를 정확하게 예측할 수 있고, 또 나아가 사악한 종교에 미혹되지 않고 국사를 올바르게 처리할 수 있다고 생각했기 때문이다.

강희제는 종교를 믿는 사람들은 종교에 미혹되어 사물 본질의 이치를 알지 못하고, 이렇게 명철하지 못하고 마음속에 주관이 뚜렷하지 못하니 나라와 백성들에게 이득이 되는 일을 할 수 없다고 생각했다. 그는 "한당 이래로 불교를 믿었던 관리들이 종종 있으니 모두 우매하여 그 능력이 보잘것없었다. 특히 스스로 출가한 당 초기의 명신 소우蕭瑀는 몹시 어리석었다."라고 말했다.

스스로 출가한 관리들은 나랏일을 팽개치고 성현들의 경서를 읽지 않으니 천지만물의 이치를 이해하지 못해 무지몽매하기 짝이 없다는 것이었다. 강희 12년(1673) 12월 6일, 그는 건청문에서 만주족과 몽고족 도통들을 만난 자리에서 "고족들이 라마교에 미혹되어 복福과 화禍만 알고 종교가 결국에는 아무런 이익도 없다는 것을 알지 못하니 우매한 일이 아닐 수 없다."라고 말하고, 종교를 믿지 않았던 북위北魏의 최호崔浩를 칭송하며 "최호는 경서에 정통하고 정사에 전념하였으니 위나라 신하 중 가장 걸출한 인물이었다. 불교를 믿지 않으면 그 도량이 속세를 뛰어넘는다."라고 말했다.

강희제는 또 불교가 나라에 해악을 끼치는 점을 일일이 들어 비판하기도 했다. 그는 다음과 같이 말했다.

> 불교는 '6근根'을 벗어났다. 이른바 '6근'이란 눈과 귀, 코, 혀, 몸, 마음을 말한다. 불교도들은 현실 세계에 대한 감각에서 벗어나 모든 것을 공허하다고 한다. 따라서 세상을 제대로 반영할 수 없고, 악함도 없고 선함도 없다고 하고 있다. 사람이 본래 선한 것도 모르고, 공경하는 마음이 없어 군주에게 충성하지 않고, 세상 만물이 영원한 것이라며 헛된 논리들만 늘어놓는다. 불교도들은 공허한 생활을 중시하는데, 개인의 생활은 차치하고서라도 이것이 나라와 민생에 그 어떤 이익이 있단 말인가? 게다가 역사를 비추어 보아도 불교에 탐닉하여 일신을 망치고 나라마저 망국으로 몰고 간 예가 있으니 이를 교훈으로 삼아 다시는 불교가 득세하는 일이 없도록 할 것이다.

그는 도교에 대해서도 부정적인 입장을 가지고 있었는데, 특히 도교의 양생관을 비판하며 이렇게 말했다.

불로장생은 황당한 망상일 뿐이다. 도사들이 신선이 되겠다고 수도하는 것이 나라와 백성들의 발전에 어떤 도움이 된다는 말인가? 하물며 짐은 아직까지 한 번도 신선을 본 적도 없다. 진시황은 중국을 통일하여 천고에 남을 위대한 업적을 세웠지만 불로장생 약을 구한다며 나라를 망쳤고, 용맹한 한무제도 막강한 적을 물리치고 천하를 손에 얻었지만 주술에 정신을 빼앗겼다. 이런 역사적인 교훈들을 가슴에 새겨 전철을 밟는 일이 없어야 할 것이다.

강희제의 두 번째 종교 정책은 종교의 발전을 억제한 것이다. 그는 우선 승려와 도사들이 사원을 짓고 확장하는 것을 금지했다. 본래 있던 불교와 도교는 물론, 서양에서 들어온 천주교까지 모두 사원과 예배당을 확장하지 못하도록 했다.

강희 8년에 천주교 예배당을 짓지 못하도록 금지한 후, 56년에도 이 법을 재천명하여 확고한 의지를 보였고, 강희 42년(1703) 10월에는 몽고 찰살극 대라마 주아라목찰목파朱兒喇穆扎木巴가 대묘大廟를 확장하겠다는 상소를 올리자, 라마교 사원도 영원히 확장을 금지시키겠다는 단호한 입장을 피력했다.

둘째, 종교를 이단으로 규정하고 자유로운 활동을 금지했다. 강희 19년(1680) 3월 25일, 아목도阿木道의 라마 9명이 금령을 어기고 함부로 북경에 들어오자, 강희제는 이들을 본래 소속지인 감숙으로 압송해 감숙 순무에게 엄중한 처벌을 명하기도 했다.

강희제는 종교는 허황되고 실질적이지 않으니 곧 이단이며, 공맹의 도리 외에는 치국의 대계에 관련되고 민생에 유익한 것만이 신봉할 수 있는 학문이라고 못 박고, 종교의 발전을 억제하기 위해 승려와 도교의 자유로운 활동을 금지했다.

셋째, 승려와 도사의 수를 제한했다. 강희제는 각지의 승려와 도사의 수를 모두 규정으로 정하고, 규정된 수 안에 있는 승려와 도사에게 도첩度牒을 내리고, 도첩이 없는 자는 승려나 도사가 되지 못하도록 했다. 또 도첩은 정해진 수 외에는 더 이상 발급하지 않았다.

강희 4년 8월에는 각 성에 명해 도사와 승려, 비구니를 가운데 도첩이 없는 자를 색출해내고, 각 사원에 거주하고 있는 승려와 도사의 수를 조사하도록 명하고, 도첩이 없거나 몰래 사원에 숨어서 거주하는 사람들은 고향으로 돌려보내거나 법률에 따라 처리했다. 강희제는 "승려와 도사의 수가 많으면 재정이 낭비될 뿐 아니라, 이들이 한 명씩 늘어날 때마다 사회에 해충이 늘어나는 것과 같다."라고 말하기도 했다.

마지막으로 강희제는 법을 어긴 승려와 도사를 엄중하게 처벌했다. 강희 37년(1700) 3월에는 몽고족에 다음과 같은 어지를 전달했다.

> 몽고인들이 오로지 라마만을 믿고 따르니 라마가 다른 마음을 먹는다면 반란도 일어나기 쉽다. 그런 연유로 라마가 국법을 어기는 일이 있다면 법에 따라 엄하게 처벌할 것이다. 특히 라마를 사칭하여 백성들의 재물을 사취하는 무리들을 엄단할 것이다.

강희 28년(1679) 11월 27일에는 또 다시 다음과 같은 어지를 내렸다.

> 몽고족은 라마교를 신봉하는데 미신적인 경향이 있어, 라마와 호토극도, 홀필이칸 등이 불로장생할 수 있다는 말만 믿고 진위도 가리지 않은 채, 맹목적으로 기도하고 가축을 희생시켜 제물로 바치면서 백성들이 가산을 탕진하는 일이 자주 일어나고 있다. 앞으로는 이런 일을 엄하게 다스릴 것이다.

강희제는 또 당무종唐武宗이 사원을 모두 없앤 정책이 명철하고 현명한 일이었으며, 당대 태사령太使令 부혁傅奕이 황제에게 불교 폐지를 주장했던 것은 심한 일이 아니었다고 말하기도 했다.

종교를 널리 이용한다

강희제는 중년이 되면서부터 종교의 자유로운 발전을 억제하는 동시에 종교를 교묘하게 이용하기 시작했다. 특히 몽고와 티베트를 통일시키는 과정에서는 종교를 가장 중요한 전략으로 삼았다.

강희제는 넓은 안목을 가진 정치가이자, 전형적인 현실주의자였기 때문에 정치에 있어서 항상 실제를 최우선으로 생각했으며, 그의 정책과 정치 활동은 모두 현실에서 출발했다. 따라서 그에게는 종교도 정치적인 목적을 달성하기 위한 수단이었다. 그는 종교가 더 이상 확장되는 것은 억제했지만, 이미 있는 승려의 수는 유지시키고 사원을 훼손시키지는 않았으며, 일정 범위 내에서는 지원도 해 주었다. 강희제의 종교 지원책은 다음과 같다.

첫째, 현재 있는 풍습을 그대로 유지시켰다. 그는 한당대 이래로 종교를 믿는 것이 거의 풍습으로 자리 잡았고, 이미 있는 승려와 사원의 수만 해도 적은 수가 아니기 때문에 민생 안정을 위해서는 종교도 안정적으로 유지시키는 것을 좋다고 생각했다. 그에게 가장 중요한 것은 사회 안정과 경제 발전이었기 때문에 종교를 확장시키는 것도 좋지 않지만, 강압하는 것 역시 부작용을 낳는다고 생각한 것이다. 하지만 여기에는 더 중요한 또 다른 이유가 있었다.

강희제는 불교의 경전이 표면적으로는 유학과 다르지만 세상을 구제한다는 기본 도리에 있어서는 자신이 추구하는 목적에 들어맞는다는 점을 간파한 것이었다. 이제 그는 예전만큼 종교를 국가의 해악으로 보지 않았다. 종교가 비록 사람을 피안 세계로 데려가 현실 세계의 죄악을 용서해 준다는 도리에 있어서는 충효를 강조하는 공맹의 도리에 위배되지만, 사람들로 하여금 현상에 안주하고 현실을 받아들이게 한다는 점에서는 교묘하게 일치하며, 다라서 종교 역시 그의 통치 수단으로 사용할 수 있는 것이었다. 이런 배경에서 나온 것이 바로 '세상을 이롭하게는 도리는 하나로 귀결된다.利濟之道, 指有同歸'라는 논리였다.

강희 44년 11월, 강희제는 서쪽 지방을 순행하던 중 "주변을 둘러보니 호방한 기상이 흐르니 이곳에 절을 짓도록 하겠다."라고 말했고, 이렇게 해서 지어진 것이 바로 광인사廣仁寺다. 절 이름에 '인仁' 자를 넣은 것은 유학을 중시하는 그의 생각이었고, 여기에는 종교로써 군주 전제 체계를 굳건히 하고자 하는 그의 의도가 깔려 있었다.

둘째, 사원을 지어 변방 민족들의 민심을 확보했다. 강희제는 다륜낙이에서 몽고족 각부의 군왕과 귀족들을 만난 후, 이 다륜낙이를 매우 마음에 들어 했다. 강이 흐르고 너른 평원이 펼쳐져 있으며, 풀이 무성하고 물이 맑은 데다가 지리적으로도 몽고족 각부의 중간 지점에 있기 때문이었다. 그래서 그는 이곳에 사원을 지어 몽고족 회맹의 뜻을 기리고, 각부에서 이 사원에 라마를 한 명씩 파견하여 몽고족 각부의 단결을 촉진하도록 했다. 그로부터 몇 년 뒤 이 다륜낙이에 거대한 규모의 사원이 세워졌고, 이 사원은 청의 몽고에 대한 통치 거점이 되었다. 강희제는 이 사원 창건의 목적이 몽고족의 통일과 통제임을 분명히 했다.

셋째, 유학의 관점으로 불교를 해석했다. 강희제는 사원을 새로 짓지 못하도록 금지했고 실제로 그에 의해 창건된 사원은 많지 않았다. 하지만 이미 지어져 있는 사원을 보수하는 것은 적극적으로 지원했으며, 비문을 스스로 쓰거나 불교 경전 번역서의 서문을 직접 지어 하사하곤 했다. 강희제는 이런 비문이나 서문에서 유학적인 관점에서 불교경전을 해석하곤 했다. 학사 왕홍서는 강희제가 오대산에 세운 오통비문五通碑文을 평가하며 "오통비문에는 황상 폐하의 인仁 사상이 깃들어 있다. 불교에 대해 논한 것이기는 하지만 유가의 치국의 도리가 그 안에 담겨 있다."라고 말하기도 했다. 강희제가 유학으로써 불교를 실제적으로 해석했음을 알 수 있다.

그는 「남대보제사비南臺普濟寺碑」에서 다음과 같은 글을 남겼다.

> 부처의 가르침은 마음을 평화롭게 하고 중생을 구제하는 것이며, 구체적으로는 자비를 베풀어 '인의仁義'를 널리 전하고, 계율을 지켜 '신의信'를 지키며, 능욕을 참아 '겸손함謙'에 도달하고, 수행에 정진하여 '경건함敬'을 기르고, 참선하여 '고요함靜'을 이루고, 지혜를 찾아 '이치理'를 깨닫는 것이다.

이 글에서 그가 인·의·신·겸·경·정·리 등 유가의 개념으로 불교를 이해하고 해석했음을 알 수 있으며, 유학과 불교가 절묘하게 일치한다는 것을 알 수 있다. 강희제는 이 점에 착안해 유학으로써 불교를 통치하고, 종교로써 백성을 통치했으며, 종교로써 백성들을 마취시키는 효과를 노렸다. 종교는 오랫동안 유가사상에 묻혀 살던 사람들을 마취시켜 힘든 현실을 잊게 만들고, 조정에 대한 반항심을 누그러뜨리는 역할을 충실히 수향했다. 이런 이유로 강희 말년에는 전국 어느 절이나 사원에 가도 황제가 하사한 편액이 없는 곳이 없었다.

    요컨대, 강희제는 일생 동안 종교의 자유로운 발전은 억제했지만, 중년 이후로는 종교에 대한 인식에 변화가 생겨 종교를 통치 수단으로 삼고, 널리 이용하기 시작했으며, 이를 통해 그의 종교관도 더 높은 경지로 발전하고 승화할 수 있었다.

|[강희제에게 배우는 정치의 도]|

一. 그 어떤 일도 갑자기 변하는 것은 없다. 어떤 일이 돌발적이라고 생각하는 것은 그 사람이 지혜가 부족하기 때문이다.

一. 종교는 그 나라와 민족에게 뿌리 깊은 영향력을 갖고 있다. 정치적인 이유로 억압해서는 안 된다.

一. 세상을 이롭게 하는 도리는 하나로 귀결된다.

제四부 관리 다스림의 도

관대함과 엄격함을 조화시키고 평안함이 우선이다
寬嚴和中, 平安無事方好

1. 윗물이 맑으면 아랫물도 맑다 源淸流潔
2. 부패를 척결하고 청렴을 장려한다 激濁揚淸
3. 엄격한 법률로 부패를 다스린다 重典治貪
4. 관대함과 엄격함을 겸비한다 寬嚴相濟
5. 제한과 허용을 융통성 있게 처리한다 收放自如
6. 공개적인 조사와 비공개적인 감찰을 적절히 운용한다 明暗倂用

정치뿐만 아니라 어떤 일을 하든 풍부한 인생 경험이 있어야 한다고들 말한다. 그런데 인생 경험이 풍부하면 어떤 경지에 이르게 된다는 것일까? 이것은 '인정세고人情世故'라는 간단한 한 마디로 표현할 수 있다. 여기에서 '인정'이란 '사람들이 서로 잘 조화를 이루며 살아가는 점'을 뜻하고, '세고'란 '사물을 완전히 이해하는 것'을 의미한다. 따라서 사람과 사물을 이해하는 것, 이것이 바로 '인정세고'이며, 이것은 군자가 반드시 갖추어야 할 요건이기도 하다. 악한 사람을 너무 심하게 억압하면, 그 사람은 갈 곳을 찾지 못하고 더 악한 행동을 하게 되고, 결국 사회의 안정이 깨진다. 억누를수록 더 혼란스러워진다고 하는 이유도 바로 여기에 있다. 모든 관리는 강희제가 국가를 관리하고 민생을 안정시키는 수단이었다. 관리의 자질이 사회의 안정과 혼란을 결정하고, 또 정치의 진보와 후퇴를 좌우한다. 민생이 피폐한 것은 관리가 청렴하지 못하기 때문이고, 관리가 현명하면 온 백성이 편안하다고 했다. 하지만 관리를 다스리는 것이 이렇게 중요하지만 위에서도 말했듯이 너무 엄격하게 다스리면 도리어 혼란을 가중시킬 수 있다. 관리들은 대부분 백성들보다 이기적이다. 관리를 다스리는 데 있어서 인정세고란 곧 '관엄화중寬嚴和中', 즉 '엄격함과 관대함을 잘 조화시키는 것'이다.

제1장

관리 다스림의 도 1
윗물이 맑으면 아랫물도 맑다
源淸流潔

'위上級'와 '아래下級'가 잘 어우러져야 한다. 군주가 신하를 다스리는 데 있어서 가장 중요한 것은 관리 사회의 상하관계를 잘 관리하는 것이다. 고급 관리에게는 엄격하게 대하고, 하급 관리에게는 관대하게 대하며, 고급 관리는 꾸짖고, 하급 관리는 어루만져 주는 것이 가장 큰 비결이다. 윗물이 맑아야 아랫물도 맑은 법이라고 했다. 높은 관리가 낮은 관리에게 모범을 보이고, 중앙 관리가 지방 관리의 본보기가 되어야 한다. 하지만 이것은 말처럼 쉬운 일이 아니다. 어떤 왕조이든 고급 관리를 엄격하게 단속하고 감시하는 것이 관리 다스림의 시작이었다. 그들이 청렴해야 나라가 발전하고, 그들이 용렬하면 나라가 쇠락했다. 윗물이 맑아 아랫물도 깨끗한 나라만이 오랫동안 태평성세를 구가할 수 있다. 작은 토끼를 잡으려면 큰 호랑이부터 잡아야 하는 법이며, 칼을 내려치면 위부터 잘리는 것이 자연의 법칙이다.

백성의 평안함은 관리로 인해 결정된다
至治安民, 端在得人

　만주족 귀족들이 중원으로 들어온 후 한족 관료 지주들의 지지를 받기 위해 명의 신하였던 이들을 대거 신하로 등용했고, 이 조치는 사회 안정에 큰 역할을 했다. 하지만 이들은 청 조정에 명 말기의 부패한 관료주의를 유입시키는 역작용을 일으켰다. 순치제 통치 기간에는 곳곳에서 전란이 끊이지 않아 조정 내부의 부패를 다스릴 여유가 없기도 했지만, 또 다스릴 수도 없었다.

　순치제 자신이 폭정을 시행했고, 이 폭정은 조정의 부정부패가 숨을 수 있는 은신처를 마련해 주었기 때문이다. 또한 네 명의 보정대신들이 강희제를 섭정하고 있을 때에도 오배가 조정의 실권을 장악하고 제멋대로 행동하며 조정의 모든 일을 쥐락펴락했기 때문에 관리들의 부패가 명 말기보다 결코 덜하지 않았다. 오배는 조정 내에서 자신의 세력을 형성했고, 그의 측근들 역시 여러 지방에서 부패를 저지르며 백성들을 도탄에 빠뜨렸고, 이런 상황은 삼번의 난이 발생하면서 더욱 표면화되어 나타났다.

강희제는 당시 관리들의 부패함을 보며 관리 사회가 혼란하면 백성들에게 그 해악이 고스란히 돌아간다는 것을 실감했다. 그는 다음과 같이 말했다.

> 민생이 피폐한 것은 관리들이 청렴하지 못하기 때문이다. 관리가 어질고 현명하면 백성들은 자연히 편안하다.

청의 민생을 이롭게 하는 것이 강희제의 관리 다스림의 기본이자 원칙이었다.

명 중기 이후로 관리들의 부패가 극에 달했고, 청 초기에 순치가 명대 관리였던 이들을 관리로 등용하면서 명의 구습이 그대로 이어져 청의 관리들까지 악습에 물들게 되었다. 게다가 만주족 귀족들은 중원을 통일하는 과정에서 수많은 재물을 노략질했고, 북경에 입성한 후는 더욱 타락해갔으며, 삼번의 난을 진압하는 과정에서 관리들의 그간의 부패가 모두 드러났고, 이는 강희제를 크게 분노하게 만들었다. 강희제는 다음과 같이 말했다.

> 사람을 판단하는 것이 어렵고, 사람을 이용하는 것도 어렵다. 하지만 치국의 도리가 모두 여기에 달려 있다. 역대 왕조의 안정과 혼란이 모두 인재를 제대로 등용했는지에 의해 좌우됐다.

오삼계의 난이 일어났을 때, 조정의 부원사관部院司官 가운데 전란을 틈타 재물을 노략질 한 자가 있는가 하면, 아내를 버리고 다른 여자와 혼인한 자도 있었다.

평소에는 입만 벌리면 도덕을 논하는 사람들의 이면에 이런 더러운 모습이 숨어 있었던 것이다. 이런 위선자들을 믿고 어찌 천하를 다스릴 수 있겠는가. 강희제는 천하를 안정시키려면 군주에 충성하고 나라를 사랑하는 인재들이 필요하다는 점을 절실히 느끼고 있었다. 국정 혼란과 민생 불안은 대부분 용렬한 군주와 탐욕스런 관리에서 기인한다는 것을 역사적인 사실로도 충분히 알 수 있었다. 하지만 훌륭한 군주가 나타나 나라가 이미 안정되어 있을 때에는 충성스럽고 유능한 관리가 있느냐가 국가 통치의 관건이었다. 따라서 충성스럽고 현명한 인재를 판별하는 것이 군주의 재능을 가늠하는 중요한 기준일 수밖에 없으며, 이 점은 강희제도 이미 잘 알고 있었다.

바로 이런 관점에서 출발해, 강희제는 고금을 막론하고 군주의 자질은 얼마나 정확하게 인재를 판별하고, 각자의 재능에 따라 적재적소에 잘 배치하느냐에 따라 결정된다고 생각했다.

> 사람을 판별할 줄 알아야 인재를 얻을 수 있으니, 사람을 판별하는 것은 인재 등용의 전제조건이며, 인재를 얻는 것은 인재 이용의 전제조건이다. 사람을 제대로 볼 줄 아는 군주는 성군이요, 사람을 잘 이용할 줄 아는 군주는 현명한 군주다. 천하를 다스리는 도리 가운데 가장 중요한 것이 인재를 이용하는 것이다. 하지만 사람을 판별하는 일은 결코 쉬운 일이 아니며, 단지 영리함만 가지고는 불가능하다.

강희제가 인재 등용을 이렇게 중시하게 된 이유는 무엇일까?

우선 그는 중앙에 유능한 부원사관이 있고, 지방에 정직하고 청렴한 봉강대리封疆大吏(지방을 다스리는 관리)가 있으면 천하의 모든 일이 저절로 다스려진다고 생각했다. 당시 중앙정부의 일은 중앙 관리가 처리하고 지방정부의 일은 총독과 순무가 맡아서 처리했기 때문에, 중앙 관리는 복잡한 일을 조리 있게 처리하는 능력이 중요하고, 총독과 순무는 관리들을 감시하고 민생을 안정시키는 능력을 가지고 있어야 했다.

강희제는 총독과 순무가 청렴하면, 그 아래 주부州府의 현관들도 영향을 받아 저절로 청렴해지지만, 지방 관리들이 자신의 몸을 살찌우는 데만 급급하면 백성들의 생활이 각박해지고 민심이 동요해 민란이 발생하기 쉽고, 지방의 총독과 순무가 재능이 있어 정치를 간소화하고 죄를 공정하게 처벌하면 백성들이 안심하고 생업에 종사할 수 있다고 생각했다. 바로 이런 이유 때문에 강희제는 엄격하게 관리를 다스리고, 독무의 재능을 알려면 현지 백성들의 생활이 편안한지를 살폈으며, 민생이 편안한지 여부는 형벌을 내림이 공정한지, 정치가 간소한지 여부를 보고 결정했다.

둘째, 강희제는 부원관원이 솔선수범하여 청렴을 실천하면, 독무도 재정이 바닥날 것을 염려하지 않고 백성들을 돌보는 일에 전념할 수 있다고 생각했다. 지방의 고급 관리인 총독과 순무가 청렴하면 하급 관리들도 공금으로 자신의 주머니를 채울 생각을 하지 못하지만, 상급 관리가 공을 무시하고 법을 어기면 하급 관리는 청렴하고 싶어도 할 수 없다. 그래서 강희제는 총독과 순무에 올바른 사람을 앉히는 것이 가장 중요하며, 총독과 순무가 일신의 이익과 욕망을 버려야 백성이 태평하다는 신념을 가지고 있었다.

강희제의 인재관은 현실에서 출발한 것이었다. 현실은 지방 민심을 편안하게 해 중앙정부의 권력 기반을 공고히 하고자 한다면, 제일 먼저 '좋은 관리'를 양성해야 한다는 사실을 강희제에게 가르쳐 주었다. 청 초기, 특히 오배가 전권을 휘어잡고 있던 시기에는 장장경張長庚, 백여매白如梅, 굴진미屈盡美 등 지방 관리들이 가렴주구를 일삼는 바람에 백성들의 고통이 이만저만이 아니었고, 이 일을 통해 강희제는 어질고 현명한 지방 관리를 얻기가 어렵다는 것을 알게 되었다.

강희 23년, 그는 관리에 대한 대대적인 사정을 실시한 후, 다음과 같이 말했다.

> 총독과 순무들의 부패가 이미 습관이 되어 아직 완전히 고쳐지지 않았다. 지금은 절강과 호광 총독, 강녕 순무 자리에 결원이 생겨 새로운 관리를 등용하는 것이 시급하다. 현명한 관리를 임명해야 지방 백성들을 구할 수 있을 것이고, 적절한 인재를 얻지 못하면 백성들의 고통이 계속될 것이다.

청 초기에 탐관오리들을 요직에 잘못 임명하여 민족 간의 모순이 격화된 적이 있었는데 강희제는 결코 이 교훈을 잊지 않고 가슴에 새겼다.

강희제는 항상 민생 안정과 관리 다스림을 함께 논하며, 관리들을 다스리지 못하면 민생을 안정시킬 수 없다고 생각했다. 이것은 강희제가 지금껏 사람은 다스렸지만 법은 다스린 적이 없고, 통치의 성공은 모두 인재를 얻음에 달려 있다고 믿었기 때문이다. '법치法治'와 '인치人治'는 법가와 유가의 가장 큰 차이점이다.

법가는 엄격한 법으로써 나라를 다스려야 하며, 법은 많고 엄격할수록 좋다고 주장했지만, 강희제가 신봉했던 유가는 덕과 관대함으로 나라를 다스려야 한다고 주장했다. 그러나 그가 법을 완전히 부정했던 것은 아니다. 강희제의 정치관과 법가의 차이점은 법률을 인정하는지의 여부가 아니라 다음의 두 가지에 있었다.

첫째, 법가에서는 오로지 법으로만 나라를 통치해야 한다고 주장했지만, 강희제는 형벌로써 정치를 보완하고, 간소한 정치와 공정한 형벌로 백성들을 안심하고 살 수 있게 해 주어야 한다고 주장했다. 그는 가혹한 형벌과 엄격한 법률은 사람들로 하여금 혹시나 법에 저촉될까봐 불안에 떨게 하고 백성들을 두렵게 하여, 일시적으로는 강력한 통제 효과를 볼 수 있지만, 오랫동안 태평성세를 유지할 수는 없고, 왕도를 실행하고 덕으로써 형벌을 너그럽게 하면 백성들이 편안히 생활할 수 있기 때문에 민심을 얻을 수 있다고 생각했다.

둘째, 법가에서는 법률이 사람보다 우선한다고 했지만, 강희제는 사람을 다스리는 것을 가장 중요하게 생각하고, 관리의 역할을 강조했다. 법가의 정치관에서는 법이 사회를 통일시키고 사회를 발전시킨다고 믿었지만, 강희제는 현명한 관리가 있으면 법률이 바로 서지 않아도 백성들이 편안하지만, 현명한 관리가 없다면 법이 아무리 선해도 백성을 구할 수 없다고 했다. 강희 22년 4월, 강희제는 복건 순무에게 다음과 같은 어지를 보낸 바 있다.

> 그대는 오랫동안 지방 관직에 있었으므로 지방의 사무에 대해 잘 알고 있을 것이오. 하지만 예로부터 사람은 다스린 적은 있으되 법을 다스린 적은 없었소. 법은 어떻게 집행하는지가 가장 중요하오. 법을 제대로 집행하면 저절로 민심을 얻게 될 것이지만, 제대로 집행하지 않으면 법이 아무리 훌륭하다 한들 무슨 소용이 있겠소?

강희제의 이런 생각은 명 말기부터 청 초기까지의 역사적 경험을 종합해 얻어 낸 결론이다. 명대에는 법이 매우 가혹해 관리들을 엄격하게 다스려 무고한 이를 해친 일이 많았고, 청 초기에는 법이 변발과 복식 개혁 등을 외치며 매우 강력했지만 법이 바로 모든 폐단의 온상이었다. 강희제는 이런 역사적 교훈을 근거로 현명한 관리의 역할을 강조하게 된 것이다. 특히 그가 이런 논리에 입각해 수많은 탐관오리들을 파면시키고, 바르고 청렴하며 재능 있는 관리들을 등용한 것은 매우 큰 시대적인 의의를 가지고 있었다. 그의 이런 조치로 인해 여러 세기 동안 이어져 온 사회의 혼란과 관리의 부패를 마감하고, 강희제, 옹정제, 건륭제로 이어지는 140여 년간의 태평성대의 탄탄한 기초를 마련했다.

고급 관리 단속에 중점을 두다

 "윗물이 맑으면 아랫물도 맑다." 하는 것은 관리 다스림에 있어서 그 중점을 고급 관리에게 두어야 한다는 것을 의미한다. 강희제는 권력이 강하고 지위가 높은 고급 관리를 가장 엄격하게 다스렸고, 북경에 있는 2품 이상의 중앙 관리과 지방의 고급 관리인 총독과 순무에 대한 관리는 그 다음으로 두었다. 강희제는 18년(1679)에 다음과 같은 생각을 처음 하게 되었다.

 강희 18년 7월, 북경에 대지진이 발생하자, 강희제는 하늘이 노한 것이라며 나라의 잘못된 점을 바로잡기 위해 관리 사회에 대한 정비에 착수했다. 그는 3품 이상의 중앙 관리와 과도科道, 총독 및 순무 등의 그동안의 성과를 조사하고 평가하고 문제점들을 여섯 가지로 정리했다. 그

중 첫 번째가 바로 민생이 도탄에 빠진 것은 지방 관리들이 상관에게 아첨하고 백성들에게 가혹하게 대하기 때문이라는 것이었다.

총독과 순무들은 백성들에게서 짜낸 혈세를 중앙 관리들에게 바쳤기 때문에 결국 백성들이 흘린 피와 땀이 탐관오리들의 주머니로 들어가고 있었다. 강희제는 이런 썩은 관계를 끊기 위해 지방의 총독과 순무, 그리고 중앙 관리들이 서로 결탁하여 뇌물을 주고받고, 관직을 사고파는 일이 있을 경우, 지방 관리는 물론 중앙 관리까지 모두 면직시키도록 했다. 그 이듬해 5월에는 문무백관에게 다음과 같은 어지를 내렸다.

> 상급 관리는 하급 관리의 모범이 되고, 중앙 관리는 지방 관리의 본보기가 되어야 한다. 윗물이 맑으면 아랫물도 맑다고 했다. 상급 관리들이 법과 기율을 엄격하게 지키고 사를 버리고 공을 앞서 중시하면, 하급 관리는 저절로 경거망동을 하지 못하고, 지방 관리도 법을 지키고 백성들을 잘 보살피게 된다.

그 후로 20여 년간 강희제의 이런 생각에는 전혀 변함이 없었으며, 윗물이 맑아야 아랫물도 맑다는 것은 사실로도 충분히 증명되었다. 강희 42년(1703) 1월, 강희제는 네 번째로 남순南巡에 나섰다가, 제남濟南에서 땅에서 물이 샘솟아 오르는 것을 보고 그 자리에서 일필휘지로 '원청유결源清流潔(윗물이 맑으면 아랫물도 맑다)'이라고 써서 사액했다.

강희 39년(1700) 3월, 강희제는 하천 공사에 대한 신하들의 의견이 달라 몇 년째 공사가 연기되면서 재정만 낭비하고 있다는 것을 알게 되었다. 강희제는 그 근본 원인이 공부工部에 있다고 보고, 직접 지휘하여 조사를 진행했고, 몇 년간의 조사를 거쳐 43년 3월에 공부의 상서와 시랑에서 각 사司의 하급 관원에 이르기까지 모두 부정부패를 저질렀다는 사실을 알게 되었고, 이들 모두를 엄중히 다스렸다. 당시 한독 상서 왕홍서와 한족 좌시랑 이원진이 파직되었다가 특별히 유임되었고, 만주족 상서 살목합과 만주족 및 한족 시랑 3명은 모두 파직되었다. 강희제는 공부에 대해 개혁을 실시한 후, 관리들에 대한 감시와 감독의 중요성을 더욱 실감하고 같은 해 5월에는 다른 부분에 대해서도 대대적으로 사정을 실시했다.

고급 관리를 가장 엄격하게 다스린 것은 탁월한 선택이었다. 고급 관리들은 하급 관리들을 직접 통솔하기 때문에 고급 관리가 하급 관리를 어떻게 다스리느냐에 따라 청렴하고 현명한 관리가 나올 수도 있고, 용렬하고 비열한 탐관오리가 나올 수도 있었으며, 더 나아가서는 조정의 대사에까지 영향을 미칠 수 있었다.

강희제는 관리들의 부패는 권력에 대한 오해와 남용에서 시작되는 경우가 많으며, 권력과 이익을 손에 넣기 위해 온갖 권모술수를 가리지 않는 것은 권력을 자신의 사적인 재산으로 보기 때문이라고 생각했다. 권력이 강하고 지위가 높을수록 많은 이익을 손에 넣을 수 있으므로, 하급 관리나 지방 관리들은 고급 관리에게 뇌물을 주고 권력을 얻으려 했던 것이다. 반대로, 고급 관리들은 권력을 이용해 하급 관리로부터 뇌물을 받고, 그들이 원하는 대로 일을 처리해 주었다. 강희제는 중앙 관리와 지방 관리들의 이런 부정한 결탁의 고리를 끊기 위해 총독과 순무가 결탁하여 서로 만나고 뇌물을 주고받을 경우 둘 다 파직시킬 것이라고 선포했다.

서로 뇌물을 주고받고, 공적인 일을 사적으로 처리해 주거나 관직이나 이권을 넘겨주는 것은 부정거래의 전형적인 방법이었는데, 전자보다 후자가 가려내기가 더욱 어려웠을 뿐 아니라 그 피해도 더욱 컸다. 고급 관리들이 황제에게 관리를 천거하는 것은 본래 매우 신중하고 엄숙하게 이루어져야 했다. 하지만 사적인 이해관계 때문에 혈연, 지연, 학연에 얽매여 관리를 등용하다 보면 자연히 조정에 특정 세력이 생기게 되고, 이렇게 되면 일을 처리할 때 공정성과 원칙을 중시하기 힘들었다.

강희제는 이런 행태에 통탄을 금치 못했으며, 발각되는 즉시 엄단에 처했다. 산서 순무 목이새穆爾賽가 온갖 부정부패를 저지르고 있다는 말을 들은 강희제가 대학사와 문무 관리들에게 그에 대한 의견을 물었을 때에도 만주족 대학사 늑덕홍 등이 그를 비호하며 사실과 다르게 보고하자 강희제는 크게 화를 내며 그들의 관직을 강등시켜 버렸다.

중앙 기관이 부패하면 지방 기관도 이를 보고 그대로 따라하게 마련이기 때문에 강희제는 특히 중앙 기관을 엄격하게 감시하고 관리했다. 당시 중앙 관리들 가운데 힘들고 어려운 일을 피하기 위해 꾀병을 부리는 이가 적지 않았는데, 강희제는 이 같은 행태를 뿌리 뽑기 위해 병으로 등청하지 못하는 관리들을 모두 기록하여 관리들의 근태 상황을 관리하도록 규정했다. 이 조치가 실시되고 난 후 강희 53년 2월까지 한림원 등 중앙정부의 관리 가운데 무려 3분의 2가 병이 낫다고 거짓으로 보고하고 등청하지 않았고, 강희제는 이들을 모두 면직시켰다.

강희제는 지방 관리에 대한 감시에 있어서도 총독과 순무, 그리고 각 성의 문무 고관에 대한 사정에 핵심을 두었다. 당시 지방 고관으로 임명 받은 관리들은 부임지로 떠나기 전에 황제를 알현해야 했는데, 강희제는 이때에도 신임 관리와 관리 다스림에 대한 문제를 논의했다. 강희 24년 2월 13일, 조운 총독漕運總督 서욱령이 부임지로 떠나기 전 황제를 알현하자, 강희제는 다음과 같이 말했다.

전임 관리들이 모두 무능하고 청렴하지 못하였는데, 그대가 산동에서 관리로 있으면서 청렴하고 유능하다고 칭송이 자자하다고 하여 짐이 특별히 임명한 것이오. 모쪼록 임무에 충실하여 짐의 기대를 저버리지 마시오.

서욱령은 성은에 감격하며 재정 지출을 줄이고 관리들이 직무에 충실하도록 할 수 있는 방안을 건의했다.

조운¹이 비일비재하다고 들었사옵니다. 소신이 부임하면 진상을 철저히 조사하고 관리의 수를 줄여 재정 지출을 절감하도록 노력할 것입니다. 전임 조운 총독은 만주족 관리이기 때문에 필첩식을 두어 모든 관리 규정을 한어로 번역했지만, 소신은 한족이므로 필첩식을 둘 필요가 없으니 이것만으로도 지출을 줄일 수 있사옵니다.

이 말을 들은 강희제는 "부임 후에 건의 사항이 있거든 상소를 올리시오. 짐이 모두 윤허하겠소."라고 말하며 그를 격려했다. 또한 광동 제독으로 부임하는 허정許貞과는 광동 지역의 도적떼들을 토벌하는 방법에 대해 논의했다. 허정이 "광동 지역은 강과 시내가 많아 도적떼들이 주로 그곳을 중심으로 출몰하고 있어 토벌하기가 매우 어렵사옵니다. 작은 배를 만들고 3리나 5리마다 초소를 세워 밤낮으로 순찰을 돌게 하면 도적떼들이 자연히 사라질 것이라고 생각합니다."라고 건의하자, 강희제는 크게 만족스러워했다.

강희제는 지방 관리들이 부임한 후에도 수시로 불러 현지 상황과 병

---

1. 재정 기반을 뒷받침하기 위하여 현물로 거둔 조세를 선박을 이용하여 수도로 운반하는 제도.

사와 백성들의 생계에 대해 상세히 물어보곤 했다.

또한 강희 말년에는 총독과 순무의 권력을 제한하는 일련의 조치들을 제정했다. 강희 43년 11월에는 관리 임용과 관련된 청탁을 막기 위해 과도관원科道官員 임명에 총독과 순무가 보제保題하는 것을 금지시켰다. '보제'란 과도관원을 임명할 때 총독이 지현知縣 가운데 유능한 자를 황제에게 천거하는 제도였다.

보제가 폐지된 후에는 이부에서 전량 절도사건이 발생하지 않은 곳의 지현 가운데 호봉에 따라 각 성에서 서너 명씩을 선정하고, 그중에서 황제가 선택하여 임명했다. 53년에는 또 교직²敎職과 주동州同으로 선발된 관리는 반드시 도읍으로 와서 고급 관리의 면접을 치른 후에야 임명될 수 있도록 규정했다. 인사에 관한 대권이 분산되는 것을 금지한 것이다. 지방 관리는 관직의 고하를 막론하고 모두 황제가 직접 임명해 총독과 순무가 자기 세력을 심지 못하도록 했다.

2. 교수, 학정, 교유, 훈도 등 교육과 관계된 관직.

비밀 상소의 특별한 역할

권세가 강한 관리에 대한 조사는 공개적으로 이루어지기 어렵지만, 밀주密奏, 즉 비밀 상소의 형식을 빌린다면 누구든 두려움 없이 자신의 생각을 피력할 수 있다.

통치 계급 내부의 갈등이 심각하고 부정부패가 만연해 있는데, 각급 관리들이 그것을 숨기려 하거나 또 섣불리 공개적으로 끄집어내어 이야기하지 못한다면 황제가 진상을 알기 어렵다. 강희제는 이러한 문제점을 해결하기 위해 상소를 활용하기로 하고 이렇게 전달된 상소는 자신만이 열어 볼 수 있게 했다. 밀주제도가 처음 시작된 것은 강희 41년이었다.

당시 소주 직조蘇州織造 이후李煦와 강녕 직조 조인曹寅 등과 흠차대신[3]

欽差大臣이 관직 내부의 상황을 조사해 밀주를 올렸고, 또 각지로 파견되었던 관리들이 조정에 올라와 그동안 보고 들은 사항을 보고할 때에도 구두, 혹은 서면으로 밀주를 올렸다. 그런데 일부에서 흠차대신을 사칭하여 지방을 돌며 나쁜 짓을 저지르는 자들이 생겨나니, 강희 41년 10월에 강희제는 총독과 순무에게 밀주를 올리고 이런 자들을 체포할 수 있는 권리를 부여했으며, 그 후에는 장군과 제독, 총병관으로 확대되었다. 또 강희 51년에는 시위내대신과 대학사, 도통, 상서, 부도통, 시랑, 학사, 부도어사 등에게도 밀주를 올릴 수 있도록 했다.

밀주는 반드시 자필로 작성해야 했으며 밀주를 다른 사람에게 보여주거나 그 내용을 다른 사람에게 발설하는 것이 금지되었고, 황제가 직접 보고 비답을 작성하여 하달했다. 비답을 받은 자는 비밀리에 황제의 지시에 따라 일을 처리했으며, 정기적으로 황궁에 와서 황제를 알현할 의무도 있었다. 황제는 이 밀주를 이용해 관리들의 상황을 파악하는 한편, 밀주를 올리는 관리의 선악과 공정성을 판단했다.

밀주에는 관리들을 통제하고 탐관오리를 단속하려는 의도가 깔려 있었다. 탐관오리들은 자신의 악행이 밀주로 올려졌다는 것을 알게 되면 곧 몸을 사리고 나쁜 짓을 그만두었으며, 그렇지 않은 관리들도 어떤 내용이 밀주로 올려졌는지 알 수 없었기 때문에 더욱 경계하고 자신의 행동을 스스로 단속할 수 있었다. 밀주를 통해 다른 방법으로는 확실히 밝혀내기 어려운 일을 조사하는 데 적지 않은 효과를 얻을 수 있었다.

공부상서 왕홍서가 강희 44년부터 47년까지 올린 20여 건의 밀주 가운데에는 고급 관리가 연루된 큰 사건들이 여러 개 있었다.

---

3. 칙명에 의하여 특정한 임무를 띠고 임시로 파견되는 관료.

왕홍서는 강남 누현婁縣 출신으로서 강희 12년에 진사에 급제하고, 편수編修와 시강侍講, 내각학사內閣學士, 호부시랑, 좌도어사 등의 관직에 있었는데, 복잡한 붕당 간의 싸움에 휘말리지 않고 자신의 소견을 지켜 황제로부터 큰 신임을 받았다. 강희 44년 2월, 황제가 다섯 번째 남순에 나서면서 왕홍서에게 북경에서 몇 가지 사건에 대해 조사해 줄 것을 비밀리에 지시했고, 그중에는 진여필陳汝弼 사건과 관련해 삼법사三法司(사법기관인 형부와 도찰원, 대리사를 뜻함)와 의정대신 등에 대해 조사하라는 임무도 포함되어 있었다.

진여필은 본래 이부낭중이었는데 청탁을 거절했다가 원한을 사, 억울한 누명을 쓰고 파직당한 사람이었다. 그런데 그 후에도 누군가 그가 뇌물을 받았다고 모함했고, 그는 결국 형부로 끌려가 심한 고문을 받았고, 본인이 자백하지도 않은 상황에서 만주족 대신들이 그에 대한 사형을 판결한 상태였다. 인명을 가장 중요하게 생각했던 강희제는 그해 윤 4월에 북경으로 돌아와 의정대신들에게 그 사건을 다시 조사하라고 지시했고, 5월 초에 그에 대한 사형 판결에 문제가 없다는 상소가 올라왔다.

강희제는 진여필이 스스로 뇌물수수를 인정하지 않았다는 것을 이유로 5월 6일에 친히 이 사건을 조사하겠다고 결정했다. 하지만 만주족 이부상서 석이달席爾達과 형부상서 안포록安布祿, 도찰원 좌어사 서로舒輅는 삼법사에서 호된 심문을 통해 얻어 낸 제3자의 증언을 근거로 진여필이 뇌물을 받은 것이 확실하다는 주장을 고수했다. 이 제3자의 증언은 이미 의정대신들이 처음 심의할 때부터 받아들여지지 않았던 것이므로 최종 판결에도 증거로 채택될 수 없는 것이었다.

강희제는 이 사건과 관련자들을 자세히 조사하고 증거를 수집한 후, 의정대신들에게 다시 심의할 것을 명했고, 결국 진여필에 대한 사형이 취소되고, 사형을 판결한 삼법사 관리와 진여필에게 청탁했던 사람들이 파직되거나 강등되는 등의 처벌을 받았다. 특히 이 가운데 형부 우시랑이었다가 새로 도찰원 좌도어사로 임명된 서로는 본래 강희로부터 신임을 받던 신하였으나, 이 사건을 계기로 파직되었다. 강희제는 이 사건을 통해 진여필의 귀중한 생명을 구했을 뿐만 아니라, 국가의 최고 사법기관인 삼법사에 대한 사정과 개혁까지 수행할 수 있었다.

왕홍서는 또 호부와 지방 총독 및 순무가 결탁하여 전량을 빼돌리고 있다는 소문에 대해서도 조사하라는 지시를 받았다. 각 성에서 거두어들인 지정地丁은 현지에서 군사들의 군량미와 역참, 공사, 조운 등을 위해 지출하게 되어 있었는데, 이렇게 해서 각지의 총독과 순무는 매년 은자 2천여만 냥을 현지에서 지출할 수 있었다. 처음에는 지출 내역을 황제에게 모두 보고해야 했지만, 나중에는 황제에게 보고하지 않고 자문咨文(정부기관들 사이에 주고받는 문서)의 형식으로 호부에 보고하도록 바뀌었다. 그런데 호부의 지출 내역 심사가 매우 까다로워 여러 차례나 돌려보내지는 일이 허다했고, 결국 총독과 순무가 호부에 뇌물을 바치고 심사를 통과하게 되면서 부정부패가 만연하게 되었다.

한번은 조운 총독이 보리 1석당 1냥 1전으로 계산하여 조선의 월량전月糧錢으로 사용한 것으로 보고했으나, 호부에서 본래 보리 1석당 6전 5분이기 때문에 두 배 가량 초과 지출된 것을 발견했으나, 조운 총독이 호부 관리에게 뇌물을 주어 그대로 처리하고 황제에게 보고되지 않았다. 이렇게 부정부패가 만연하면서 국고가 새어 나가는 것을 보고, 왕홍서는 황제에게 비밀 상소를 올려, 비리에 연루된 호부 관리들의 파직을 건의했고, 강희제는 이를 받아들였다. 이런 사건들은 밀주를 통하지 않고 공개적으로 조사하기 힘든 사안이었다.

강희 50년, 강남 지역 과거장의 비리가 밝혀진 후 총독과 순무가 서

로 비리를 들추어내는 사건이 있었다. 강소 순무 장백張伯이 강남 총독 갈례噶禮와 과거를 관리하는 고관考官이 결탁하여 과거 응시자들에게 금품을 갈취했다고 상소를 올렸다. 그러자 갈례가 장백이 자신을 모함했다고 주장했고, 이 사건을 심리하는 관리가 갈례의 편을 들어주면서 사건이 더욱 복잡해졌다. 이에 강희제는 소주 직조 이후에게 이 사건의 진상과 강남 백성들의 여론, 그리고 갈례와 장백의 동향 등을 조사해 밀주를 올리라고 비밀리에 지시했고, 밀주의 내용을 토대로 이 사건을 공정하게 처리할 수 있었다.

강희제는 나라의 상황을 살펴보는데 직접 평복을 하고 암행에 나서는 것보다 밀주가 더 효과적이라고 믿었다. 그는 송 태조나 명 태조가 자주 사용했다는 암행으로는 떠도는 풍문이나 들을 수 있기 때문에 사건의 진상을 제대로 파악할 수 없다고 믿었다.

하지만 밀주의 내용도 완전히 믿을 수 있는 것은 아니었다. 밀주를 올린 이가 사심을 가지고 남을 모함하거나 칭송할 수도 있고, 혹은 공을 세우기 위해 무리하게 사건을 보고할 수도 있기 때문이었다. 강희제는 "밀주를 통해 일을 처리하는 것은 결코 쉬운 일이 아니다. 자칫하다가는 잘못된 밀주를 믿고 일을 그르칠 수 있다."라고 말했다. 중요한 것은 밀주의 내용을 면밀히 분석하고 진위를 정확하게 판단하는 것이었다.

강희 말년 강남 총독이었던 갈례가 교만하고 탐욕스러워 온갖 나쁜 짓을 일삼고, 특히 남을 모함하기를 좋아했는데, 당시 소주 지부였던 진붕년陳鵬年이 사람됨이 청렴하고 강직하여 갈례와 자주 대립했다. 그러자 갈례가 이에 앙심을 품고 트집을 잡아 진붕년을 동북 지방의 흑룡강으로 보내려고 했다.

진붕년이 재능과 학식을 두루 갖추었다고 생각한 강희제는 이에 동의하지 않고 그를 북경으로 불러 편수도서編修圖書로 임명했다. 하지만 갈례는 단념하지 않고, 진붕년이 「유호구遊虎丘」라는 시를 지었는데, 그 시에 황제에 대한 미움이 담겨 있으니, 그를 처벌함이 마땅하다는 밀주와 함께 그 시를 강희제에게 올렸다.

진붕년의 시를 자세히 읽고, 그 시에 자신에 대한 미움이 전혀 담겨 있지 않다고 생각한 강희제는 갈례가 진붕년을 모함하고 있다고 판단하고, 문무백관들이 모인 자리에서 이렇게 말했다.

갈례가 쓸데없이 일을 일으키고 남을 모함하기를 좋아하여, 사람됨이 훌륭한 진붕년을 모함하였소. 진붕년이 짐을 미워하고 있다는 증거로 갈례가 올린 시를 읽어 보았지만, 짐은 전혀 그런 점을 느낄 수 없었소. 그러니 갈례가 진붕년을 모함하기 위해 꾸민 짓이 아니고 무엇이겠소? 하지만 짐이 어찌 그런 소인배의 꾐에 기만당할 수 있겠소?

말을 마친 강희제는 갈례가 올린 밀주와 진붕년의 시를 공개하고 모두에게 읽게 했고, 대신들이 모두 갈례를 비난하니 갈례는 궁지로 몰릴 수밖에 없었다. 강희제는 이를 통해 갈례를 벌하였을 뿐 아니라, 신하들에게 남을 시기하고 모함하지 않도록 경각심을 불러일으켜 비슷한 사건이 생기는 것을 방지하는 효과도 얻을 수 있었다.

|【강희제에게 배우는 관리 다스림의 도】|

一. 고급 관리에게는 엄격하게 대하고, 하급 관리에게는 관대하게 대하며, 고급 관리는 꾸짖고, 하급 관리는 어루만져 주어야 한다.

一. 민생이 피폐한 것은 관리들이 청렴하지 못하기 때문이다. 관리가 어질고 현명하면 백성들은 자연히 편안하다.

一. 치도자의 자질은 얼마나 정확하게 인재를 판별하고, 각자의 재능에 따라 적재적소에 잘 배치하느냐에 따라 결정된다.

一. 관리의 자질이 사회의 안정과 혼란을 결정하고, 또 정치의 진보와 후퇴를 좌우한다.

제2장

관리 다스림의 도 2
부패를 척결하고 청렴을 장려한다
激濁揚淸

'청렴함(淸)'과 '부패(濁)'의 관계를 잘 이해해야 한다. 선함을 한번 벌하면 온 백성이 선함을 버리고, 악함을 한번 칭찬하면 온 백성이 악해진다. 선한 자는 보호받고 악한 자는 벌을 받아야 나라가 평안하고 온 백성이 선해진다. 관리의 청렴과 부패라는 문제에 있어서 군주가 우유부단하면 선한 관리를 등용하지 못하고 악한 관리를 내쫓을 수 없으니, 간신이 주도권을 잡고 충신은 가려져 나라가 혼란스러워진다. 강희제는 관리를 다스리는 데 있어 청렴한 관리에게 상을 주는 것을 가장 중요하게 생각하고, 청렴을 장려하기 위해, 총독과 순무 등 지방 관리 중에서 청렴하고 정직한 관리를 가려내고 표창해 문무백관들의 본보기로 삼았다.

청렴한 관리에게 상을 내린다

강희제는 관리는 청렴하고 정사에 충실해야 한다고 생각하고, 청렴한 관리를 가려내어 상을 내려 격려했다.

청렴함으로 인해 강희제에게 처음 상을 받았던 관리는 직예 순무 우성룡이었다. 강희 20년(1681) 2월, 강희제는 우성룡을 직접 불러 당대 최고의 청백리清白吏라고 칭찬하며 어선방御膳房(황제의 식사를 준비하던 주방)에서 만든 음식을 하사하고, 며칠 후에는 학사 고륵납에게 명해 우성룡에게 은 1천 냥과 어마御馬 한 필을 하사하고 어제시御制詩를 내렸다. 또한 강희 23년(1684) 우성룡이 병으로 세상을 떠나자 그의 청렴함을 기리고자 그를 태자태보太子太保로 추서했다.

강희제는 제도화된 정기적인 관리 평가 외에도 여러 가지 방법으로 청렴한 관리를 찾아내 상을 내렸는데, 관리들의 부정부패가 공공연하게 저질러지고 있던 사회에서 그의 이런 적극적인 청백리 장려는 관리들 스스로 부정부패를 줄이도록 하는 효과를 거둘 수 있었다.

우성룡은 산서성 영녕永寧 사람으로서 순치 18년(1662)에 부공4副貢으로 광서 나성羅城의 지현에 임명되었다. 그때 그의 나이가 이미 45세였다. 나성은 수많은 산으로 둘러싸여 있어 현의 관아도 숲으로 둘러싸여 있었다. 우성룡은 대추나무를 심어 문으로 삼고, 흙을 쌓아 탁자를 만든 후 솥과 그릇 등으로 가져다 놓고, 수시로 관내 백성들을 불러 어려운 점을 허심탄회하게 이야기하게 하여 백성들을 감격시켰다. 또한 봄이 되면 들에 나가 나무 그늘 아래에 술과 음식을 차려 놓고 들에서 일하는 농민들을 불러 한 가족처럼 함께 먹으며 즐겁게 보내니 백성들이 더욱 열심히 일할 수 있었다고 한다. 그가 이렇게 백성들을 아끼니 백성들이 그를 존경했음은 말할 것도 없다.

그가 나성에 부임한 지 얼마 되지 않았을 때 관아의 노비들이 죽기도 하고 도망가기도 해, 우성룡의 생활이 힘들어지자, 백성들이 돈을 모아서 주며 쌀과 소금을 사라고 했다. 하지만 우성룡은 웃으며 "혼자서 이런 돈이 무슨 필요가 있소? 받은 셈 칠 테이니 가져가서 부모님 봉양하는 데 쓰시오."라고 말하고 받지 않았다. 한번은 그의 집에서 사람이 왔다는 소식 듣고 사람들이 제각각 물건을 가져와 선물하며 집에 가져가라고 하자, 우성룡은 "내 집이 여기에서 6천 리나 떨어져 있으니 들고 가기 힘들 것이오."라고 말하며 또 사양하니 사람들이 모두 눈물을 흘

---

4. 각 성의 향시鄕試에서 거인擧人으로 합격하지는 못했지만 성적이 비교적 우수한 자를 따로 '부副'에 선발하고, 이 부방생원들 중에서 선발하여 국자감國子監에 추천했는데, 이를 '부공副貢'이라고 한다.

리며 감격했다.

　우성룡은 나성에 부임한 지 7년째 되던 해에 사천 합주合州 지주知州로 승진하게 되었다. 그가 나성을 떠나던 날 백성들이 모두 몰려와 수백 리나 그를 배웅했다. 강희제 재위 초기에는 사천성에서 전란이 끊이지 않아 합주에 남은 백성이 수백 명 밖에 되지 않았는데, 부역과 제세가 과중해 백성들이 어려움을 겪자 우성룡은 세금을 과감히 줄였다. 또 그가 황주黃州 지부知府로 부임했을 때 오삼계가 호북 지역에서 반란을 일으켜 반란군 10만 명이 황주로 진격하고 있다는 소식이 들렸다. 당시 지원군은 모두 호남에 있었고, 황주에는 병사와 백성들을 모두 합쳐도 수백 명에 불과했다.

　사태가 급박해지자 누군가 마성麻城으로 퇴각하자고 건의했다. 하지만 우성룡은 황주는 이 주변 일곱 개 군의 요충지이니 함락되면 이 일대가 모두 위험에 빠진다며 절대로 갈 수 없다고 했다. 그는 5천 명의 향병鄕兵을 모아 하사영何士榮이 이끄는 반란군과 사투를 벌인 끝에 승리를 거두어 반란군 소탕에 큰 공을 세웠다. 이듬해 가을, 황주에 가뭄이 발생했을 때에도 그의 현명한 대처로 큰 피해를 막을 수 있었고, 우성룡은 그 공이 인정돼 복건 안찰사로 임명되었다. 그가 떠나던 날 수만에 달하는 백성들이 울며 그를 배웅했다고 한다. 우성룡은 복건에서도 복건 제일의 청백리로 천거되어 포정사布政使로 승진했고, 만주족 병사들이 여자들을 약탈하고 수시로 세금을 거두어 착복하는 것을 보고, 조세는 정해진 시기에만 거둘 수 있게 했다.

　우성룡은 강희 19년(1680) 직예 순무로 임명된 후에도 청렴함을 잃지 않고 시비를 분명하게 가려 백성들의 칭송이 자자했고, 강희 26년(1682) 청백리로 뽑혀 황제로부터 상을 받은 후에는 강남강서 총독으로 임명되었으며, 총독으로 부임하기 전 조정에 청렴하게 유능한 관리

강희
原典
·
454

들을 천거했다. 그는 부임지로 이동할 때에도 어린 아들만을 데리고 홀로 나귀를 타고 가면서, 날이 지면 자비를 털어 객잔에 묵어 역참의 공관을 번거롭게 하지 않았다.

평소에도 매일 채식만 먹었으며, 자식들은 겨울이 되어도 털옷 한 번 입은 적이 없었다. 그는 강남에 부임한 후에는 더욱 열심히 일하여, 직접 백성들을 찾아다니며 힘든 점을 묻고, 관리들에게도 항상 청렴할 것을 당부했다. 우성룡이 병으로 세상을 떠난 후, 장군과 도통 등이 그의 집으로 찾아가 보니 쌀독은 바닥을 드러내고 소금도 몇 톨밖에 남지 않았다고 한다. 백성들은 그가 죽었다는 소식에 저자거리에 모여 땅을 치며 통곡했고, 강녕과 소주, 황주에 모두 우성룡을 모신 사당이 세워졌다.

강희제가 청렴한 관리들에게 후한 상을 내리며 본보기로 삼고 청렴을 적극 장려하니, 강남강서 총독 부랍탑傅拉塔과 직예 순무 격이고덕格爾古德, 그리고 부랍탑의 뒤를 이어 부임한 강남강서 총독 범승훈과 복건절강 총독 왕즐王騭 등 청렴한 관리들이 줄이어 나왔다.

강희제는 부랍탑을 두고 권력에 위축되지 않고, 황제의 뜻을 제대로 알고 실천하며 병사와 백성들을 아끼니, 우성룡 이래 강남강서 총독 가운데 유일하게 청렴한 관리라고 칭찬했다. 격이고덕은 법을 엄격히 이행하고, 대학사 명주의 토지 점령을 반대해 '철면鐵面'이라는 별명을 얻기도 했다.

강희제는 누구든 청렴한 관리를 추천할 수 있도록 하고, 추천된 관리들을 다시 조사하는 방법으로 청렴한 관리를 선발했다. 당시 통주通州 지주知州의 이름도 우성룡이었는데, 사람들은 강남강서 총독 우성룡과 구별하기 위해 그를 '소小우성룡'이라고 불렀다.

강희 23년(1684) 겨울, 강희제는 강녕 지방으로 순행을 나갔다가 소우성룡이 청렴하다는 것을 알고 어서御書를 하사하며 청렴함을 계속 유지하라고 당부했다. 소우성룡은 25년(1686)에 직예 총독으로 승진한 후, 오랫동안 조정의 골머리를 앓게 만들었던 도적떼들을 소탕해 강희로부터 큰 상을 받았고, 이듬해에는 태자소보太子少保로 봉해지고 은, 말 등을 하사받았다. 그는 훗날 관리를 천거하는 데 사사로운 관계를 개입시키고, 치수 공정에서 세력을 규합해 근보의 주장에 반대한 죄로 강희제에게 처벌을 받았다가, 몇 년 후에 다시 청렴함을 이유로 중용되었다.

강희제는 말년까지도 청렴한 관리를 찾아내 격려하는 일을 계속했다. 강희 52년(1714) 9월, 그는 고급 관리들에게 평상시에 청렴한 관리가 있는지 주의 깊게 관찰하라고 일렀고, 46년(1707) 남부 지방에 순행을 나갔을 때에는 총독과 순무들에게도 청렴한 관리를 천거하도록 했다.

다섯 번째로 순행을 나갔을 때에는 강녕 지부 진붕년이 총독 아산阿山이 전량과 조세를 늘리려는 것을 저지하기 위해 황제가 있는 용담행궁龍潭行宮으로 파견되었는데, 강희제 측근의 시종이 관례에 따라 뇌물을 요구하자 진붕년이 이를 거부했고, 이 일로 인해 누군가 강희제의 침상 위에 지렁이의 분비물을 뿌려 놓고 진붕년을 모함한 일이 있었다. 하지만 그 일이 있기 전, 강희제가 직조부에 갔을 때 직조의 어린 아들에게 "강녕에서 제일 훌륭한 관리가 누구인고?"라고 물었는데, 그때 그 아이가 "진붕년 나리입니다."라고 대답했고, 강희제는 곧 대학사 장영과 직조사織造使 조인曹寅을 시켜 조사해 진붕년이 청렴한 관리라는 것을 알고 있었다.

따라서 강희제는 진붕년을 용서해 주기로 했다. 하지만 진붕년은 몇 차례나 탐관오리들에게 모함을 당해 결국 하옥되었는데, 강녕 사람들이 통곡하며 총독부를 에워싸고, 진붕년을 탄핵하는 이유를 캐물었다. 총독은 그중 몇 명을 체포해 하옥했다가, 곧 그들을 석방하려고 그들에게 우연히 총독부 앞을 지나가다가 아무 잘못도 없이 억울하게 체포된 것이라고 거짓으로 말하라고 했지만, 그들은 이구동성으로 "아닙니다. 저희도 하옥되어 태수님과 함께 있을 것입니다."라고 말하며 석방을 거부했다.

관직 사회의 부패를 일소한다

강희제는 총독과 순무 등 지방 관리들 가운데 청렴한 자를 찾아내어 후한 상을 내림으로써 뭇 신하들에게 본보기로 삼았다. 하지만 말년에 강희제는 청렴한 관리로 표창을 받은 관리들 중에서도 진실하지 못하거나, 교묘하게 뇌물을 받거나, 혹은 총독이나 순무에게 뇌물을 주고 청렴한 관리로 추천된 사람들이 있다는 것을 알게 되었다. 강희제는 이런 자들을 엄격하게 조사하고 가려내 청백리에서 제외시켰다.

강희 말년에는 진빈陳璸이라는 사람이 청렴한 관리로 표창을 받았다. 진빈은 광동 해강海康 사람으로, 강희 48년(1709)에 사천제학도四川提學道로 임명되어 청탁을 배제하고 공정하게 인재를 선발했고, 이듬해 12월에는 대만하문도臺灣廈門道로 승진하고 자비 2, 3만 냥을 모두 공적인 일에 사용했다. 53년 12월에는 편원偏沅 순무巡撫로 부임해, 1년 중에 반은 귀주 편교관偏橋關(지금의 시병施秉 동북쪽)에 주재하고, 반은 호남 원주沅州에 주재하게 되었는데, 홀로 나귀를 타고 부임지로 갔기 때문에 아무도 그가 새로 부임한 순무하는 것을 알아차리지 못했다.

그는 이곳에서 백성들을 고통스럽게 하는 과중한 부역을 줄이고 탐관오리들을 탄핵했다. 54년 11월, 강희제는 그를 '고행승苦行僧'이라고 칭찬하고, 12월에는 복건 순무로 임명했다. 57년 10월 진빈이 병으로 세상을 떠나자, 강희제는 그를 크게 칭송하며 그에게 익호를 하사했다.

강희제 재위 초기에는 수재와 가뭄이 빈번하고 도적떼들이 창궐하는 데다가, 탐관오리들이 아무 거리낌 없이 부정부패를 저지르는 바람에 민생이 말할 수 없이 피폐해졌다. 그러자 강희제는 도탄에 빠진 백성들을 구하는 길은 현명한 인재를 등용하는 것뿐이라고 여러 번 강조하고, 유능한 관리를 가려내 표창하고 탐관오리들을 가려내 처벌하기 위한 기준을 만들었다. 강희제가 과연 어떤 기준으로 현명한 관리와 용렬한 관리를 구분했는지는 여러 관리들에 대한 다음과 같은 그의 평가를 살펴보면 곧 알 수 있다.

- 오왕전吳王典은 사람됨이 성실하고, 관대하며 온화하고 청렴했다. 변방 지역에 부임했을 때에는 그의 선정善政으로 백성들이 큰 혜택을 입었다.
- 우성룡은 자기 신념을 철저히 지키고, 사사로이 무리 짓지 않는다.
- 섬서장군 박제博霽는 화합을 중시하고 청렴하다.

특히 강희제가 제정한 훌륭한 관리의 10가지 조건 중에서 현명한 관리에 대한 그의 생각이 여실히 드러난다. 훌륭한 관리의 10가지 조건은 다음과 같다. 첫째, 측근들을 청렴하게 관리한다. 둘째, 백성들의 어려움을 이해하여, 진지하게 일을 처리한다. 셋째, 멸사봉공滅私奉公하고, 지방 민심을 안정시키며, 병사와 백성들을 화목하게 한다. 넷째, 도적들을 소탕하고, 선한 사람들을 보호한다. 다섯째, 전량을 늘려 백성들의 고통을 가중시키지 않는다. 여섯째, 형벌을 남용하지 않고, 죄인에게 적절한 형벌을 내리며, 무고한 자에게 형벌을 내리지 않는다. 일곱째, 재난 상황을 상부에 보고해 적기에 구휼하게 한다. 여덟째, 전량을 착복하지 않는다. 아홉째, 관내 민생을 안정시켜 지방 민생이 활기를 띠게 한다. 열째, 청탁을 배제한다.

여기에서 강희제가 관리의 유능함과 무능함을 결정하는 기준을 주로 민심과 민생 안정에 두었음을 알 수 있다. 당시 산서 순무였던 백청액白淸額과 총독 막락莫洛이 죄를 지어 처벌을 받자 다시 임용하지 않았는데, 현지 백성 수천 명이 그를 유임시켜 줄 것을 청원하자, 강희제는 "짐은 본래 총독과 독무는 지방 민심을 안정시키고 백성들을 아끼고 보살피는 것이 가장 중요하다고 생각한다. 백청액과 막락이 백성들에게 존경을 받고 민심을 얻었으니 특별히 그들에 대한 처벌을 면제하노라."라고 선포했다.

막락은 오배의 일에 연루되어 엄한 처벌을 받기로 되어 있었으나 현지 백성들 사이에서 명망이 높고 청렴하여 백성들이 이를 만류하니, 강희제는 그를 유임시키고 처벌을 면제해 주었다. 이 일을 통해 강희제가 선한 관리들을 얼마나 아꼈는지 충분히 짐작할 수 있다.

강희제는 민심을 헤아리는 일이 쉽지 않으며, 관리의 재능과 학식, 청렴, 일처리의 능숙도 등은 반드시 직접 시험해본 후에야 알 수 있다고 생각했다. 그래서 그는 처음 관직에 등용되는 관리의 경우에는 일정 기간 시범 임용하는 '시봉試俸'이라는 제도를 두었다. 이 시봉 기간에는 그 직책에 실제로 임용된 것으로 보지 않았다. 과거 급제자들의 시봉 기간은 1년이었고, 과거를 통하지 않고 관직에 입문한 사람들의 시봉 기간은 3년이었다. 시봉 기간 중의 임무 수행 상황이 평가에서 합격하고 덕이 있는 자들은 그 직책에 실제로 임명되었으며, 임무를 훌륭하게 수행한 자들은 해당 관아 관리의 천거를 통해 더 높은 관직에 임명되었다.

강희 4년 3월 8일, 형과급사중刑科給事中 양옹건楊雍建이 황제에게 상소를 올려 다음과 같이 아뢰었다.

> 나라가 아직 안정되지 않은 것은 모두 뭇 신하들이 맡은 바 소임을 제대로 수행하지 못하고 있기 때문이옵니다. 관리들이 그저 책임을 회피하는 데 급급할 뿐 실제로 민생에 도움이 되고자 하는 뜻이 없어, 총독과 독무들도 그저 복지부동할 뿐 공적을 쌓으려고 하지 않고 있습니다.
>
> 관리들 가운데 책임을 회피하려는 자에 대해서는 해당 관아에서 논의하여, 다른 관아와 함께 일을 처리하거나 지방 독무에게 하달해 직접 일을 수행하지 못하도록 해야 합니다. 또한 지방 민생의 어려움과 관련된 문제에 대해서는 깊이 연구하여 개선하려 하지 않고, 진지하게 논의하여 이해득실을 따져 해결 방법이 마련된 적이 없습니다. 만주족과 한족 관리들이 하루 종일 무엇을 하고 있는지 알 수가 없습니다. 총독과 독무들이 문제점을 감추기만 하니 민생은 도탄에 빠져 있습니다.
>
> 총독과 독무가 폐단을 근절시키기 위한 건설적인 의견을 제안한 사례를 본 적이 없습니다. 게다가 관리들이 혹정으로 백성들의 재물을 긁어모으는 일이 너무도 흔하게 벌어지고 있습니다. 그런데 관리들을 평가할 때에는 모두 합격하고, 3등 이하로 평가되어

관직을 박탈당했다는 예를 들어 본 적이 없습니다.[5] 탄핵 대상이 되는 관리는 대부분 주현의 하급 관리 한두 명에 불과하며, 지방 고급 관리는 단 한 명도 없습니다. 그러므로 관직의 높고 낮음이나 중앙과 지방의 구별 없이 관리들에게 모두 실사구시의 정신으로 임무에 충실할 것을 엄격하게 요구하고, 불칭직된 관리들은 모두 해임해야 합니다.

강희제는 이 건의를 크게 마음에 들어 하며, 그대로 시행할 것을 여러 차례나 명령했다. 관리들이 가장 큰 폐단은 바로 일을 계속 미루어 빨리 처리하지 않는 것이었다. 강희 12년 10월, 스무 살도 되지 않은 강희제가 이부에 이렇게 명령했다.

> 나라의 대소사는 조정 내에서는 부원에서 책임지고, 밖에서는 총독과 독무가 책임진다. 사안이 중대하고 복잡한 경우에는 반드시 서둘러 처리해야 하며, 평상시의 사소한 일이라도 미루지 말고 처리해야 한다. 작금에 중앙과 지방에서 보고한 일들을 보면, 쉽게 해결될 일을 계속 미루다가 기한이 거의 다 되어서야 보고하여 일을 그르친 경우가 많았다. 앞으로는 무슨 일이든 서둘러 처리하고 미루는 일이 없도록 하라.

강희 16년 8월 23일 강희제는 이부에 위와 같은 지시를 재천명하고, 도찰원에 명해 정기적으로 관리들이 일을 지연시킨 사안이 있는지 조

---

5. 정기적으로 실시된 관리 평가에서 3등 이하로 분류되면 '불칭직不稱職'이라 하여 관직을 박탈당했다.

사하도록 하고, 적발되면 엄중히 처리하도록 했다.

관리들의 두 번째 폐단은 직접 대면해서는 이야기하지 못하고 뒤에서 험담을 하는 것이었다. 강희 18년 10월 3일, 강희제는 각 관청에 다음과 같은 어지를 내렸다.

> 최근 들어 여러 가지 일들에 대해 책임을 회피하는 사례가 많다. 처리하기 어려운 일은 모른 척 하거나 서로 미루고, 혹은 병을 핑계로 회의에 나오지 않는 일이 다반사다. 또한 하급 관리에게 책임을 떠넘기고 요행을 바라는 경우도 있다. 더욱 심각한 것은 문제에 대해 논의할 때에는 아무런 의견도 내놓지 않다가, 회의가 끝나면 수군수군 의론이 분분하다는 것이다. 내가 어떤 의견을 내놓았는데 누가 반대하고, 조정에서 받아들이지 않았다고 원망하고, 험담하는 것이 과연 신하된 자들이 할 일인가? 부원의 관원들도 일은 하지 않고 안락함만 꾀하며 복지부동 하는 자들이 많다. 앞으로는 어떤 의견이든 반드시 정식으로 대면해서 제안하고, 뒤에서 수군거리는 없도록 하라. 그 의견의 옳고 그름은 짐이 판단할 일이지, 관리들이 판단할 일이 아니다.

관리들의 세 번째 폐단은 뜻이 맞거나 이해관계가 부합하는 사람들끼리 무리 짓는 것이었다. 강희 27년 2월, 강희제는 대학사들과 이야기를 나누는 자리에서 조정 관원들이 맡은 직무는 제대로 수행하지 않고 편안함만 추구하며 서로 영합하고 무리 지어 폐단이 속출하고 있는 상황을 엄하게 꾸짖었다. 강희제는 다음과 같이 말했다.

> 대학사를 비롯한 조정의 고급 관리들이 모두 직분에 충실하지 않

고 매일 서둘러 퇴청하려고 하고, 안일함만 추구하며 서로 무리를 짓고 있다. 또한 동문수학한 관리들끼리 학연으로 뭉쳐 붕당을 만들고 뇌물을 받는 데만 급급하다. 이런 모든 폐단들을 짐이 이미 알고 있다. 그대들은 모두 짐이 임명한 관리들이다. 회의를 할 때에는 각자 자신의 의견을 내놓고 함께 논의해야 할 것이다. 한두 명이 의견을 말하면 다른 관원들이 모두 찬동하고 나서는 식의 토론으로는 나라를 제대로 이끌 수 없다. 이런 작태를 철저히 반성하고 고쳐야 할 것이다.

의정대신들이 회의석상에서 아무 말도 하지 않는 것도 폐단 중 하나였다. 강희 29년 9월 12일, 강희제는 의정대신들에게 "의정대신들이 회의를 하면서 모두 의견은 내놓지 않고 나무인형처럼 가만히 앉아만 있다는 말을 들었소. 여러 가지 일들이 각자 활발히 의견을 개진해야 해결될 수 있는데, 모두들 의견을 내놓지 않고 함구로 일관하고 있다면 회의를 하는 의미가 무엇이겠소?"라고 말하며 호되게 질책했다.

또 다른 폐단은 서로 원한을 맺고 암암리에 모함하는 것이었다. 강희 41년 6월 12일, 고관대작 늑덕홍의 아들이 품행이 단정하지 못했는데, 늑덕홍과 측근의 관리들이 그 일을 숨기는 데만 급급하고 고치려하지 않자, 강희제가 그 아들을 해임한 일이 있었다. 그는 이 일로 인해 개탄을 금치 못하며 대신들에서 이렇게 말했다.

관리들이 서로 원한을 가지고 암암리에 모함하는 일이 비일비재하게 벌어지고 있소. 그런 무리들은 한번 모함해서 실패하면 포기하지 않고, 수단과 방법을 가리지 않고 끝까지 모함하고 해치려 하니 그 행위가 가증스러울 따름이오. 이런 자들은 결국 좋지 못한 말로를 맞이하게 될 것이오. 짐이 보위에 있었던 40여 년 동안 이런 자들에 대해 단 한 번도 관대하게 대한 적이 없소.

여섯 번째 폐단은 관리들의 나태함이었다. 강희 46년 6월 24일, 강희제는 대학사들에게 이렇게 말했다.

작금에 관리들의 나태함이 극에 달하여, 무슨 일이든 하급 관리나 다른 관리에게 미루어 버리고 진지하게 일을 처리하지 않는다는 것을 알고 있소. 관리된 자는 응당 청렴하게 공무를 받들고 나라와 백성을 위해 부지런히 일해야 하거늘, 짐도 피로함에서 불구하고 아침부터 저녁까지 대신들과 정사를 논의하는데 그대들이 어찌하려 안락함만을 추구하는가?

고관대작과 귀족의 세력을 등에 업고 제멋대로 전횡을 부리는 것이 일곱 번째 폐단이었다. 강희 54년 2월 3일, 강희제는 대학사들에게 이렇게 말했다.

보아하니 각 성의 지방 관리들 가운데 고관의 자제이거나 고급 관리가 천거하여 승진한 자들이 아비나 자신을 천거한 고관의 권세를 등에 업거나, 혹은 사제 관계를 이용해 지방에서 전횡을 일삼고 있는데, 총독과 순무도 이들을 억제하지 못하고 있소. 청렴한 관리라 해도 반드시 신중에게 일을 처리해야 하거늘, 어찌하여 혼자만 청렴하다고 생각하며 아집을 부리려 하는가? 이 문제를 어떻게 해결할지에 대해 여러 관리들과 논의하고, 지방에서 전횡을 일삼고 있는 무리들을 색출하도록 하시오.

관리들의 또 다른 폐단은 이미 연로하여 정사를 제대로 처리할 수 없다는 것이었다. 강희제 재위 중반에는 태조와 태종을 따라 중원으로 들어온 신하들이 대부분 연로하여 병이 들었고, 이미 세상을 떠난 자들도 더러 있었다. 그들은 살아 있다고는 해도 너무 노쇠하여 일을 제대로 처리하지 못해 일을 미루고 그르치는 일이 많았다. 강희제는 이런 작태에 개탄하며 일이 불거질 때마다 비판을 멈추지 않았다. 강희 56년 3월 16일, 예순넷의 나이인 강희제가 대학사들에게 말했다.

조정에 나이 많은 관리들이 많고, 짐도 이제 나이가 많이 들었소. 그대들이 나이가 많다는 이유로 책임을 회피하고, 짐도 연로하여 일을 제대로 처리하지 못하면, 그 어떤 일을 순조롭게 처리할 수 있을 것이며, 하급 관리들을 어찌 다스릴 수 있겠소?

위와 같은 갖가지 폐단을 해결하고, 더 만연하는 것을 막기 위해, 강희제는 그에 상응하는 정책과 조치들을 취했고, 이로써 관직 사회의 풍토가 크게 개선될 수 있었다.

요컨대, 강희제의 관리 다스림의 도리는 중앙에서 지방에 이르는 통치 체계 가운데 자신의 뜻을 관철시킬 수 있는 유능한 관리들을 선발하고 배양해, 황태극 이후로 적체되어 왔던 구습과 폐단을 뿌리 뽑고 지방과 중앙을 함께 발전시키는 것이었다. 그의 이런 일관된 주장은 역사적으로도 높이 평가되고 있으며, 이 시기에 이르러 유가사상이 관리 다스림에 완벽하게 적용될 수 있었다.

[강희제에게 배우는 관리 다스림의 도]

一. 선함을 한 번 벌하면 온 백성이 선함을 버리고, 악함을 한 번 칭찬하면 온 백성이 약해진다.

一. 청렴한 관리는 자기 신념을 철저히 지키고, 사사로이 무리 짓지 않는다.

一. 지도자는 측근들을 청렴하게 관리하고 뇌물을 받지 않으며 청탁을 배제해야 한다.

一. 구습과 폐단을 뿌리 뽑고 관직 사회의 풍토를 바로잡아 지방과 중앙을 함께 발전시켜야 한다.

제3장

관리 다스림의 도 3
엄격한 법률로 부패를 다스린다
重典治貪

관리와 백성들의 관리를 조화롭게 처리해야 한다. 관리가 억압하면 백성들은 반드시 민란을 일으키며, 탐관오리를 처벌해야 민생이 안정될 수 있다는 것이 강희제의 투철한 생각이었다. 강희제는 탐관오리들이 백성들의 고통과 나라의 위기를 이용해 백성들을 착취하니 나라가 약해지고 있다고 생각했다. 강희 초기에 자연재해가 빈번하여 유랑민들이 속출했는데, 관리들은 빈민 구휼에 앞장서기는커녕 구휼을 위해 내려 준 전량을 착복하는 일이 비일비재했다. 강희제는 백성들의 사활은 안중에도 없이 자기 뱃속만 채우려는 관리들은 민생을 좀 먹는 해충이라고 규정하고, 탐관오리가 있는 곳에서는 반드시 민란이 발생한다고 믿었다. 그는 신하들에게 분노에 찬 어조로 "그런 자들을 그대로 두었다가 무엇에 쓰려고 하는가? 백성을 다스리는 도는 탐관오리를 엄중히 벌하고, 적체된 폐단을 일소하는 것이다."라고 말하기도 했다.

탐관오리에게는 관대함이 허용되지 않는다

강희제가 청렴한 관리를 격려하고 후한 상을 내렸지만, 청렴한 관리는 여전히 많지 않았다. 그래서 강희제는 계속 청렴한 관리를 찾아내 격려하는 동시에 부정을 일삼는 탐관오리에 대한 처벌의 강도를 점점 강화했다.

강희 8년 5월, 강희제는 오배를 숙청한 후 오배가 섭정하던 시기에 관리 천거와 탄핵이 공정하지 않게 이루어졌다며 특별히 관리에 대한 조사와 평가를 실시하고, 중앙의 3품 이상 관리와 지방의 총독과 순무를 대상으로 철저한 조사를 실시했다. 그해 9월, 대대적인 조사를 통해 면직되거나 관직이 강등된 관리가 중앙에서만 83명에 달했고, 이 중에는 상서와 시랑, 좌도어사, 좌부도어사, 내삼원학사 등이 포함되어 있었다. 이 밖에도 10여 명의 총독과 순무도 삭탈관직되었는데, 이 가운데 산서와 섬서 총독인 막락과 섬서 순무 백청액만이 현지 백성과 관리들의 요청으로 특별히 유임되었다.

삼번의 난을 평정한 후, 강희제는 군량미를 착복하는 등 심한 부정부패를 저지른 관리들에 대한 처벌에 착수했다. 시랑 의창아宜昌阿와 광동 순무 김준金俊이 각각 광동에 파견되어 상지신의 가산을 조사하고, 군량미 착복 등을 조사하는 도중에 상지신과 상인 심상달沈上達에게 뇌물로 은 89만 냥과 보물을 받았는데, 의창아와 김준은 심상달이 이 일을 폭로할 것을 두려워하여 심상달의 죽여 그의 입을 막았다. 이 사건이 발각된 후, 강희제는 고급 관리를 파견해 사건을 면밀히 조사하고, 23년 5월 18일에 사건을 마무리했다.

이 사건으로 의창아와 김준, 낭중 송아탁宋俄托, 원외랑 탁이도卓爾圖, 상지장尙之璋, 영천조寧天祚, 왕유王瑜 등에게 참수형이 내려지고, 도원都員 왕영조王永祚은 교수형에 처해졌으며, 이 사건의 심리를 맡았던 형부 시랑 선탑해禪塔海는 심상달을 모해한 사실을 밝혀내지 못한 책임을 지고 관직에서 물러나게 되었다.

이 밖에도 한족 정백기에 속하는 채육영이 반란군의 재물을 갈취해 엄벌에 처해진 사건도 있었다. 채육영은 오삼계가 반란을 일으킨 초기 호광 총독으로 있으면서 패륵 장태와 함께 군대를 이끌고 운남성으로 진격해 곤명을 공격했고, 21년(1682)에는 운귀 총독으로 임명되었다. 23년(1884) 강희제는 공부에 채육영이 군량미를 착복한 혐의가 있다는 사실을 언급했다.

강희 25년(1886) 말 채육영이 병부시랑으로 임명된 지 얼마 되지 않았을 때의 일이다. 시위 납이태納爾泰가 내대신과 강희제의 외숙인 동국유佟國維에게 채육영이 운남에 주둔했을 때 오삼계의 가산을 착복하고,

그 사실을 숨기기 위해 납이태에게 은 8백여 냥을 뇌물로 주었고, 그 아들인 채림蔡琳도 북경에서 납이태에게 1백 냥을 주었다는 사실을 폭로했다.

정황기인 문정국文定國도 채육영이 곤명을 함락시킨 후, 오삼계의 손녀(오삼계의 수하인 곽장도郭壯圖의 며느리)를 은닉하여 자신의 첩으로 삼고, 호영빈胡永賓으로부터 뇌물을 받고 석방해 주었다고 고발했다. 이에 강희제는 어지를 내려 채육영의 혐의에 대해 철저히 조사해 관련자들을 처벌할 것을 명령했다.

그 결과 이 사건에 연루된 자들이 많고 사안이 심각한 것을 알게 되었다. 형부상서 희복希福이 패륵 장태가 자신의 혐의를 인정하지 않고 있으니 다시 조사해야 한다고 보고하자, 강희제는 희복과 이부, 호부의 살해薩海 등에게 호통을 치며 꾸짖었다.

> 그대들이 어찌하여 이 사건을 심리할 수 있는가? 고의顧義의 아비 고팔대顧八代와 살해가 모두 운남으로 가서 채육영과 일통하였는데, 어찌 그들에게 이 사건을 심리하도록 할 수 있으며, 불륜佛倫과 희복이 모두 채육영과 긴밀히 결탁하고 있는데, 또 어찌 이 사건을 심리할 수 있는가?

강희제는 또 전란 시기에 채육영이 저질렀던 죄행에 대해 언급하면서, 그가 상덕을 버리고 후퇴하여 호남 일대가 모두 반란군들의 손에 넘어갔고, 운남을 수복할 때에도 대군을 따라 들어갔을 뿐이다. 동위국이 풍목령을 함락시키고 난 후에야 겨우 진용관辰龍關으로 들어간 채육영이 동위국의 공을 가로채 채육영이 병부로부터 여러 차례나 상을 받았다고 지적하고, 사건을 철저히 조사하라고 지시했다.

하지만 채육영은 황금 2백 냥과 은 8천 냥에 대한 뇌물죄만 인정했으며, 채육영의 감옥을 지키는 장경章京과 병정까지 뇌물을 받고 그에게 쇠사슬을 채우지 않았다. 이 사실을 안 강희제는 병정은 처벌하지 않고 고급 관리와 장경만을 처벌했다.

이 사건은 결국 채육영에게 참수형을 내리지 않는 대신 가산을 몰수하고, 감옥에서 석 달간 칼을 쓰고 있다가 곤장 1백 대를 맞게 했으며, 그의 식솔들은 모두 흑룡강성으로 보내진 후에 일단락되었다. 강희제는 또 이 사건을 공정하게 처리하지 않은 희복 등 몇몇 형부 관리에 대한 처벌도 빼놓지 않고 냉정하게 처벌했다. 당시 희복은 다른 사건에 연루되어 이미 관직에서 쫓겨난 후였는데도 두 달간 감옥에서 칼을 쓰고 있다가 곤장 1백 대를 맞는 벌에 처해지고 흑룡강에서 백의종군하도록 했으며, 다른 사람들도 구속되거나 유배되고, 관직이 강등되는 등 죄의 경중에 따라 처벌받았다.

강희 24년(1685)에는 목이새가 부정부패를 저지른 일이 발생했다. 그는 탐관오리들과 결탁해 뇌물을 주고받으면서 재정적으로도 나라에 손실을 끼쳤을 뿐 아니라, 정치적으로도 탐관오리들을 비호하고, 원칙을 저버리고 탐관오리들을 천거하는 등 온갖 악행을 저질렀다. 그해 6월, 어사 전옥錢鈺이 산서성에서 관리들이 세금을 추가로 거두어들여 자신의 주머니를 채우는 일이 많아 백성들이 도탄에 빠져 있다고 상소를 올렸다. 이러한 폐단은 명대부터 계속 이어져 내려온 것으로 지방에서는 매우 공공연하게 저질러지고 있었다.

산서성의 순무 목이새가 탐욕스럽다는 것을 이미 들어 알고 있던 강희제는 전옥의 보고를 받은 후 즉시 내각에 명해 목이새를 조사하도록 지시했고, 전옥이 목이새의 권세가 대단해 조사하기 어려우니 그의 관직을 박탈해 줄 것을 요청했다. 그 청을 받아들여 전량 착복과 딸을 시집보낼 때 관리들에게 과다한 선물을 요구한 죄를 들어 목이새를 해임하고 북경으로 압송해 왔다. 또한 내각에서 목이새가 인품이 높아 부정부패를 저지르지 않았을 것이라며 그를 비호하는 목소리가 출현하자, 강희제는 크게 화를 내며 누구든 탐욕을 저지르면 일벌백계할 것임을 단호하게 못 박았다. 결국 이 일로 목이새는 교수형에 처해졌고, 대학사 늑덕홍 등도 관직이 강등되었다.

강희 23년(1684) 호부에서 전량의 수입과 지출이 부합하지 않고, 지방의 총독과 순무가 국고의 은을 횡령하고 있다는 혐의가 나타나자, 강희제는 각 성의 전량에 대한 대대적인 조사를 지시했다. 조사 결과 광서 순무 시천예施天裔가 강희 20년(1681)과 21년(1682)에 거두어들인 전량을 착복한 혐의로 면직되었다.

강희제 말년에는 장백행張伯行과 갈례가 서로 탄핵한 사건이 있었다. 갈례는 산서 순무로 재직하면서 세금을 사적으로 사용하여 민생을 어렵게 했다는 이유로 어사에게 여러 차례나 탄핵을 당했지만, 증거가 불충분하여 강희제도 반신반의하며 그를 처벌하지 않고, 오히려 48년 7월에는 그를 강서강남 총독으로 임명했다. 강서강남 총독이란 강남과 강서 두 지역을 관할하는 직책으로서, 강남에는 강소와 안휘가 포함되어 있어 관할 지역이 넓어 권세도 대단한 직책이었다. 강서강남 총독으로 임명되자 갈례는 물 만난 고기처럼 마음껏 전횡을 부리며 자신의 탐욕을 채우기 시작했다.

그는 부임한 지 몇 달도 채 안 되어 강소 순무 우준于准과 포정사 의사공宜思恭, 안찰사 초영한焦映漢 등을 모두 탄핵하며, 새로 임명된 순무이자 천하제일의 청백리라는 장백행과 충돌하게 되었다. 51년 2월, 장백행은 갈례를 탄핵하는 상소를 올려, 강희 51년 과거에서 갈례가 은 50만 냥을 받았다고 폭로했다. 갈례도 이에 지지 않고 장백행의 주장은 사실이 아니며, 무고한 사람을 모함하고 친한 친구를 비호했다는 등 일곱 가지 죄행을 들어 장백행을 탄핵했다. 이에 강희제는 상서 장붕핵과 총조總漕 혁수赫壽와 상서 목화륜穆和倫, 장정추張廷樞 등에게 엄밀히 조사하고 심리할 것을 지시했다.

그들이 모두 갈례를 비호하고 나서자 사건의 진위를 정확하게 판단하기 어려웠다. 그렇지만 강희제는 갈례가 장백행과 친밀한 관계를 맺고 있는 청렴한 소주 지부 진붕년을 모함했던 일과 활쏘기와 말 타기 실력이 모두 형편없다며 중군부장中軍副將 이인李麟을 탄핵했던 일을 생각하며 갈례가 인품이 바른 관리가 아니라는 점을 어느 정도는 짐작하고 있었다.

당시 갈례는 진붕년이 시를 지어 황제를 비난했다며 진붕년을 모함했지만, 강희제는 진붕년의 시에서 아무런 혐의점을 발견할 수 없었고, 이인에게 직접 활을 쏘고 말을 타게 해 보니 갈례보다는 실력이 훨씬 뛰어났다.

이 두 가지 일로 강희제가 갈례를 의심하고 있던 차에 장백행과 서로 탄핵하는 일이 발생했던 것이다. 게다가 처음에 사건을 조사하라고 보낸 관리가 갈례의 저지로 조사하지 못하고 되돌아오고, 그 후에 다시 직위가 높은 관리를 보냈을 때에도 사건의 진상을 밝혀내지 못하니, 강희제의 의구심은 더욱 커졌다. 강희제는 이 사건이 탐관오리와 청백리의 오래된 갈등과 만주족과 한족 관리들의 내분을 반영하고 있다고 직감하고, 단호한 태도로 일을 공정하게 처리해야 한다고 생각했다. 그는 6부의 고급 관리들을 모아 놓고 이렇게 말했다.

짐은 갈례를 믿을 수가 없소. 만약 장백행이 아니었다면 강남 민생이 더욱 도탄에 빠졌을 것이라 생각하오. 그대들은 청렴한 관리를 장려하는 짐의 뜻을 충분히 헤아려 바른 관리가 의심을 받지 않도록 해야 할 것이오.

하지만 고급 관리들은 여전히 갈례에 대한 처벌에 동의하지 않았다. 그러자 강희제는 어쩔 수 없이 직접 나서서 51년 10월 12일에 장백행을 유임시키고 갈례를 해임했으며, 후에 갈례가 자신의 모친을 독살하려고 한 일이 일어나자 그에게 스스로 목숨을 끊고, 그의 처도 따라 죽을 것을 명했으며, 그의 양자인 건태乾泰는 흑룡강으로 유배시키고, 그의 가산을 몰수했다. 강희제는 탐관오리를 처벌함에 있어서 다음의 두 가지 방면에 중점을 두었다.

첫째, 탐관오리에 대한 처벌에 있어서는 절대로 관용을 베풀지 않았다. 강희제 재위 시기에는 일단 부정부패 행위가 드러난 관리에 대해서는 원칙적으로 참수형이나 교수형이 아니면 참감후斬監候나 교감후[6]絞監候에 처해졌다. 강희 26년, 형남도荊南道, 조택심祖澤深이 금 7냥과 은 40냥을 부정한 행위를 통해 손에 넣었고, 지강현관枝江縣官 조가성趙嘉星이 420냥을 착복한 일이 발생하자, 모두 면직하고 교감후에 처하고, 그해 가을에 처형했다. 또한 탐관오리의 부정부패에 연루된 자들에게도 중벌을 내렸다.

강희 27년(1688) 색이손索爾遜이 지현 왕연령王延齡의 죄를 심리하는 과정에서 은 160냥을 받자 교수형에 처했고, 섬서 순무 포아노布雅魯도 색이손의 죄를 심리하는 과정에서 그의 가족에게 뇌물을 받은 죄로 면직되었다. 강희제는 또 탐관오리의 죄에 대해 절대로 관대함을 베풀지

---

6. 임시로 판결하고 처결을 늦추는 형벌. 참감후는 참수형을 미루는 것이고, 교감후는 교수형을 미루는 것이다.

말 것을 여러 차례 당부했다.

둘째, 부정부패를 저질러 투옥된 탐관오리들은 절대로 사면해 주지 않았다. 강희 34년(1697) 대사면을 실시할 때에도 탐관오리들은 '10악'을 저지른 범죄자와 동일하게 취급해 절대로 사면해 주지 않았다. 강희 38년 남쪽을 순행하면서 남부 지방에 대한 대사면을 실시했는데, 죄인들 가운데 10악을 저지른 자와 탐관오리에게는 관용을 베풀지 않는다고 단호하게 규정했다.

다스리기 위해 관대함을 베푼다는 것이 강희제의 일관된 주장이었고, 실제로도 죄인들이 되도록 처형당하지 않고 살 길을 찾을 수 있도록 특별히 인자함을 베푼 경우가 많았다. 하지만 관리들의 부정부패와 10악, 군기 누설 등은 동일하게 대해 일률적으로 사형에 처하고 사면해 주지 않았다.

일부 죄상이 심각하지 않은 관리들의 범죄에 대해서도 강희제가 사안이 중대하다고 생각하면 곧바로 중형에 처해졌다. 강희 26년(1687) 12월, 시랑 액성격額星格 등이 몽고의 관마官馬를 사육하면서 자신의 말도 함께 사육하다가 형부에 발각되었는데, 액성격과 나파극喇巴克 등이 모두 면직되고, 색흑신色黑臣은 관마에게 먹일 풀을 살 돈을 착복한 죄로 교감후에 처해졌다.

강희제는 24년(1685)에 광동과 운남에서 추심秋審을 실시할 때에도 탐관오리의 죄는 절대로 관대하게 처리할 수 없음을 재천명했다. 54년(1715) 산서 순무 소극제蘇克濟가 태원 지부 조봉조趙鳳詔가 30여만 냥을 부당한 수법으로 얻었다고 탄핵했을 때에도, 조봉조가 청렴하기로 이름난 관리 조신교趙申喬의 아들임에도 불구하고, 부패가 사실로 드러나자 가차 없이 처벌했다.

전제제도 아래에서 지주계급인 관리들의 부패를 근절하는 일은 결코 쉬운 일이 아니었다. 하지만 강희제는 관리들의 기풍을 바로잡고, 탐관오리를 엄하게 처벌하면서 관직 사회의 질서 확립에 있어서 큰 효과를 거둘 수 있었고, 부패를 저지른 사실이 드러나기만 하면 모두 면직하거나 처형하면서 관리들의 부정부패를 최대한 억제할 수 있었다.

부패를 단속해 민란을 예방한다

청 초기에는 계급 간의 모순과 민족 간의 갈등이 심했는데, 여기에 관리들의 부정부패가 겹쳐 모순이 더욱 심화되었다. 이 가운데에서도 특히 신흥 지주로 전환되고 있는 만주족 귀족과 한족 농민들이 가장 첨예하게 대립하고 있었다. 만주족 귀족들은 자신들의 특권을 이용해 닥치는 대로 토지를 겸병했고, 탐관오리들은 백성들의 재물을 갈취하기에 바빴다. 날로 심화되는 사회적 갈등과 모순을 해결하기 위해 강희제는 우선 탐관오리를 색출하고 처벌하는 데 주력했다.

청 초기 삼번의 난을 계기로 탐관오리들의 가렴주구가 점점 더 심각해지기 시작했다. 만주족 군대와 귀족들 사이에 부정부패가 빠르게 퍼져 나갔는데, 당시 만주족 귀족이 딸을 한 명 시집보내려면 수십 가구의 재산이 바닥날 정도의 돈을 쓴다는 말이 공공연하게 유행할 정도였다. 사치라면 한족 관리들이 만주족 관리보다 더하면 더했지 덜하지 않았다. 그런데 관리들이 쓰는 이 돈은 어디에서 나오는 것이었을까? 강희제의 말을 빌리자면 그 돈들은 국법을 우롱하여 백성들에게서 착취하거나 뇌물로 받은 것이었다. 강희제는 탐욕과 부패는 만주족과 한족 관리들이 다름이 없었다고 통탄했다.

 탐관오리들의 전횡이 극에 달해 나라의 근본이 흔들릴 지경까지 오니 강희제의 근심과 분노가 이만저만이 아니었다. 관리들은 전제주의 통치를 든든히 떠받치는 기둥이었지만, 그들이 탐욕과 부패를 일삼으면서 사회의 모순이 격화되니, 주객이 전도되어 전제통치의 존재마저 위협하는 수준에 다다른 것이었다. 강희제는 법률을 중시하고 탐관오리를 처벌하는 방법으로 민생을 보살피고 민란이 발생하는 것을 막았고, 그의 이런 정책은 계급 간의 모순과 갈등을 완화하고 전제통치제도를 안정시키는 데 크게 이바지한 것으로 평가되고 있다.

 강희 36년, 강희제는 두 차례에 걸쳐 서쪽 지방을 순행하면서 산서와 섬서성 백성들이 부역과 세금으로 몹시 어려운 생활을 하는 것을 직접 보고, 그 이듬해 3월 16일에 나이가 많다는 이유로 섬서 순무 당애黨愛와 안찰사 납루納縷를 해임했으며, 그 후 혹정에 시달리던 백성들이 더 이상 참지 못하고 민란을 일으키고, 많은 백성들이 산속으로 도망쳐 유민이 되자, 부정부패를 일삼던 산서 순무와 산서 포정사를 모두 해임해 형부에 넘겨 처벌했다.

 강희제는 대학사 등에게 갈단 세력이 토벌되어 변방 지역이 평정되었으니 이제 관리들을 단속해 민생을 안정시키는 것이 급선무라고 강조하며, 성난 목소리로 "짐은 갈단보다도 탐관오리를 더욱 증오하고 있소!"라고 말하기도 했다. 또한 새로 순무로 임명된 왜륜倭倫이 부임하자마자 용정龍亭을 지으니 이를 호되게 질책하며 공사를 중단시켰고, 영하寧夏로 순행을 나갔을 때에는 황궁으로 황제를 배알하러 오지 않았다는 이유로 계획적으로 감숙 순무 곽홍郭洪을 면직하고 형부에 넘겨 흑룡강으로 유배시켰다. 강희제는 단 6개월 사이에 서쪽으로 두 차례나 순행을 실시해, 백성들을 착취하던 산서와 섬서, 감숙의 순무와 포정사, 안찰사를 교체해 민생을 안정시켰다.

강희제는 또 탐관오리 처벌에 있어서는 만주족과 한족 관리를 구분하지 않았다. 강희 37년, 광동과 운남, 산서, 직예 등지에서 잇따라 민란이 발생했다. 모두 소규모 민란인 까닭에 곧 진압되었지만 강희제는 관리에 대한 감찰 활동을 강화했다.

산동에 기근이 발생해 굶어죽는 백성들이 속출했지만 순무 이봉李烽이 이를 조정에 보고하지 않자, 강희제는 백성들을 구휼하지 않았다는 죄명으로 그를 면직했고, 그 후 나이가 많다는 이유로 직예 순무 심조빙沈朝聘을 하도 총독이었던 우성룡으로 교체하고, 얼마 안 가 다시 이광지로 교체했다. 사천 포정사 변영식卞永式은 전량을 거두어들이면서 은을 4만 냥이나 더 거두어들이고 순무 능태能泰와 나누어 가졌지만 이미 병사해 순무 능태만 교감후에 처해졌다가 가을에 처형되었다.

운남과 귀주 총독 왕계문王繼文도 북경에 황제를 배알하러 왔다가 백성들의 어려움을 보고하지 않았다는 이유로 해임되었고, 용정을 지으려다가 강희로부터 저지당했던 왜륜도 수하의 지부가 공금을 횡령해 관직이 3급 강등되었다. 이 밖에도 섬서성 탐관오리들이 결탁하여 백성들로부터 십수만 냥의 은을 갈취한 사건도 2년여에 걸친 조사가 끝나고 마무리되어, 관련된 관리들에 대한 처벌이 이루어졌고, 총독 오혁吳赫도 다른 사건에 연루되어 면직되었다.

강희 38년 5월, 세 번째 남부 지역 순행에 나섰던 강희제는 절강과 강소 지역 백성들의 생활이 예전보다 열악해진 것을 보고 이상하게 여겨 조사를 실시했고, 그 결과 부와 주, 현관들이 공금을 빼돌렸다는 사실을 밝혀내고 관련자들을 엄격히 처벌했다.

강희 39년(1700)에는 또 공부상서 살목합에게 치수 공정에 지원된 전량과 은이 공부의 사관司官과 필첩식에 의해 횡령되었는데도 그 사실을 전혀 알지 못하고 있다며 해임하고, 공부의 각종 폐단을 엄밀히 조사하라고 지시했다. 조사를 통해 적발된 비리에 연루된 자들을 모두 엄중히 처벌했다. 이 밖에도 사천 포정사 변수식이 '화모火耗'를 통해 공금을 횡령하고, 이 중 2만 냥이 순무인 능태에게 들어간 것을 적발해 변수식과 능태를 각각 교수형과 교감후에 처했다. '화모'란 백성들에게 규정된 조세 외에 추가로 조세를 받아들여 관리가 사적으로 횡령하는 것이다.

강희제는 관리에 대한 요구가 엄격해 백성들에게 관심이 없다는 이유만으로도 처벌했다. 42년(1703) 산동 지역에 재해가 발생했는데 각 성의 관원들이 평소에 만일에 대비해 곡식을 비축하지 않았다는 점이 드러나 민생이 안정을 회복할 때까지 모든 관리의 승진이 중단되었다. 그 후에도 산동 순무 포정사가 산동성의 재난을 과장 보고해 조정의 지원을 더 얻어내 횡령하려고 했다가 처벌을 받았다.

강희제는 관리들이 책임감이 약해 실수를 저지른 경우에도 관용을 베풀지 않았다. 강희 26년(1687) 10월에는 상인 양국청楊國淸 등이 조정에 녹나무를 바쳤는데, 공부관리들이 오랫동안 받지 않고 방치했던 사실이 드러나 부임한 지 얼마 되지 않은 공정당工程堂 아란태阿蘭泰와 부랍탑이 모두 관직이 강등되었다.

관리 다스림의 도 · 483

|【강희제에게 배우는 관리 다스림의 도】|

一. 백성을 다스리는 도는 탐관오리를 엄중히 벌하고, 적체된 폐단을 일소하는 것이다.

一. 관리가 억압하면 백성들은 반드시 민란을 일으키며, 탐관오리를 처벌해야 민생이 안정될 수 있다.

一. 탐관오리의 처벌에 있어서는 절대로 관용을 베풀지 말고, 부정부패를 저질러 투옥된 자들은 절대로 사면해 주지 말아야 한다.

一. 관리들의 기풍을 바로잡고 탐관오리를 엄하게 처벌하면 관직 사회의 질서 확립에 큰 효과가 있다.

제4장

관리 다스림의 도 4
관대함과 엄격함을 겸비한다
寬嚴相濟

'관대함'과 '엄격함'을 적절히 조화시켜야 한다. 민생을 안정시키기 위해 관리들을 조사하고 탐관오리들을 처벌하였지만, 탐관오리에게 너그럽게 대하면 민란이 일어날 수 있고, 너무 엄격하게 대하면 '관변官變' 즉 관리들의 반란을 일으킬 수 있었다. 관리 역시 백성이기 때문에 탐관오리라고 해도 때로는 감싸고 보듬어 안아야 했다. 이로움과 해로움이 균형을 이루는 상황이 가장 이상적이었다. 관대함과 엄격함을 판단하는 잣대는 통치 계급 내부의 모순이 심각한지, 혹은 백성들 사이의 갈등이 심각한지였다. 강희제는 관리에 대해서는 비교적 관대하여, 문제를 발견하면 엄벌에 처하기보다는 교육에 중점을 두었고, 이를 통해 통치 계급 내부의 모순을 완화하고 통치 기반을 확고히 다졌다. 강희제의 관리 다스림의 기본적인 관점은 "탐관오리는 먼저 훈계하고, 그래도 악행을 고치지 않으면 탄핵한다."라는 것이었다.

관대함과 엄격함을 함께 갖추고 편안함을 추구한다

강희제는 관리 사회의 질서를 바로잡기 위해, 관리들의 공과를 엄격히 판단하고, 공을 세운 관리에게는 후한 상을 내리고, 실수를 범한 관리는 엄격하게 벌했다. 이를 통해 중앙에서 지방에 이르기까지 방대한 통치제도가 정상적으로 돌아갈 수 있었으며, 민생의 수준이 향상되고 정치가 평안해졌다. 그러나 당시 사회에는 지주의 타락과 부패가 극에 달해, 지방의 주현이나 총독, 독무들은 중앙의 관리와 함께 일을 처리하려면 뇌물을 주지 않고서는 불가능했고, 지방 관리들은 뇌물을 바치기 위해 백성들을 착취할 수밖에 없었다.

강희제가 이러한 일들을 계속 금지하고 엄격한 제도를 시행했지만 그 아래에서 이를 제대로 이행하지 않아, 각급 관리들이 서로 결탁하여 무리 짓고, 뇌물을 받는 등 폐단이 끊이지 않았다. 문관은 '화모' 방식으로 세금을 추가로 거두어들이고, 무관은 군량미를 착복하는 일은 이제 완전히 공공연한 비밀이 되어 버렸다. 강희제도 오래 전부터 이런 폐단을 알고 있었지만, 통치 계급 내부의 갈등을 완화하고 관리들이 단결해 통치 기반을 확고히 한다는 차원에서 관리에 대해 비교적 관대하게 대했다. 또 문제가 발생하면 엄하게 처벌하기보다는 교육에 중점을 두었다. 또한 새로 임명된 총독과 독무에게는 지방을 안정시킬 것을 재삼 당부하고, 탐관오리에 대해서는 우선 훈계하고, 그래도 악행을 고치지 않으면 탄핵했다.

재위 중기 이후에는 주현 관리들이 전량을 조금씩 더 거두어들이는 것에 대해서 묵인해 주었다. 고급 관리에 대해서는 자세하게 조사하기는 했지만 심하게 처벌하지는 않았다. 예를 들어, 강희 49년(1710) 7월에는 호부관리 176명이 총 64만 냥이 넘는 뇌물을 받은 사건이 있었는데, 강희제가 크게 화를 내며 보고를 받은 자리에서 뇌물을 받은 자들을 모두 삭탈관직 시켰다. 하지만 뜬 눈으로 밤을 새우며 고민하던 강희제는 다음날 전날의 명령을 번복했다.

호부상서 희복납希福納만을 면직하고, 나머지에 대해서는 기한을 주어 받았던 뇌물을 모두 다시 돌려주도록 했다. 강희 51년 11월에는 본래 강남강서 총독으로 임명되었던 아산과 강소 순무 송락색宋犖索이 뇌물을 받은 일이 있었지만 모두 연로하다는 이유로 처벌을 면해 주고, 때로는 냉정하고 가혹하다며 탐관오리를 탄핵한 청렴한 관리를 질책하기도 했다.

그는 또 형벌보다는 훈계를 통해 관리들을 경고했다. 강소 순무 장백행이 평소에 성리학을 신봉하고 청렴한 관리로 칭송이 자자했는데, 강희제는 탄핵 상소를 너무 많이 올린다며 그를 나무란 적도 있다. 또한 그는 말만 번지르르하고 헛된 명성을 가지고 있는 관리는 호되게 질책했는데, 이 점은 청렴하여 명망이 높은 고급 관리에게도 예외가 아니었다.

강희 54년(1715), 호남 순무인 진빈이 관리들의 '화모'를 금지시켜 사적으로 횡령하는 것을 금지해 달라고 건의하자, 강희제는 화모는 본래 금지된 것이지만 사실상 완전히 근절하기가 어려우니 어느 정도는 용인해 줄 것이라고 말하고, 대신들을 불러 놓고 이렇게 말했다.

진빈은 지방의 고급 관리로서 민생을 보살피는 것이 그 임무인데, '화모'를 금지하려거든 그대로 금지하면 그만이지 상소를 올릴 필요가 있겠소? 이는 자신이 청렴하다는 것을 보여 주기 위해 일부러 한 일이 분명하오. 나라를 다스린 지 50년이 넘은 짐도 화모를 금지시키지 못하고 있거늘, 한낱 순무에 불과한 진빈이 어찌 화모를 금지하겠다고 하는 것이오? 진빈은 실제로 그 일이 얼마나 어려운지 알지 못하고 말로만 외치고 있는 것이니, 관리된 자로서 허황된 말만 내세우고 헛된 명예만 추구하려 하는 것은 옳지 않소. 대신들도 이 점을 유념하시오.

강희제는 문신보다도 무신들에게 더 관대하게 대했는데, 군대는 전제정권을 지탱하는 가장 든든한 기둥이었기 때문이다. 강희 43년 (1704) 11월, 사천섬서 총독 박제가 양주 총병관 위훈魏勛이 나이가 많다며 탄핵하는 상소를 올리자, 강희제는 위훈과 섬서 제독 반육룡潘育龍 등이 모두 오래된 신하이기 때문에 위훈을 해임하려면, 반육룡 등도 함께 해임해야 하는데, 많은 장수들을 한꺼번에 해임하면 다른 장수들이 불안하다는 이유로 탄핵 상소를 받아들이지 않았다. 그 후에도 강희제는 총독과 순무들에게 어지를 내려 무관들에게 심하게 대하지 말 것을 특별히 당부했다.

지방에서 화모가 특히 성행하자, 강희제는 무관들에게는 이례적으로 사적으로 운용할 수 있는 전량의 양을 정해 주었다. 하지만 제독이 이 양에 만족하지 못하고 여러 가지 구실을 붙여 이보다 더 많은 전량을 사적으로 운용했고, 그 후로는 점차 총병과 부장, 유격遊擊, 도사都司, 수비守備, 천총千總 등도 전량으로 자신의 주머니를 채우는 데만 급급하니, 하급 사병들에게 돌아가는 돈은 본래 규정된 액수의 10분의 1에도 못 미쳤다. 무관들의 전량 횡령이 날로 심각해지자, 병정들은 생계를 유지하기도 힘들어 여기저기에서 병정들이 반란을 일으켰다.

강희 48년 12월에는 광동우익진廣東右翼鎭 녹영병綠營兵에서 유격遊擊과 우영우격右營遊擊이 사병들을 학대하자 참다못한 병정들이 집단으로 탈영했다가 현지 현관과 총병이 회유하여 며칠 후에 겨우 복귀했다. 강희제는 이 사건을 계기로 군대에 대한 대대적인 정비를 결심하고, 이때부터 사적으로 운용할 수 있는 전량의 양을 제한하고, 군기를 수립하는 등 일련의 개혁 정책을 실시했다. 하지만 그는 장수들이 군대에서 주도적인 위치에 있기 때문에 자칫하다가는 큰 군란을 초래할 수 있다고 생각했다. 강희제는 징계보다는 장수들에 대한 교육에 중점을 두어, 매우 온건하고 점진적인 방법으로 개혁을 실시해 개혁이 가져오는 충격을 줄이기 위해 노력했다.

강희 55년 4월, 소주부 숭명현崇明縣 수사 총병관 호준胡駿이 군량미를 횡령하는 것은 물론 갖가지 트집을 잡아 병정들을 때리니, 이에 불만을 품은 병정들이 들고 일어나 총병 관아로 달려가 담을 부수는 일이 벌어졌다. 현지 총독과 순무, 제독이 사병들을 달래어 가까스로 일이 커지는 것을 막았지만, 병정들을 학대한 호준을 해임하면 사병들이 더욱 득의양양해져 대규모 군란으로 이어질 것을 염려하여 호준에게는 징계를 내리지 않았고, 강희제도 이 사실을 보고받았지만 묵인해 버렸다.

강희 58년 2월에는 새로 부임한 강남 제독 조박趙珀이 전임 제독과 마찬가지로 자신도 매월 970냥의 전량을 사적으로 운용하겠다고 상소를 올렸지만, 강희제는 이를 700냥만 허락해 주었다. 60년 8월에는 신임 강남 제독이 군대의 전량 착복이 심각한 것을 보고 철저히 조사하여 관련자들을 징계하여, 군대의 분위기를 일신했다. 그는 자신의 행동이 황제로부터 칭찬을 받을 것이라고 믿었지만, 황제로부터 돌아온 것은 뜻밖에도 호된 질책뿐이었다. 강희제는 모든 일은 안정과 중용을 중시하여 처리해야 하며, 잘못을 저지른 자들에게 모두 중벌을 내리면 반감을 사게 되니, 도리어 부작용을 초래할 수도 있다고 그를 나무랐다.

융통성을 갖고 부패를 단속해야 한다

조모인 효장태후가 세상을 떠나자 강희제는 큰 슬픔에 잠겼다. 그런데 강희제가 그 슬픔에서 벗어나기도 전에 냉정하리만치 공평무사한 것으로 유명한 허사 곽수郭琇가 상소를 올려 하무 총독인 근보와 그 측근의 관리들을 탄핵했다. 곽수는 상소에서 근보의 치수 사업이 제대로 이루어지지 못하고 있는 것이 조정 대신들이 붕당을 짓고 세력 다툼에만 급급하기 때문이라고 질책했지만, 치수 사업에 투입된 공금 횡령과 관리들의 뇌물수수 등 금전적인 문제도 꼬집고 있었다.

강희제는 이 상소를 통해 관리들이 붕당을 만들고 붕당끼리 배척하는 행태를 절대로 용납할 수 없다고 생각했고, '명주당明珠黨사건'이라 불린 이 일로 인해 대학사 늑덕홍과 명주, 여국주 등이 관직에서 쫓겨났다.

또한 강희제는 명주당사건을 처리하는 과정에서 관리들 사이에서 뇌물수수, 매관매직 등 부정부패가 만연해 있다는 점을 깨달았고, 자세하게 조사하지는 않았지만 탐관오리들의 뿌리 깊은 악습이 심각한 상태에 이르러, 수면 위로 나타난 한두 가지 일만 처리해서는 해결될 문제가 아니라는 것을 알게 되었다. 그리고 얼마 안 가 강희제로부터 총애를 받고 있는 서건학과 고사기 등이 연루된 사건이 발생하게 되었다.

서건학은 강남 곤산昆山 출신으로서 강희 9년에 진사로 급제해 벼슬길에 오르게 되었는데, 관직생활이 처음에는 그리 순탄하지 않았지만, 강희 21년에『명사明史』편찬 총지휘관으로 임명되었다가 몇 년 후 그는 곧 남서방을 거쳐 내각학사로 임명되었고,『대청회전大淸會典』과『대청일통지大淸一統志』를 편찬하는 데 부지휘관을 맡게 되었다. 강희 26년 9월에는 다시 좌도어사로 승진했다가 반년도 채 안 되어 다시 형부상서의 자리에 올랐다. 그의 관직운은 그야말로 탄탄대로였다.

고사기 역시 강희로부터 큰 신임을 얻은 관리였다. 북경에 처음 올라왔을 때, 그는 가난한 서생에 불과했고, 북경에 온 목적도 단지 먹고 살 길을 찾는 것뿐이었다. 그런데 아주 우연한 기회에 강희제를 배알하게 되었고, 그의 붓글씨 솜씨가 강희제의 마음을 사로잡아 버렸던 것이다. 그 뒤로 고사기는 청운의 뜻을 품은 채 순풍을 타고 비상하기 시작했다. 그는 관례를 깨고 한림원에 들어가게 되었고, 남서방 관리를 지내는 등 강희제의 총애를 한 몸에 받았다.

그런데 이 두 관리가 모두 황제가 가장 싫어하는 붕당사건에 휘말리게 된 것이었다. 아끼는 관리 둘이 연루된 사건을 앞에 두고 강희제는 고민에 휩싸였다. '명주당사건'은 서건학이 막 형부상서에 임명되었을 때 불거졌다. 처음에는 그 둘은 이 사건과 관련이 없었다. 하지만 얼마 후 탐관오리인 호북 순무 장비張㴱가 심문을 받던 중에 자신이 뇌물을 바쳤던 중앙 관리들의 이름을 실토했는데, 그중에 서건학과 고사기의 이름이 포함되면서 그 둘에게까지 이 사건의 불똥이 튀게 되었다. 강희제도 그 사실을 알고 크게 화가 났지만 너무 많은 사람이 연루되어, 그들을 모두 처벌하면 그 범위가 너무 넓다는 이유로 확실한 증거가 발견된 사람만 처벌했다.

황제의 특별한 '배려'로 관직에 머물러 있게 된 서건학과 고사기는 이미 위신이 땅에 떨어져 조정에서 얼굴을 들고 다닐 수 없을 정도였지만, 이것저것 핑계를 대며 자신들의 행위를 정당화시키고, 황제에게 낙향하여 조용히 살겠다는 뜻을 밝혔다. 너그러운 강희제는 곧 그 둘을 원래의 관직에서 해임했지만, 그래도 완전히 떠나보내기가 아쉬웠는지, 그들에게 수서修書를 관리하는 직책을 맡겼다.

이 사건을 이렇게 가볍게 처리한 것은 명주당사건이 발생하자마자 조정을 발칵 뒤집어 놓은 데다가 사건을 더욱 확대시키면 관리 사회가 크게 불안해질 것이고, 또 뇌물수수를 이유로 지방 관리들을 벌써 여럿이나 처형한 상황에서 중앙으로까지 이 사건을 확대하면 백성들이 조정을 불신할 것을 염려했기 때문이다.

하지만 강희제에게는 입 밖에 내기 힘든 또 다른 고민이 있었다. 바로 한족 관리들에 대한 포용정책이었다. 청이 처음 중원으로 들어와 정권을 잡았을 때에는 많은 한족 관리들이 '오랑캐 정권'을 섬길 수 없다고 저항하며 '반청복명反淸復明' 투쟁을 벌였고, 특히 철학계의 주도권을 장악하고 있는 한족 유생들이 청에 크게 반대했는데, 점차 정국 혼란이 가라앉고 민생이 안정되면서 반청 감정도 수그러들었다. 하지만 적지 않은 한족 지식인들이 여전히 청을 섬기기를 거부하고 있다는 사실을 부인할 수는 없었다. 특히 유명한 철학가이자 대학자인 고염무顧炎

武는 죽어도 청 조정과 손을 잡을 수 없다는 입장을 고수하고 있었고, 고염무를 주축으로 한족 지식인들이 세력을 이루고 있었다.

강희제가 서건학과 고사기와 같은 한족 관리들을 처리하는 데 신중을 기할 수밖에 없었던 이유가 바로 여기에 있다. 이 둘을 섣불리 건드렸다가는 한족 관리에 대한 포용정책 자체가 뿌리째 흔들릴 수도 있는 상황이었다.

당시 서건학의 아우인 서원문徐元文이 대학사를 지내고 있었고, 또 다른 아우인 서병의徐秉義는 진사 급제 후 춘방우중윤春坊右中允으로 있었으며, 고염무가 바로 서건학의 외숙이었다. 고사기 역시 서건학 못지 않게 많은 한족 지식인들을 주변에 두고 있었기 때문에, 이 둘에 대한 처리가 사회적으로 큰 반향을 불러일으킬 수 있었다. 바로 이런 이유 때문에 강희제는 그 둘에게 채찍을 가하지 않았을 뿐 아니라, 강희 28년 남쪽 지방을 순행할 때에는 특별히 항주에 있는 고사기의 저택인 '서계산장西溪山庄'을 찾아가 '죽창竹窓'이라는 편액을 하사하기도 했다.

하지만 서건학과 고사기에게 최대한의 관용을 베풀려던 강희제의 의지에도 불구하고, 강희 28년 9월에 조정의 감찰기관인 도찰원과 강직하기로 이름난 좌도어사 곽수와 좌도부어사 허지례許之禮 등이 상소를 올려 부패한 관료들을 해임할 것을 강력하게 요구하자, 강희제도 어쩔 수 없이 서건학과 고사기를 포함한 관리들을 삭탈관직 시켰다.

|【강희제에게 배우는 관리 다스림의 도】|

一. 탐관오리들을 너그럽게 대하면 민란이 일어날 수 있고, 너무 엄격하게 대하면 관리들이 반란을 일으킬 수 있다.

一. 사회의 질서를 바로잡기 위해 관리들의 공과를 엄격히 판단하고, 공을 세운 관리에게는 후한 상을 내리며 실수를 범한 관리는 엄격하게 벌해야 한다.

一. 징계보다는 교육에 중점을 두어 온건하고 점진적인 방법으로 개혁을 실시해야 한다. 갑작스런 개혁으로 인한 충격을 줄일 수 있다.

제5장

관리 다스림의 도 5
제한과 허용을 융통성 있게 처리한다
收放自如

고삐를 '죄고[收]' '푸는[放]' 것을 융통성 있게 처리해야 한다. 말을 다루는 데 있어서 고삐를 언제 죄고, 언제 푸는가가 중요하듯, 관리들을 다스릴 때에도 고삐를 죄고 푸는 것, 즉 제한과 방임을 잘 조절하는 것은 매우 어려우면서도 중요한 일이다.

가장 이상적인 것은 황제가 신하들에게 위엄 있는 태도를 유지하면서도 감정적으로 잘 융화되는 것인데, 강희제는 "군신의 구별이 엄격하기는 하지만, 상하관계가 잘 조화를 이루어야 한다. 당송의 태평성대에는 신하들이 아침저녁으로 근면하게 일하고 조정에 수시로 드나들며 황제와 교감을 나누었다."라고 말했다.

지도자의 위엄을 엄격하게 유지한다

    강희제는 스스로에게도 엄격했지만 관리들에 대한 요구도 매우 엄격했다. 황제로서 강희제의 위엄이 가장 잘 나타나는 때는 바로 '어문청정御門聽政'을 진행할 때였다. '어문청정'이란 황제가 대전에서 신하들에게 보고를 받는 것이었다. 어문은 관리들이 마음대로 행동할 수 없는 곳이었지만 황제는 신하들로 하여금 자신에게 진심으로 복종하도록 하기 위해 자신이 먼저 신하들에게 위엄 있는 모습을 보였다.
    강희제는 어려서부터 조모인 효장태후에게 단정하게 앉도록 훈련을 받았다. 끊임없이 공부하고 성실하게 정사를 돌보는 것 역시 그때 효장태후로부터 배운 것이었다. 강희제는 품행과 풍모에서부터 신하들로 하여금 저절로 존경심을 갖게 했을 뿐 아니라, 웅대한 정치적 이상으로써 신하들을 압도했다. 게다가 당시의 정치체제가 신하가 황제의 노비나 마찬가지인 군주체제였다는 점을 생각하면, 신하들에게 있어 황제가 과연 어떤 존재였는지 상상할 수 있다.

관리들은 관직의 고하에 따라 무릎을 꿇고 황제 앞에 엎드렸고, 각부의 상서들이 보고 상소가 담긴 나무함을 황제의 탁자에 올려놓고 그 내용을 구두로 다시 보고했다. 강희제는 대부분 질문을 하지 않고 조용히 보고 내용을 경청했고, 매우 급박한 사안인 경우에만 그 자리에서 질문하거나 신하들의 의견을 묻고 대응조치를 결정했다. 하지만 어떤 경우에든 강희제는 보고를 듣고 정사를 논의하는 데에만 정신을 집중시켰으며, 신하들 중 누구라도 한눈을 팔거나 산만한 행동을 하면 황제의 호통을 피할 수 없었다.

강희 19년 10월 15일, 어문청정의 자리에서 있었던 일이다. 삼법사가 보고할 차례가 되었는데, 형부시랑 고형高珩이 그 내용을 경청하지 않고 다른 생각을 하고 있었다. 그런데 삼법사의 보고가 끝나자 강희제가 고형을 지목하며 삼법사의 보고 내용을 다시 한 번 이야기해 보라고 하는 것이었다. 고형이 제대로 말하지 못하자, 강희제는 그 자리에서 고형을 호되게 야단쳤다. 또한 보고를 하는 신하가 격식을 제대로 차리지 못하거나 관련 규정을 어겼을 때에는 심하게 호통을 치며 당장 밖으로 내보내기도 했다.

어문청정 때에는 보고문 없이 구두로 하는 것이 대부분이었지만, 중대한 사안의 경우에는 반드시 보고문을 들고 그대로 읽어야 했다. 이런 경우에 아무 자료도 없이 구두로만 보고할 경우에는 황제로부터 질책을 받았다. 강희제가 신하들에게 이렇게 엄격하게 대한 것은 전제군주 사회에서 황제의 통치는 그저 형식적인 것이 아니라 사회의 안녕과 국가의 존망과 직결되는 매우 중요한 일이었기 때문이다.

강희제가 정사를 돌봄에 있어서 신하들에게 얼마나 신중하고 진지한 자세를 요구했는지를 잘 알려 주는 일화가 있다. 삼번의 난이 일어난 지 얼마 되지 않았을 때의 일이다. 지방 장령들의 임무를 새로 안배하고 조직하는 일에 대해 논의하면서, 급사중 마라摩羅가 제독 왕진보에게 사천 보녕寶寧을 지키고, 채육영에서 운남 총독을 보좌하게 해야 한다는 등의 건의를 하면서 아무런 자료도 준비하지 않고 구두로 이야기하자, 강희제가 그를 호되게 야단을 쳤다.

그대는 급사중으로서 대신들을 관리하고, 조정의 눈과 귀가 되어야 하거늘, 이렇게 진지하지 않은 태도로 국사를 처리한다는 것이 말이 되오? 그대의 건의가 받아들여지지 않으면, 그저 말로만 한 것이니 가볍게 넘겨 버리고, 받아들여진다면, 말 한 마디로 황제의 윤허를 얻어 냈다고 의기양양하려는 속셈이 아니오? 사안이 중대하니 상소를 작성하여 다시 보고하시오!

이 일화에서 강희제가 실속 없는 허세로 위엄 있게 보이려고만 했던 것이 아니라, 원칙을 엄격하게 강조함으로써 스스로 위엄을 세웠음을 알 수 있다.

하지만 국사를 처리하고 관리들을 다스리는 것이 위엄만으로 제대로 행할 수 있는 것이 아니라는 것을 강희제도 알고 있었다. 그는 위엄을 세우는 동시에 관리들에게 적당한 자유를 허용해 주었다. 관직 사회가 너무 경직되는 것을 막기 위함이었다. 강희제는 대학사들이 국사를 보고하고 논의할 때, 자신의 의견을 자유롭게 이야기할 수 있도록 하고, 대학사들이 대담하게 진언을 할 수 있도록 하기 위해 강희 20년에는 고대에 황제들이 어지를 내려도 대신들이 그것을 집행해서는 안 된다고 생각되면 그대로 황제에게 돌려보냈다는 예를 들기도 했다. 강희제가 황제의 위엄을 정확하게 파악하고 사용할 줄 알았음을 알 수 있다.

　신하들이 황제의 어지에 반박하고, 심지어는 집행하지 않고 돌려보낼 수 있도록 허락하는 것을 '대박對駁'이라고 불렀는데, 대박에는 물론 조건이 있었다. 국가와 황제의 통치에 이익이 되는 것이어야만 했다. 또한 황제가 반박을 허락하고, 반박한 의견을 받아들이면서 황제의 명망이 크게 높아졌다.

　강희제는 신하들의 간언을 허심탄회하게 받아들이는 황제라고 할 수 있었지만, 중국 역사상 유일하게 당태종 이세민만이 신하들의 간언을 사심 없이 받아들인 황제로 꼽히고 있다. 그 이유는 바로 청 왕조가 모종의 특수한 통치 심리를 떨쳐 버리지 못했었기 때문이다. 특수한 통치 심리란 바로 민족적 차별이었으며, 강희제에게도 이런 경향이 발견된다. 이 점만 없다면 강희제 역시 신하들이 자유롭게 의견을 개진할 수 있는 길을 터주고, 또 간언을 진지하게 듣고 좋은 의견은 채택할 줄 아는 황제였다. 그는 신하들의 의견을 널리 받아들여야 하는 필요성에 대해 이렇게 설명했다.

> 모든 일에 하나의 이치만 있다고 고집할 수는 없다. 짐이 나라를 다스린 지 50년이 넘었는데 어떤 일은 겪어 보지 못했겠는가? 작은 일은 대학사와 학사, 각부의 상서들이 모두 자신의 의견만 고집해도 크게 문제될 것이 없다. 하지만 황제가 자신의 의견만 고집한다면 어떻게 되겠는가?

　그의 이 말은 개인적인 견해는 물론 맡고 있는 책임까지 고려해서 나온 것으로서, 한 나라의 황제는 일을 처리함에 있어서 반드시 명철한 이성을 유지하고, 자신에 대한 요구를 엄격하게 해야 한다는 의미였다.

강희제는 의정대신들은 자신의 의견을 숨김없이 이야기해야 하며, 나라에 도움이 되는 일에 관한 것이라면 설령 정확하지 않은 의견을 말한다 해도 크게 나무랄 일이 아니라고 생각했다. 여기에서 강희제가 정치적으로 사고가 매우 트인 사람이었다는 것을 알 수 있다.

강희제는 말뿐만 아니라 실제로도 그대로 실천했다. 강희제는 국가의 대사든 아니면 일상적인 군사 및 정치 인사든 모두 대신들과 여러 번 논의해서 결정했다. 물론 대신들이 새로운 의견을 내놓아 강희제가 당초 자신의 입장을 바꾼 적도 많았다.

나라를 다스림에 있어서 가장 어려운 일 중 하나는 사람을 알고 제대로 등용하는 것이다. 강희 54년 진빈이 편원 순무에 부임하자마자 현지 관리들의 '화모'를 금지시켜 달라는 상소를 올렸다. '화모'란 지방 관리들이 백성들을 착취하는 수단이었다. 이 상소를 받은 강희제는 기분이 크게 언짢았다. 게다가 대신들이 황제의 눈치를 살피며 진빈의 잘잘못을 따지자, 강희제는 화가 머리끝까지 솟아 며칠 동안 대신들에게 진빈이 화모를 금지하는 일이 얼마나 어려운 줄 모르고 말만 앞세운다며 심한 말로 진빈을 비난했다. 그리고 진빈을 조정으로 서둘러 불러들였다. 그런데 진빈이 황제의 부름을 받고 북경으로 올라와 직접 배알하고 나니, 강희제의 태도가 완전히 달라졌다.

그는 대신들에게 "짐이 어제 진빈과 이야기를 나누어 보니 그가 진정 청렴한 관리였다. 학문이 뛰어나지는 않았지만 그 인품과 재능으로 볼 때, 매유 유능한 인재임이 틀림없다."라고 말하고, 진빈의 상소를 받아들이기로 했다. 며칠 동안 크게 흥분해서 비난하던 일이지만, 진빈의 인품이 훌륭한 것을 보고 자신의 주장을 버리고 신하의 의견에 따르기로 한 것이다.

상하관계를 원만하게 유지한다

군주들은 대부분 남들이 근접할 수 없는 지고지상한 위치에 앉아 신하들이 자신의 발아래 엎드려 벌벌 떨기를 바란다. 하지만 강희제는 때로 장소를 가려 어떤 때에는 위엄을 세우고, 어떤 때에는 신하들에게 매우 친근하게 대했다. 강희제는 다음과 같이 말했다.

> 군신의 관계가 존엄한 것이기는 하나, 서로의 관계가 매우 가깝고 융화를 잘 이루어야 한다. 당송의 태평성세를 보아도, 신하들이 조석으로 대전을 드나들며 황제와 가까이 지냈다.

삼번의 난을 평정한 것을 경하하기 위해, 강희제는 21년(1682) 1월

14일 오시에 조정의 내외대신들과 문무백관 93명을 불러 건청궁[7]乾淸宮에서 성대한 연회를 베풀었다. 이들 중에는 번왕과 태륵, 패자, 공은 물론, 만한대학사, 상삼기도통, 부도통, 상서, 시랑, 학사, 시위 등이 모두 포함되어 있었으며, 황제와 신하들이 매우 화기애애한 분위기에서 술을 마시고 시를 지으며 승리를 자축했다.

연회가 시작되고 음악이 울려 퍼지자, 황제가 직접 술병을 들고, 문무백관들이 차례로 황상 앞으로 나와 황제가 따라주는 술을 받았다. 술을 모두 따라 주고 궁으로 돌아갔던 황제는 신시에 다시 건청궁으로 나와서 신하들을 살폈고, 다음과 같은 어지를 내려 학사 장영과 시강 고사기에게 낭독하게 했다.

> 지금까지는 궁궐에서 연회가 있을 때 신하들이 참석할 수 없었다. 하지만 이제 온 나라가 평안해지니 이를 경축하기 위해 신하들을 건청궁으로 불러 연회를 베푸는 것이다.
>
> 이는 군신이 하나가 되어 함께 기뻐하고, 상하가 한 마음으로 태평함을 누리려고 하는 것이니, 신하들은 마음껏 먹고 마셔 짐의 배려에 보답하라.

어지 낭독이 끝나자, 대학사 이위李霨가 "황상의 크신 은혜로 건청궁의 연회에 참석하는 천재일우의 기회를 얻게 되었으니 소신들의 감격함을 이루 말할 수 없습니다." 하고 상소를 낭독해 어지에 화답했다.

상소 낭독이 끝나자 연회의 분위기는 한층 더 무르익었다. 신하들은

---

7. 자금성 안뜰에서 가장 앞에 있는 대전. 황제의 거처이자 정무를 처리했던 곳이다.

황제가 내리는 술을 마시고 시를 짓고 오산등[8]鰲山燈을 구경했고, 신하들 중에 술이 심하게 취한 자들은 환관에게 시켜 부축해서 집에 데려다 주도록 했다. 연회는 화기애애한 분위기에서 날이 저물 때까지 계속되었다. 강희제는 또 내각학사 장옥서와 한림원 장원학사 진정경, 학사 장영을 어전으로 나오게 하여 이렇게 말했다.

> 한당대 이래로 신하들이 함께 즐기는 자리에는 '갱화지시廣和之詩' (신하들이 차례로 시를 읊는 것)가 있었소. 짐이 고대 선왕들과 똑같이 할 수는 없겠지만, 오늘의 이 성대함을 기록해 두려고 하오. 백양체[9]柏梁體와 비슷하게 시를 지어 짐에서 올리도록 하시오.

진정경이 "미천한 소신들이 황제의 크신 은혜를 입어 귀한 기회를 얻었고, 또 문무백관들이 모두 기뻐하니, 요순시대의 태평성대와 비견할 수 있을 것입니다. 성은에 모두 보답하지 못할 것이 두려울 뿐입니다." 하고 대답했다.

장옥서가 "시체는 백양체이지만, 노래한 것은 요순의 태평성세가 될 것이옵니다." 하고 말했다.

진정경 등이 신하들에게 어지를 전달했다. 그러자 신하들이 "소신들이 태평성세를 노래함이 마땅하겠지만 황제의 위대함을 충분히 표현하지 못할까 그것이 두려울 따름입니다. 백양체의 첫 구절은 한무제가 지었으니 마땅히 황제께 첫 구절을 내려주실 것을 청해야 합니다."라고

---

8. 옛날 중국에서 원소절原宵節에 달던 등. 갖가지 색의 등을 산처럼 쌓아 놓은 모습이 바다거북과 비슷하다하여 붙여진 이름이다.
9. 7언시체의 하나. 한무제가 백양대柏梁臺에서 신하들과 돌아가며 시를 지었는데, 한 사람이 한 구절씩 읊어 7언시를 완성했다고 하여 붙여진 이름이다.

말했고, 진정경이 이를 황제에게 보고하니 황제는 그 자리에서 "내일 아침에 시작하겠소."라고 말했다.

1월 15일 아침 진정경와 장옥서가 건청문에 와서 어지를 기다리니 시위가 어제의 시를 들고 나왔다. 문무백관들이 태화전(자금성의 3대 대전 가운데 하나)아래에 모여 차례로 시를 한 구절씩 덧붙이니 모두 93구가 되었다.

40년 후 강희제가 세상을 떠나기 1년 전 그의 마지막 생일날에도 조정의 모든 신하들이 함께 모여 이를 축하했다.

강희 61년, 황제는 이미 69세의 고령으로 청 건국 이래 가장 장수한 황제였고, 재위 기간은 2천여 년에 걸친 중국 역사상 그 어느 제왕보다도 길었다. 『상서尙書』「홍범洪範」에서는 '오복[10]'을 수壽, 부富, 강녕康寧, 유호덕攸好德, 고종명考終命이라고 하였는데, 강희제는 이 오복을 모두 누린 사람이었다. 게다가 그가 나라를 통치한 기간 동안 혼란했던 나라가 평안해지고 국토가 한당대보다 더 넓어졌으며, 정국이 안정되고, 인구가 증가하고, 경제가 발전했으며, 문화 또한 번성했다. 중국 역사상 흔치 않았던 태평성세였다. 그해는 강희제의 나이로는 69세였지만 재위 기간으로 치면 61년으로 회갑인 셈이었고, 강희 이를 경하하기 위해 자신의 생일에 '천수연千叟宴'을 거행했다.

이 천수연은 9년 전 신하들의 건의에 의해 거행했던 강희제의 육순 연회 때와 비슷하게 치러졌다. 강희 52년 3월, 강희제가 육순을 맞이하니 각 성의 관리들이 잇따라 북경으로 올라와 황제의 생신을 축하했다. 황제의 생일 하루 전날인 3월 17일, 강희제가 황태후를 모시고 창춘원

---

10. 장수[壽], 부귀[富], 우환이 없고 편안한 것[康寧], 덕을 좋아하고 행하는 것[攸好德], 천명을 다하는 것[考終命]을 가리킨다.

에서 궁궐로 돌아오니, 많은 관리와 백성들이 어가 앞에 무릎을 꿇고 황제에게 만년주萬年酒를 올렸고, 강희제도 감격하며 가지고 있던 음식과 과일을 그들에게 하사했다.

다음날 황제의 생신을 축하하는 연회가 열렸는데, 먼저 강희제가 신하들을 데리고 황태후에게 가서 축하의 예를 올린 후, 태화전으로 돌아와 황상에 앉으니 문무백관들이 황제에게 절하며 축하했다. 의식이 끝난 후에는 팔기 병정과 각 성의 원로들이 오문 밖과 대청문 안에 모여 황제 만세를 외쳤다. 강희제는 다시 황태후를 모시고 창춘원으로 가니, 신하들이 모두 무릎을 꿇고 엎드려 황제를 배웅했다. 황제는 신하들이 자신의 생일을 축하해 준데 대한 보답으로 3월 22일과 3월 23일에 한족 대신들과 팔기 만주족, 몽고족, 한족 관원들 가운데 나이가 90이 넘은 사람 40명과 80이 넘은 사람 630명, 70이 넘은 사람 3,217명 그리고 65세가 넘은 사람 2,858명 등 총 6,745명을 창춘원으로 초대해 연회를 베풀었다.

연회가 시작되자 80세 이상의 노인들이 부축을 받아 어전 앞으로 나왔고, 강희제는 이들에게 친히 술을 따라주었다. 또한 자신의 10명의 아들들을 모두 불러 연회에 참석한 노인들에게 직접 음식을 내리고, 10세 이상 20세 이하의 황손과 종실 자제 등에게는 술병을 들고 술을 따라 주게 했다. 연회가 끝나자, 연회에 참석한 모든 관리들에게 은을 나누어 주어 돌려보냈다. 며칠 후에는 또 팔기 만주족, 몽고족, 한족 군대의 여성들 가운데 70세 이상의 노인들을 불러 창춘원 태후궁 앞에서 연회를 열고, 황태후와 강희제가 직접 차와 과일, 술과 음식을 내렸고, 연회가 끝난 후에는 황자와 종실 자제들이 연회에 참석한 노인들에게 비단옷과 은 등을 나누어 주었다.

십여 일이 넘는 기간 동안 강희제는 모든 신하와 백성들과 함께 나라의 태평성세를 기뻐하고 축하했다. 그리고 강희제는 이때의 감동이 잊히지 않아, 강희 61년 1월 2일과 6일에 또다시 팔기 만주족, 몽고족, 한족 군대와 한족 문무백관들 가운데 65세 이상인 1,020명을 불러 자금성 내 건청궁 앞에서 다시 한 번 '천수연'을 열었던 것이다.

연회의 시작을 알리는 북이 울리자, 1천 명이 넘는 백발이 성성하고 등이 굽은 노인들이 강희제에게 삼배를 올리고 각자 자리에 앉았다. 강희제는 연회에 참석한 노인들에 대한 애정과 관심을 표현하기 위해, 특별히 패륵과 패자공, 종실 자제 등에게 술과 음식을 직접 대접하도록 했다.

|【강희제에게 배우는 관리 다스림의 도】|

一. 제한과 방임을 잘 조절하는 것은 매우 어려우면서도 중요한 일이다.

一. 지도자의 통치는 사회의 안녕과 국가 존망과 직결되는 중요한 문제이기 때문에 매우 엄격한 격식을 지녀야 한다.

一. 지도자는 원칙을 엄격하게 강조함으로써 스스로 위엄을 세우고, 동시에 관리들에게 적당한 자유를 허용해 상하관계의 조화를 잘 유지해야 한다.

제6장

관리 다스림의 도 6
공개적인 조사와 비공개적인 감찰을 적절히 운용한다 明暗倂用

'명明'과 '암暗'을 적절히 사용해야 한다. 여기에서 '명'이란 정기적인 심사와 순방, 시험 등 공개적으로 관리들의 직무수행 상황을 감시하고 평가하는 것을 의미하고, '암'이란 암행을 통한 비밀 감시를 뜻한다. 특히 '풍문언사風聞言事' 제도라는 것이 있었는데, 이는 옛날 황제들이 자주 사용하던 '이소치대以小治大'의 효과적인 수단이었다. 이른바 '이소치대'란 하급 관리들을 이용해 고급 관리들을 견제하도록 해, 관리들이 붕당을 통해 황권을 위협하는 것을 방지하는 조치를 말한다.

관리들의 직무 수행을 직접 평가한다

강희제는 관리들을 다스림에 있어서 고급 관리들을 감시하고 관리하는 데 역점을 두었는데, 이는 매우 정확하고 현명한 생각이었지만 관건은 역시 관리들의 부정부패를 어떻게 찾아내느냐 하는 것이었다.

우선 관리들에 대한 감사제도는 '경찰京察'과 '대계大計', '군정軍政'으로 나누어졌다. 경찰이란 북경의 중앙 관리들에 대한 감사로 6년 마다 한 차례를 실시되었고, 대계는 지방 관리들에 대한 감사로 3년에 한 번씩 실시되었다. 또한 군정은 무관들을 대상으로 감사를 실시하는 것으로 5년에 한 번씩 치러졌다. 강희제 재위 초기에는 여기에 또 '고만考滿'이라는 것을 실시했는데, 이는 관리의 재임 기간에 따라 감사하는 것으로 3년마다 한 번씩 실시했다.

'경찰'과 '대계'에는 '4격四格'과 '8법八法'이라는 감사 기준이 있었다. 4격이란 관리의 정치적 실적을 평가하는 것으로 품행과 재능, 정치적 실적, 연령 등 네 가지 분야를 심사해 '1등칭직一等稱職'과 '2등근직二等勤職', '3등공직三等供職', 이렇게 세 가지 등급으로 분류했고, 또 8법은 '탐욕'과 '잔혹함', '복지부동', '나태함', '연로함', '질병', '경박함'과 '무능' 등 8가지로 심사했다. 부패와 잔혹함으로 분류된 관리에 대해서는 관직을 박탈하고 죄를 묻고, 복지부동과 나태함으로 분류된 관리들에 대해서는 관직을 박탈하며, 연로하거나 질병이 있는 관리들은 관직에서 은퇴하도록 하고, 경박한 관리들에 대해서는 관직을 3품 강등시키며, 무능한 관리는 관직을 2품 강등시키는 것이었다.

또한 '고만'에는 5등급의 처리 기준이 있어 '1등칭직'으로 분류된 관리는 관직을 1품 승진시키고, '2등근직'으로 분류된 관리는 심사 결과를 기록하고, '3등공직'으로 분류된 관리는 유임시켰으며, 불합격자는 관직을 1품 강등시키고, 불칭직不稱職으로 분류된 관리들은 관직에서 내쫓았다.

강희 3년 고만을 실시한 후, 강희제는 "작금에 내외 문무관들 가운데 1등과 2등을 받은 이는 많고, 무능이나 불칭직된 이들은 하나도 없는가?"라고 물었고, 그로부터 6년 후인 1667년에 고만제도를 폐지시켰다. 삼번의 난을 진압하던 시기에는 관리감시제도가 실시되지 못했고, 강희 23년(1684) 이후에는 관직을 정비하여 다시 관리감시제도를 실시했다.

강희제 재위 후기 30년 동안은 불칭직된 관리들을 즉시 처벌했는데, 1,500명이 넘는 관리들이 '무능함'과 '경박함'으로 분류되어 관직이 강등되었고, '나태함'이나 '복지부동'으로 해임된 관리도 1,500명이 넘었다. 또한 청렴결백함과 재능을 인정받아 상을 받은 관리가 700여

명, 부패를 저질러 처벌된 관리가 500여 명이었고, 나이가 많아 퇴직한 관리는 2,600명이 넘었다. 강희제는 이렇게 정기적으로 관리들에 대한 감찰을 실시하고 그 결과에 따라 후한 상을 내리거나 엄격하게 처벌해, 관리들의 부패를 근절하고 관리들의 수준을 높이는 효과를 거둘 수 있었다.

강희제는 관리에 대한 감찰을 경찰이나 대계 등 정기적인 행정 수단에만 의지하지 않고, 여러 가지 방법을 통해 직접 관리들과 접촉해 정보를 얻고 조사했다. 이로써 정확한 정보들을 많이 얻을 수 있었을 뿐 아니라, 일이 발생하면 즉각적으로 대응하고 해결할 수 있었다. 강희제는 관리의 알현을 받거나, 새로 지방에 부임하는 관리들에게 당부하는 자리, 혹은 순행을 나갔을 때 관리들의 상황을 직접 조사했다.

강희제는 임명된 주현의 관리나 무관의 인선, 혹은 관리에게 천거된 사람 등을 궁궐로 불러 직접 이것저것 물어보고 그 재능을 살폈으며, 재능이 부족하다고 판단되는 관리는 그 자리에서 해임하기도 했다.

강희 10년(1671) 12월, 통정사通政司 사관들이 황제를 알현하는 자리에서 강희제가 좌통정사 임극박任克博에게 "그대는 어느 지방 출신인가?" 하고 물었다.

임극박이 무릎을 꿇은 채로 공손하게 "산동 출신이옵니다." 하고 대답했다. 강희제가 "어사로 있어 보았는가? 탄핵 상소를 몇 번이나 올렸는가?" 하고 다시 물었다. 임극박이 "총독과 시랑에 대해 한 번씩 탄핵 상소를 올렸고, 과거장의 부정을 폭로하였사옵니다." 하고 대답했다.

임극박이 대전을 나가자, 강희제가 옆에 있던 신하에게 "임극박이 강직하고 유능하다는 말을 들었는데, 직접 보니 그 말이 사실이로군." 하고 말했다.

강희 20년(1681) 2월에는 건청문에서 어문청정을 할 때, 도찰원 좌도어사 절이긍이 어사 몇 명을 데리고 와서 황제를 알현하자 강희제가 "어사 가운데 가장 유능한 자가 누구인가?" 하고 물었다.

절이긍이 한군어사 곽유번郭維藩과 축종령祝鍾靈이 가장 유능하고, 또 다른 두 명도 유능한데, 임명된 지 얼마 되지 않아 그들에 대해서는 아직 제대로 파악하지 못했다고 대답했다. 서원문 등은 또 조지정趙之鼎이 인품이 후덕하고 재능이 많다고 말했다. 그러자 강희제가 "품행이 가장 단정하지 못한 자는 누구인가?" 하고 다시 물었다.

서원문이 "어사 가운데에는 심하게 품행이 바르지 못한 사람은 없사옵고, 당조이唐朝彝의 재능이 그저 보통입니다." 하고 대답했다.

강희제가 "당조이는 재능은 보통이지만 본분에 충실한 사람이다. 장이蔣伊는 어떠한가?" 하고 말했다. 서원문 등이 모두 그를 칭찬하며 "그는 일처리가 뛰어나고 매우 근면하옵니다." 하고 말했다. 하지만 강희제는 불쾌한 표정으로 "짐이 들으니 그의 성품이 경박하고, 백성들 사이에서 평판이 좋지 않았다고 했다." 하고 말했다. 그러자 서원문 등이 다급하게 "소신들이 그 점을 잘 알지 못했사옵니다." 하고 말했다.

결국 강희제는 직접 보고 물어본 결과와 자신이 이미 알고 있던 것들을 종합해, 조지정을 승진시키고 장이를 강등시켰다. 강희제는 천거된 관리들에 대해서도 직접 만나 보고 주변의 평판을 들어 본 후에야 임용 여부를 결정했기 때문에, 천거되었다가도 황제에 의해 임용이 거절당한 사람들이 적지 않았다. 강희 25년(1686) 12월, 종묘 제사를 관장하는 태상사수太常寺守 가운데 사승寺丞 두 명의 자리에 결원이 생기자, 명주와 갈사태葛思泰 등이 다른 신하들이 천거한 인선을 거부하고, 당시 태상사 찬례랑贊禮郎으로 있는 법산法山과 화선華善 두 명을 황제에게 천거하며, 그들의 재능과 인품을 칭찬했다.

찬례랑은 태상사에서 가장 낮은 관직으로서 정9품에 해당했고, 사승은 정6품의 관직이었으니, 승진의 폭이 적지 않았고 강희제도 신중하지 않을 수 없었다. 그는 갈사태를 불러 법산과 화선에 대해 "법산과 화선이 봉직한 지 얼마나 되었소?" 하고 물어보았다.

갈사태는 "법산은 4년, 화선은 2년이 되었사옵니다." 하고 답했다. 그러자 강희제가 "설마 그들보다 경력이 오래된 사람이 없다는 말이오?" 하고 반문했다. 강희제가 "그들의 목소리가 어떠한가?" 하고 다시 물었다. 찬례랑은 제사를 지낼 때 황제의 의례를 도와주는 관직이었다.

갈사태가 다소 당황한 기색으로 "소신도 아직 들어보지 못했사옵니다." 하고 대답하며, 그들의 나이가 지긋해 사승의 임무를 잘 수행할 수 있을 것이라고 강조했다.

강희제가 "법산이 찬례랑에 오르기 전에는 무엇을 했는가?" 하고 다시 물었다. 옆에 있던 늑덕홍이 "조림인필첩식鳥林人筆帖式이었사옵니다. 사람됨이 고상하고 나이가 많으니 너무 염려하지 않으셔도 될 듯하옵니다." 하고 대답했다.

강희제가 "본래 사승이었던 서보西寶와 비교하면 어떠하오?" 하고 다시 물었다. 갈사태가 단호한 어조로 "법산과 화선은 서보보다 훨씬 우월합니다. 서보는 일처리는 노련하였지만 그 인품이 경박했사옵니다." 하고 말했다.

강희제가 골똘히 생각하더니 "그 둘은 아니 되겠소." 하고 입을 열었다. 강희제는 뒤이어 그 둘이 사승으로 부적합한 이유에 대해 "태상사에서 사승은 매우 중요한 관직이니 경력이 많고 목소리가 우렁차며, 예법에 대해 잘 알고 있는 사람을 임명해야 하오." 하고 설명했다.

이틀 후 태상사 독시관讀視官으로 있는 장달張達과 찬례랑 살목합薩木哈이 황제를 알현하러 오자, 강희제가 그들의 경력이 얼마나 되는지 물었고, 갈사태가 장달은 11년이 되고, 살목합은 8년이 되었다고 하자, 다시 그들의 인품이 어떠한지 물었더니, 갈사태가 "장달은 사람됨이 그럭저럭 쓸 만합니다."라고 간단하게 대답했다. 강희제는 그 후 몇 가지를 더 물어본 후에 장달을 사승으로 임명했다. 이 일화에서 강희제가 관리를 등용하는 데 얼마나 신중을 기했는지 알 수 있다.

임명된 총독과 순무, 혹은 기타 고위 지방 관리들이 북경을 떠나 부임지로 가기 전에는 반드시 황제를 알현하도록 되어 있었는데, 강희제는 이것을 관리들에 대해 조사하고 이해하는 좋은 기회로 삼았다. 강희 18년(1679) 8월 26일, 산동 순무 시유한施維翰이 부임지로 떠나기 전에 강희제를 배알했는데, 이 자리에서 강희제가 그에게 특별히 하고 싶은 말이 있는지 물었고, 시유한은 최선을 다해 맡은 직분을 수행하겠다고 말했다. 그러자 강희제는 그에게 최근 산동병정들이 자주 반란을 일으키고 있다며 부임지에 가거든 병정들을 확실히 단속하여 소란이 발생하는 일이 없도록 하라고 일렀다. 그러자 시유한은 "문무대신인 제독과 순무가 불화하면 병사들이 변란을 일으키는 법입니다. 소신이 제독과 잘 융합하여 병사들을 보살피겠사옵니다."라고 대답했다.

시유한의 말을 들은 강희제는 크게 흐뭇해하며 시유한을 신임하게 되었다. 강희 24년(1685) 2월 13일에는 조운 총독 서욱령이 부임지로 떠나기 전에 황제를 배알했는데, 강희제는 그에게 "물의 상류가 맑아야 하류도 맑은 법이오. 고급 관리로서 하급 관리들을 잘 통솔하도록 하시오. 전임 조운 총독들은 모두 불칭직하였는데, 그대가 산동에서 청렴하고 유능하여 명망이 높았다고 하니 그대에게 기대하는 바가 크오." 하고 당부했다.

이에 서욱령이 강희제에게 지방의 재정 지출을 줄일 수 있는 방법을 건의하여 강희로부터 인정을 받고, 건의한 방법을 그대로 실행할 수 있도록 윤허를 받았다. 같은 날, 새로 광동 제독으로 임명받은 허정許貞이 황제를 배알했을 때에는 강희제가 광동에 도적떼가 창궐하는 문제를 언급하며, 도적 소탕에 주력할 것을 당부했다. 허정이 광동 지역은 하천이 많아 도적떼들이 하천을 따라 출몰하여 소탕하기가 어렵다며, 작은 배를 만들어 3리나 5리마다 초소를 세우고 주야로 순찰을 돌겠다고 말하자, 강희제가 크게 만족했다.

강희제는 총독과 순무, 제독, 총병 등 지방 관리들에 대한 감찰을 위해 부임 전에 만나서 당부하고, 부임 후에 수시로 불러 물어보는 것 외에도 '사계주문四季奏聞'이라는 방법을 사용했다. 사계주문이란 강희 46년 9월부터 실시된 제도로서, 총독과 순두 등이 계절마다 한 번씩 어떤 사건을 어떤 관리에게 심리를 맡겼으며, 심리가 완료되었는지의 여부를 보고하는 것이었다. 명대 만력 초기에 장거정張居正이 실시한 '고성법考成法'이 이와 비슷했는데, 단지 다른 것은 6과를 통하지 않고 이부에서 모두 관리한다는 점이었다.

이 밖에도 강희 말년에는 총독과 순무의 권력을 제한하는 일련의 조치들을 시행했다. 첫째, 청탁을 근절하기 위해 강희 43년 11월에는 총독과 순무가 지현을 천거하는 보제保題 제도를 폐지했다. 보제란 지현 가운데 우수한 사람을 선발해 총독과 순무가 황제에게 천거하여 과도관원으로 승진시키는 제도였다. 보제를 폐지한 후로는 이부에 명해 전량 횡령사건이 일어나지 않은 지현 가운데에서 경력에 따라 3, 4명의 관리를 선발하도록 했다.

둘째, 총독과 순무가 번얼藩臬(안찰사와 포정사)과 결탁하지 못하도록 하기 위해 강희 51년 12월에 총독과 순무가 번얼을 천거하는 제도를 폐지하고, 황제가 직접 칙명으로 번얼을 임명했다. 셋째, 경력에 따라 관리들을 승진시키고 황제가 직접 접견하지 않으니 관리의 인품이나 재능을 알 수 없었기에, 강희 52년 5월에 이 제도를 폐지하고, 포정사와 안찰사, 운사運使, 직예수도直隸守道, 순도巡道 등에 결원이 생기면 황제가 직접 임명하도록 했다. 이렇게 하여 관직의 고하를 막론하고 모든 지방 관리들을 황제가 직접 임명하니, 총독과 순무가 천거를 통해 자신의 세력을 형성하는 것을 막을 수 있었다.

순행 역시 강희제의 중요한 정사政事 가운데 하나였다. 그는 여러 차례 남쪽 지방을 순행했고, 동북의 길림과 성경, 서쪽의 산서와 섬서, 외몽고 등도 시찰했으며, 현지 관리에 대한 감찰이 순행의 주요 임무 가운데 하나였다. 강희 23년(1684) 9월 처음으로 남순南巡, 즉 남쪽 지방에 대한 순행을 나섰을 때, 강희제는 남순의 목적을 민생과 관리 시찰이라고 말했고, 38년(1699) 2월에 3차 남순에 나섰을 때에는 치수 공정 시찰과 강소와 절강 지역의 민생 시찰과 관리 감찰이 주요 목적이었다. 강희제가 탄 배가 양주의 강천사江天寺에 정박했을 때의 일이다.

강희제가 하도 총독으로 있던 우성룡과 치수 공정에 대해 이야기를 나누었는데, 우성룡이 치수에 대한 이야기는 뒷전이고 세금에 대한 이야기만 했다. 강희제는 훗날 "짐은 그때에 우성룡이 치수 공정을 성공적으로 처리하지 못할 것임을 알았노라."라고 탄식했다.

강희제는 소주에 가서는 재난 상황을 시찰하면서 소주의 농업과 상업이 10년 전과 비교해 전반적으로 쇠퇴한 것을 보고, 조사를 통해 그 원인이 현지 관리들의 전량 횡령과 뇌물수수 등임을 알았다. 북경으로 돌아오자마자 지방 관리들의 뇌물수수를 엄단하고 관리에 대한 감시를 강화하는 제도를 만들었다. 42년(1703) 10월부터 12월까지는 강희제는 농한기를 이용해 서쪽에 있는 섬서와 하남, 산서로 순행을 나갔는데, 역시 민생을 시찰하고 관리들의 업무 상황을 감찰하는 것이 그 목적이었다.

강희제는 서안에서 열병식을 참관한 후, 박제 장군에서 "강남과 동북을 모두 가 보았어도 서안의 병사들처럼 예법을 잘 지키고, 융화를 중시하며, 건장한 정예부대를 본 적이 없소."라고 칭찬하며 각급 군관들을 1급씩 승직시켰다. 하지만 하남 수무현修武縣에 갔을 때에는 병사들의 활쏘기 실력이 형편없는 데다가 군기가 허술한 것을 보고, 총병 왕응통王應統과 천총을 북경으로 압송해 참감후에 처했다. 또한 강희제는 순행을 마치고 북경으로 돌아온 후, "관리들이 선정을 펼치고 있는지의 여부는 민심을 살피는 것이 가장 정확했다. 관리가 어질면 백성들 사이에서 칭송이 자자했지만, 어질지 못하면 백성들에게 물었을 때 그 대답이 애매했다."라고 말했다.

강희제는 또 직접 정사를 처리하는 과정에서도 관리들에 대한 감찰을 게을리 하지 않았다. 강희 45년(1706) 무과를 실시하는데, 병부에서 응시자들이 아직 다 오지 않았다는 이유로 며칠간 연기해 줄 것을 청했다. 며칠 후, 강희제가 병부에 올 사람이 몇 명이나 더 남았느냐고 묻자, 상서와 시랑이 잘 알지 못했고, 사관과 필첩식도 모두 알지 못했다. 이에 강희제는 관리들이 안일함만을 꾀하고 정사를 제대로 돌보지 않는다며 크게 화를 내며, 불칭직된 관리들은 모두 즉시 관직을 박탈하도록 했다.

그 후 통정사 통정사通政使 이사李沙가 사람됨이 바르지 않다는 이유로 관직에서 강제로 은퇴시켰고, 이번원상서 상서常舒는 황제에게 보고할 때 행동이 경박하다는 이유로 즉시 삭탈관직 되었다. 또한 이부상서 돈배敦拜는 평소에 평판이 좋지 않은 데다가 정사를 논의할 때 망언을 하여 해임되었고, 형부상서 장정추는 죄인을 비호하여 관직이 박탈되었으며, 형부시랑 노호魯瑚는 상서가 부재중일 때 함부로 행동해 관직이 5품이나 강등되었다. 반면 덕과 재능을 겸비한 관리들은 결원이 생길 때마다 승진될 수 있었다.

강희제는 상서와 시랑 등에 대한 감찰에 치중하면서도 그 아래인 낭중원외랑과 주사主事 등에 대해서도 수시로 감찰해, 우수한 관리가 있다면 시랑과 상서 등으로 승진시켰다.

각 과에 대한 감찰은 본래 6년에 한 번씩 있는 경찰로 실시했는데, 경찰이 모두 상급 관리의 평가를 통해 실시되었기 때문에 형식적인 경향이 심했다. 따라서 강희제는 24년(1685)에 이를 취소했다가, 각 과에 대한 감찰을 실시하지 않으면 부패가 점점 더 심각해질 것을 우려해 46년(1707) 10월에 한 차례 감찰을 실시해, 12명의 관리를 삭탈관직 시켰다.

여론에 귀를 기울여 상황을 판단한다

약도 같은 약을 오래 쓰면 병균과 해충에게 내성이 생기듯, 강희 말년에는 관리들이 황제의 성격을 모두 파악하고 대처했기 때문에, 관리들을 다스리는 데 있어서 여러 가지 문제점들이 발생하기 시작했다. 그러자 강희제는 순행 외에도 밀주를 통한 감찰에 더욱 중점을 두기 시작했다. 강희제는 자신이 신임하는 근신近臣들이 올리는 밀주 외에도, 비공식적인 경로를 통해 여러 곳에서 밀주를 받았다.

강희 51년(1712) 그는 문무대신들에게 수시로 밀주를 올릴 것을 장려하며 밀주의 내용이나 올린 사람의 이름은 절대로 발설하지 않을 것이라고 했다. 이 방법은 실제로 관리들의 부정부패를 밝혀내고 탐관오리를 처벌하는 효과도 있었지만, 밀주가 있다는 것을 알게 된 후, 관리들이 자신의 행동을 스스로 단속했기 때문에 부정부패를 예방하는 효과도 있었다.

51년(1712) 강남 과거장에서의 비리가 폭로된 후 강소 순무 장백행과 강남강서 총독 갈례가 서로 탄핵을 하여 문제가 복잡해졌을 때, 강희제는 소수 직조 이훈과 강녕 직조 조인이 올린 밀주를 통해 사건의 내막과 강남 백성들의 여론 등을 파악해, 공정하고 과감하게 이 사건을 처리할 수 있었다. 암행을 통해 조사할 수 없는 일은 밀주를 이용하지 않으면 그 진상을 파악하는 일이 매우 어려웠다.

하지만 모든 일에는 장단점이 있는 법이어서, 밀주 제도에도 여러 가지 문제가 발생했다. 때로는 어명을 받고 진상을 조사한 관리들이 출처를 알 수 없는 내용들을 밀주로 보고했는데, 이럴 경우에는 황제가 다시 흠차대신을 파견해 그 진상을 파악해야 했다.

강희 41년에는 총독과 순무에게 밀주를 올릴 수 있는 특권이 부여되었고, 후에는 북경에서 지방으로 발령받은 총병 가운데 어느 정도 지위만 되면 밀주를 올릴 수 있도록 규정했다. 하지만 강희제는 점차 밀주 내용의 진위를 판단하기 어렵고, 밀주를 이용해 어진 관리를 모함하고 탄핵하는 일이 있다는 것을 알게 되었다.

밀주와 상호보완적인 관계에 있는 것이 바로 '풍문언사風聞言事' 제도였다. 이 제도는 기본적으로 과도관科道官에 의해 집행됐는데, 과도관이란 관리 감찰을 책임진 6과의 급사중과 각 도의 감찰어사를 가리키는 말이었다. 청대 이전에는 어사는 어사대御史臺에 속하고, 급사중은 문하성門下省에 속했기 때문에 이들을 대성臺省, 혹은 대간臺諫이라고 불렀다. 급사중은 왕에게 간언하고 왕의 명령에 반대 의견을 내는 일을 맡았고, 어사는 관리들을 감찰하고 탄핵하는 일을 맡았다. 이들은 관직은 높지 않았지만 황제의 눈과 귀의 역할을 했기 때문에 그 권세가 대단했다.

강희제는 명의 통치제도를 거의 그대로 본떴기 때문에 어사와 급사중을 각각 도찰원과 6과에 소속시켰는데, 급사중은 황제에 대해 간언하는 역할이 점점 축소되고, 그 대신 관리를 탄핵하고 탐관오리를 색출해내는 임무가 점점 강해졌다.

풍문언사란 민간에 돌고 있는 풍문을 참고해 정사를 처리하는 제도로서, 그 장단점도 밀주와 비슷해, 확실한 증거가 없는 내용으로 도리어 일을 정확하게 처리하는 데 방해가 될 수도 있었다. 더욱 심각한 것은 이 제도가 충신을 모함해 억울한 사람을 해칠 수 있다는 점이었다. 또한 중앙이나 지방의 대신들 가운데 권세가 강하거나 비열함이 극에 달한 간신이 나타나게 되면, 밀주를 올리는 관리는 비리를 폭로하면서도 자신을 보호하기 위해 매우 완곡한 어조로 '듣자하니 ~하더라.' 라는 식으로 보고를 올렸다. 이런 경우에는 자세하게 조사하고 심사숙고해 보면 그 내막을 발견할 수 있었다.

풍문언사제도는 예전부터 있던 정치적 수단이었다. 특히 명대에 이 제도가 널리 이용되었으며, 폐단도 많았고, 이 때문에 청 초기의 황제들은 이 제도를 이용하는 데 매우 신중했다. 명대에 풍문언사제도로 인해 나타난 폐단은 매우 심각한 것이었다. 관리들이 붕당을 짓고 조정을 좌지우지하면서, 이 제도를 악용해 청백리들을 모함해 처형하거나 관직에서 쫓아냈고, 조정은 점점 비리의 온상이 되었던 것이다. 명대의 이러한 경험을 교훈으로 삼아, 강희제의 부친인 순치제는 풍문언사제도를 폐지했다.

강희제도 처음에는 부친의 유지에 따라 풍문언사제도를 이용하지 않았다. 하지만 강희 18년 이부급사중 요체우姚締虞 등이 풍문언사제도를 부활할 것을 주장했다. 요체우는 풍문언사제도를 금지한 이래로 황제에 대한 간언을 맡은 언관言官들이 직분에 충실하지 않아 관리들의 부

정부패가 더욱 심각해졌다고 말했다. 요체우의 주장에도 일리가 있었지만, 강희제는 오히려 언관들을 칭찬하며 요체우의 의견을 받아들이지 않았다. 강희제의 이런 행동은 다분히 의도적인 것이었다.

그는 아직 정국이 안정되지 않았기 때문에 풍문언사제도를 실시하기에는 시기상조라고 생각했던 것이다. 그는 시기가 무르익을 때까지 기다리기로 했다. 풍문언사제도를 실시하려면 관리들이 수긍할 수 있는 명분과 돌파구를 찾아야 했다.

강희 26년, 강희제는 대학사 명주가 황권을 심각하게 침해하고 있지만, 그의 권세가 대단해 관리들이 그의 비리를 폭로하거나 그에게 대항하지 못하고 있다는 것을 알았고, 이때 그의 뇌리에 떠오른 것이 바로 풍문언사제도였다. 그리고 그해 11월 21일, 강희제는 풍문언사제도 부활을 선포하고 이렇게 말했다.

탐관오리를 탄핵하는 관리라도 탐관오리가 뇌물을 받는 자리에 있지 않았다면 그 사실을 입증할 증거가 없소. 그러니 그 내용이 사실이 아닐 경우를 걱정하여 아예 탄핵 상소를 올리지 않고, 일을 덮어 두는 경우가 허다하오. 요즘에도 가끔씩 탄핵 상소가 올라오기는 하나, 그 근거들이 모두 떠도는 풍문일 뿐이오. 문제가 바로 여기에 있소. 뇌물을 받는 자리에 없었는데, 그것이 사실이라는 것을 어떻게 장담할 수 있겠소? 그리고 자신이 뇌물 받는 자리에 있었는데, 그 일을 상소로 올리는 사람이 과연 있겠소? 과거에 풍문언사제도를 실시했었지만, 세조 황제와 훗날 보정대신들에 의해 폐지되었소. 짐이 그것을 부활하면 탐관오리들은 그 제도가 시행되고 있다는 것만으로도 두려움에 떨 것이오. 짐은 그것만으로도 만족하오. 탄핵제도가 남을 모함하는 데 사용되기 쉽다는 폐단이 있지만, 면밀히 조사하고 잘 가려내면 되는 것이오. 만약 남을 모함하기 위해 거짓으로 탄핵했다가는 중벌을 면치 못할 것이오.

시기가 무르익고, 명분마저 찾았으니 풍문언사제도를 시행하지 않을 이유가 없었고, 이때부터 풍문언사제도가 중요한 역할을 하게 되었다.

풍문언사제도의 부활을 선포한 지 불과 한 달만에 산서도어사 진자지陳紫芝가 호광 순무 장천張千이 거액의 뇌물을 받고 있다는 탄핵 상소를 올렸다. 상소를 받은 강희제가 측근의 신하들에게 물어보니 백성들 사이에서 장천의 평판이 좋지 않다는 의견이 대부분이었고, 결국 장천은 관직을 박탈당했다. 진자지는 용기 있는 행동이 높이 평가되어 4품 대리사소경大理寺少卿으로 승직되었다.

강희제는 또 과도관들의 관리에 대한 감찰과 탄핵을 장려하기 위해 탄핵할 일이 있거든 창춘원으로 찾아와 황제와 직접 면담할 수 있도록 하고, 또 상소의 내용과 범위에 제한을 두지 않아, 과도관들은 일의 대소를 가리지 않고 자유롭게 상소를 올릴 수 있었다. 강희 36년(1697) 2월, 강희제는 상소가 많이 올라오지 않는다며 내용의 진위를 판단하는 것은 황제에게 달려 있으니, 설령 그 내용이 사실이 아니라 해도 과도관에게 책임을 묻지 않을 것이라며, 그 어떤 일에도 구애됨 없이 마음껏 상소를 올리도록 했다.

강희 39년(1700) 9월, 언관 목세륜穆世倫이 상소를 올려 순치 이후 강희 10년까지는 관리들의 복식이 검소했으나, 최근 들어 점점 사치스러워지고 있다며 관리들이 사치스러운 의복을 입는 것을 금지시켜야 한다고 간언했다. 강희제는 자신이 친정을 시작한 이래로 검소한 복식과 소박한 음식을 생활화하여 대신들도 이에 따르고 있으니 그 내용이 사실과 다르다고 했다. 하지만 그는 "역대로 검소했다가 사치스러워진 경우는 많았지만, 사치스러웠다가 검소해진 예는 없었으니, 마땅히 사치와 낭비를 경계해야 하오."라고 말하며 목세륭의 의견을 존중해 주었다. 강희 40년(1702) 12월, 청렴하기로 이름난 광동 순무 팽붕彭鵬이 운남도어사 왕도소王度昭에게 탄핵당한 데 불만을 품고 왕도소를 공격하자, 강희제는 팽붕을 호되게 질책하며 왕도소를 두둔하기도 했다. 강희 39년(1700) 10월에는 풍문언사를 장려하며 다음과 같이 말했다.

> 짐은 구중궁궐 안에 있으니 신하들의 재능과 인품을 어찌 알 수 있겠는가? 짐이 자주 순행을 나가 백성들에게 물어 살피기는 하지만 이에도 한계가 있으니, 앞으로 각 성의 총독과 순무, 장군, 제독, 교관과 전사典史, 천총 등은 민생과 관계된 일인 경우에 과도관을 통해 상소를 올리도록 하라.

이때부터 과도관들의 관리 탄핵 사례가 점점 많아지게 되었다. 강희제는 이 풍문언사를 이용해 적지 않은 탐관오리들을 찾아내 관직을 박탈했다. 곽수가 붕당을 형성하고 있는 명주와 고사기 등을 탄핵하고, 이광지가 운남 포정사인 장림張霖을 탄핵하고, 탕우湯右가 석림石琳을 탄핵하는 등의 성과가 모두 이 제도를 통해 이루어진 것이었으니, 풍문언사제도가 비위 관리를 감찰하는 데 얼마나 효과적이었는지 잘 알 수 있다. 하지만 밀주와 마찬가지로 풍문언사에도 장단점이 있었고, 강희제는 그 폐단을 억제하기 위해 과도관들에 대한 제한을 두었다.

강희 42년 강소와 절강 지역, 산서와 섬서 지역을 순행한 강희제는 백성들의 생활이 예전보다 못한 것을 보고 이것이 모두 관리들이 백성들을 잘 보살피지 못했기 때문이라고 생각하고, 과도관들에게 어떤 것에도 구애 받지 말고 부정을 저지른 혐의가 있는 관리들을 탄핵하도록 했다. 하지만 과도관들이 관리들의 불법행위를 탄핵했을 때, 특히 그 탄핵이 강희제의 근신을 향한 것일 때에는 보복이거나 누군가에게 사주를 받은 것이 아닌지 의심하여 받아들여지지 않은 적이 종종 있었다.

강희 44년 어사 유약내劉若鼐가 산서 순무 갈례가 탐욕스럽고 백성들에게 가렴주구를 일삼고 있으며, 태원 지부 조풍소趙風詔가 그의 심복으로 무고한 사람들에게 잔혹한 형벌을 내리고 있다는 내용의 상소를 올렸다. 갈례는 만주족 정홍기 사람으로서, 성은 동악棟鄂이었으며, 청 초기의 유명한 신하 중 하나인 하화리何和哩의 4대손이자, 강희 유모의 아들이었다. 강희제는 유모에 대한 고마운 마음 때문인지 갈례를 특별히 총애하였고, 갈례는 그 덕에 빠르게 출세할 수 있었다.

갈례는 강희 34년 음생蔭生(선조의 유덕으로 인해 관리로 임명되는 것)을 통해 이부주사로 임명되었다가 다시 이부낭중으로 승직했고, 강희 35년 5월 강희제가 갈단 토벌을 위해 극노륜하로 친정을 나섰을 때에는 좌도어사 우성룡을 따라 군량미 보급을 관리했다. 그 공을 인정받아 표창을 받고 7월에 호부이사관戶部理事官으로 임명되었다. 또한 그 이듬해 8월 1일에는 통정사와 부도어사를 거쳐 내각학사의 자리에 오르게 되었다.

당시 강희제가 산서와 섬서, 감숙 지역 관리들에 대한 대대적인 감사와 개혁을 실시하고 있었는데, 특히 산서성에서 관리들의 화모가 심해 민란이 발생하자, 두 명의 순무가 잇따라 징계를 받았다. 이때 강희제의 머리에 떠오른 사람이 바로 갈례였고, 갈례는 강희 38년에 산서 순무로 임명되었다. 갈례가 부임지로 떠나기 전 황제를 배알하는 자리에서 강희제는 그에게 부임지에 가면 백성들을 잘 보살피라고 당부하며, 선정을 베풀지 못하면 관용을 베풀지 않고 국법에 따라 엄하게 처벌할 것이라고 했다. 하지만 말로는 관용을 베풀지 않을 것이라고 했던 강희제가 정작 유약내가 올린 갈례에 대한 탄핵 내용에 대해서는 철저히 조사하지 않았고, 갈례도 교묘하게 자신의 비리 사실을 숨기고 무사하게 지나갈 수 있었다.

강희 45년 7월, 산서 평요현 백성 곽명기郭明奇 등 120명이 현지를 시찰하러 온 어사 원교袁橋에게 갈례가 탐욕스러운 지현 왕수王綬를 비호하고 있다고 폭로했고, 원교는 갈례가 저지른 일곱 가지 죄행을 낱낱이 열거한 탄핵 상소를 올렸다. 하지만 이번에도 강희제는 그 탄핵 상소를 갈례에게 전달하여 일을 해명하는 상소를 올리도록 했다. 갈례는 곽명기 등을 모함하고, 원교의 탄핵 내용이 무고한 자신을 모함하는 것이라며 비난했다. 그러자 형부에서 갈례의 상소를 근거로 그를 고발한 곽명기 등을 잡아들여 혹독하게 심문했다. 심문 과정에서 몇몇은 혹독한 고문에 못 이겨 죽었지만 그 누구도 자신들이 매수를 당했다거나 원교와 내통했다고 인정하지 않았고, 증거가 없으니 원교에게 벌을 내리기도 힘들었다.

왕홍서는 밀주를 통해 이 사건의 진실을 폭로하고 갈례의 말을 믿을 수 없다고 했지만, 강희제는 이번에도 왕홍서의 상소를 묵살했다. 이 사건과 함께 산서 학정山西學政 추사총鄒士璁이 태원 백성들을 대신해 갈례의 무고함을 주장하고, 어사 채진蔡珍이 추사총이 순무에게 아첨하려는 것이라며 상소를 올렸다. 이 두 사건이 거의 반 년 가까이 끌다가 강희 47년 2월에서야 증거도 없이 탄핵했다는 죄명으로 어사 원교가 삭탈관직 당하고, 어사 채진은 관직이 1급 강등되었다.

이 일을 통해 강희제가 때로는 개인적인 감정에 의해 일을 처리해 풍문언사의 역할을 축소시키기도 했음을 알 수 있다. 이 일이 있은 후, 언관들은 알면서도 상소를 올리지 않게 되었다. 갈례는 몇 년 후 강남강서 총독으로 승직한 후에도 악행을 계속 저질렀지만 아무도 탄핵하는 사람이 없었고, 주변에 아첨하는 무리들만 늘었다. 훗날 강희제는 갈례의 죄행을 알면서도 보고하지 않았다고 언관들을 나무랐지만, 언관들은 보고하지 않은 것이 아니라, 때를 기다리고 있었던 것이다. 이것은 강희제가 당초 갈례를 탄핵했던 원교와 채진을 무고하게 처벌한 것으로 인한 대가였다.

특히 강희제는 말년에 의심이 많아져 과도관들이 맡은 바 직분에 충실하지 않아 제대로 탄핵 상소를 올리지 않는다고 나무라면서도, 과도관들이 탄핵 상소를 올리면 그 저의를 의심하곤 했다.

|【강희제에게 배우는 관리 다스림의 도】|

一. 관리들의 직무 수행을 평가할 수 있는 제도를 정비하고, 관리들의 부정부패를 찾아낼 수 있는 장치를 마련해야 한다.

一. 하급 관리들을 통해 고급 관리들을 견제하도록 해서, 관리들의 붕당을 통해 권력이 위협받는 것을 방지하라.

一. 관리들이 선정을 펼치고 있는지의 여부는 민심을 살피는 것이 가장 정확하다. 관리가 어질면 백성들 사이에서 칭송이 자자하지만, 어질지 못하면 그 대답이 애매하다.

一. 약도 같은 약을 오래 쓰면 병균과 해충에게 내성이 생기듯 관리들을 다스리는 데 있어서 여러 가지 문제점들이 발생한다.

제五부 인재 등용의 도

배움과 행함이 모두 뛰어나야 등용한다
必學行兼優, 方爲允當

1. 인재를 잘 골라내 적재적소에 임명한다 知人善任
2. 덕과 재능을 함께 고려한다 德才倂顧
3. 사람을 얻기 위해 그 마음을 먼저 얻는다 籠絡人心
4. 관리들이 긴장을 늦추지 않도록 한다 拍拍打打
5. 강경책과 회유책을 병용해서 대권을 장악한다 收攬大權
6. 공평하고 단정하게 공사를 구분한다 公道正派

인재를 얻으면 나라가 평안하고, 인재를 잃으면 나라가 어지럽다. 위나라가 오기吳起를 등용하니 진나라가 서하西河를 넘보지 못했고, 조趙나라가 이목李牧을 등용하니 흉노가 국경을 침범할 수 없었다. 오나라는 자서子胥를 참斬하여 망했고, 월나라는 범려范蠡를 놓쳐 쇠했다. 역사가 인재 두세 명에 의해 좌우된 것이다. 강희제가 인재를 이용하는 원칙은 '용인庸人'을 사용하는 것이었다. 여기에서 '용인'이란 어리석은 사람이 아니라, 괜한 일을 저지르지 않는 사람을 뜻한다. 중국 고대에는 나라가 태평할수록 황제와 문인사대부의 관계가 중요해졌고, 또 처리하기도 힘들었다. 강희 초기에는 만주족 정권과 한족 지식인들 사이에 모순이 격화되어, 문인들이 조정에 트집을 잡고 불만을 토로하는 일이 많았다. 농민들은 생활이 윤택해지면 만족하며 편안하고 안락하게 생활하지만, 문인사대부들은 '호방한 기상'을 표출하기 마련이었다. 그래서 문인사대부들은 통솔하기가 매우 어려웠다. 강희제는 인의와 도덕으로 그들의 입을 막고, 흥취와 이익으로 그들의 마음을 사로잡았으며, 직접 감찰로 그들의 반발을 방지하고, 인재를 알아보는 혜안으로 그들을 등용했으며, 형벌로 그들의 운신의 폭을 제한하여, 문인사대부들과의 관계에서 절묘한 줄타기에 성공했다.

제1장

인재 등용의 도 1
인재를 잘 골라내 적재적소에 임명한다
知人善任

'사람을 얻는 것'과 '어진 인재를 얻는 것'의 관계를 잘 알아야 한다. 인재는 많이 얻을수록 좋지만 그중에서 옥석을 가려내는 것이 중요하다. 인재를 등용해도 '간재奸才'를 등용할 수는 없다. 간교한 사람은 겉으로는 충직하고 성실해 보이지만, 주인의 환심을 사기 위해 눈치를 살피고 붕당을 짓는 데 능했다. 황제가 판단력을 잃으면 충신과 간신을 가려내기 어렵다. 영민하고 명철한 강희제도 사람을 아는 것과 인재를 등용하는 것이 어렵다고 탄식했다.

인재 등용을 게을리 하지 않는다

　황제가 인재를 선발하고 등용하는 권리를 정확하게 사용해, 어진 인재는 등용하고 용렬한 자는 멀리해야 나라가 태평해진다. 반대로 측근들만 등용하고 간신들의 말만 듣고 어진 인재를 모함하면 나라가 망한다. 따라서 강희제는 인재를 등용할 때에 특히 인재 선발에 신중을 기했다. 강희제는 인재가 매우 중요하다고 생각하고, 인재들을 체계적이고 적극적으로 양성했으며, 특히 '숭유중도崇儒重道'를 내세워 한족 문인들을 널리 등용했다. 강희제가 인재를 등용하기 위해 사용했던 방법들은 다음과 같다.
　첫째, 전통적인 시험제도인 과거도 강희제의 중요한 인재 선발 방법 가운데 하나였다. 3년에 한 번씩 과거가 시행될 때마다 조정에 많은 인재들을 보충하여 관리 사회에 새로운 활력이 불어넣었다. 하지만 그는 과거에 대해 큰 불만을 가지고 있었다. 응시자들이 우물 안 개구리처럼 책만 읽은 서생이거나 활쏘기와 말 타기에만 능한 무부武夫였기 때문에, 나라를 다스리는 도리에 대해서는 전혀 모르고 탁상공론만 할 줄 알았기 때문이다. 강희제는 과거로 인해 젊은 인재들이 나라와 민생을 구하려는 호방한 기상을 가지지 못하고, 무조건 책이나 활쏘기에만 열중한다며 과거를 보완할 수 있는 여러 가지 인재 선발 방법을 사용했다.

둘째, 신하들의 천거도 인재 등용 방법 가운데 하나였다. 강희제는 신하들에게 적극적으로 유능한 인재를 천거하고, 용렬한 관리를 탄핵하게 했으며, 이로써 신하들의 우열을 판단하기도 했다. 관리들의 천거는 두 가지 역할을 했는데, 우선 천거를 통해 덕과 재능을 겸비한 인재를 발견할 수 있었다. 강희제는 이 방법을 통해 유능한 인재들을 많이 얻을 수 있었다.

강희 29년(1690) 한 해 동안만 소사요邵司堯와 팽붕彭鵬, 육롱기陸隴其, 조창벽趙蒼璧 등 12명의 유능한 인재들을 등용했는데, 이들 모두 나라에 충성하고 청렴하며 백성들을 아끼고 보살펴, 강희제가 태평성세를 실현하는 데 큰 역할을 했다. 천거의 또 다른 역할은 관리들 사이에 붕당이 형성되는 것을 방지하는 것이었다. 당시 관료제도의 특성상 천거를 통해 관리를 등용하면 자신의 측근만 천거하고, 뇌물을 받고 관리를 천거하는 등 폐단이 심할 수 있었고, 특히 황제가 무능할 경우 이러한 폐단이 더욱 심각해졌다. 하지만 강희제는 그 누구보다도 신중하고 예리한 안목을 가진 황제였기 때문에, 이러한 폐단을 교묘하게 피할 수 있었다. 그는 누가 천거한 관리이든 반드시 직접 접견하여 그 재능과 인품을 자세히 살폈기 때문에 범재나 간교한 자들은 그 관문을 통과하기 어려웠다.

강희 17년, 강희제가 내외각료들에게 인재를 천거할 것을 지시하자, 모두 77명의 관리들이 천거되었다. 그는 그들을 일일이 직접 면담하여 재능과 인품을 시험하고, 능력이 부족하거나 사람됨이 경박하다고 생각되는 사람들은 모두 탈락시켰다.

셋째, 직접 시찰을 나가서 인재를 골라냈다. 강희제는 수시로 순시나 방문 등을 통해 관리들을 감찰하고, 인재를 선발했는데, 청대를 통틀어 다섯 손가락 안에 꼽히는 청백리인 우성룡 역시 강희제가 직접 순시하다가 발견해 낸 인재다. 강희제는 직접 관리들을 시찰하여 유능한 인재를 등용했을 뿐 아니라, 용렬한 관리들에 대해서는 징계를 내리거나 관직을 박탈했다. 강희 8년(1671) 2월, 시찰을 나섰던 강희제는 저열하고 재능이 없다거나, 직분을 제대로 수행하지 못한다는 등의 이유를 들어 통주 지주 구양세봉歐陽世逢과 주동州同 이정걸李正杰, 부장 당문요唐文耀를 모두 삭탈관직 시켰다.

넷째, 공개적인 조사와 비공개적인 방문을 통해 초야에 묻혀 있는 재사才士를 등용했다. 강희 23년, 강희제는 첫 번째 남순을 나갔을 때 초야에 묻혀 홀로 은거하던 왕완汪琬을 직접 방문했고, 38년에 세 번째 남순을 나갔을 때에는 소주에서 오정정吳廷楨, 고사립顧嗣立 등을 만났으며, 44년에 다섯 번째 남순을 나갔을 때에는 현지의 서생과 은사隱士들을 모아 시제詩題를 정하고 시험을 치러, 고사립 등 빼어난 시를 지은 사람들에게 상과 관직을 내렸다. 그리고 훗날 그들은 강희제의 명을 받아 『광군방보廣群芳譜』와 『역대시여歷代詩余』 등의 책을 편찬해 중국 문화 발전에 큰 공헌을 했다.

강희제가 인재를 등용하는 궁극적인 목적은 황권 강화였기 때문에, 그의 인재 등용에 대한 인식이나 인재 판별 기준, 시험 등은 모두 황권 강화라는 범주를 벗어날 수 없었다. 하지만 강희제의 인재 사상에는 다른 황제들과 차별되는 점이 몇 가지 있었다. 그는 나라를 평안하게 하는 데 있어서 인재의 중요성을 강조하고, 인재 교육과 양성을 게을리하지 않았으며, 덕과 재능을 겸비한 인재를 등용하기 위해 노력했다. 모든 면에서 완벽한 사람을 구한 것이 아니라, 각각의 장점과 단점을 잘 파악해 적재적소에 배치하여 장점을 충분히 발휘할 수 있도록 했다.

그의 인재 등용 기준은 중국 역사상 전해 내려온 인재 등용의 기준을 종합한 것이었다. 그는 삼국 시대의 유비처럼 윤리와 도덕에 편중된 인사를 하지 않았으며, 조조처럼 덕보다는 재능을 우선하지도 않았고, 선왕인 누르하치나 황태극, 혹은 그의 후계자인 옹정제처럼 민족적 편견에 사로잡혀 극단적인 인재 등용 정책을 펴지도 않았다. 이 점은 높이 평가될 만한 것이다.

강희제는 중요한 고비마다 혜안으로 인재를 판별하고 과감하게 등용했다. 강희제는 삼번의 난을 평정하는 과정에서 한족 장수들을 등용해야 할 필요성을 인식하고 섬서와 감숙을 수복하고, 사천과 귀주로 진격하여 오삼계의 거점인 곤명을 함락시키면서 '서북삼한장西北三漢將'으로 유명한 장용과 조양동, 왕진보를 등용해 빛나는 성과를 거두었다.

강희 17년(1678) 청의 3만 대군이 해징에서 대만 정경 군대에게 포위당해 만주족 장수들이 전멸했을 때에도 강희제는 한족 장수, 특히 복건과 절강 출신의 한족 장수를 등용해야 한다고 생각했다. 그래서 강희제는 13년(1674)에 경정충이 반란을 일으켰을 때만 해도 지현에 불과했다가 몇 년 후 포정사로 승진한 요계성을 다시 복건 총독으로 임명했다.

강희제는 요계성이 복건 총독으로 부임한 후 복건 지역을 회복시키고 군대를 정비할 수 있는 방법을 건의하자 유능한 인재를 얻었다며 기뻐했다. 요계성이 대만 수복을 위한 강희제의 제1단계 전략을 성공적으로 완성하자, 강희제는 '수래관修來館'을 설치해 정경의 부하들을 회유해 청군에 편입시켰고, 청군은 이에 힘입어 19년(1680)에 두 번째로 하문과 금문을 함락시키고 정경을 대만으로 몰아낼 수 있었다. 하지만 뭍에서는 문무를 겸비한 인재인 요계성이었지만 해상 전투 경험이 없어 대만을 공격하는 것은 어려웠고, 강희제는 심사숙고 끝에 시랑에게 대만 공격의 중임을 맡겼다. 시랑은 복건 천주 출신으로서, 정경의 조부인 정지용鄭芝龍의 부하였다가 정성공에게 반발해 청에 투항했고, 수하 몇 명이 정성공에 의해 죽임을 당한 인물이었다.

시랑은 강희 원년(1662)에 복건수사 제독으로 임명되었다가, 6년(1667)에 무력으로 대만을 공격해야한다고 건의했지만, 시기가 적절치 않아 북경에서 13년간 내대신으로 봉직하고 있었다. 강희제는 오랫동안 시랑을 살펴보고 그의 재능을 시험해 본 끝에 정경 군대의 상황을 잘 알고 있고 해상 전투 경험도 풍부한 그가 수사 총독으로 가장 적합한 인선이라는 판단을 내렸다. 하지만 반대하는 의견도 만만치 않았다. 그의 장자와 조카가 정경의 수하에서 관리로 있기 때문에 정경 세력과 내통할 수 있다는 것이 가장 큰 반대 이유였다. 하지만 그의 장자와 조카가 이미 정경에게 살해당했음이 밝혀진 후 시랑에 대한 의심이 풀릴 수 있었다.

강희제는 시랑이 아니면 대만을 수복할 수 없다고 확신하고, 강희 20년(1681) 7월에 시랑을 복건수사 제독으로 임명하고 군대지휘권과 군사행동권을 위임했다. 또한 시랑이 기후 조건이 적합하지 않다는 이유로 출병을 자꾸 미루어 1년이 넘게 출정이 지연되자 조정에서 그에 대한 의론이 분분했지만, 강희제는 신중한 태도를 유지하며 시랑에게 출정을 강요하지 않았다. 시랑이 팽호대첩을 승리로 이끈 후, 강희제는 "육상 전투에서는 지세에 따라 진격과 후퇴를 결정하지만, 해상 전투는 파도를 예측할 수 없으니 더욱 어려울 것이라고 생각해 짐이 진격을 강요하지 않은 것이다."라고 회고했다. 그가 유능한 장수를 얼마나 존중하고 신임했는지 알 수 있다. 팽호대첩의 승리로 정경의 주력군을 대패시켜 대만 수복의 기반을 닦았지만, 대만 본토 수복을 평화롭게 실현시키기 위해서는 더 노력해야 했다. 그리고 시랑이 자신의 핏줄과 측근을 죽인데 대해 정경에게 복수를 할 것이라는 많은 사람들의 예상을 깨고 시랑은 강희제의 회유정책을 잘 받들고 이행했다.

 그는 우선 정경 군대의 반감을 누그러뜨리기 위해 정성공을 모신 사당을 참배하기까지 했다. 시랑이 이런 노력으로 반년도 안 되어 정씨 세력들이 잇따라 청에 투항했다. 강희제는 말년에 대학사에게 "자고로 의심이 가는 사람은 등용하지 말고 일단 등용했으면 의심하지 말아야 하오."라고 말했다. 강희제는 청에 투항한 정경 수하의 장수들 가운데 인재를 가려내 중용했으며 이렇게 해서 등용된 남리와 주천귀는 팽호대첩에서 장렬히 싸워 큰 공을 세웠으며, 남리는 중상을 입었고, 주천귀는 전사했다.

정확하게 분석하고 합리적으로 판단하라

강희 15년 10월, 강희제는 공부상서 기여석冀如錫과 호부시랑 이상아伊桑阿를 회하 양주로 보내 치수 공정을 순시하도록 하고 다음과 같이 당부했다.

치수 공정이 막대한 지출에도 불구하고 아직 이렇다 할 성과가 없어 현지 백성들이 어려움을 겪고 있소. 그러니 치수 공정의 상황을 면밀히 조사해 제방을 어떻게 쌓아야 할지에 대해 보고하시오.

그 후 강희제는 곧 여러 가지 준비 작업에 착수했다. 우선, 15년 12월에 강남의 회하와 양자강 유역에 버드나무를 심어 치수 공정에 사용할 수 있도록 하고, 이듬해 2월에는 이부와의 논의를 거쳐 치수 공정을 위한 관리들을 선발했다. 그리고 같은 해 하도 총독인 왕광유王光裕를 해임하고, 이부상서 명주의 천거로 안휘 순무인 근보를 하도 총독으로 임명했으며, 이무시랑 절이긍과 부도어사 김준을 파견해 신임 하도 총독의 치수 사업을 감찰하도록 했다. 강희제는 신임하도 총독인 근보에게 큰 기대를 걸고 있었다.

근보를 신임 하도 총독으로 임명한 것은 강희제의 탁월한 선택이었다. 근보는 황제의 기대를 저버리지 않고, 강희 16년 3월에 임명을 받은 후 4월 초에 곧장 부임지인 총하행서總河行署로 갔다. 총하행서는 본래 산동 제남에 있었다가 회안淮安 청강포淸江浦로 옮겨졌는데, 이는 치수 사업이 전국으로 확대되는 것을 의미했다. 근보는 부임하자마자 두 달간 현지를 실사하고, 병사나 공사장 인부 등 지위 고하를 막론하고 모든 사람에게 치수에 대한 의견을 묻고, 합리적이고 타당한 제안이라고 생각되면 곧 받아들였다.

근보는 역대 치수 사업의 장단점을 면밀히 분석해 「경리하공팔소經理河工八疏」라는 보고서를 올렸다. 이 보고서에서 제안한 공사를 모두 진행하기 위해서는 은이 약 2백 50만 냥이 필요하고, 필요한 인부도 20만 명이나 되었다.

강희 16년 7월 19일 의정왕과 대신 등이 상소를 올려 재정 지출이 심하고 부역을 너무 많이 동원해야 하기 때문에 당장에 실행하는 것은 힘들다고 주장했지만, 강희제는 반대 의견을 무릅쓰고 치수 공정이 중요하기 때문에 더 미룰 수 없다며 근보의 편에 서 주었다.

근보는 여러 번의 조사와 치밀한 분석을 통해, 같은 해 10월에 다시 「경진경리하공팔소敬陳經理河工八」라는 보고서를 올렸다. 이 보고서는 지난번 건의안을 수정하고 보완한 것이었다.

근보의 치수 방안은 강희로부터 높이 평가되었고, 강희 17년 1월에 의정왕대신들의 논의를 거쳐 강희제가 윤허해 실행되기에 이르렀고, 강희제의 과감한 결단으로 청 초기의 대규모 치수 사업이 본격적으로 전개되어 점차 실효를 거두게 되었다.

|【강희제에게 배우는 인재 등용의 도】|

一. 어진 인재를 등용하고 용렬한 자는 멀리해야 나라가 태평해진다.

一. 측근들만 등용하고 간신들의 말만 듣고 어진 인재를 모함하면 나라가 망한다.

一. 유비처럼 윤리와 도덕에 편중된 인사를 하지 않았으며, 조조처럼 덕보다는 재능을 우선하지도 않았다. 또한 민족적 편견에 사로잡혀 극단적인 인재 등용 정책을 펴지도 않았다.

一. 의심이 가는 사람은 등용하지 말고, 일단 등용했으면 의심하지 말아야 한다.

제2장

인재 등용의 도 2
덕과 재능을 함께 고려한다 德才併顧

'덕德'과 '재능才'의 관계를 잘 조화시켜야 한다. 인재 등용의 기본적인 기준은 바로 '덕'과 '재능'이며, 강희제의 인재 등용 기준은 '덕재겸우德才兼優', 즉 덕과 재능이 모두 출중해야 한다는 것이었다. 하지만 고금을 막론하고 덕과 재능을 겸비한 인재는 결코 많지 않았고, 재능은 있지만 지조가 없거나, 충직하지만 재능이 부족한 사람이 대부분이었다. 그래서 강희제는 완벽한 인재를 찾기보다는 각각의 분야에서 재능을 가진 인재를 골라내서 각자의 장점을 충분히 발휘할 수 있는 자리에 등용했다. 옛말에 지혜로운 자〔智者〕와 용감한 자〔勇者〕, 탐욕스러운 자〔貪者〕, 어리석은 자〔愚者〕 모두 그 쓸모가 있는 법이라고 했다. 지혜로운 자는 평화롭게 일을 성사시키고, 용감한 자는 빠른 행동으로 공을 세우며, 탐욕스러운 자는 이익을 위해 자신의 재능을 사용하고, 어리석은 자는 감정에 의해 자신의 힘을 쓰기 때문이다. 각각의 인재가 어디에 속하는지를 분석하고 어떻게 적재적소에 배치하느냐가 바로 인재 등용의 핵심이었다.

인재 등용의 핵심은 덕과 재능을 겸했는지의 여부다

강희제가 친정을 시작한 지 얼마 안 되었을 때에는 경연일강관들과 인재 등용의 도리에 대해 여러 차례 토론을 했다. 강희 11년(1672) 8월의 어느 날, 강희제가 강관과 대학사 웅사이에게 인재 등용에 대한 생각을 물었더니, 웅사이가 이렇게 대답했다.

사람의 품행을 가장 근본으로 여기고, 완벽한 인재를 찾기보다는 각각의 재능을 잘 파악하는 것이 옳다고 생각합니다.

강희제도 그의 생각에 동의하며 이렇게 말했다.

사람을 판단할 때에는 그 마음씨를 가장 먼저 살펴야 하오. 사람됨이 바르지 않으면 재능이 있다한들 무슨 소용이 있겠소? 인재를 논할 때에는 덕을 근본으로 해야 하오. 덕이 재능보다 앞서면 군자이지만, 재능이 덕보다 앞서면 소인에 불과하오.

강희제는 평생 동안 인재를 등용하고 관리를 임명하는 데 신중을 기했으며, 덕재를 겸비한 인재를 찾고, 그중에서도 덕을 더 중시했다. 그가 탐관오리들을 찾아내 처벌하고, 청백리들을 격려한 것도 바로 이런 맥락에서 이해할 수 있다. 강희제는 관리들이 법률의 처벌이 두려워 청렴할 수도 있겠지만, 그보다는 천성적으로도 충직하기를 바랐고, 부패를 방지하기 위해 엄격한 인재 등용 기준을 견지했다.

그의 인재 등용 기준 가운데 '덕'에는 두 가지 의미가 있었다. 하나는 황제에게 충성스럽고 맡은 바 직분을 다하는 것이고, 다른 하나는 청렴결백하고 백성들을 아끼는 것이었다.

강희제가 인재를 선택할 때, 그 중점을 재능보다 덕에 두었던 것이 사실이었다. 그렇지만 재능을 완전히 무시한 것은 아니었으며, 때로는 재능을 더 우선하기도 했다. 16년, 강희제는 대학사 등에게 다음과 같이 말하며 재능 있는 사람들을 바로 곁에 두었다.

> 짐이 항상 책을 가까이 하는데 근시近侍들 가운데 학식이 깊은 사람이 드물어 짐과 도리를 논하기 어렵소. 한림원에서 두 명의 관리를 선발해 짐의 좌우에서 보좌하도록 하시오.

강희 25년 7월에는 이부에 한림관 관리 가운데 재능이 없는 사람은 관직을 강등시키거나 아예 삭탈관직 시키라고 지시하기도 했다.

요컨대 강희제의 인재 판별 기준은 '덕재겸우'였지만 재능이 많고 덕이 높은 사람을 찾기가 어려웠기 때문에 덕이 높고 재능이 다소 부족하거나, 재능은 뛰어나지만 인품이 조금 떨어진다면 과감하게 등용했다.

관리는 자신과 가정이 반드시 청렴해야 한다

　강희제는 인재에 대한 요구가 매우 엄격해서 관리 선발에 매우 신중했으며, 특히 임용 자격을 갖추었는지에 대해 진지하게 고려했다. 임용 자격 가운데 강희제가 가장 중요하게 생각했던 것이 바로 청렴이었다. 강희제는 "관리된 자는 반드시 자신과 가정이 청렴해야 한다."라고 말하고 관직의 고하를 막론하고 모두 권력을 남용해서는 안 된다고 강조했다.
　강희제는 조정의 고급 관리를 임명하는 데 있어서는 더욱 엄격한 기준을 적용해서, 첨사부詹事府와 한림원, 이부, 예부 등의 관리에는 천거나 매관매직을 통해 관리가 된 자들은 배제하고 반드시 과거를 통해 관직에 입문한 사람만을 등용했다. 순천順天 향시 주고관主考官을 임명하는

데, 내각에서 고사기를 추천하는 의견이 있었지만 강희제는 고사기가 재능 있는 관리인 것은 사실이나 과거에 급제한 진사 출신이 아니라는 이유로 그를 인사에서 배제했다. 진사 출신이 아닌 관리가 향시를 주관하는 것은 적합하지 않기 때문이었다. 강희 22년 11월 6일에도 이부에서 공가육龔佳育을 부도어사로 임명하려고 했지만, 강희제는 역시 공가육이 어사 출신이 아니라는 이유로 이를 윤허하지 않았다.

물론 위의 두 가지 예에서 강희제는 출신 문제를 들어 천거된 인물을 거절했지만, 사실 그 이면에는 강희제의 모종의 전략이 깔려 있었다.

관리를 임용할 때 출신보다 더 중요한 것이 바로 제도의 확립과 통제권의 장악이었다. 청대에는 새로운 관리를 임명할 때 '회추會推' 제도라는 것을 실시했다. 회추란 새로운 관리를 임명할 때, 하급 관리 가운데 적당한 사람을 선발하는데, 하급 관리는 반드시 조정 고급 관리들로부터 추천을 받아야 하는 제도였다. 회추 제도는 나름대로 장점이 있어서 고급 관리들이 중지를 모아 우수한 인재를 선발한다는 점에서는 높이 평가될 수 있었다. 하지만 천거한 사람들이 붕당을 짓기 위해 자기 사람을 천거하는 폐단을 초래했다.

강희 10년, 이러한 폐단을 근절하기 위해 강희제는 상서와 좌도어사, 시랑, 부도어사, 통정사, 대리사경 등은 관리를 천거하지 못하도록 하고, 황제가 직접 승직 후보들 가운데 적당한 사람을 골라 임명하도록 규정했다. 그 후 강희제는 관리를 임명함에 있어서 학사와 대학사들의 의견을 존중해, 대학사와 학사들에게 후보자들의 재능과 인품 등을 물어보고 결정했다.

강희제는 관리를 임명할 때 실사구시형 인재를 선호했으며, 특히 진중하고 노련해 일을 잘 처리하는 사람을 좋아했다. 하지만 재능은 있어도 황제에게 충성하지 않는다면 무조건 인선에서 제외시켰다. 인재 등용의 기본 원칙이 바로 황권 강화였기 때문이다. 이런 점에서 강희제는 인재를 등용하는 데 있어서 과감하고 웅대한 지략을 가지고 있었지만, 인재를 판단하는 데 있어서는 매우 보수적이었다고 할 수 있다.

인재 등용은 권력 강화를 위한 것이다

강희제는 소인과 접촉하는 것을 매우 꺼렸다. 하지만 태감들 중에는 소인배가 많았다. 역대 왕조를 살펴보아도 태감이 망국의 근원이었던 적이 여러 번 있었고, 이런 이유 때문에 강희제는 태감 임명에 있어서도 신중을 기했다.

어린 나이의 강희제가 황상에 앉자 조모인 효장태후와 나이든 보정대신들은 태조와 태종이 실시하던 옛날 제도를 회복할 생각으로 태감이 13아문을 관장하는 것을 금지하고, 내무부內務府를 설치했다.

13아문은 순치 11년에 설립되어 18년에 폐지되었는데, 7년이라는 짧은 기간 동안 환관들에 의해 좌지우지되면서 수많은 악행을 저질러, 폐지될 수밖에 없었고, 내무부를 다시 설치해 조정의 일상적인 사무를 관리하도록 했다. 강희 이후로 2백여 년간 이 체제가 유지되면서 환관이 전권을 장악하는 일은 없었다. 강희제가 환관들을 얼마 싫어했는지는 강희제와 대신들의 대화에서도 종종 드러난다.

강희 31년 1월 29일, 강희제는 명사를 수정하는 관리에게 "역대 왕조마다 환관이 있었는데, 명대의 왕진王振과 유근劉瑾, 위충현魏忠賢과 같은 무리들은 그 악행이 이루 말할 수 없었소. 숭정이 엄당閹黨(환관들을 지칭함)을 뿌리 뽑은 것은 아주 잘한 일이었다."라고 말했다.

강희 33년 윤 5월 14일에는 형부 등에 태감 전문재錢文才가 백성 두 명을 때려죽였으니 마땅히 교수형에 처해야 한다는 내용의 어지를 내리고, 대학사들에게는 다음과 같이 말했다.

> 태감이 죄를 저지르면 절대로 관용을 베풀 수 없으며 공정하게 처리해야 하오. 자고로 태감들 중에 선한 인물이 드물었으니 황제가 그들을 잘 단속해야 하오. 그들을 제멋대로 내버려 두면 점점 권모술수를 부려 억제하기 힘들 것이오. 하지만 그들을 억제하는 것이 결코 쉬운 일이 아니오. 한대의 십상시十常侍와 당대의 북사北司가 전횡을 일삼아 황제의 복식과 음식까지도 모두 간섭했다고 하오. 이는 하루 이틀에 이루어진 일이 아니오. 태감은 본래 거세된 자들이니 그 성정이 보통 사람들과 다르며, 나이가 들어도 언행이 어린 아이와 다름이 없소. 겉으로는 성실해 보여도 속마음은 간교하기 그지없소. 군주가 현명해야 그들이 권모술수를 부리지 못하는 법이오. 명의 황제들은 상소에 비답을 다는 일까지도 모두 태감에게 시켰다고 하는데, 글도 읽지 않은 태감 따위가 비답을 달았다니, 이렇게 황당무계한 일이 어디에 있소?

강희제는 또 전문재가 살인을 저지른 일에 대해 말하며, "가을에 죄인들에 대한 형을 확정할 때에 전문재에게 절대로 관용을 베풀어서는 안 되오."라고 당부했다.

강희 45년 5월 22일, 강남도어사 장원張瑗이 상소를 올려 서산西山 벽운사碧雲寺 뒤에 명의 태감이었던 위충현의 묘와 석비 두 개가 있는데 이를 없애는 것이 마땅하다고 건의했다. 태감들에 대해 증오에 가까운 감정을 가지고 있던 강희제가 이를 윤허했음은 물론이다. 강희 42년 4월 23일, 『명사』를 읽던 강희제가 학사들에게 이렇게 말했다.

짐이 어린 시절 무슨 일이든 그 이유를 묻기를 좋아하여, 명대 태감의 일들도 자세히 들어 알고 있소. 명사에는 태감 위충현의 악행이 대강만 기록되어 있는데, 이는 명 말기의 황제들이 모든 것을 태감의 말에 따라 처리했고 사관史官들까지 조종했기 때문이오. 또 명대 숭정제가 나라가 망하여 스스로 목숨을 끊으니, 태감 왕승은王承恩이 뒤따라 목숨을 끊었고, 그리하여 세조 장황제章皇帝가 그를 위해 제사를 지내고 비석을 세워 주었다.

위와 같은 말들에서 강희제가 군주를 따라 죽은 왕승은 등 몇몇만을 제외하고는 악행을 저질렀던 태감들을 증오했음을 알 수 있다. 강희제가 태감을 싫어했던 가장 큰 이유는 바로 나라를 망치고 백성들에게 피해를 주었기 때문이다. 그래서 청대에는 태감들이 황제의 노비 역할만 했을 뿐 권력을 쥘 수는 없었다.

인재 등용의 도
·
557

|【강희제에게 배우는 인재 등용의 도】|

一. 완벽한 인재를 찾기보다는 품행을 가장 근본으로 여기고 각각의 재능을 잘 파악해야 한다.

一. 관리는 반드시 자신과 가정이 청렴해야 한다. 또한 관직의 고하를 막론하고 권력을 남용해서는 안 된다.

一. 지혜로운 자는 평화롭게 일을 성사시키고, 용감한 자는 빠른 행동으로 공을 세우며, 탐욕스러운 자는 이익을 위해 자신의 재능을 사용하고, 어리석은 자는 감정에 의해 자신의 힘을 쓴다.

제3장

인재 등용의 도 3
사람을 얻기 위해 그 마음을 먼저 얻는다
籠絡人心

'사람을 얻는 것(得人)'과 '마음을 얻는 것(得心)'의 관계를 잘 처리해야 한다. 사람을 얻으려면 우선 그 마음을 얻어야 하는데, 마음을 얻는 방법은 사람마다 다르다. 유비는 제갈량을 얻기 위해 '의義'를 사용했고, 조조는 방덕龐德을 얻기 위해 은혜를 베풀었다. 제나라 환공은 관중管仲을 얻기 위해 예로써 대했고, 위나라 문후文侯는 오기吳起를 얻기 위해 이익을 내보였으며, 한고조는 한신을 얻기 위해 작호를 내렸다. 미끼로 물고기를 잡으면 물고기를 죽일 수도 있고, 마찬가지로 녹祿으로써 사람을 얻으면 사람을 각박하게 한다.

문필로써 벗들과 교류하다
以文會友

    삼번의 난이 평정된 후, 청의 통치 기반이 공고해지고 민족 간의 갈등도 완화되자, 강희제는 명에 대한 적대감을 거두고 명의 계승자를 자처하기 시작했다. 남순을 실시하기 전, 그는 관리들에게 명대의 왕릉을 훼손하지 말고 말조심할 것을 누차 당부했다.

    첫 번째 남순에서 강녕에 갔을 때, 강희제는 직접 명 태조의 묘인 효릉孝陵을 찾아가 제를 올렸다. 여기에는 민족 간의 단결을 도모하기 위한 의도가 깔려 있었고, 그의 기대에 부응하듯 이 일은 강남의 한족 관리들을 크게 감동시켰다. 강희제는 그 후 남순을 나설 때마다 효릉을 찾아가 제사를 올리고, 석비를 세우는 등 명 태조에 대한 존경의 뜻을 표시해, 명에 대한 미련을 버리지 못한 사람들의 마음을 다독였다.

두 번째 남순 때 항주를 시찰하던 강희제는 일부러 전당강錢塘江에서 소흥까지 이동하며 우왕릉禹王陵에 참배했고, 그 후로도 남순 때마다 명의 충신이나 유명한 학자를 모신 사당에 가서 편액을 하사하는 등 기회가 있을 때마다 명에 대한 존경을 표시했다.

또한 청에 충성한 남인들의 사적事跡을 칭송하고 그들의 후손을 방문했다. 강남 상해 출신인 영류暎榴라는 자는 강희 27년 5월에 호광량저도湖廣粮儲道와 잠섭 포정사暫攝布政使로 임명되었다가, 무창병변武昌兵變이 일어나자 이제 저항하다가 스스로 목숨을 끊었는데, 강희제는 두 번째 남순에서 소주를 시찰하면서 그의 아들을 직접 만나 관직과 상을 내렸다.

강희제는 또 남순 때마다 관직에서 은퇴해 낙향한 강남사대부들 만나 옛정을 나누었다. 소주 출신인 왕완은 한림원에서 『명사』를 편찬하다가 다른 관리들과 의견이 맞지 않아 한림원에 부임한 지 60일 만에 병을 핑계로 관직에서 물러나 낙향했는데, 강희제가 그를 잊지 못하고 첫 번째 남순 때 무석에 있는 그를 찾아가, 그의 학식과 인품을 칭송했다.

강희제는 과거에서 비리를 저질러 징계를 받은 사대부들에게도 개인적인 정을 표시했다. 순치 15년에 장원급제한 손승은孫承恩의 아우 손창孫暢이 순치 14년(1657)에 순천 과거장에서 비리를 저질렀고 요동 지방으로 유배당했다가 돌아왔다. 강희제는 38년 세 번째 남순 때 소주에 갔을 때 고관에게 손창의 근황을 물었다.

손창이 그 사실을 알고 성은에 감격하며 강희제의 행궁에 가서 황제를 알현하고 시를 바쳤다. 역시 소주 출신인 오정정은 향시를 통해 벼슬길에 올랐다가 부정을 저질러 관직을 박탈당하고 낙향했는데, 손창이 황제에게 시를 바쳐 칭찬을 받았다는 소문을 들었다. 강희제가 항주에서 북경으로 돌아가며 소주에 들렀을 때, 자신도 황제에게 시를 바쳤다. 강희제는 그의 시도 높이 평가하며 그를 관직에 복귀시키고 한림원 관리로 임명했다.

또 남인들이 과거를 통해 정계에 입문하는 것을 장려하기 위해 첫 번째 남순을 실시하던 해 12월에 강남과 절강의 학도學道를 학원學院으로 고치고 지위를 격상시켜 주었으며, 그 후에도 과거에서 강남 출신에 대한 합격 정원을 늘렸다.

강희제는 특히 남서방에서 오래 봉직한 강남 출신 관리들과 가까이 지냈는데, 고사기가 문무를 겸비하여 시와 서화 등에 모두 능하며, 사냥도 잘 하는 것을 보고 크게 기뻐하며 곁에 두고 총애했다. 강희 23년 9월 첫 번째 남순 때에는 고사기가 황제를 줄곧 수행하며 태산에 오르고, 치수 사업을 시찰하고, 명승고적을 유람했다. 강희제가 직접 쓴 『남순필기南巡筆記』에 다음과 같은 기록이 나온다.

> 밤에 배를 타고 고사기와 함께 고금을 논하고, 『상서』와 『좌전』, 혹은 선진이나 한대의 책들을 읽었다. 또 어떤 때에는 날이 밝는 줄도 모르고 『주역』을 논하거나 시를 짓기도 했다.

강희 28년 1월 두 번째 남순 때에는 고사기가 죄를 지어 해임된 후였는데도 그를 불러 수행하게 하고, 고사기의 고향에 가서는 그의 저택을 찾아가 편액을 하사했다.

다섯 번째와 여섯 번째 남순 때에는 대학사였다가 은퇴한 장영이 동성桐城에서 회안淮安과 청하淸河 등에 가서 어가를 맞이하고 강녕까지 황제를 수행했는데, 강희제는 장영에게 어서御書와 편액 등을 하사하고 상을 내려 친근한 정을 표시했다. 또한 장영 등 은퇴한 노신들의 간청으로 강희제는 강녕에서 하루 이틀 더 머물렀는데, 여기에서 은퇴한 관리들에 대한 강희제의 애틋한 정을 엿볼 수 있다.

강희제가 남순을 할 때마다 수행하는 관리의 수가 많아져, 강희 40년 경 여섯 번째 남순을 실시할 때에는 셀 수 없이 많은 신하들을 거느리게 되었고, 강남 사대부들의 눈에 강희제는 이제 더 이상 이민족 통치자가 아니라 백성들에게 인자함을 베푸는 후덕한 성군이었다. 심지어는 반청운동을 주도하던 사대부들의 태도에도 변화가 생겼다. 반청운동이 실패한 후 낙향해 저술활동에 전념하고 있던 황종희黃宗羲도 강희제가 내세우는 정책들이 명대보다 우월한 것을 보고 생각이 바뀌어 강희 19년부터는 강희제의 치적을 칭송하는 글을 썼다.

문인과 학사들을 존중하고 인재를 보호한다

역대로 지식인들이 대부분 통치 계급에 대해 애증의 감정을 가졌던 것은 일이나 사물을 보는 관점이 민초들과는 달랐기 때문이다. 강희제가 문인들과 가까이 지내기를 좋아한 것은 그가 학문을 좋아했기 때문이기도 하지만, 정치적인 필요성이라는 더 큰 원인이 있었다.

강희제가 당시 문인들과 교류하던 수단 중 하나가 바로 서방書房이었다. 서방은 누르하치가 청을 건국한 직후에 설치되었는데, 서생들을 두고 글을 읽고 책을 관리하게 했다. 태종 황태극이 즉위한 후, 서방의 명칭을 문관文館이라고 고치고 국가의 정식기구로 편입시켰다. 강희제는 오배를 숙청한 후 보정대신들이 붕당을 형성하고 황권을 위협하는 수단이었던 내삼원內三院을 폐지하고, 내각과 한림원을 부활시켰으며,

한림원 관리를 조정에 상근시키고 남서방을 설치했다.

가장 처음 조정에서 상근했던 한림원 관리는 심전과 여두납이었다. 심전은 어려서부터 붓글씨를 좋아했고, 명의 유명한 서예가인 동기창董其昌과 동향 출신으로 그에게 서체를 배워 글씨가 훌륭했다. 강희 10년, 그는 마침 유명한 서예가의 서체를 배우기 위해 서예에 능한 관리를 찾고 있던 강희제의 눈에 띄어 시강侍講으로 임용되어 남서방에서 봉직하게 되었다. 여두납은 직예 정해靜海 출신으로서 책을 좋아하여 학식이 높았고, 강희 2년에 『세조실록世祖實錄』편찬에 참여할 관리를 임명하는 데 천거되어 임명된 사람이었다.

심전과 여두납과 함께 남서방에 있었던 관리로 일강기거주관이자 한림원 장원학사인 옹사이가 있었다. 강희제는 옹사이를 크게 신임하여 자주 불러 대화를 나누었는데, 대화의 주제는 민생과 인재 등용, 행정에서부터 도적떼 소탕과 치수 사업, 제자백가에 이르기까지 그 범위가 매우 광범위했다.

강희 13년에 심전이 국자감 제주祭酒로 임명되어 남서방에 여두납만 남게 되자, 14년에 내각학사로 승직되었다가 다시 무영전 대학사 겸 형부상서로 임명된 옹사이가 급히 남서방 소속으로 편입되었다.

강희 16년 삼번의 난이 고비를 넘기고 승부를 결정짓는 중요한 시기로 접어들었을 때, 강희제의 나이 24세였다. 당시 장성하면서 학문의 깊이가 점점 깊어진 강희제에게 학식이 높고 재능과 인품을 겸비한 관리가 남서방에서 상근하며, 수시로 황제와 국사를 논의해야 할 필요성이 커졌다. 그래서 그해 10월 18일 시강학사 장영과 고사기가 각각 정4품과 정6품으로 승직되어 남서방에서 상근하게 되었는데, 장영과 고사기는 서안문 안에 있는 저택이 하사되었고, 여두납에게는 후재문 안에 있는 저택이 하사되었다. 이때부터 한족 관리가 황성 내에서 살게 되었다는 점에서 이 일은 매우 큰 의의를 가지고 있다.

남서방에 상근하는 내정한림內廷翰林은 황제를 보좌해 책을 읽고 글을 썼으며, 수시로 황제에게 자문하고, 때로는 어지를 대신 작성하기도 했다. 남서방은 민족문화 교류와 민족 간의 갈등 완화라는 중요한 역할을 수행했다.

장영은 강남 동성 출신으로서, 강희 6년에 진사로 급제해 서길사로 임명받았고, 12년 7월에는 한림원편수翰林院編修로서, 일강기거주관이 되었다. 그는 남서방 관리가 된 후 황제의 측근 고문의 역할을 수행했는데, 매일 황제의 곁을 지키고 순행 때에도 항상 수행하면서 황제로부터 큰 신임을 얻었다. 고사기는 절강 전당 사람으로 황제의 밀지를 작성하거나 시문을 짓고, 때로는 조서의 초안 작성에 참여하기도 했다.

강희 17년 윤 3월 28일에 장영과 고사기의 뒤를 이어 한림원 장원학사인 진정경과 시독학사 엽방애, 시독 왕사정이 남서방 관리로 임명됐고, 그 후 강희 27년까지 장옥서와 손재풍, 주이존, 서건학, 왕홍서, 진원룡, 대재 등이 남서방 관리로 있었다. 이 15명 가운데 여두납과 진정경, 왕사정만이 북방 출신이었을 뿐, 나머지는 모두 강남 출신이었다.

남서방 관리들은 관직의 고하, 혹은 한림원 관리인지의 여부와 관계없이 남서방한림이라고 불렸고, 이 남서방한림은 청 조정에서 특수한 의의를 가지고 있었다. 청의 중앙통치기구는 대부분 같은 관직에 만주족과 한족이 한 명씩 배치된 만한복직제滿漢復職制였는데, 유일하게 남서방만이 한족 관리로만 이루어져 있었던 것이다. 강희제는 남서방에 상근하고 있는 관리들과 시를 읊고 그림을 그리거나, 낚시를 하고 꽃을 감상했으며, 경서에 대해 이야기를 나누고 국사를 논의했다. 군신의 관계라는 것을 배제하면 그들의 모습은 여느 동문이나 벗들과 다름없었고, 감정적으로도 매우 잘 융합되었다.

강희제는 심전에게 서예를 배울 때에는 심전이 아무리 잘못을 지적해도 그것을 기꺼이 받아들였고, 심전이 남서방을 떠난 후에도 몇 년 동안 수시로 불러 자신의 서체를 바로잡고 잘못된 부분을 지적해 달라고 했다. 고사기는 재치가 있고 민첩하고, 글을 잘 짓고 그림을 잘 그렸으며, 사냥에도 능해, 강희로부터 총애를 받았다. 하지만 고사기가 강희제에게 신임을 받은 데에는 타고난 재능 외에 고사기의 노력도 크게 작용했다. 한번은 강희제가 사냥을 나갔는데, 강희제가 탄 말이 발을 헛딛는 바람에 강희제가 땅으로 떨어질 뻔한 일이 있었다.

강희제는 다치지는 않았지만 신하들의 보는 눈도 있고 해서 매우 기분이 언짢았다. 이때 고사기가 일부러 자신의 옷에 진흙을 잔뜩 묻히고 강희 옆으로 갔다. 강희제가 고사기를 보고 옷이 지저분해진 이유를 물으니, 고사기는 "말에서 떨어져 진흙탕에 빠졌사옵니다."라고 대답했다. 이 말을 들은 강희제는 크게 웃으며 "강남 사람들은 어찌하여 모두 그리 약골이오? 짐은 말이 아무리 휘청거려도 한번도 말에서 떨어진 적이 없소."라고 말했다. 강희제가 말에서 떨어질 뻔하기는 했지만, 말에서 떨어진 고사기와 비교하면 강희제는 위엄이 크게 깎이지도 않고, 상대적으로 자존심을 세울 수도 있었기 때문에, 언짢은 마음도 씻은 듯이 사라졌다.

강희제는 남서방 관리들을 크게 신임했기 때문에 남서방에 있었던 관리들은 대부분 요직으로 임명됐다. 장영은 남서방한림으로 재직한 지 3년도 안 되어 한림원학사 겸 예부시랑으로 승진했다가, 다시 예부상서 겸 한림원 장원학사에 올랐으며, 그의 가문이 점점 유명해지면서 4대에 걸쳐 강관으로 재직하는 영예도 누릴 수 있었다. 여두납은 남서방한림으로 있다가, 광록사소경光祿寺少卿과 종인부宗人府 부승府丞, 좌부도어사左副道御使, 형부시랑 등을 역임했으며, 역시 그의 자손들도 4대에 걸쳐 남서방한림에 올랐다.

  강희제는 남서방 관리들을 총애하여 이들이 비리나 부정부패에 연루되면 여러 가지 방법으로 그들을 구명해 주곤 했다. 대학사 웅사이는 강희 15년에 죄에 연루되어 관직을 박탈당해 강녕으로 내려갔지만, 강희제는 그의 재능과 그동안에 세운 공을 생각해, 첫 번째 남순에서 강녕에 갔을 때에는 그를 직접 만나 편액을 하사했으며, 27년 6월에는 웅사이를 예부상서로 다시 기용하고 나중에는 이부상서로 임명했다. 또 한 번은 호광 총독의 뇌물수수 사건을 심리하던 중 진정경과 서건학, 왕홍서, 고사기가 그 일에 연루되었다는 사실이 밝혀졌지만, 강희제는 그들을 처벌하지 않았다.

  강희제가 문인학사들을 이렇게 '애지중지' 했던 것은 그들이 자신의 벗이자 치국의 인재인 까닭도 있었지만, 그보다 더 중요한 원인은 그들이 통치 기반이라는 것이었다. 강희제는 한족의 문화가 유구하여 한족 인재들이 여러 가지 문제점이 있음에도 불구하고 복잡미묘한 지위에 있다는 것을 알고 있었다. 사회적으로 문인학사를 미워하고 두려워하는 세력도 있었지만, 반면 그들을 희생양으로 삼아 자신의 잇속을 차리려는 사람들도 있었고, 이를 잘 알고 있는 강희제가 그들을 보호하기 위해 일부러 이렇게 행동한 것이었다.

삼고초려도 마다하지 않는다

강희제는 황제로 즉위한 후 재능과 덕을 겸비했으나 벼슬길에 나오기를 꺼려하며 은둔하는 명의 문인들을 규합하기 위해 힘썼다. 섬서 총독 악선鄂善이 관중에서 유명한 학자인 이옹李顒을 천거하자, 강희제가 그를 북경으로 불렀는데, 이옹은 여덟 번이나 상소를 올려 병에 걸려 오랫동안 일어나지 못하고 있다며 황제를 알현하러 가지 않았다. 그러자 강희제는 신하들을 시켜 이옹을 수시로 방문해 병이 쾌유되면 북경으로 올라오라고 설득하라고 했다. 강희제는 이옹과 같은 명망 있고 학문에 조예가 깊으며, 백성들로부터 존경받는 인재를 얻으면 천하를 다스리고 사회를 안정시키고, 문화를 번영시키는 데 크게 이바지할 수 있다고 생각했다.

강희제는 이옹을 등용하지 위해 모든 노력을 집중했다. 신하들을 시켜 매일 이옹의 집으로 찾아갔지만 이옹이 여전히 병을 핑계로 나오지 않았다. 강희제는 사람을 시켜 집에 누워 있는 그를 그대로 서안으로 데리고 오도록 하고, 총독과 순무에게 직접 그의 침대 머리맡으로 가서 북경으로 갈 것을 권유하도록 했다. 하지만 이옹은 엿새 동안이나 식음을 전폐하고 스스로 목숨을 끊겠다고 하니, 놀란 총독과 순무가 이를 강희제에게 보고했다.

이옹의 태도가 너무도 완강한 것을 본 강희제는 화를 내지 않고 더 이상 그에게 강요하지 말 것을 지시했다. 강희 42년(1703) 서쪽으로 순행을 나갔던 강희제는 여전히 이옹을 잊지 않고 서안에 들렀다. 그리고 총독과 순무에게 자신이 이옹의 학식을 흠모하여 직접 찾아가겠다는 뜻을 이옹에게 전하도록 했다.

이 말을 전해들은 이옹은 그것이 강희제가 자신을 초야에서 나오게 하려는 마지막 수단이라는 것을 직감하고, 여전히 병을 핑계로 나가지 않았다. 하지만 강희제는 전혀 개의치 않고 이옹의 집으로 향했고, 예상치 못했던 상황에 곤란해진 이옹이 여전히 병세가 심각해 직접 갈 수 없다고 핑계를 대며, 자신의 아들에게 자신이 쓴 책 몇 권을 주어 강희제에게 보냈다. 강희제는 이옹의 아들이 찾아와 이옹이 정말로 병석에 있다고 하자, 이옹을 직접 만나겠다고 더 이상 고집을 부리지 않고, 순무 악해에게 이옹을 잘 보살피라고 당부하고 도읍으로 돌아갔다.

이옹 외에도 고염무, 황종희, 손기봉孫奇逢, 부산傅山 등도 지조 높기로 유명한 문인들도 아무리 강희제가 만날 것을 권유해도 초야에 묻힌 채 나오지 않았다.

강희제는 또 예의로써 신하들을 대해야 신하들이 진심으로 자신에게 협조하고 나라를 위해 열심히 일한다는 것을 알고 있었다.

매문정梅文鼎은 청대의 유명한 수학자였는데, 명 숭정 6년(1633)에 태어나 강희 60년(1721)에 88세의 나이로 세상을 떠났으며, 강남 선성宣城 출신이었다. 그는 60여 년간을 수학 연구에 바쳐 강희로부터 존경 받았으며, 세 차례나 강희제를 직접 알현하고 『고금역법통고古今曆法通考』라는 책을 저술했다.

매문정 등 민간 수학자들이 수학을 연구할 때, 강희제도 궁중에서 서양 수학에 몰두해 있었다. 강희 41년(1702) 10월 5일, 강희제가 남순 중에 덕주德州에 들렀을 때, 매문정이 역산曆算에 능하다는 소문을 듣고 대학사 이광지에게 매문정의 저서를 구해 오도록 했다. 이광지가 『역학의문曆學疑問』 3권을 강희제에게 올리자, 강희제는 이 3권을 자세히 읽은 후 매문정에게 큰 호감을 가지게 되었다.

매문정은 일생 동안 80여 권을 책을 저술했는데, 모두 과학적인 가치가 매우 높다. 특히 『고금역법통고』는 중국과 서양의 역법曆法을 총망라한 중국 최초의 역학사서曆學史書이며, 강희제가 읽은 『역학의문』은 역학에 대해 전반적으로 간략하게 기술한 책이다.

강희 44년(1705) 2월 22일, 강희제는 남순 중에 덕주를 지나게 되었는데, 매문정이 바로 그곳에 살고 있다는 것을 알고 그를 자신의 배로 불러 직접 면담하며, 천문과 수학 등에 대해 논했다고 한다. 매문정은 또 『삼각법거요三角法擧要』 5권을 강희제에게 올렸는데, 후에 강희제가 이렇게 말했다.

> 짐도 역상曆象과 산법算法에 대해 자세히 연구했지만 매문정만큼 조예가 깊은 사람은 처음이다.

매문정이 강희제를 배알했을 때에는 이미 고희를 넘긴 나이였다. 강희제는 그의 나이가 많아 후계자를 양성해야 한다고 생각하고, 51년 (1712)에 매문정의 손자 매곡성梅谷成을 궁궐로 불러 역법과 수학 서적을 편찬하게 했다. 강희 53년(1714) 강희제는 자신이 편찬을 지휘한 『율역연원律曆淵源』 중의 「율여정의律呂正義」를 인쇄해, 매곡성을 통해 매문정에게 전하기도 했다.

|【강희제에게 배우는 인재 등용의 도】|

一. 사람을 얻으려면 우선 그 마음을 얻어야 하는데, 그 마음을 얻는 방법은 사람마다 다르다.

一. 명망 있고 학문에 조예가 깊으며, 백성들로부터 존경받는 인재를 얻으면 천하를 다스리고 사회를 안정시키고, 문화를 번영시키는 데 크게 이바지할 수 있다.

一. 미끼로 물고기를 잡으면 물고기를 죽일 수도 있고, 마찬가지로 녹으로써 사람을 얻으면 사람을 각박하게 한다.

제4장

인재 등용의 도 4
관리들이 긴장을 늦추지 않도록 한다
拍拍打打

'덕을 사용하는 것〔用德〕'과 '위엄을 사용하는 것〔用威〕'의 관계를 잘 조화시켜야 한다. 군주가 덕이 없으면 신하들이 반발하고, 위엄이 없으면 권력을 잃는다. 자고로 지식인들은 통치자들이 가장 중시했던 계층이다. 천하를 다스리는 데 그들의 힘을 빌리지 않을 수 없었다. 하지만 천하가 혼란할 때에도 역시 그들의 역할은 빼놓을 수 없었다.

강희제는 성리학자들을 중용해 지식인들을 아우르는 동시에, 기회가 있을 때마다 그들을 자극해 맑은 정신을 잃지 않도록 했다. 관리를 다스릴 때 가장 중요한 것은 덕과 위엄이 상호 보완적인 관계를 유지하도록 하는 것이었다.

성리학의 대가들을 중용한다

강희제는 정호와 정이, 주희를 숭상했기 때문에 성리학을 신봉하는 사람들을 관리로 등용했다. 성리학자 가운데 초기에 강희에 의해 등용된 대표적인 인물로 웅사이를 들 수 있다. 웅사이는 강희제가 시작한 경연일강에서 강관을 맡아 강희로부터 두터운 신임을 얻고 있었다. 강희 14년에 내각학사로 임명되었다가, 이례적으로 무영전 대학사 겸 형부상서로 임명된 사람이었다.

이듬해 웅사이는 동료가 저지른 비리에 연루되어 관직을 박탈당했지만, 강희 23년 황제가 남순을 실시하던 중 그를 만나고, 27년에는 예부상서로 임명되었다가, 다시 동각대학사東閣大學士 겸 이부상서가 되어, 『성훈聖訓』, 『실록實錄』, 『방략方略』, 『명사』 등을 편찬했다. 강희제가 가장 아끼고 신임했던 성리학자이자 신하는 바로 이광지였다.

이광지는 자가 진경晉卿이며 복건 안계 출신으로서, 강희 9년에 진사로 급제해 서길사를 지내다가 편수로 임명됐다. 이광지는 삼번의 난이 일어났을 때 공을 세워 내각학사로 승직되었고, 강희 25년에는 한림원 장원학사가 되어 일강기거주관을 지내며 서길사들을 교육했다. 병부시랑과 공부시랑, 직예 순무, 이부상서 겸 직예 순무 등을 두루 거친 후 강희 44년에는 문연각대학사文淵閣大學士의 자리에 올랐다.

이광지는 어려서부터 성리학을 배워 성리학에 조예가 깊었으므로, 성리학을 신봉하고 있는 강희제와 성리학에 대해 논의하며 특별한 관계를 맺었고, 강희제는 그의 의견을 매우 존중했다. 강녕 지부 진붕년과 동성공사桐城貢士 방포方苞가 모두 처형될 위기에서 사면되고, 갈례와 장백행이 서로 탄핵한 사건에서 장백행의 관직이 회복된 것은 모두 이광지가 나서서 도운 결과였다. 이들 외에 탕무와 육룡기, 장백행, 위상추魏象樞, 장정옥, 채세원蔡世遠 등이 모두 강희제에게 신임을 얻어 중용된 성리학자들이었다.

강희제는 여러 가지 조치를 통해 정호와 정이, 주희의 성리학을 제창하는 동시에, 성리학의 사회적인 역할을 충분히 발휘하도록 하고 '수신제가치국평천하修身齊家治國平天下'라는 목적을 실현하기 위해 진정한 성리학을 제창하고, 거짓 성리학을 반대했다.

강희제는 진정한 성리학과 거짓 성리학을 확실하게 구분했다. 강희 22년 10월, 강희제는 일강관 장옥서 등에게 다음과 같이 말했다.

> 밤낮으로 성리학을 이야기하지만 그 언행이 일치하지 않는 사람을 많이 보았소. 입으로는 성리학을 말하지 않아도, 행함이 성리학의 도리에 부합한다면 그것이 바로 진정한 성리학일 것이오.

강희 43년 6월에는 또 기거주관 규서揆叙 등에게 "군자는 먼저 행하고 후에 말해야 하오. 헛된 말만 앞세우고 행하지 않는다면 성리학이라 할 수 없소."라고 말했고, 60년 3월에는 대학사 등과 얼마 전 치러진 회시會試에 대해 이야기를 나누면서 진정 재능과 학식을 갖춘 사람이 선발되지 않았으므로 시험에서 비리가 있었을 것이라고 말했다. 또한 강희 43년 4월에는 대학사 등에게 다음과 같이 말했다.

> 사람은 품행이 시종여일始終如一해야 하오. 헛된 말뿐이고, 실제 행동이 따라주지 않는다면 무슨 이익이 있겠소?

그는 또 거짓 성리학자들을 비난하고 배척했다. 그가 성리학을 제창한 것은 전제통치제도를 공고히 하기 위함이었지만, 소위 성리학자라는 사람들이 대부분 성리학을 입신 출세를 위한 수단이나 자신을 보호하기 위한 호신부護身符로 생각하고, 성리학의 목적을 사리사욕을 만족시키는 데 두었다. 강희제는 이런 거짓 성리학자들을 매우 싫어했는데, 처음으로 그에게 거짓 성리학자라고 비난받은 인물은 최울림崔蔚林이었다.

강희제는 최울림과 성리학에 대해 이야기를 하면서 최울림에 대해 매우 화가 났고, 게다가 최울림의 언행이 일치하지 않는 것을 보고 그에 대해 더욱 반감을 가졌다. 강희 21년 6월, 강희제는 근신들과 최울림의 승직에 대해 논의하면서 최울림의 사람됨이 저열하고, 거짓 성리학자라고 맹렬히 비난했고, 2년 후 최울림은 조정에서 발붙일 곳이 없음을 깨닫고, 스스로 관직에서 물러나 낙향했다. 하지만 강희제는 그 후로도 거짓 성리학에 대해 언급할 때면 항상 최울림을 비난하는 것을 잊지 않았다.

이른바 성리학자로 유명한 관리들 가운데에서도 언행이 일치하지 않은 사람들이 많았는데, 이들 역시 강희제의 비난의 화살을 피할 수 없었다. 하지만 강희제는 이들을 비난하면서도 관직을 박탈한다거나 심하게 징계하지 않았는데, 이는 강희제가 성리학을 제창하기 위해서는 이렇게 영향력 있는 인물들을 이용하지 않을 수 없었기 때문이다.

'수신제가치국평천하'의 의미를 깨닫다

　서한 중기 이래로 유가사상은 전제통치자들에 의해 정통 사상으로 신봉되었고, 1천 년이 넘게 전해져 내려오는 동안 전제통치제도를 공고히 하는 데 중요한 역할을 했다 청은 소수민족 정권에서 시작된 나라이기 때문에 정권을 확립하고 그 기반을 탄탄히 다지기 위해 한족의 전통사상과 치국의 도리를 본받아야 했고, 따라서 황태극이 통치하던 기간부터 숭유중도崇儒重道정책, 즉 유교를 숭상하고, 도교를 중시하는 정책을 사용했다. 또한 청이 중원으로 들어온 후에는 한족이 주요 통치 대상인 객관적인 현실 앞에서 청 정권은 숭유중도정책을 발전시킬 수밖에 없었다.
　순치 2년, 청은 공자를 '대성지성문선선사大成至聖文宣先師'에 봉했으며, 순치 14년 9월과 10월에는 청의 황제 최초로 경연일강을 시작하고, 신하들에게 유가 경전을 읽게 했다. 하지만 순치제가 너무 일찍 요절하고 보정대신들이 정권을 잡으면서 정책에 변화가 생기고, 청 초기부터 숭상되어 온 숭유중도정책도 흔들리기 시작했다. 따라서 숭유중도정책을 다시 확립하고 관철시키는 무거운 책임은 모두 강희제의 어깨에 지워졌다.

친정 초기, 강희제는 숭유중도정책을 재천명했다. 강희 8년 4월 그는 한족 관리들의 건의를 받아들여 황궁에서 제후와 대신들을 이끌고 태학에서 공자에게 제를 올리고, 이륜당彜倫堂으로 가서 만한제주滿漢祭酒와 사업司業으로부터 『역경易經』과 『서경書經』 강의를 들었다. 그리고 얼마 후 그는 숭유중도정책을 실행하는 데 가장 큰 장애물이었던 오배를 축출하고, 본격적으로 숭유중도정책을 실행했다. 그는 우선 경연일강을 실시해 유가 경전을 배우고, 유가에서 주장하는 '수신, 제가, 치국, 평천하'의 현실적인 의의를 깨닫고, 유가사상의 창시자인 공자와 맹자의 위대함을 칭송하게 되었다.

강희 초기, 그는 공자에 대한 제례 외에도 강희 23년 11월에 처음 남순을 실시할 때에 공자의 고향인 곡부를 지나면서 공자의 묘를 찾았다. 그는 대성문을 들어서며 땅에 엎드려 절하고, 시례당詩禮堂에서는 『역경』에 대해 이야기 했으며, 대성전에서는 공자상을 바라보고, 성적전聖跡殿에서는 책들을 둘러보았으며, 공자가 제자들을 가르쳤던 곳에서는 공자가 직접 심었다는 전나무를 구경하고, 승성문承聖門에 들어서서는 공정수孔井水를 맛보았다. 또한 공자의 묘에 술을 올리고 대성전에 '만세사표萬世師表'라는 편액을 하사했다.

강희제는 또 26년과 28년에 유가의 치국의 도가 후세에까지 길이 계승되도록 하기 위해 공자와 맹자를 기리는 책들을 편찬했다. 이것만으로도 그가 역대 어느 황제보다도 유가를 신봉하고 공자와 맹자를 숭상했음을 알 수 있다.

오랫동안 공자와 맹자는 한족, 특히 한족 사대부들이 숭상해 온 성현이었다. 그런데 소수민족의 황제가 한족 황제들보다 공자와 맹자를 더 숭상한다는 점은 만주족과 한족의 민족적 갈등을 완화시키는 데 매우 중요한 역할을 할 수 있었다. 하지만 공자와 맹자가 너무 오래 전에 살았던 인물들이고, 한고조가 제창했던 숭유사상도 송대와 명대를 거치면서 유가 내부적으로 분열이 생겨 여러 계파가 형성되어 있었다. 따라서 숭유중도정책과 실제 정치가 밀접하게 연결되기 힘들었고, 백성들을 사상적으로 통합하고 통치하려는 청 조정의 노력에도 큰 도움이 되지 않았다. 따라서 강희제는 숭유중도의 범위를 정호와 정이, 주희의 성리학을 신봉하는 것으로 축소해 백성들에 대한 사상적 통치를 강화했던 것이다.

정호와 정이, 주희의 성리학은 간단히 도학道學이라고도 불렀으며, 북송대에 주돈이周敦頤와 소옹邵雍, 장재張載, 정호와 정이 등이 창시하고, 남송 시대에 주희가 집대성한 학문이었는데, 통치자의 필요에 부합하는 학문이었기 때문에 남송 후기부터 원, 명에 이르기까지 통치 계급에 의해 제창되었다. 청 초기에는 통치 계급이 나라를 통일하는 데 급급하여 막연하게 숭유중도사상을 제창했지만, 강희제가 즉위한 후에는 정호와 정이, 주희의 성리학이 통치이념에 더욱 부합한다는 판단 아래 이를 집중적으로 강조하게 된 것이다.

강희제가 주희의 사상을 신봉하게 된 데에는 웅사이의 영향이 컸다. 웅사이는 주희의 성리학을 철저히 신봉한 인물로서, 강희 10년 2월부터 14년 3월 1일까지 일강관을 지내면서 강희제에게 주희가 주석을 단 『논어論語』·「학이學而」를 강의했다. 웅사이는 그 후에도 강희제와 주희의 성리학에 대해 자주 논했고, 웅사이 등 성리학자들의 영향을 받아 강희제도 점점 이 성리학을 신봉하게 되었다. 강희제는 특히 정호와 정이, 주희를 공자, 맹자와 비슷하게 보고 이들의 성리학을 널리 주장했으며, 이 사상을 널리 전파하기 위해 이들이 주장한 성리학에 대한 책을 편찬했다.

문인들에 대한 감시와 통제, 문자옥

강희 50년, 태자의 일로 마음이 상해 있던 강희제는 자신이 항상 청렴하고 공평무사하며 강직하다고 신임해 왔던 좌도어사 조신교로부터 갑작스러운 탄핵 상소를 받게 되었다. 바로 한림원편수이자 일강기거주관인 대명세戴名世가 경박하고 제멋대로 행동한다며 탄핵하는 상소였다.

그런데 상소를 읽고 난 강희제는 이상한 생각이 들었다. 대명세는 자기 곁에서 2년이나 있었는데, 자신은 그가 '경박하고 제멋대로'라고 생각한 적이 없기 때문이었다.

상소에 따르면 대명세가 사사로이 책을 써서 시비를 전도하고 헛된 내용을 백성들에게 퍼뜨렸다는 것이었다. 하지만 강희제는 대명세가 이런 행동을 하고 있다는 것을 한 번도 눈치 채지 못했었고, 또 상소의 내용에서 조신교가 대명세를 무조건 비난하고 있다는 느낌이 들었다. 그런데 더욱 이상한 것은 대명세가 조신교에게 특별히 원한을 산 일이 없다는 점이었다. 그렇다면 조신교도 필시 어떤 근거를 가지고 이런 상소를 올렸을 것이었다. 만약 조신교의 주장이 사실이라면 심각한 일이 아닐 수 없었다.

강희제는 조신교의 상소에 "조신교가 탄핵한 내용을 감찰부에서 철저히 조사해 짐에게 보고하라." 하고 비답을 달았다.

대명세는 당시 명망이 높은 인물이었다. 자는 전유田有요, 우암憂庵이라는 별호를 가지고 있었으며, 고향은 안휘성 동성이었다. 그는 순치 10년에 태어났는데, 어린 시절부터 영특하여 『좌전左傳』과 『사기』를 줄줄 외웠고, 명대의 역사 자료를 수집하고, 명대의 역사에 대해 잘 알고 있는 노인들을 찾아다니며 후대까지 길이 남을 수 있는 역사서를 쓰겠다는 포부를 가지고 있는 사람이었다.

강희 초기, 대명세는 공생貢生의 신분으로 지현에 임명되었지만 발령지로 부임하지 않고 강남과 회하 일대를 유람하며 글을 지어서 팔아 생계를 이었다. 예로부터 특출한 재능을 가진 사람은 오만하여 속세에서 벗어난 듯한 행동을 하는 일이 많았는데, 대명세 역시 귀족들을 통렬히 비판하는 글을 잘 썼기 때문에 귀족들 중에는 그를 싫어하는 사람들이 많았고, 대명세 자신은 세상이 자신의 큰 뜻을 알아주지 않는다며 탄식하곤 했다.

강희 44년, 대명세는 순천향시에 응시해 급제했고, 그의 나이 이미 57세인 4년 후에는 회시에 응시해 1등으로 급제했으며, 전시殿試에서도 제1갑甲 3등으로 당당히 급제해 한림원편수로 임명받았다. 하지만 한림원에 소속된 지 불과 2년 밖에 되지 않아서 조신교로부터 탄핵을 받은 것이었다.

대명세가 하옥된 후 곧 심리 결과가 나왔고, 대신들의 상소에 따라 강희제가 발표한 대명세의 죄상은 다음과 같았다.

우리 대청은 연경燕京(지금의 북경)으로 천도한 후 장헌충과 이자성 무리를 소탕하고 정통 왕조가 되었으며, 그 후 70여 년간 천하를 통일하고 나라를 안정시키니, 주변 여러 나라에서 조공을 바쳐 존경의 뜻을 표시하고 있다. 특히 짐이 즉위한 후로는 명의 예절을 존중하니 신하와 온 백성이 짐에게 감사하고 있다. 그런데 헛된 무리들이 『전검기문滇黔紀聞』이라는 책을 지었고, 여기에 대명세가 가담해 책을 인쇄해 유포시켰다. 이는 국법이 용납할 수 없는 일이며 도리 상으로도 절대로 허락할 수 없는 일이다.

이러한 심문 결과는 강희제를 크게 놀라게 하기에 충분했다. 황제로 즉위한 지 30년간 많은 명의 신하였던 자들이 망국의 슬픔을 잊지 못하고, 뿌리박힌 민족차별주의에서 벗어나지 못해 청에 반대하고, 심지어는 암암리에 반청사상을 유포했다. 그러나 모두 재위 초기의 일이었고 그때로서는 어느 정도 이해할 수 있는 일이었기 때문에, 강희제는 이러한 갈등을 해결하기 위해 크게 노력하지 않았었다.

게다가 보정대신들이 집권하고 있을 때 『명사』와 관련해 수없이 많은 사람들을 처형한 적이 있어서 강희제는 글이나 책을 빌미로 죄를 묻고 처형하는 일은 하지 않았다. 그런데 이미 나라가 태평성세로 접어들고 백성들의 생활이 안락해진 상황에서, 더군다나 명의 신하였던 사람도 아니고 청 건국 이후에 태어나 과거를 통해 청의 관리로 등용된 대명세가 나라와 황제를 배반하고 이런 일을 저질렀다는 사실은 가히 충격적이라고 할 만했다.

하지만 강희제는 분노가 이미 감정적으로 일을 처리할 정도까지 이르러 있었기에 사건의 진상을 제대로 파악하지 못하고 있었다. 사실 대명세는 청에 반대하려는 생각이 없었다. 조신교의 상소에서도 대명세가 '경박하고 제멋대로'라고 했지 그가 청에 반대하고 있다고 하지는 않았다. 일이 이렇게 된 것은 대명세에게 인덕이 없었음을 탓할 수밖에 없을 것 같다. 당시 조정에서 대명세의 명성을 시기하는 자들이 많았고, 그들이 조신교가 상소를 올린 것을 이용해 대명세에게 집중 공격을 퍼부었던 것이다.

대명세는 젊었을 때 명 말의 역사와 관계된 『혈유록子遺錄』이란 책을 쓴 적이 있고, 명대의 자료를 수입해 『명사』를 직접 쓰기 위해 준비하고 있었다.

강희 41년 대명세는 절강 학정浙江學政 강체姜棣의 집에서 식객으로 지내고 있었는데, 강체로부터 경제적인 지원을 받아 자신의 고향인 남산南山에 땅과 집을 사놓고 그곳에서 은거하며 저술 활동에 몰두할 생각이었다.

바로 그때 대명세의 제자 가운데 용운악龍云鄂이라는 자가 평소에 써 놓았던 스승의 글을 한데 모아 책으로 만들고, 『남산집우초南山集偶鈔』라는 제목으로 세상에 내놓았다. 이 책에서 명이 멸망한 후 지방에서 세워졌던 남명의 몇몇 망명 정권들에 대해 연구하기 위해, 대명세는 방효표方孝標가 지은 『전검기문』 중 일부 내용과 강희 22년에 그가 남명의 역사를 조사하면서 입수한 『여여생서與余生書』를 인용했는데, 대명세를 질투하는 사람들이 이것을 문제 삼아 죄를 부풀리고 그를 사지로 몰아 넣은 것이었다.

『전검기문』을 저술한 방효표는 이미 세상을 떠난 사람으로서, 순치 14년에 아우 방장월方章鉞이 과거科擧의 비리에 연루되어 부친 방공건方

拱乾을 비롯한 일가족이 모두 영고탑으로 유배당해 매우 힘든 생활을 한 바 있었다.

당시 방효표는 시독학사 겸 한림원편수였고, 그의 부친도 한림학사였다. 방효표는 순치 18년에 돈을 내고 풀려나 고향으로 돌아갔고, 강희 9년에는 전검¹演黔을 유람했는데, 얼마 후 오삼계가 난을 일으켜 천하가 어지러워지니 몰래 고향으로 돌아가 자신이 그동안 듣고 본 것, 그리고 명 말 청 초에 남부에서 세워졌던 남명의 역사를 책으로 남겼다. 이렇게 해서 탄생한 책이 바로『전검기문』이었다.

대명세는 바로 여기에서 남명에 대한 부분을 발췌해서 인용했는데, 무심결에 원서 가운데 남명 홍광弘光과 융무隆武, 영력永歷의 연호를 수정하지 않고 그대로 썼던 것이다.

대명세가『전검기문』을 읽은 지 6, 7년 되던 해, 그의 제자인 여담예余湛藝가 영력 정권에서 관리를 지냈던 사람을 만났다. 그는 영력 정권이 멸망한 후 출가하여 이지犁支 스님이라고 이름을 바꾸고 불가에 몸을 담고 사는 사람이었는데, 전검에서 있었던 일에 대해 아주 잘 알고 있었다.

대명세는 여담예를 통해 그에 대해 듣고 꼭 만나보고 싶어 백방으로 수소문했지만 찾을 수가 없었다. 그래서 그는 여담예에게 이지 스님이 이야기했던 전검에 관한 일을 기록하도록 했고, 후에『전검기문』과 비교한 후, 이지 스님의 말이 모두 정확해 역사적으로 큰 가치를 가지고 있다는 것을 알게 되었다.

훗날 대명세는 제자들에게「여여생서」라는 편지를 주면서 자신이 명

---

1. 운남성과 귀주성을 뜻함. 명이 멸망한 후 그 망명 정권인 남명이 이곳을 근거지로 세워졌다.

말 청 초의 역사에 관심을 가지고 있으며 자료를 수집하고 있다고 밝혔다. 이 편지에서 제자 여담예에게 이런 말을 남겼다.

> 홍광제와 융무제가 남경과 복건에서 정권을 수립하고, 영력제가 광서와 전검에서 정권을 수립한 지 17, 18년이 지났다. 역사적으로 볼 때 그들이 촉나라를 세운 유비와 비교해도 전혀 손색이 없거늘, 역사적으로 기록된 바가 거의 없다. 조정에서 글과 책에 대한 제한을 완화한 지 얼마 되지 않아 아직 남명이 역사에 대해 언급하는 것을 꺼리는 분위기가 다분하고, 그에 대한 책들도 거의 없다. 나는 당시의 성공과 실패, 충신과 간신 등의 이야기를 후대에서 알지 못할 것이 안타깝다.

대명세를 시기하는 무리들이 그를 대역 죄인으로 몰고 갈 수 있었던 근거가 바로 여기에 있다. 지식인으로서 충분히 할 수 있는 탄식 몇 마디가 그렇게 큰 화를 불러오리라는 것은 대명세 자신도 전혀 짐작하지 못했을 것이다.

대명세가 "조정에서 글과 책에 대한 제한을 완화한 지 얼마 되지 않아"라고 한 것은 강희 22년을 가리킨다. 한림원 관리가 된 지 2년 밖에 되지 않은 학식 있는 인재가 30년 전에 썼던 글로 인해 대역 죄인으로 낙인찍히게 된 것이었다. 대명세는 심문을 받으며 죄를 인정할 수밖에 없었다. 더욱 어이없는 일은 「여여생서」 중에서 그가 방효표를 '방학사方學士'라고 칭했던 것이 오삼계 수하의 책사였던 방광침方光琛의 아들 방학시方學詩를 가리킨다고 오해를 받아 그의 죄가 더욱 가중되었다는 것이다.

일이 점점 확대되었다. 다른 사안에는 관용을 강조하던 강희제도 대명세에게는 관용을 베풀지 않았고, 연좌제를 금지시키지도 않았다. 그리하여 『남산집南山集』에 서문을 썼던 한림원편수 왕호汪灝와 진사 방포, 서생 방정옥方正玉, 주수朱收, 왕원王源, 그리고 이 사실을 알면서도 알리지 않은 편수 유암劉巖과 우운악憂云鄂, 여담예 등 1백여 명이 이 사건에 연루되어 체포되어 심문을 받았다.

방효표는 이미 이 세상 사람이 아니었지만, 그의 아들인 방등역方登嶧, 방운려方云旅, 손자인 방세제方世濟, 방세초方世樵, 방세장方世庄 등도 모두 북경으로 압송되었다. 몇 개월간의 혹독한 심문 끝에 강희 51년 1월에 형부에서 강희제에게 이들에 대한 처리안을 보고했다.

> 조사를 통해 대명세가 쓴 『남산집』·「혈유록」에 대역무도한 언사가 포함되어 있음이 분명함이 밝혀졌사옵니다. 서둘러 관련자들을 능지처참함이 마땅하다고 사료되옵니다. 이미 사망한 방효표가 쓴 『전검기문』에도 불충한 내용이 있으니 그의 묘를 파헤치고, 대명세와 방효표의 조부로부터, 손자, 형제와 사촌 형제까지 16살 이상인 자는 모두 참수형에 처하며, 어미와 처첩, 딸, 그리고 처첩의 자매, 그 아들의 처첩, 그리고 15살 이하의 자손은 공신들의 노비로 귀속시켜야 합니다.
> 또한 방효표의 일족 가운데 연좌제의 범위를 벗어난 자들 중에도 관리가 있다면 모두 삭탈관직하고, 이미 출가한 딸은 오라와 영고탑, 백도납 등지로 유배시키며, 대명세의 책에 서문을 쓴 왕호와 방원方苑도 참수하고, 방정옥과 우운악은 자수했으니 특별히 처자

---

2. 중국어 발음으로는 방학사方學士와 방학시方學詩의 발음이 같다.

와 함께 영고탑으로 유배시켜야 합니다. 편수 유암은 서문을 쓰지는 않았지만 이 일을 알면서도 보고하지 않았으니 관직을 박탈하고 처와 함께 유배시킴이 마땅합니다.

후대 건륭제와 비교할 때 강희제는 매우 인자한 황제였으며, 죄인에게 연좌제를 적용시키는 경우도 드물었다. 이 보고를 받자 강희제도 너무 가혹한 형벌이라고 생각했다. 그는 심문 과정에서 '방학사'가 방학시가 아니며 방효표가 '역서逆書'를 쓰기는 했지만 오삼계의 수하는 아니었음을 알고 있었다. 하지만 강희제는 착오를 그대로 덮어두기로 했다. 어차피 청에 반대한 무리들이니 관용을 베풀고 싶은 생각이 없었다. 단지 수백 명을 유배시킨다는 것이 심하다고 느껴졌을 뿐이다. 강희제는 심사숙고 끝에 왕호는 처형하지 말고 식솔들과 함께 기旗로 편입시키고, 방씨 일족들 중에서도 직계가족만 처형하고 나머지는 사면할 것을 형부에 명했다.

이 사건은 그 후로도 조사가 계속되었고, 1년을 넘게 끌다가 강희 52년 2월이 되어서야 종결되었다. 그 결과, 대명세는 '관용을 베풀어' 참수형에 처하고, 방효표는 무덤을 파헤쳐 시신을 훼손했으며, 그 아들 방등역 등은 처형하지 않고 처자와 함께 복규卜奎(지금의 흑룡강성 치치하얼)로 유배시켰다. 그리고 이 사건에 연루된 다른 죄인들과 그 가족들은 노비로 삼았다.

이 밖에도 현직 관리들 가운데 평소에 대명세와 친분이 있었던 상서 한영韓永과 시랑 조사린趙士麟, 어사 유호劉灝, 회양도淮陽道 왕영모王英謨, 서길사 왕빈汪份 등 32명도 각기 처벌을 받았다.

훗날 건륭제가 실시했던 문자옥과 비교할 때, 강희제의 문자옥은 처벌의 강도가 약하고, 처형된 사람도 적었으며, 극형에 처하는 것을 되도록 줄였다는 점에서 강희제가 건륭보다는 훨씬 인자했음을 알 수 있다. 이렇게 해서 1년이 넘도록 청 왕조를 진동시키고, 온 나라를 벌벌 떨게 했던 문자옥 사건이 일단락되었다.

|[강희제에게 배우는 인재 등용의 도]|

一. 지도자가 덕이 없으면 신하들이 반발하고, 위엄이 없으면 권력을 잃는다. 관리를 다스릴 때 가장 중요한 것은 덕과 위엄이 상호 보완적인 관계를 유지하도록 하는 것이다.

一. 지식인들은 지도자가 통치를 위해 가장 중요하게 생각했던 계층이다. 천하가 흥할 때나 혼란할 때도 그들의 힘을 빌리지 않을 수 없었다.

一. 군자는 먼저 행한 후에 말을 하고 헛된 말만 앞세우지 않는다.

제5장

인재 등용의 도 5
강경책과 회유책을 병용해서 대권을 장악한다 收攏大權

'사람을 통제하는 것'과 '권력을 장악하는 것'의 관계를 잘 처리해야 한다. 사람을 이용할 때에는 손에서 권력을 놓을 수 없다. 황제는 언제든 강력한 대권을 손에 단단히 쥐고 있어야 한다. 강희제는 "천하의 크고 작은 일을 모두 짐이 직접 처리할 것이며, 그 누구에게도 넘겨줄 수 없다."라고 말했다. 강희제는 대권을 장악하기 위해 회유와 강경을 함께 사용했는데, 강경책이란 삭탈관직이었고, 회유책이란 예절과 효를 제창하는 것이었다.

측근들의 특권을 억제하고 효로써 천하를 다스린다
以孝治天下

강희 9년부터 강희제는 인과 예, 효를 적극적으로 제창하기 시작했다. 군주가 마음에 인자함을 품고 있으면 백성들의 생활이 풍족해지고, 관리들이 인자함을 품고 있으면 군주를 공경한다. 군주를 공경하는 신하만이 선을 행하고 악함을 피할 수 있다. 마찬가지로 강희제는 아비와 아들이 서로를 인으로 대해야 아비가 자애롭고 아들이 효성스럽다고 했다.

예는 전제 질서의 존립의 근거였다. 강희제는 군신의 의리와 부자父子의 친함, 부부의 유별함, 형제간의 서열, 벗 사이의 우의가 모두 예에 따라 행하면 자연스럽게 실현되며, 천자가 예로써 천하를 다스리면 왕도를 이룰 수 있고, 제후가 예로써 나라를 다스리면 그 나라를 지킬 수 있으며, 사대부가 예로써 집안을 다스리면, 그 집을 지킬 수 있고, 농부와 상인이 예로써 본업에 충실하면 성공할 수 있다고 했다.

강희제는 또 효가 사회의 근본이라고 강조했다. 그는 "효는 모든 일의 법도이자 불변의 진리다."라고 말해, 사회적인 현상에 머무를 수 있는 효를 보편적인 원칙으로 승화시키고, 효가 없으면 사회가 존재할 수 없다고 단언했다.

강희제는 효가 윤리도덕 가운데 매우 중요한 지위를 가지고 있는 이유는 그 사회적 역할이 중요하기 때문이라고 말하고, 효로써 백성들을 다스리면 온 백성이 융화되고, 효로써 자신을 단속하면 만사형통한다고 생각했다.

전제제도 아래에서 사회를 구성하는 가장 작은 단위는 바로 소농 가정이었고, 전제제도의 기초는 바로 가부장제였다. 가장이 한 가정의 주인이 되어, 처자식에게 강력한 권위를 가지고 가정의 경제를 장악하고, 심지어는 생사여탈권까지도 가지고 있었다. 아비가 아들에게 죽으라고 명하면 아들은 따라야만 했고, 아비의 명에 거역하는 것은 10악 중 하나였다. 전제군주의 권위가 바로 한 가정에서의 가장의 권위를 한 나라로 확대시킨 것이었다. 강희제가 가부장제의 정신적인 지주인 효를 나라의 근본으로 신봉한 이유가 바로 여기에 있었다.

효는 충의 기본이며, 효로써 군주를 섬기면 그것이 바로 충이었다. 충효가 가부장제와 전제주의의 유일한 정신적인 기둥이었기 때문에 강희제는 "충효는 인생의 가장 중요한 원칙이다. 충효를 바로 알면 옳고 그름을 정확하게 판단할 줄 알고, 정正을 지키고 사邪를 피할 수 있다."고 말했다.

하지만 강희제는 평소에 '효'는 중시했지만 '충'에 대해서는 그다지 강조하지 않았다. 그 이유는 첫째, '충'을 기초로 군신관계를 형성하면 강하든 약하든 강제성을 가지게 되는데, 강제성이 부각되어 군주와 신하가 서로 대립구도를 형성하면 친밀감을 가지기 어려웠기 때문이다. 둘째는 '효'로써 군주를 섬기는 것을 '충'이라고 하는데, 군신관계를 혈연관계와 연결시키면 군신관계가 더욱 친밀해질 수 있기 때문이다. 강희제가 항상 군신 관계가 부자 관계와 같다고 말하고 연회 때마다 황자들에게 시켜 신하들에게 술을 따라 주게 한 것이 바로 이런 이유 때문이다.

하지만 충효에도 거짓이 있기 마련이었고, 따라서 강희제는 '진정한 효'를 강조했다. 진정한 효란 사념이 없이 진심으로 공경하고 군주를 섬기는 데 전혀 숨김이 없는 것을 의미했으며, 효로써 천하를 다스리는 것은 강희제가 권력을 단단히 손에 쥐는 효과적인 수단 중 하나였다.

왕공의 정치적, 경제적 특권을 억제하는 목적은 왕공들의 정치적 지위와 영향력을 약화시키고 황제의 권위를 보호하는 것이었다. 작위를 박탈당한 친왕과 군왕, 패륵, 패자, 공 등은 의정과 종실부에서의 직무도 박탈당했으며, 그들에게 속해 있는 좌령이 모두 몰수되었다.

비록 박탈된 작위가 그들의 아들이나 조카에 의해 세습되기는 했지만 새로이 작호를 하사받은 왕공의 지위와 영향력은 그 선대에 비해 크게 뒤질 수밖에 없었다. 강희제가 왕공들의 작위를 박탈해서 얻은 가장 두드러진 효과는 종실 제후들의 나이가 젊어지고 군공軍功을 세운 자들이 없어졌다는 것이었다. 무공을 숭상하는 만주족 사회에서 군공이 없거나, 군공이 있지만 제한을 받고 있다면 사회적으로 두각을 나타내거나 심복과 수하들에게 존중받을 수 없음을 뜻하며, 그만큼 황권이 강화될 수 있었다.

강희제가 왕공들의 특권을 억제하고 박탈하면서 의정에 참여한 종실 제후들의 수도 점차 줄어들었다. 강희 11년에는 의정왕 종실에 화석강친왕 걸서, 화석장친왕 박과탁, 화석안친왕 악락, 다라혜군왕 박옹과 낙, 다라온군왕 맹아, 장종인부 다라전증군왕多羅喘承郡王 늑이면, 종인부 좌종다라패륵 찰니, 다라패륵 동액, 다라패륵 상선 등이 있었지만, 같은 해 12월 장친왕이 세상을 떠나고, 혜군왕과 온군왕 등이 상소를 올려 의정직무를 사임했으며, 다른 제후들도 잇따라 의정직무를 박탈당하면서 강희 24년에는 의정왕 종실이 걸서 단 한 명만 남게 되었다. 그리고 강희 36년에 걸서마저 사망하자, 조정에는 의정왕이 하나도 없고, 의정대신들만 남게 되었다. 이로써 팔기합의기구가 사라지고, 의정기구는 황제에게 장악되었다.

황권을 강화하기 위해 법을 위반한 왕공을 처벌한 것 외에도 강희제는 자신의 친형제와 황자를 지원하는 방법을 사용했다. 강희제는 자신의 친형제와 아들들에게 작위를 하사하고 그들로 하여금 의정에 참여하고 전시에 출병하고 기무旗務를 관리할 수 있도록 했다.

강희 6년에는 복전이 유친왕으로 봉해지고, 10년에는 상녕常寧이 공친왕에 봉해져, 각각 좌령을 두고 의정에 참여할 수 있게 되었다.

강희 29년 7월 갈단이 오란포통까지 진격해오자, 강희제는 군공을 세운 제후를 출정시키던 관행을 깨고 유친왕 복전을 무원대장군으로 임명하고 황장자 윤제를 부대장군으로 임명해 고북구로 출정시켰으며, 공친왕 상녕을 안원대장군으로 임명하고, 간친왕 나포와 다라신군왕 악찰을 부대장군으로 임명해 희봉구로 출정시켰다. 강희 35년 2월, 강희제는 갈단 토벌을 위해 친정에 나서면서 군대를 셋으로 나누고 직접 중로군을 통솔했는데, 일곱 번째 황자 윤우에게 양황기를 맡기고, 다섯 번째 황자 윤기에게 정황기를 맡겼으며, 네 번째 황자 윤진에게 정홍시를 맡기고, 세 번째 황자 윤지에게 양홍기를 통솔하게 했다. 이 밖에도 황장자 윤제와 색액도에게 팔기선봉과 한군화기영漢軍火器營, 사기찰합이四旗察哈爾와 녹기군을 이끌게 했다.

또한 강희 57년 10월에는 각기의 도통과 부도통이 나태하여 일을 제대로 처리하지 못하자, 일곱 번째 황자에게 정남기 만주족, 몽고족, 한족 군대 3기를 통솔하게 하고, 열 번째 황자와 열두 번째 황자에게 각각 정황기와 양황기의 만주족, 몽고족, 한족 군대를 관리하도록 했다. 황자들이 직접 군대를 관리하니 팔기 왕공과 패륵의 권력이 크게 약화되어 팔기가 황제에게 직속된 것과 다름없었다.

|【강희제에게 배우는 인재 등용의 도】|

一. 지도자가 마음에 인자함을 품고 있으면 백성들의 생활이 풍족해지고, 관리들이 인자함을 품고 있으면 지도자를 공경한다.

一. 천자가 예로써 천하를 다스리면 왕도를 이룰 수 있고, 제후가 예로써 나라를 다스리면 그 나라를 지킬 수 있으며, 사대부가 예로써 집안을 다스리면, 그 집을 지킬 수 있고, 농부와 상인이 예로써 본업에 충실하면 성공할 수 있다.

一. 측근들의 특권을 억제하는 목적은 측근들의 영향력을 약화시키고 지도자의 권위를 보호하기 위함이다.

제6장

인재 등용의 도 6
공평하고 단정하게 공사를 구분한다
公道正派

'공公'과 '사私'의 관계를 잘 처리해야 한다. 옛날 초영왕이 허리가 가는 여자를 좋아하니 굶어죽는 여자들이 많았고, 당태종이 시를 좋아하니 시가 크게 발전한 것처럼 황제에게는 사적인 것이 없고, 일거수일투족이 모두 '공'이었다. 그래서 황제는 친자식을 대할 때에도 공적으로 대해야 했다. 황제는 공적인 존재였기 때문에 사생활이나 비밀이 없었다. 그래서 강희제는 자신의 의도를 섣불리 겉으로 드러내지 않았고, 남들이 그것을 캐내지 못하도록 했다. 그에게 가까이 갈수록 그의 생각을 파악하기가 점점 더 어려웠다. 그는 신하들을 접견할 때 언제나 질문으로 일관했고, 자신의 생각을 자발적으로 밝힌 적이 거의 없다. 관리들이 자신의 진정한 의도를 알아차리지 못하도록 하기 위함이었다. 또한 강희제에게는 유달리 총애하는 신하가 없었기에 신하들은 자기수양에 더욱 힘써야 했다.

공적인 가치를 평가하고 관대하게 처리한다

　속담에 집안일은 외부 사람이 판단하기 어렵다고 했는데, 그것이 황제의 집안일이라면 더욱이 그러했다. 가정사를 처리하는 데 있어서 강희제가 사용했던 방법은 본받을 만한 가치가 충분히 있는 것이었다.
　복전은 강희제의 형이었는데, 마음씨가 착하고 인자하며 온화했고 권력을 가까이 하지 않았다. 강희 29년(1690) 오란포통 전투는 복전이 일생 동안 참여했던 가장 중요한 일이었고, 그와 강희제의 관계를 시험하는 사건이기도 했다. 당시 강희제의 행동을 보면, 그가 자기 가족들과의 관계를 처리하는 데 얼마나 공을 들였는지 짐작할 수 있다.
　강희 29년 여름, 갈단이 토사도칸과 철복존단파호토극도를 추격한다는 핑계로 내몽고 오주목심을 침범하자, 강희제는 출병을 결정했다. 그해 7월 2일, 그는 복전을 무원대장군으로 임명하고 황장자 윤제로 하여금 그를 보좌하게 하고 고북구로 출병시켰으며, 공친왕 상녕을 안원대장군으로 임명하고, 간친왕 나포와 다라신군왕 악찰을 부대장군으로 임명해 희봉구로 출정시켰다. 또한 내대신 동국강과 동국유, 색액도, 명주 등도 함께 출정해 군무를 관리하도록 했다. 황제의 친형제가 통솔하고 황자가 보좌해 내대신과 다른 종실들을 지휘하는 체제였고, 강희제는 자신이 고심 끝에 조직한 이 군대에 큰 기대를 걸었다.

7월 14일, 강희제가 군대를 이끌고 북경을 떠났다. 이 출정의 목적은 명분상으로 변방 순시였지만 실제로는 황제의 친정을 위한 준비 작업이었다. 강희제는 자신의 형과 장자의 장단점과 실력을 너무도 잘 알고 있었기 때문에, 자신이 직접 출병해 옆에서 도와주기만 하면 틀림없이 승리할 것이라고 생각했다. 그런데 출병한 지 얼마 되지 않아 강희제가 갑자기 병에 걸렸다. 그는 아랑곳 하지 않고 계속 행군했지만, 7월 22일 밤 열이 너무 심해 더 이상 버티기 어렵게 되자 신하들의 간청으로 군대를 되돌릴 수밖에 없었다. 그리고 강희제의 병은 오란포통 전투는 물론 그 후 갈단과의 전쟁에서 청의 상황을 불리하게 만드는 역할을 했다.

8월 1일, 청은 오란포통에서 갈단을 대패시켰고, 3일 복전에게 보고를 받은 강희제는 잔여 세력까지 모두 소탕할 것을 명령했다. 하지만 강희제의 명이 도착했을 때에는 복전이 이미 공격을 중단하고 장수들에게 휴식을 명령한 후였다. 청은 비록 전투에는 승리했지만, 갈단을 살려 두었다는 아쉬움을 남기게 되었다. 갈단은 전투에서 목숨만은 건질 수 있었다.

냉정하게 말해 청의 군대가 오란포통 전투에서 갈단 군대를 완전히 섬멸하지 못한 가장 큰 책임은 복전에게 있었다. 전투가 끝난 후 다라신군왕 악찰 등은 복전과 상녕, 아포 등의 작위를 박탈하고, 복전의 3

좌령을 몰수해야 한다고 주장했다.

문제를 더욱 복잡하게 만들었던 것은 복전과 윤제 사이의 갈등이었다. 강희제가 자신의 형제와 아들을 대장군과 부대장군으로 임명해 협조하도록 한 것은 이번이 처음이었고, 그 둘이 백부와 조카의 사이였기 때문에 남들보다는 훨씬 더 잘 조화를 이룰 것이라고 생각했다. 그러나 출정 후 복전과 윤제가 첨예하게 대립하기 시작했다. 8월 11일, 강희제는 대학사 등에게 "윤제가 소인배들의 말에 동요되어 무원대장군 화석유친왕 복전과 융합하지 못하고 시비를 일으킨다고 하니 도읍으로 돌아오라고 하시오."라고 말했다. 만약 복전과 윤제가 심하게 대립하지 않았다면 강희제가 윤제를 도읍으로 불러들이지도 않았을 것이다. 이는 자신의 명망에도 해를 입히는 일이었기 때문이다.

또 한 가지 눈여겨볼 것은 자신의 형과 아들 사이에 갈등이 발생하자, 강희제가 장유유서長幼有序의 원칙에 따라 형의 손을 들어주었다는 점이다. 윤제가 북경으로 돌아와 강희제에게 의정왕대신들이 심문할 때 어떻게 대답해야 하는지 물었을 때에도 강희제는 "유친왕은 너의 백부이시다. 의정왕대신들이 심문할 때에 너와 유친왕의 자백이 다르다면, 널 국법에 따라 처리할 것이다." 하고 말했다. 그런데 전투를 끝내고 북경으로 돌아와 조양문 밖에서 강희제의 분부를 기다리고 있던 복전은 "황자 윤제가 군영에서 어떤 짓을 저질렀는지에 대해서는 심문받을 때 털어놓을 것이다."라고 말해 그가 조카와의 불화로 황제에게 질책 받을 것에 대해 마음의 준비를 하고 있었음을 알 수 있다. 복전은 형제관계보다는 부자관계가 더 가까우니 강희제가 윤제의 편에 설 것이라고 생각했기 때문이다. 게다가 자신은 강희제와 이복형제이기도 했다.

복전의 예상과는 달리, 복전과 윤제가 의정왕대신들로부터 심문을 받는 자리에서 윤제는 "제 의견은 유친왕의 의견과 모두 같사옵니다."

라고 말하고 그 뒤로 아무 말도 하지 않았고, 윤제의 이런 행동에 복전은 크게 놀랐다. 윤제의 태도가 돌변한 것이 강희제의 당부 때문임은 말할 것도 없었다. 복전은 강희제의 관용적인 태도에 감격하며 자신의 잘못을 자책하고, 모든 책임을 자신이 지겠다고 말했다. 얼마 후 강희제는 복전 등에 대한 처리 문제에 대해 이렇게 결론을 내렸다.

> 갈단이 오란포통에서 청의 군대에 대패해 도망쳤으나, 제후대신이 이를 뒤쫓아 죽이지 않았다. 만약 소이달 등을 시켜 추격했다면 갈단을 생포하거나 사살할 수 있었을 것인데, 추격하지 않았으니 그 잘못이 매우 크다. 마땅히 복전 등에게 그 죄를 물어야 할 것이다. 하지만 액노특병을 대패시키고 갈단을 멀리 쫓아버린 공을 생각하여, 관직에서 해임하고 복전과 상녕의 의정권을 박탈하며 복전의 3좌령을 몰수하노라.

강희제가 이 일을 공정하게 평가하고 관대하게 처리한 데에서 정치가로서의 넓은 아량과 인재 관리 전략을 짐작할 수 있다. 복전 등의 과오는 심각한 결과를 초래했을 뿐만 아니라 강희제를 크게 실망시켰다.

오란포통 전투는 강희제의 두 번째 대규모 출정이었다. 삼번의 난을 평정하면서 청은 대규모의 군사력과 물자를 투입해 친왕과 군왕, 패륵 등 6명의 대장군을 파견하고 큰 기대를 걸었지만, 결과는 강희제의 기대를 처참히 짓밟는 것이었다. 친왕과 종실들이 정작 전투에 임해서는 서로 눈치만 보며 적극적으로 싸우지 않았기 때문이었다. 그래서 강희제는 그 실패를 교훈 삼아 이번에는 두 명의 형제를 대장군으로 임명하고 황자가 그들을 보좌하게 하고, 친왕과 종실들은 비주력군의 부통수副統帥로 임명했던 것이다.

강희제는 거의 10년간이나 이어진 삼번과의 전쟁에서 종실들의 활약이 변변치 못했었던 점을 기억하며, 이번에는 자신의 친형제와 아들에게 기대를 걸어 볼 요량이었다. 이번 전략이 성공한다면 이것을 본보기로 삼아 종실 자제들을 교육할 수도 있었다. 하지만 강희제의 기대는 이번에도 무참히 무너졌고, 친왕과 제후대신들은 물론 종실의 위신이 땅에 떨어졌으니 강희제가 화가 나지 않을 수 없었다. 더욱 걱정되는 것은 이것을 빌미로 청 조정의 기반이 흔들릴 수도 있다는 사실이었다. 강희제는 당시에는 이런 걱정을 겉으로 드러내지 않았지만, 몇 년 후에 당시를 "액노특 갈단과의 전투에서 관병들이 짐의 기대에 부응하지 못하고 좋은 기회를 놓쳐 짐이 크게 상심했었다. 오란포통 전투는 6년이 지난 지금까지도 큰 아쉬움으로 남아 있다." 하고 회고했다.

이 전투가 이렇게 끝난 데에는 한 가지 우연도 어느 정도 역할을 했다. 바로 강희제의 병이었다. 출정을 떠났던 강희제가 갑자기 병이 나지 않고 직접 공격을 지휘했더라면 갈단 군대를 완전히 섬멸시켰을 가능성이 크며, 그랬다면 몇 년 후 강희제는 세 차례나 친정을 하지 않았을 것이고, 또 강희 재위 중기의 역사가 대부분 새로 쓰여졌을 것이다.

복전이 이런 실수를 한 것은 그가 군대를 통솔해 본 경험이 없고 군사 능력이 부족했기 때문이기도 하지만, 그의 성격과도 관계가 있다.

오란포통 전투 후 강희제는 복전과 상녕을 요직에 등용하지는 않았지만, 중요한 정무가 있을 때에는 여전히 그 둘을 참여시켜 재능을 발휘할 수 있는 기회를 주었다. 강희 31년(1691) 강희제가 다륜회맹을 주재하고, 35년 2월에 갈단 토벌을 위한 1차 친정에 나섰을 때 복전과 상녕이 모두 강희제와 함께 했다.

학술적 문제와 정치적 문제를 구분한다

강희 8년(1669) 오배를 숙청한 후 그동안 억울하게 관직에서 쫓겨나거나 처벌을 받은 사람들의 명예회복이 시작되었다. 이때 강희로부터 신임을 받던 외국인 선교사 페르비스트(Ferdinand Verbiest: 벨기에인 선교사, 중국명 남회인南懷仁)와 부글리오(S. Buglio: 이탈리아인 선교사, 중국명 이류사利類思), 마갈엥스(A. Magalhaens: 중국명 안문사安文思)가 강희제에게 전임 흠천감감정欽天監監正 양광선楊光先을 처형해 달라고 요구했다. 양광선이 오배와 결탁해 죄 없는 아담 샬(독일인 선교사, 중국명 탕약망湯若望)을 모함했다는 이유에서였다. 그런데 의정왕대신회의에서는 그들의 요청을 들어주기로 했지만, 강희제가 동의하지 않았다. 이것은 20여 년간이나 계속되어 온 역법曆法에 대한 논쟁과 직결되는 문제이기 때문이었다.

역대 황제들은 대부분 역법을 매우 중요하게 생각했는데, 청 초기에 이 역법과 관련해 새로운 문제가 대두되었다. 명 말기 선교사 아담 샬이 북경에서 새로운 역법을 완성하고, 대과학자 서광계徐光啓로부터 인정을 받자, 명 조정에서는 오차가 큰 전통적인 대통력大統曆을 폐지하고, 이 새로운 역법을 사용하기로 결정했다. 그런데 실시를 눈앞에 두고 있던 신역법新曆法이 공교롭게도 명의 멸망으로 실시되지 못했던 것이다. 순치 초기에 이르러 아담 샬의 역법이 오차가 없음이 검증되자 순치제는 신역법을 사용하기로 하고, 아담 샬의 재능을 높이 사 그를 흠천감감정으로 임명했다. 순치 11년(1654) 아담 샬은 역법 개정을 성공적으로 마무리하고, 순치제로부터 '통현교사通玄敎師'라는 칭호를 하사받고 통정사로 승진하게 되었다.

하지만 새로운 역법이 실시되고 아담 샬이 흠천감감정으로 임명되면서 관직을 잃은 관리들이 잃어버린 지위와 권력을 되찾기 위해 신역법을 맹렬히 비난하고 나섰다. 순치 14년(1657) 4월, 오명현吳明炫이 상소를 올려 새로운 역법에 오차가 있다고 했지만, 순치제가 직접 관상대로 사람을 보내 관찰하니 신역법에는 전혀 착오가 없었고, 오명현은 무고죄로 목숨을 잃을 뻔했다. 그 후 강남 휘주 관리인 양광선이 서양 학문을 비난하는 글을 쓰면서, 그 안에서 또 다시 아담 샬의 신역법을 비난했다. 그러나 신역법에 대한 순치제의 믿음에는 변함이 없었다. 황제가 신역법을 인정하니, 구역법을 주장하는 사람들은 설 곳을 잃을 수밖에 없었다. 하지만 강희제 때에 이르러 상황에 변화가 생기기 시작했다.

강희 3년(1664) 7월, 양광선은 또다시 서양의 과학을 부정하고 신역법을 비난하는 상소를 올렸다. 그런데 때마침 조정의 실권을 장악하고 있던 오배가 그의 이러한 주장을 받아들인 것이었다. 오배는 신역법에

10가지 착오가 있다며, 아담 샬과 두여예杜如豫, 이조백李祖白 등 흠천감 관리들을 능지처참해야 한다고 주장했다. 하지만 효장태후가 나서서 겨우 아담 샬의 목숨을 살릴 수 있었다. 그 후 벨기에 선교사인 페르비스트 등이 이 사건에 연루되어 옥살이를 했고, 강희 5년(1666)에 아담 샬이 병으로 세상을 떠나고 난 후에는, 새로운 역법이 폐지되고 다시 대통력이 적용되었다. 당시 아직 어린 나이였던 강희제는 수구파가 학술 논쟁을 정치적 분쟁으로 발전시켜 역법 개혁자들을 탄압하는 것을 생생하게 목격했다.

흠천감감부欽天監監副로 임명된 양광선은 신역법을 맹렬히 비난했지만 천문 역법에 대해서는 전혀 이해하지 못했다. 그 자신도 이 사실을 알고 이리저리 핑계를 대며 사임 의사를 밝혔지만 윤허 받지 못하고, 오히려 감정으로 승직되었다. 그러자 그는 어쩔 수 없이 천문에 대한 지식을 갖춘 오명현의 아우인 오명선吳明縉을 감부로 천거했다.

친정을 시작한 강희제는 양광선이 직분을 제대로 수행하지 못하는 것을 보고, 과학과 역법에 조예가 깊은 선교사 페르비스트를 흠천감으로 파견했다. 당시 오배 세력 축출을 준비하고 있던 강희제는 구역법舊曆法과 신역법을 둘러싼 논쟁을 해결할 수 있는 방법을 생각하고 있었고, 학술적으로는 직접 그 시비를 가릴 수 없었지만 여러 가지 편견을 배제하고 실험을 통해서만 정확한 결과를 낼 수 있다는 점만은 확신하고 있었다.

강희 7년(1668) 11월 강희제는 신역법과 구역법 가운데 어떤 것이 정확한지에 대해 공정하게 검증하기로 결정했다. 그리고 검증 결과 신역법이 오차가 적다는 사실을 알 수 있었다. 하지만 강희제는 서둘러 결론을 내리지 않고 매우 신중한 입장을 취했다. 역법을 둘러싸고 수년간을 끌어온 논쟁의 시비를 정확하게 밝히고 싶었기 때문이다. 그 후 여러 차례의 검증을 다시 실시하고 여러 학자들로부터 의견을 수렴한 끝에 신역법이 구역법보다 우월하다는 결론을 얻게 되었고, 양광선의 관직을 박탈하고 페르비스트를 녹천감감부錄天監監副로 임명하면서 오랫동안 지속되던 역법 논쟁이 일단락될 수 있었다.

　오배 세력이 축출된 후 페르비스트 등은 양광선을 처벌해 줄 것을 황제에게 건의했지만, 강희제는 과학적으로 이미 그 시비가 가려진 이상 이를 정치적인 문제로 확대시키는 것은 옳지 않다며 그들의 요청을 받아들이지 않았다. 역법을 둘러싼 논쟁을 실사구시의 정신에 입각해 냉정하게 처리하는 과정에서 민족과 국적을 초월하고 학술 논쟁과 정쟁을 확실하게 구분한 강희제의 명철함이 돋보였다. 이 사건은 또한 강희 개인적으로도 과학의 중요성을 깨닫고, 서양의 자연과학에 대한 관심을 갖게 되는 중요한 계기가 되었다.

|[강희제에게 배우는 인재 등용의 도]|

一. 가정사를 처리하는 데 있어 외부 사람이 내부에서 일어나는 집안일을 판단하기는 어렵다.

一. 학술적인 문제에 있어 실사구시의 정신에 입각해 판단하고, 민족과 국적을 초월해 학술 논쟁과 정쟁을 확실하게 구분한다.

一. 지도자는 자신의 의도를 섣불리 겉으로 드러내지 않고, 남들이 그것을 캐내지 못하도록 해야 한다.

제六부 수신의 도

남에게는 금지하고 자신은 행한다면, 어찌 남들을 감복시킬 수 있겠는가

禁人而己用之, 將何以服人

1. 마음과 지혜를 함께 수양한다 心智雙修
2. 이성을 중시하고 사욕을 버린다 重理輕欲
3. 남에게 관대하고 자신에게 엄격하라 寬人嚴己
4. 덕으로써 행하고 예로써 다스린다 寓德於行
5. 안목은 높게 두고 손은 낮게 둔다 眼高手低
6. 생활 속에서 즐거움을 잃지 않는다 不失情趣

성공에는 내재적인 요인이 필요하다. 강희제는 자신의 내면 수양을 위해 경전을 읽고, 천문지리를 공부했다. 강희제가 유학에 조예가 깊었음은 더 이상 말할 필요도 없지만, 이 밖에도 그는 시와 서화, 천문, 음악, 수학, 의술 등 다른 많은 분야에 대해서도 상당한 지식을 가지고 있었으며, 또 7개 언어에 능통해 대학자라는 호칭이 부끄럽지 않을 정도였다. 강희제는 중국 역사상 가장 위대한 학자형 황제였으며, 놀라운 자기 통제력과 의지를 가진 영웅이었다. 그는 눈이 오든 비가 오든 병이 들었든 단 한번도 어문청정을 거른 적이 없었다.

제1장

수신의 도 1
마음과 지혜를 함께 수양한다 心智雙修

'지혜'와 '의지'의 관계를 잘 처리해야 한다. 의지는 항상 일정해야 하고, 지혜는 나라를 다스릴 수 있을 만큼 뛰어나야 한다. 수심修心을 위해 『신기미론愼幾微論』을 남긴 강희제는 지혜를 수양하기 위해 중용을 강조했다. 그는 지혜를 수양하는 데 주력하면서도 그 외 분야의 수양도 게을리하지 않았으며, 이것이 바로 강희제의 성공 비결이었다.

신중하고 경건한 마음으로 다스린다

愼幾微

『신기미론愼幾微論』은 강희문집의 제일 처음에 수록된 글로서, 황제의 자기수양과 관련해, 신중하고 경건한 마음으로 나라를 다스려야 한다는 주장을 담고 있다. 강희제는 도통道統과 치통治統을 통일하고 한 사람이 천하를 다스리는 것이지, 천하가 한 사람을 받드는 것이 아니라는 신조를 가지고 실제를 추구하는 정치로써 민생을 안정시켰다.

『신기미론愼幾微論』에서 '신기미'란 마음속에서 생겨나는 작은 잡념들을 신중하고 엄격하게 처리해 자신을 단속함을 의미한다. 강희제는 '신기미'를 이렇게 설명했다.

잡념은 비록 작더라도 무시하고 지나칠 수 없는 것이다. 처음에는

비록 작지만, 그 작은 싹이 엄청난 결과를 가져올 수 있기 때문이다. 이 작은 잡념의 싹이 이성적인 것인지 아니면 탐욕에 의한 것인지 신중하게 판단하고, 이성적인 것이라면 확대시키고, 탐욕에 의한 것이라면 바로 단속해야 한다.

강희제는 역사적으로 황제들이 실패한 이유가 바로 처음에 잡념이 들었을 때 그것을 알아차리지 못하고, 또 신중하게 대하지 못했기 때문이라고 생각하고, 춘추시대 오나라와 월나라의 전쟁을 그 예로 들었다.

춘추시대 오나라와 월나라의 전쟁을 떠올릴 때 사람들은 대부분 월왕 구천이 실패한 후 와신상담 끝에 재기해 오나라를 멸망시켰다는 일화¹를 떠올리겠지만, 강희제는 구천이 실패했던 원인에 더 주목했다. 강희제는 "구천은 처음부터 겸허한 마음을 가지지 않고 위기가 닥친 후에야 두려워했기 때문에 실패한 것이다."라고 했다. 다시 말해 구천이 실패한 것은 그가 치밀하고 신중한 태도로 오나라를 대하지 않았기 때문이라는 것이다.

그는 오왕 부차의 경솔함에 대해서도 지적했다. 강희제는 오나라가 멸망한 책임을 부차에게 돌렸다. 전투에 패배한 월왕 구천이 비굴하게 무릎을 꿇고 화의를 요청하자, 구천의 속셈을 눈치 챈 오자서伍子胥가 만류했음에도 불구하고 부차는 구천을 죽이지 않고 되돌려 보냈다. 그 후로 방탕과 사치를 일삼아 자멸의 길로 빠져들었다는 것이었다. 부차

---

1. 중국 춘추시대 월왕 구천勾踐에게 패하여 죽은 오왕 합려闔閭의 아들 부차夫差가 장작 위에 누워 자면서 아버지의 원수를 잊지 않으려고 노력한 끝에 마침내 구천을 항복시켰고, 패배한 구천은 그때부터 항상 쓴 쓸개를 방 안에 걸어놓고 그것을 맛보면서 스스로 복수심을 불태워 마침내 부차를 멸하고 과거의 패배를 설욕했다. 와신상담臥薪嘗膽이라는 고사성어가 이 일화에서 유래됐다.

가 구천의 투항을 받아들이지 않았더라면 오나라는 멸망하지 않았을지도 모를 일이었다.

강희제는 또 황제는 큰 책임을 지고 있어 일거수일투족이 나라의 흥망성쇠와 관계되는 것 외에도 지고지상한 지위와 강한 권력을 가지고 있기 때문에 타락할 수 있는 기회가 더 많다며, 자기 수양에 철저하지 않고 외부의 유혹을 뿌리치지 않으면 무서운 결과를 낳을 수 있다고 강조했다. 강희제는 엄격한 자기 단속을 강조하는 이유를 이렇게 설명했다.

황제의 측근 관리나 태감은 항상 황제의 기분을 살피고 환심을 살 기회만을 노리는데, 사람에게는 7욕欲과 6정情이 있고, 황제도 사람이기 때문에 좋아하는 것이 없을 수 없다. 그런데 만약 군주가 확실한 사고와 가치관을 확립하지 못하고, 절제하지 못하면 주변에 의해 좌지우지될 가능성이 크다.

강희제는 이러한 신념을 가지고 있었을 뿐 아니라, 몸소 실천해 아첨하는 무리들과 절대로 가까이하지 않았다. 강희 말년, 그가 남순을 나섰을 때의 일이다. 누군가 강희제의 수염이 희끗희끗 센 것을 보고 수염이 검어진다는 약을 바쳤다. 그런데 뜻밖에도 강희제는 웃으며 그것을 받지 않고 이렇게 말했다. "자고로 역대 선왕들 가운데 수염이 흰 사람이 없었는데, 짐은 수염이 반백이 되었으니 이 얼마나 다행스러운 일이오?" 사람이 나이가 들면 젊음을 그리워하고 세월이 빨리 흘러갔음을 탄식하기 마련인데, 강희제는 자신이 수염이 반백이 될 때까지 산 것을 다행으로 생각하고, 수염이 흰 것을 크게 개의치 않았다.

또한 대부분 황제라면 큰일을 다루어야 하며 세세한 일에 대해서는 크게 신경 쓸 필요가 없다고 생각했지만, 강희제는 그렇지 않았다. 그는 언제나, 또 무슨 일에든 신중한 태도로 임했다. 또 나라와 관계된 일은 아무리 사소해 보이는 일일지라도 조금만 소홀하면 온 나라를 위험에 빠뜨릴 수 있으며, 또 한시라도 경솔하게 대했다가는 천세千世의 한을 남길 수 있다고 강조했다.

강희제는 "천 리 길도 한 걸음부터"라는 말을 가장 잘 이해했던 황제이기도 했다. 그는 모든 일이든 조심스럽고 신중하게 행하고 목적을 달성할 때까지는 한시도 마음을 놓지 않고 시종여일한 태도로 임했다. 따라서 그가 일을 처리하면 요란하게 처음부터 큰 성과를 내지는 않았지만, 안정적이고 그 효과가 오래 지속되었다. 강희제는 제갈량의 『후출사표後出師表』에 나오는 "죽을 때까지 조심스럽게 나라를 위하고 자신의 힘을 다 기울인다.〔鞠躬盡瘁, 死而後已〕"라는 구절로써 황제가 가져야 할 태도를 설명했다.

제갈량은 이것이 신하된 도리라고 했지만, 강희제는 군주에게도 마찬가지로 적용된다고 생각했다. 또 그는 나이 든 신하들이 관직에서 물러나 한가로운 생활을 하는 것을 부러워하며, "신하는 연로하면 관직에서 은퇴해 아들과 손자들과 지내며 유유자적할 수 있지만, 황제는 일생 동안 잠시도 쉴 수가 없고, 또 은퇴할 수도 없다."라고 말했다.

강희제가 자기 수양에 관해 쓴 책으로『독서귀물자기론讀書貴勿自欺論』과『독서귀유항론讀書貴有恒論』이 있는데, 그는 이 두 책에서 모두 실사구시와 의지를 강조하며, 심신의 수양은 물론 나라를 다스림에 있어서 실제를 중시하고 항상심恒常心과 끈기를 가져야 한다고 강조했으며, 이것들은 그의 성공에 사상적인 기초가 되었다.

모든 사물은 모순적인 양면성을 갖고 있다

강희제는 모든 사물이 '대립'과 '통일'이라는 모순적인 양면성을 가지고 있다고 여기고, 이 가운데에서 중용을 유지하는 것이 가장 중요하다고 강조했다. 이 중용사상은 그의 변증법에서 없어서는 안 될 중요한 부분이기도 하다.

중용中庸은 중국의 전통적인 개념으로서, 중용의 핵심은 '중中'이다. '중'이란 간단히 말해 '양쪽 끝의 중간'인데, 중용사상에서는 모든 사물에 양쪽 끝이 있으며, 그 양쪽 끝은 '대립'과 '통일'이고, '대립'과 '통일'이 절묘하게 조화를 이루는 '무과불급無過不及'의 상태, 즉 '넘치지도 모자라지도 않는 상태'를 '중'이라고 한다. 한쪽에서 다른 한쪽을 향해 이동하는 것은 '중'이 아니며, 어느 한쪽에 머물러 있는 것도 역시 '중'이 아니다. '중'이란 움직이되 바로 적당한 위치를 벗어나서는 안 되며, 정지해 있어도 적당한 위치에 있어야 한다. 그런데 어떻게 해야 중용을 유지할 수 있을까? 중용을 유지하는 기본 원칙은 한 쪽의 '힘'으로 다른 한 쪽의 '힘'을 상쇄시켜, 저울이 평형을 이루듯 양쪽 끝의 힘을 같게 만드는 것이다.

강희제는 주희의 중용사상을 계승했는데, 그의 중용사상에는 다음과 같은 기본적인 관념이 깔려 있었다. 첫째, 세계의 모든 사물이 대립과 통일을 내포하고 있다. 둘째, 대립과 통일이라는 양쪽 끝은 움직이고 변화한다. 셋째, 상반된 양쪽 끝이 절묘하게 조화를 이루는 경지가 바로 '중'이다. 넷째, 양쪽 끝의 힘이 평형을 이루어야 양쪽 모두 공존할 수 있다.

중용사상은 강희제의 사상적 통치 기반이었다. 우선 중용은 강희제가 사물을 인식하는 원칙이자, 상반된 관계를 처리하는 기본 방식이었다. 또한 강희제의 중용사상이 높이 평가되는 것은 그가 단순히 탁상공론에만 그치지 않고 실제 통치정책에 중용의 개념을 충분히 반영했다는 점 때문이다.

첫째, 그는 나라를 다스림에 있어서 관대함으로 치우쳐도 안 되고 엄격함으로 치우쳐도 안 되며, 관대함과 엄격함을 잘 조화시켜야 한다고 생각했다. 반란을 평정하는 과정에서 무력만을 사용하지 않고 회유책을 적절히 조화시켜, 반란 세력으로 하여금 스스로 무기를 내려놓게 한 것도 바로 이 중용사상을 구체적으로 실현한 것이었다. 다시 말해 그가 중용정책을 사용했기 때문에 반란이 평정되고 정치와 사회가 안정될 수 있었던 것이다.

둘째, 강희제는 어떤 사물을 대하든 그것을 두 개의 극단極端으로 나누고 그 중간에서 절묘하게 조화를 유지했다. 따라서 관리들을 평가할 때에도 극단으로 치우치지 않았다. 관리에게 청렴할 것을 강조하기는 했지만, 청백리라고 해도 청렴함만을 내세우며 융통성 없이 남에게 너무 각박하게 대하면, 백성들에게 존경받을 수 없다고 생각했다. 더욱 중요한 것은 청백리라고 해도 일처리를 제대로 하지 못하면 좋은 관리가 아니라고 생각했다는 점이다. 그래서 그는 청렴하더라도 남에게 각박하게 대하는 사람과 무능한 사람은 관리로 등용하지 않았고, 청렴하면서도 백성들이 편안하게 생활하도록 배려하는 사람을 좋은 관리로 쳤다.

강희 19년(1680) 9월 16일, 강희제가 우성룡에 대해 묻자, 만주족 대학사 명주가 이렇게 말했다. "우성룡은 지조가 있고 청렴하며 유능한 관리입니다." 또 다른 만주족 대학사 이위李霨도 "우성룡은 청렴하고 능력 있고 너그러운 관리입니다."라고 말했다. 이 말을 들은 강희제는 "청렴하더라도 옹졸하지 않고 너그러워야 한다. 하지만 너무 관대한 것도 좋지 않다."라고 말했다. 여기에서 강희제가 생각하는 이상적인 관리는 지조가 있고 청렴하며 남에게 너그럽게 대하지만 극단으로 치우치지 않는 사람이었음을 알 수 있다.

그는 모든 일을 언제나 일의 양극단을 찾고 그중에서 '중용'을 유지하는 방식으로 처리했고, 그의 이런 정책은 다민족 국가를 통일하는 데 매우 중요한 역할을 수행했다.

국가는 복잡다단한 조직이기 때문에 국가를 다스리기 위해서는 각기 다른 수많은 유형의 관계를 처리해야 했다. 우선 경제적인 분야에서 강희제는 만주족 귀족들이 많은 토지를 점유하면서도 농민들이 굶주림 없는 생활을 할 수 있도록 하기 위해, 만주족 귀족들이 농민들의 토지를 계속 점령하지 못하도록 금지하면서, 명의 제후들이 가지고 있던 토지를 그 땅에서 실제로 농사를 짓고 있는 농민들에게 나누어 주었다.

강희제는 농업과 상업의 관계를 처리할 때에도 이런 비슷한 방법을 사용했다.

그는 농업이 왕도정치의 근본이며 백성들이 입고 먹을 수 있는 기반이라고 생각하고 중농정책을 실시했다. 역대 황제들은 중농정책을 실시하면 대부분 상업을 배척했지만 그는 농업을 중시한다고 해서 상업을 경시하지 않았다. 그는 상인 역시 나라의 백성이며 통상을 통해 물자가 유통되어야 경제가 발전할 수 있다고 생각하고, 상업을 억압하지도, 배척하지도 않고, 오히려 상업의 발전을 촉진했다.

정치적으로도 강희제는 국정이 요동치는 혼란기이자 사회적인 과도기에 역사의 무대에 올랐다. 그가 황상에 올랐을 때 만주족 사회제도 전환이라는 문제가 그의 앞에 놓여 있었다.

당시 만주족은 한족을 정복하는 과정에서 한족 거주지의 봉건생산관계를 그대로 유지시키면서 점차 봉건사회로 전환되었지만, 순치제와 다이곤 등 만주족 지주들은 노예제를 확대하는 데 급급해 심각한 사회적 혼란을 야기하고 있었다. 이런 상황에서 강희제는 민족 간의 갈등을 해소하고 민생을 안정시키기 위해, 도인법逃人法(도망친 노예를 숨겨 주는 사람을 중형에 처하는 법)과 귀족의 토지 점령 등을 금지해 노예제를 축소하고 봉건제도로의 전환을 적극 추진했다.

그는 관리 등용에 있어서도 중용사상을 도입해 합리적인 정책을 실시했다. 그의 정권 기반은 만주족이었지만, 그는 오히려 한족들을 등용하는 데 인재정책의 초점을 맞췄다. 국태민안國泰民安이라는 궁극적인 목표를 실현하려면 문무를 막론하고 많은 관리들이 필요했지만, 청렴하고 재능 있는 관리는 그리 많지 않았다.

그는 재능은 다소 부족하지만 청렴하고 지조 있는 관리와 지조는 부족하지만 재능 있는 관리들을 대거 영입하고 그들 사이의 조화를 꾀해 인재들을 양성했던 것이다. 이 정책은 다민족 국가를 통일하는 데 결정적인 역할을 했으며, 역시 중용사상의 맥락에서 이해할 수 있다.

    요컨대 강희제가 그리 길지 않은 기간 동안 여러 가지 사회적 모순을 해소하고 나라를 통일시키고, 경제 및 문화를 안정적으로 발전시킬 수 있었던 것은 중용사상에 힘입은 바 크다고 하겠다.

학문의 길은 멈춰서는 안 된다

성공에는 내재적인 요인이 필요하다. 강희제는 자신의 내면 수양을 위해 경전을 읽고, 천문지리를 공부했다. 강희제가 유학에 조예가 깊었음은 더 이상 말할 필요도 없지만, 이 밖에도 그는 시와 서화, 천문, 음악, 수학, 의술 등 다른 많은 분야에 대해서도 상당한 지식을 가지고 있었으며, 또 7개 언어에 능통해 대학자라는 호칭이 부끄럽지 않을 정도였다. 강희제는 중국 역사상 가장 위대한 학자형 황제였으며, 놀라운 자기 통제력과 의지를 가진 영웅이었다.

강희제는 어려서부터 배우기를 좋아했는데, 그가 열심히 학문에 전념할 수 있었던 데에는 장 아무개와 임 아무개라는 태감의 역할이 컸다. 강희제는 당시를 이렇게 회고했다.

짐은 8살에 황상에 올랐을 때부터 학문에 정진했다. 당시 장 아무개와 임 아무개라는 내시 둘이 짐에게 글을 가르쳤는데 둘 다 명대에 글을 많이 읽은 사람들이었다. 그들은 주로 경서를 가르쳤다. 또 한림원의 심전이 짐에게 명대 동기창董其昌의 서체를 가르쳐 주었다. 훗날 짐은 열심히 공부하는 습관을 생겼고, 17년부터는 매일 오경에 일어나 등청하기 전에 글을 읽었고, 저녁에 잠자리에 들기 전에도 역시 글을 읽었다. 때로는 너무 피곤해 피를 토하기도 했다.

강희 9년(1670), 강희제는 예부에 명해 경연일강제도를 실시했다. 경연經筵이란 궁중에서 매년 봄과 가을에 한 차례씩 강연을 하는 것이고, 일강日講이란 강관講官이 황제에게 경사를 강의하는 것이었다.

일강은 처음에는 이틀에 한 번씩 실시했으나, 2년 후부터는 매일 실시했다. 강희제는 이 경연일강을 매우 중요하게 생각해 거의 거른 적이 없다. 삼번의 난을 평정하던 중요한 시기에도 일강을 매일 실시하라고 명했고, 강희 12년(1673) 여름, 규정에 따라 일강을 잠시 중단하려 하자, "학문의 도는 중단이 없어야 가치 있는 것이다."라고 말하며 대서大暑까지는 일강을 계속 하자고 했다. 대서가 되어 강관이 무더위에 황제의 몸이 축날 것을 우려해 일강을 당분간 중단하자고 하자, "짐은 책을 읽으면 피로한 줄 모른다."라고 말했다. 또 강관이 없을 때에는 혼자 궁에서 일강 때 배운 것을 복습했다.

어쩔 수 없이 여름에 일강을 쉬게 되었을 때에도 강관에게 매일 등청해 자신과 경서에 대해 이야기를 나누자고 했다. 강희 16년(1677) 4월, 한번은 강관 나사리喇沙里가 일강을 시작하기 위해 막 책을 펼쳤을 때 강희제가 "강의를 시작하기 전에 짐이 먼저 한 번 책의 내용을 이야기해 보겠소." 하고 말했다. 여기에서 일강을 받는 그의 태도가 역대 그 어느 황제보다도 진지했었음을 알 수 있다.

　강희제는 청대 황제들 가운데 유가 경전을 가장 열심히 공부한 황제일 뿐만 아니라, 중국에 전파된 서양의 자연과학에 대해서도 흥미를 가지고 공부해 어느 정도 성과를 거두기도 했다. 이 점은 중국의 역대 어느 황제와도 감히 비교할 수 없는 그만의 장점이었다.

　자연과학에 대한 강희제의 관심과 흥미는 나라를 다스리는 데 있어서 자연과학이 필요했기 때문이다. 강희제는 황제 즉위 초기 역법을 둘러싼 분쟁이 발생하면서 수학에 관심을 갖게 되었다. 그는 신하들에게 다음과 같이 말했다.

> 그대들은 짐이 산술算術에 흥미가 있다는 것만 알고 짐이 산술에 흥미를 가지게 된 연고는 모르고 있다. 짐이 어린 시절 흠천감이 서양인들과 반목하여 서로 탄핵을 일삼았는데, 하루는 양광선과 탕약망(아담 샬의 중국 이름)이 오문 밖에서 신하들을 모아 놓고 해를 관측하며 역법을 설명했는데, 신하들 가운데 그 이치를 아는 이가 하나도 없어, 그 시비를 가릴 수가 없었다. 짐은 그때 매우 화가 나서 산술을 배우기 시작했다.

　강희제는 처음에 페르비스트에게 기하를 배웠고, 강희 27년(1688) 페르비스트가 세상을 떠난 후로는 북경에 온 지 얼마 되지 않은 프랑스 선교사 제르비용(Gerbillon: 중국명 장성張誠)과 부베, 그리고 포르투갈 선교사 페레이라(Thomas Pereira: 중국명 서일승徐日昇) 등에게 수학을 배웠다. 강희제는 우선 선교사들에게 만주어를 배우게 하고, 마테오리치(중국명 이마두利瑪竇)가 중국어로 번역한 유클리드의 『기하학원본』을 만주어로 번역하도록 했을 뿐 아니라, 자신 역시 라틴어를 배웠다. 유럽의 문자와 숫자를 알기 위해서는 라틴어를 알아야 한다고 생각했기 때문이다.

강희제는 하루도 빠짐없이 양심전養心殿에서 선교사들에게 수학을 배웠다. 양심전에는 수학 기구들이 많았는데, 일부는 선교사들이 선물한 것이고, 또 일부는 그가 직접 사람을 시켜 직접 제작하거나 혹은 본떠 만든 것이었다. 강희제는 매우 진지하게 수학을 공부했고, 잘 모르는 문제가 있으면 반드시 질문을 했다. 또 직접 기하 도형을 그리고, 연산을 훈련하고 수학 기구 사용을 연습했다. 그는 또 바티칸의 『실용과 이론 기하학』을 공부하고 그것과 유클리드 기하학의 차이점을 연구하기도 했다. 그리하여 반년도 되지 않아 그는 기본적인 기하 지식을 갖추었음은 물론이고, 몇몇 기하 도형의 정리와 증명 과정은 술술 말할 수 있는 정도에 이르게 되었다.

그는 또 능숙하게 대수를 이용해 연산을 했고, 또 대수표를 이용해 삼각형을 분석할 수 있었다. 그는 선교사들에게 자신이 『기하학원본』을 적어도 스무 번은 읽었다고 말했으며, 두세 시간 강의를 들은 뒤, 혼자서 그것을 복습하는 열의까지 보였다. 강희 29년(1690) 강희제의 생일날, 선교사들이 만주족과 한족 대신들과 마찬가지로 황제의 생일을 축하하고 있는데, 강희제가 불쑥 기하와 관계된 문제를 꺼내 묻기도 했다고 한다. 그리고 강희제는 수학 공부를 위해 선교사들에게 매우 후한 대우를 해 주었고, 강희제의 불타는 향학열은 외국인 선교사들에게도 깊은 인상을 남겼다.

훗날 고국으로 돌아간 부베는 루이 14세에게 다음과 같이 말하기도 했다.

강희제는 중국 과학은 물론이고 서양 과학에도 큰 관심을 가지고 있습니다. 그는 새로운 것에 대한 호기심이 강해서, 어려서 유럽의 과학지식을 조금 알게 된 후로 과학 학습에 대한 강한 욕구가 생겼다고 합니다. 그는 다른 일을 처리하는 시간 외에 남는 시간에는 온통 수학 공부에 몰두했고, 수학 공부를 가장 큰 즐거움으로 생각했습니다.

강희제는 천문, 역법, 지리, 의학, 농업, 기상 등 여러 가지 분야에 대해 연구했으며 어느 정도의 성과도 거두었다. 갈단 토벌을 위해 출정했을 때에도 그는 서북 지역의 지질을 조사하고 동식물 화석을 탐색하고, 지자기地磁氣를 측정했고, 말년에는 중국 최초의 비교적 정확한 지도인 『황여전람도皇輿全覽圖』를 제작했다.

강희제는 또 사람을 구하기보다 이익만을 앞세우는 용의庸醫들이 많음을 개탄하며 과학적인 서양 의학을 널리 보급했다. 한번은 강희제가 학질에 걸렸는데, 백약이 무효로 아무리 약을 써도 차도가 없었다. 그런데 선교사가 금계납상金鷄納霜이라는 약으로 쉽게 학질을 고친 적이 있었다. 훗날 남순을 나설 때에도 강희제는 병이 난 신하들에게 주기 위해 이 약을 반드시 가지고 다녔다.

궁궐 안에 실험실을 만들어 놓고 선교사들에게 약을 조제할 때 사용하도록 배려해 주기도 했다. 또 여행용 약병을 만들어 약을 그 안에 넣고 다니면서 언제 어디서든 환자를 만나면 약을 나누어 주었고, 천연두를 예방하고 치료하기 위해 행정적인 수단으로 외몽고의 49개 부족과 객이객 부족들에게 한 사람도 빠짐없이 백신을 접종하도록 명령하기도 했다.

강희제의 학문에 대한 열정은 여기에서 그치지 않았다. 그는 북경 여러 곳에 기상대를 설치하고 각 성에서도 매일 기상 상태를 기록해 북경으로 보고하도록 하고, 각지의 기상 자료를 종합적으로 분석해 농업정책에 응용했다.

한번은 소주 직조 이후가 강희 49년(1710) 겨울의 강수량 기록을 50년(1711) 2월이 되어서야 보고한 데다가, 강희제의 몇 가지 질문에 제대로 대답하지 못했다가 처벌을 받기도 했다. 엄격한 기상관측제도를 실시한 덕에 강희제 재위 기간의 풍부한 기상 자료가 후대의 기상 연구에 큰 도움이 되었다.

|【강희제에게 배우는 수신의 도】|

一. 마음속에서 생겨나는 작은 잡념들을 신중하고 엄격하게 처리해 자신을 단속해야 한다.

一. 중용을 유지하는 기본 원칙은 한 쪽의 '힘'으로 다른 한 쪽의 '힘'을 상쇄시켜, 저울이 평형을 이루듯 양쪽 끝의 힘을 같게 만드는 것이다.

一. 학문의 도는 중단이 없어야 가치가 있는 것이다.

제2장

수신의 도 2
이성을 중시하고 사욕을 버린다 重理輕欲

'이성[理]'과 '욕망[欲]'의 관계를 잘 이해해야 한다. 강희제는 이성과 욕망이 실제로 존재한다는 점을 인정했지만, 그 둘의 가치가 동등하지 않기 때문에 균형을 이룰 수 없다고 생각했다. 이성에 치우치면 군자이지만 욕망에 치우치면 금수禽獸나 다름이 없다는 것이다. 이 논리에 따르면, 이성으로 욕망을 억제시켜야 한다는 필연적인 결론이 나온다. 하지만 이성으로 욕망을 억제하려는 생각은 이성과 욕망이 공존하는 현실에서 매우 모순적인 것이다. 이런 모순을 해결하기 위해 강희제는 매우 신중한 방법을 사용했다. 그는 이성과 욕망이 공존하는 현실에 대해서는 인정했다. 하지만 사람의 속마음을 항상 경계하고 도덕을 수양하는 방법으로 욕망이 확대되는 것을 억제했다. 그는 이성이 확대되면 욕망은 억제된다고 믿었다.

모든 일에서 심신의 건강을 최우선으로 한다

강희제는 어려서 걸음마를 시작하고 말을 하게 되면서부터, 먹는 것, 움직이는 것, 말하는 것을 모두 정해진 규정에 따라야 했다. 그는 편안히 홀로 생활했지만 반드시 스스로 규정을 엄격히 지켜야만 했다. 궁궐을 나가 남원南苑에 가서 사냥을 할 때에는 반드시 먼저 조모인 효장태후에게 허락을 받아야 했고, 궁 밖에 있는 동안은 열심히 사냥을 하는 것은 물론, 글 읽기도 게을리 해서는 안 됐고, 또 정사도 돌보아야 했다.

효장태후는 어려서 노는 것을 좋아하면 큰 뜻을 품기 어렵다며, 강희제에게 꽃과 새, 희귀한 동물 등에 담담하게 대하고, 애완동물을 가까이 하지 못하도록 했다. 게다가 강희제 자신도 어려서부터 황제의 자리에 앉아 숱한 혼란을 겪으면서 나랏일 외에 다른 곳에는 눈을 돌릴 겨를이 없었다. 따라서 강희제는 어려서부터 단정하게 행동하고 신중하게 일을 처리하며, 근면하게 책을 읽고, 서예와 말 타기, 활쏘기를 좋아하고, 농사짓는 것을 즐겼다. 반면 술을 좋아하지 않고, 쓸데없는 놀이를 하지 않았다. 하지만 청년 시절의 강희제의 생활은 나이에 걸맞지 않게 단조로운 생활의 연속이었다. 어문청정 외에는 상소에 비답을 달거나 강의를 듣고 공부를 했으며, 휴식시간에 하는 일이라고는 말 타기와 활쏘기가 전부였다.

물론 강희제에게도 여러 분야의 취미가 있었다. 그러나 모두 고상하고 심신의 건강에 도움이 되는 것뿐이었다. 강희제의 취미는 여행과 사냥, 낚시, 무공 연습, 과학서적 탐독 등이었다. 현대 의학의 관점으로 보아도 이런 취미들은 신체 건강과 지력 향상에 유익했으니, 그가 장수한 것은 어찌 보면 당연한 일이었다.

그는 멀리 여행하기를 좋아해 각지로 순행을 자주 나갔다. 그에게 있어 순행은 정사의 일부일 뿐 아니라 여행이기도 했다. 이곳저곳을 다니며 많은 것을 보고 듣고, 경치를 감상하는 것이 모두 마음의 건강에 도움이 되었다. 또한 이동할 때 그는 가마를 타기도 하고 말을 타기도 하고, 또 때로는 걷기도 했는데, 가마나 수레를 타는 것보다는 말을 타거나 걷는 것을 더 즐겼으니 신체 건강에도 큰 도움이 되었을 것이다.

강희제는 매년 두 달 정도를 산이나 사냥터에서 사냥을 했는데, 순행 중에도 역시 사냥을 했다. 많은 사냥감 중에서도 그가 특별히 좋아했던 것은 바로 호랑이였다. 그가 동쪽 지역으로 순행을 나갔을 때에는 도중에 동북 호랑이를 수십 마리씩 잡기도 했다.

강희제는 낚시도 매우 좋아해 그물을 던지는 방법과 갖가지 어망의 사용법을 배웠다. 순행 중에 낚시를 하는 것 외에도 그는 자주 북경 교외에 있는 강에 가서 낚시를 했다. 그는 낚싯대를 이용해서 고기를 잡기도 하고, 또 때로는 그물로 낚아 올리기도 했다. 그리고 잡은 물고기는 모두 신하나 가족, 혹은 외국인 선교사들에게 나누어 주었다.

강희 21년 3월 2일, 강희제는 요하遼河에서 그물로 물고기를 잡아 수행하던 제후와 패자, 공, 그리고 내대신, 시위관, 부원관 등에게 나누어 주었다. 3월 8일 심양에 도착한 후에는 직접 잡은 물고기를 잘 씻어서 소금에 절여 조모에게 보냈으며, 4월 1일에는 송화강松花江에서 물고기를 잡아 몽고족 제후와 태길, 내대신, 시위 등에게 주고, 여흥에 겨워 시를 지었다.

강희제는 또 일 년에 한두 번 정도 모든 신하들이 참여하는 성대한 규모의 경마를 거행했다. 황제와 신하들이 모두 상사원上駟院에서 좋은 말을 골라 경주하게 하고, 좋은 성적을 낸 말과 가장 먼 거리를 달린 기수에게 상을 내렸다. 본래 말 타기를 좋아하는 만주족들이었기에 저마다 참가하려고 했다.

강희제는 경마 외에도 활쏘기와 총쏘기 등 무예를 연마했는데, 황자들도 강희제가 연습하는 것을 보고 자연스럽게 무예에 흥미를 가지게 되었다. 가끔씩 북경을 지키는 군사들을 궁으로 불러 무예 시범을 보이게 하고 우수한 병사에게 상을 내리고, 서양 무기의 제작이나 훈련에 강희제가 직접 참여하기도 했다.

강희제는 신체 단련을 중시했을 뿐 아니라, 정신적인 수양에도 게을리 하지 않았다. 그는 정신을 황폐하게 하는 것은 절대로 가까이 하지 않아서 신체를 단련하는 시간 외에는 대부분의 시간을 책을 읽고 서양 과학을 공부하는 데 쏟았다. 순행을 나갔을 때에도 시간이 날 때마다 책을 읽고 천문 기구를 사용해 신하들 앞에서 태양자오선의 각도나 산의 각도, 혹은 두 지점의 고도 차이 등 천문학이나 측량학과 관계된 관측을 좋아했다.

강희제는 담배와 술, 도박, 여자를 멀리하고, 사당이나 절에 가서 절하고 불공을 드리는 것도 반대했다. 요컨대 강희제는 사회와 개인의 심신 건강에 도움이 되는 취미 생활이라면 장려하고 자신도 열심히 했지만, 그렇지 않은 것에 대해서는 엄격하게 금지했다. 그는 "선이 작다고 해서 그것을 아니 행하지 말고, 악이 작다고 해서 그것을 행하지 말라.〔勿以善小而不爲, 勿以惡小而爲之〕"는 명심보감의 교훈을 그대로 지키고 항상 자신을 단속했던 것이다.

여색을 멀리하고 나쁜 습관을 고친다

강희제는 사생활에 있어서도 놀라운 자제력을 가진 성군이었다. 그를 옆에서 지켜보았던 부베는 그에 대해 이렇게 말했다.

강희제는 분노를 억제하는 능력이 뛰어났을 뿐 아니라 다른 감정, 특히 욕정을 자제하는 능력이 뛰어났다. 중국은 오래 전부터 욕정에 탐닉하는 것을 타락한 행동이라고 생각하고 있었지만, 습관적으로는 그것을 허용하는 분위기가 강했다. 특히 황궁에는 그 타락한 기운이 항상 맴돌고 있었다. 전국 각지에서 아리따운 여자들을 선발해 군주 앞에 대령하고, 군주가 그중에 마음에 드는 여자를 골랐다. 궁녀들도 우선 황제에게 바쳐진 후 황제가 마음에 들면 곁에 두었는데, 그런 여자의 부모들은 그것을 크나큰 영광으로 여겼다. 이런 타락한 풍습은 수많은 황제들의 심신 건강을 해쳤을 뿐 아니라, 여러 가지 사회적 혼란을 야기하는 근원이었다. 타락한 황제들은 환관과 신하에게 국사를 처리하게 하고 자신은 구중궁궐에서 주색에 빠져 나랏일에 관심이 없었으므로 화를 불러일으키지 않을 수 없었다.

하지만 지금 중국을 통치하고 있는 강희제는 여색에 빠지지 않았으며 엄격한 자기 통제의 방법으로 자신을 단속하고 있다. 2, 3년 전 강희제가 남경 지방으로 순행을 나가자 지방 관리들이 일곱 명의 미녀를 황제에게 바쳤다. 황제는 그녀들을 받아들이기는 했지만 단 한 번도 눈길을 주지 않았고, 조정의 관리들이 황제의 마음에 들 만한 여자들을 골라서 올렸지만 역시 황제는 그녀들을 거들떠보지도 않았을 뿐더러 그 관리들을 처벌했다.

한 나라의 통치자가 매일 여색에 빠져 헤어나지 못한다면 나라를 제대로 다스릴 수 있을까? 아무리 강성한 국가라도 오래 안정을 지속할 수 없을 것이다. 이런 황제의 모습은 관리들에게도 큰 영향을 미쳐 관리들도 조심스럽게 자신의 생활을 단속했다. 강희 42년 10월 25일, 강희제가 서쪽 지방으로 순행을 나갔을 때의 일이다. 산서 태원부를 지나는데 산서 순무 갈례가 1백 여 명의 백성들을 이끌고 어가를 맞이했다. 강희제가 그들에게 어떻게 오게 되었는지 묻자 갈례가 시켜서 억지로 왔다고 대답했다. 또 갈례는 황제를 위해 행궁마다 금은보석으로 치장하고 기녀들을 준비해 두었는데, 백성들에게 물으니 행궁을 짓는 데만 18만 냥을 쏟아 부었다고 했다.

26일, 강희제는 산서 순무 갈례에게 "풍년이 들었다고 사치하면 흉년에 크게 어려울 것이다. 농업을 근본으로 하고 백성들을 풍족하게 하는데 애쓰라." 하는 어지를 내렸다.

강희제는 여색을 가까이 하지 않았기 때문에 궁녀의 수도 크게 줄였다. 당시 건청궁에 있는 궁녀의 수는 134명밖에 되지 않아, 역대 왕조를 통틀어 가장 적은 수였다.

강희제는 자신을 엄격하게 단속했을 뿐 아니라, 관리와 백성들도 악습에 물들지 않도록 했다. 만주족들이 중원에 들어온 후 안일한 생활에 물들다 보니 갖가지 폐해가 나타나기 시작했다. 그러자 강희 7년(1668) 5월 10일, 강희제는 어명을 내려 도박을 엄격하게 금지했으며, 그 후에도 도박이 완전히 근절되지 않자, 12년(1673) 12월 6일에 건청문에서 팔기 만주족과 몽고족, 한족 도통과 부도통, 6부 상서 등을 모아 놓고 이렇게 훈계했다.

> 만주족은 나라의 근간이라 짐이 더욱 아끼고 있는데, 작금에 만주족들 가운데 가난하고 빚이 많은 사람들이 많다. 게다가 도박을 금지했는데도 사라지지 않고 있다. 이것은 도통과 부도통, 좌령들이 제대로 교육시키지 못하고 있기 때문이다. 최근 만주족들이 어린 아이처럼 놀이에 빠져 있다. 또한 혼례와 상례, 제례 등에 낭비가 너무 심하다. 태조와 태종께서 계실 때에도 만주족들이 이렇게 방탕했던가? 당시의 도통과 부도통, 좌령들은 지금보다도 출병이나 전투가 적었는데도 지금처럼 빚이 산더미처럼 많지 않았으며 풍족하게 살았다. 그것은 모두 그들이 절약하고 검소한 생활을 했기 때문이다.
>
> 그대들이 방탕에 빠지지 않고 솔선수범한다면 자연히 만주족 전체가 건전한 생활을 할 것이다. 앞으로는 좌령들이 병정들을 잘

보살피고 아껴야 할 것이다.

강희제는 도박이나 낭비와 같은 악습이 아니더라도 생활에 실질적으로 도움이 되지 않는 일이라면 모두 반대했다.

만주족의 주요 풍습 중에 청안請安과 타천打千이라는 것이 있었다. 청안과 타천은 모두 아랫사람이 윗사람에게 절하는 것으로, 청안은 3일에 한 번씩 하고 타천은 닷새에 한 번씩 했다. 청안은 일반 사람들 사이에 행해졌을 뿐 아니라 궁중에서도 중요하게 생각하는 의례이며 관직이 같은 관리들끼리, 하급 관리가 상급 관리에게, 신하가 황제에게, 그리고 황제가 태황태후에게 모두 이 의례를 행했다. 군신 간의 질서와 관직 사회의 질서를 지키기 위해 강희제는 이 청안을 비롯한 궁중의 의례를 매우 중요하게 생각했다. 하지만 실질적으로 도움이 되지 않는 불필요한 의례는 모두 금지시켰다.

강희 41년(1702) 10월 20일, 직예와 산동 순무가 중앙 관리나 황자와 제후, 공주 등이 황제의 명을 받들어 지방에 가면 지방 관리들이 모두 찾아가 청안을 올려야 한다는 상소를 올렸다. 그런데 사관이나 필첩식 등 하급 관리들이 도읍으로 돌아가는 날 지방 관리들이 모두 찾아와 예를 올리는 것이 얼마나 무의미하고 힘든 일인가? 게다가 중앙에서 파견한 관리들이 황제를 등에 업고 지방에서 제멋대로 행동하는 일들이 비일비재했다. 폐단이 속출하자 강희제는 중앙에서 파견된 관리들에게 청안을 하지 말도록 금지했고, 조정에서도 관리들이 황제를 찾아와 청안하지 못하도록 규정했다.

강희 57년(1718) 2월 6일, 강희제가 병석에 눕자 만주족 신하들이 병문안을 위해 찾아왔는데, 사람이 아프면 찾아가 보는 것이 인지상정이겠지만, 강희제는 "짐이 병석에 누워 나랏일을 제대로 돌보지 못해 마음이 상해 있는데, 신하들까지 국법을 어기고 청안을 하니 짐이 심려되어 밥도 제대로 넘길 수가 없노라. 청안이 짐의 병에 전혀 도움이 되지 않으니 금지하노라."라고 말하며 신하들의 병문안을 거절했다. 이 말에서 강희제가 예절을 중시하기는 했지만 그보다도 실질적인 효용을 더 중요하게 생각했음을 알 수 있다.

|【강희제에게 배우는 수신의 도】|

一. 사람의 속마음을 항상 경계하고 도덕을 수양하는 방법으로 욕망이 확대되는 것을 억제한다.

一. 선이 작다고 해서 그것을 아니 행하지 말고, 악이 작다고 해서 그것을 행하지 말라.

一. 예절이 중요하기는 하지만 그보다 먼저 실질적인 효용을 생각하라.

제3장

수신의 도 3
남에게는 관대하고 자신에게는 엄격하라
寬人嚴己

'남'과 '자신'의 관계에서 처신을 잘해야 한다. 남에게 강요하기 전에 먼저 자신이 솔선수범 하는 것이 처세의 진리다. '신미기'를 강조했던 강희 역시 남에게 바르게 생활할 것을 강조하기 전에 자신이 먼저 행하여 그 본보기를 보였다. 그는 "조정이 바로 서면 문무백관이 바로 서고, 문무백관이 바로 서면 온 백성이 바로 선다. 내가 먼저 바르지 않은데 남들이 내 말에 따르겠는가?"라고 했다.

오만함은 화를 부르고 겸허함은 복을 부른다

강희제의 실사구시 정신은 그의 개인적인 처세관에도 그대로 반영됐다. 그는 자기 자신을 객관적으로 판단하고 자만심에 빠지지 않았으며, 과분한 찬사를 거부했다. 강희 43년(1704) 8월, 그는 대학사와 강관들에게 "신하들이 짐을 기만하면 결코 용서하지 않지만, 그 외에 짐의 복식服食과 관계된 일에서는 단 한 번도 엄하게 다스린 적이 없소."라고 말하며 바로 전날 있었던 일을 이야기했다.

그 전날 강희제가 낚시터에 갔는데, 어선방에 있는 궁녀들이 고기와 다른 음식들은 모두 가져왔는데 정작 밥을 가져오는 것을 잊었던 것이다. 황자와 황제의 시중을 드는 환관들이 어선방 궁녀들에게 매를 치려고 하자 강희제가 그들을 말리며 "모르고 한 일이고 사소한 일이니 용서해 주거라."라고 말했다.

　다른 황제들 같았으면 그대로 넘어갈 수 없었던 일이지만, 강희제는 근시近侍나 신하들이 사소한 잘못을 저질렀을 때에는 언제나 이렇게 너그럽게 용서해 주었다. 강희제는 자신도 권위를 함부로 남용하지 않았을 뿐더러 다른 사람, 특히 황자들이 지위를 이용해 남에게 함부로 대하는 것을 용납하지 않았다.

　강희 47년(1708) 8월, 몇몇 황자들이 대신과 시위에게 모욕적인 언행을 일삼고, 제후와 패륵에게 함부로 대한다는 것을 안 강희제가 황자들을 불러 엄하게 꾸짖으며 앞으로 다시는 그런 일이 없도록 당부하고, 대학사 등에게도 황자들이 못된 짓을 저지르거든 반드시 자신에게 보고하라고 명했다. 강희제가 황자들을 엄하게 단속하여 신하들을 보호한 것은 역대 어느 황제도 하지 못했던 일이다.

　강희제는 오만함은 화를 불러오고 겸허함은 복을 가져온다는 교훈을 믿고 따른 황제였다. 한번은 신하가 어지에 천하가 태평하다는 뜻의 '해녕승평海寧升平'이라는 말을 쓰려고 하자, 강희제가 "천하가 아직 평정되지 않아 민생이 편안하지 않으니 '해녕승평'이라고 하는 것은 옳지 않소. 앞으로도 어지에 과장된 찬사나 미사여구는 쓰지 않도록 하시오."라고 말했다. 그리고 매년 3월 18일 강희제의 생일에는 성대한 경축연을 거행하지 않고, 신하들과 태황태후궁과 황태후궁에 다서 예를 올리고 중화전에서 신하들에게 절을 받는 것으로 끝냈으며, 이마저도 비가 올 때는 하지 않았다.

　강희 42년(1703) 그의 50세 생일에는 신하들이 말안장을 선물로 바쳤는데, 강희제는 "짐의 생일에 그대들이 이런 선물을 올리면 지방 관리들도 모두 따라서 할 것이오. 그러니 짐은 이것을 받을 수 없소."라고 말하며 사양했다. 52년(1712) 60세 되던 해에는 생일을 얼마 남겨 놓지 않고 순행을 떠났다가 북경으로 돌아왔는데, 북경에 들어서자마자 신하와 백성들이 나와 생일을 감축하니 그는 "짐이 미리 알았더라면 하지 못하게 했을 것이다."라고 말하며 불편한 기색을 감추지 못했다. 61년(1722) 10월 강희제가 병으로 붕어하기 한 달 전, 신하들이 이듬해에 70세 생일 경축연을 성대하게 거행하자고 상소를 올렸지만 강희제는 다음과 같이 비답을 적었다.

> 짐이 황상에 있었던 60여 년간 설을 제외하고는 한 번도 축하를 받은 적이 없다. 유일하게 60세 생일에만 경축연을 거행했다. 대신들의 청은 더 이상 재론할 필요도 없노라.

또한 강희제가 전쟁에서 승리하거나 반란군을 평정할 때마다 신하와 주변의 나라에서 존호尊號를 올렸지만 강희제는 모두 받아들이지 않았다.

강희 20년(1681) 삼번의 난을 평정했을 때 신하들이 존호를 올렸는데, 강희제는 실질적인 이익이 전혀 없는 허명虛名일 뿐이라며 단호하게 거절했다. 22년(1693) 대만을 수복했을 때와 26년(1687) 몽고족 간의 회맹을 성공적으로 마쳤을 때, 그리고 36년(1697) 갈단을 토벌했을 때 등 이런 저런 이유로 신하들이 수십 차례나 존호를 올렸지만 강희제는 모두 거절하고 받지 않았다.

60년(1721) 3월 4일, 강희제의 재위 60주년을 경축하기 위해 패륵과 문무백관들이 '성신문무흠명예철대효홍인체원수세지성황제聖神文武欽明睿哲大孝弘仁體元壽世至聖皇帝', 무려 20글자에 달하는 존호를 올리자, 강희제는 그 어느 때보다도 준엄한 태도로 신하들을 꾸짖으며 말했다.

이런 존호는 오래된 악습에 불과하오. 게다가 지금 전투로 인해 관병들이 지치고, 백성들이 고단하며, 재해를 입은 곳의 백성들이 고통을 겪고 있어 짐이 걱정에 잠을 이루지 못하고 구휼에 애쓰고 있는데 경축할 것이 무엇이란 말이오?

이 말은 몇 백 년이 지난 오늘을 살고 있는 우리에게도 값진 교훈이 될 수 있을 것이다.

아랫사람에게 미루지 않고 스스로 책임을 진다

"황제 곁에 있는 것은 호랑이 곁에 있는 것과 같다."라는 말이 있다. 집안을 관리하든 나라를 다스리든 득이 있으면 실도 있는 법이고, 기쁜 일이 있으면 슬픈 일도 있는 법이며, 성공하기도 하고 실패하기도 하는 법이다. 모든 일이 다 순풍에 돛 단듯 순조롭게 진행될 수는 없다. 하지만 실수하거나 실패했을 때 어떻게 대응할 것인가? 역대 황제들 가운데 이 문제를 제대로 처리한 이는 거의 없었다.

대부분 공은 자신이 차지하고, 과오는 남에게 돌렸다. 더욱 심한 것은 일단 그 과오를 뒤집어쓴 사람은 목숨을 부지하기도 어렵고, 때로는 온 가문이 풍비백산이 나기도 했다. 그러니 황제를 호랑이에 비유한 것도 과장된 말은 아니었다. 하지만 강희제는 과오를 처리하는 면에서도 다른 황제들과 확실히 달랐다. 그는 과오가 있으면 군신이 함께 책임을 져야 한다고 생각했으며, 이런 생각은 오랫동안 나라를 다스린 그의 경험에서 나온 결론이었다.
강희 45년 3월 10일, 강희제는 대학사 등에게 이렇게 말했다.

> 짐이 역사를 살펴보니 한대에 재해가 발생했는데, 황제가 재상을 엄벌에 처했다는 기록이 있었다. 하지만 그것은 크게 잘못된 일이 아닐 수 없다. 재상은 황제의 치국을 보좌하는 신하이며, 잘못이 있으면 황제가 함께 책임을 져야 마땅하며, 재상에게 모든 잘못을 전가한 것은 사리에 맞지 않는 일이다. 국사를 재상에게 모두 맡긴 것은 황제의 잘못이니, 재상에게 그 죄를 물을 수 없다.

강희 18년에 지진이 발생했는데 위상추(魏象樞)가 긴히 보고할 것이 있다며 강희제를 단독으로 알현하고, 중대한 사안이라 내대신 색액도와 대학사 명주를 중벌에 처해야 재난을 수습할 수 있다고 했다. 하지만 강희제는 위상추에게 "이것은 모두 짐의 과실이오. 짐은 짐의 잘못을 남에게 미루지 않을 것이오."라고 말했다.
오삼계가 반란을 일으켰을 때에도 색액도가 상소를 올려 오삼계를 운남에서 철수시켜야 한다고 주장했던 사람들을 참수시켜야 한다고 주장했지만, 강희제는 "오삼계를 철수시키는 것은 짐의 뜻이었으니 다른 사람들과는 관계가 없소. 짐은 지금까지 한 번도 책임을 신하에게 전가한 적이 없소. 그리고 관리들끼리 서로 탄핵하는 것은 명의 악습이오. 그런 구습은 절대로 오래 계속되어서는 안 되오." 하고 말했다. 색액도도 더 이상 아무 말도 할 수 없었다.
강희제가 과오가 있으면 군신이 함께 책임을 져야 한다고 한 이면에는 여러 가지 숨은 의도가 있었다. 첫째는 황제와 신하가 한 마음으로 단결해야 천하가 평안하다는 생각이었고, 둘째는 권력을 황제로서 강한 권력은 독점하고, 작은 권력은 신하들에게 분산시키려는 것이며, 셋째는 실수하지 않는 사람은 없으니 황제 역시 실수를 저지를 수 있다는 생각 때문이었다.

하지만 강희제의 도덕심의 결정체라고 할 수 있는 이 생각이 하루아침에 생긴 것은 아니었다. 청년 시절부터 기본적인 인식을 가지고 있었고, 여기에 오랫동안의 정치 경험이 더해져서 확고한 신념으로 굳어진 것이었다.

강희제는 나라를 다스리려면 황제와 신하가 단결해 서로 도와야 한다고 생각했다. 하지만 설령 그렇다 해도 실수를 저지르는 것은 어쩔 수 없는 일이며, 이럴 경우 주된 책임은 신하나 재상이 아니라 황제 스스로가 져야 한다는 점을 알고 있었다.

강희제의 이런 생각에서 그의 치국 전략이 역대 그 어느 황제보다도 뛰어났음을 알 수 있으며, 또 한 나라가 태평성세를 이룰 수 있는지는 황제의 관념과 도덕 수양의 정도에 달려 있다는 것을 알 수 있다. 강희제가 역대 황제들 가운데 가장 긴 재위 기간을 자랑할 수 있었던 것은 바로 이 "과오가 있으면 군신이 함께 책임을 져야 한다."라는 치국사상에 힘입은 바 크며, 이 사상은 또 강희제가 역대 그 어느 황제들보다 위대할 수 있는 사상적 뒷받침이 되었다.

|【강희제에게 배우는 수신의 도】|

一. 남에게 강요하기 전에 먼저 자신이 솔선수범 하는 것이 처세의 진리다.

一. 오만함은 화를 불러오고 겸허함은 복을 불러온다. 자기 자신을 객관적으로 판단하고 자만심에 빠지지 말라.

一. 집안을 관리하든 나라를 다스리든 득이 있으면 실도 있는 법이고, 기쁜 일이 있으면 슬픈 일도 있는 법이며, 성공하기도 하고 실패하기도 하는 법이다.

제4장

수신의 도 4
덕으로써 행하고 예로써 다스린다
寓德於行

'덕德'과 '행行'의 관계가 중요하다. 덕을 갖춘 사람이라도 전략과 실천력이 있어야 한다. 훌륭한 황제라면 나라가 처한 상황에 따라 치국의 방법을 달리해야 한다. 난세에는 민심이 흉흉하니 맹약으로도 구속할 수 없고, 예의로도 다스릴 수 없어, 전략을 사용하지 않으면 제대로 통솔할 수 없다. 강희제는 어려서 황위에 올라 큰일을 수없이 겪었지만, 비밀 계략으로 오배를 숙청하고, 군사전략으로 삼번의 난을 평정했다. 그럼에도 불구하고 사람들은 강희제를 단정하고 신중하며 공명정대한 성군으로 기억한다. 그것은 바로 그가 평상시 사소하고 흔한 일에서 고상한 인품을 드러냈기 때문이다.

사치를 버리고 근검절약을 실천한다

　강희제는 아주 어렸을 때부터 먹는 것, 움직이는 것, 말하는 것을 모두 정해진 규정에 따라야 했고, 혼자 있을 때에도 그 규정을 지켜야 했다. 어려서부터 단정함과 신중함이 몸에 배어 있었고, 붓글씨와 무예, 농사짓기를 좋아했으며, 술과 여색은 절대로 가까이 하지 않았다.
　황제로서 강희제는 공적인 일을 처리할 때에는 물론 개인적인 사생활에 있어서도 근검절약을 중요하게 생각했다. 이것은 그의 개인적인 미덕이자, 성공의 발판이었다. 친정을 시작했을 때, 강희제는 청녕궁淸寧宮이라고도 불리는 보화전寶和殿에 기거했었는데, 8년(1669) 1월에 조모인 효장태후가 황제가 전각을 궁으로 사용하니 마음이 불안할 것이라면서 그의 거처를 건청궁으로 옮기게 했다. 당시 건청궁의 교태전이 오래되어 기둥과 서까래의 부식이 심해 태후가 새로 지어 강희제의 침궁寢宮으로 사용하도록 했다.

어린 나이에 태후의 명을 거역할 수 없었던 강희제는 태후의 뜻에 그대로 따르기로 했지만, 공부관리들에게 건청궁을 새로 지을 때 화려하게 짓지 말고 소박하고 튼튼하게 지을 것을 당부했다. 강희 16년(1677) 7월, 인효황후仁孝皇后(강희제의 황후, 둘째 황자 윤잉의 생모)의 능묘인 경릉景陵을 지을 때 있었던 일이다. 능전陵殿에 쓰이는 목재는 상등품 녹나무로 사용하는 관례가 있었다. 공부에서 녹나무를 구하기 위해 포의좌령 등의 숙소를 철거해 목재를 빼내고, 강소와 절강에서 녹나무를 구해 운반해 오도록 하자, 강희제가 이를 만류하며 공부에 다음과 같은 어지를 내렸다.

지하 궁전을 견고하게 짓는 것은 당연한 일이지만 능전은 녹나무를 사용한다 해도 오래되면 곧 썩어 버리는 것이다. 사하전沙河殿에서 녹나무를 빼서 쓰고 그것으로 부족하면 소나무로 보충하거나 능전의 크기를 줄이도록 하라.

강희제는 황후의 능묘를 짓는 큰일에 있어서도 아랫사람들과 백성의 부담을 줄이고 실용적인 방법을 사용했던 것이다. 여기에서 그가 얼마나 절약이 몸에 밴 황제였는지 알 수 있다. 강희 25년(1686) 2월, 사천성의 한 관리가 사천성에서 녹나무를 조공으로 바치는 것을 중단해 달라고 요청했지만 대학사들이 이에 동의하지 않았다. 그러자 강희제는 "사천성에는 워낙 백성 수가 적어 녹나무를 운반하려면 어려움이 많을 것이다."라며 요청을 들어주자고 했다. 하지만 명주 등이 극구 반대하고 나서며 "녹나무는 심산유곡에서만 자라는 것이라 운반하기 힘든 것은 알지만, 전각을 지으려면 반드시 필요하니 불가피한 일입니다."라고 말했다.

그러자 강희제는 백성들을 편하게 하면서도 전각 건축에 피해가 가지 않는 방법을 생각해 냈다. 바로 녹나무 대신 국경 밖에 있는 소나무를 사용하는 방법이었다. 변방 지역의 소나무는 튼튼하여 목재로서의 가치도 높았으며 수백 년을 쓸 수 있을 만큼 나무가 많았다. 강희제의 이런 제안에 신하들도 감탄해 마지않았다.

강희제는 광록사光祿寺(국가의 연회를 담당하는 기관)와 공부의 재정 지출에 대해서도 엄격하게 관리해 예산을 초과해 지출한 것이 드러나면 엄벌에 처했다. 전량 지출도 매우 엄격하게 관리해 호부와 공부에 열흘에 한 번씩 전량 상황을 보고하도록 하고, 강희 48년(1709) 9월에는 공부와 광록사에 보름에 한 번씩 전량 상황과 전량을 관리하는 관리의 이름과 지출 내역을 보고하도록 했다.

강희제의 이런 엄격한 관리에 힘입어 조정의 지출이 크게 절감됐다. 그 전까지는 광록사와 공부의 한 해 지출이 1백만 냥과 2백만 냥에 달했지만, 강희제가 지출을 엄격하게 관리하고 절약을 강조하면서 강희 45년(1706)에는 광록사와 공부의 한 해 지출이 10만 냥과 2, 30만 냥으로 줄어들었으며, 이번원의 지출도 80만 냥에서 8만 냥으로 크게 줄어들었다.

강희제는 명대 황제들의 사치와 향락을 타산지석으로 삼아 황궁의 재정 지출을 최대한 줄이기 위해 모든 노력을 기울였다. 강희 34년(1695) 산서 평양에서 지진이 발생하자, 강희제는 "짐이 조정의 지출을 줄이기 위해 노력하여 예산 가운데 남는 부분이 있을 것이니, 이를 평양 백성들을 구휼하는 데 사용하라."라고 말하기도 했다. 29년(1690) 초에는 또 대학사들에게 명대 황궁의 재정 지출 상황을 파악하고 현 상황과 비교하게 했는데, 그 결과 명대에는 광록사에서 매년 24만 냥을 지출했지만 이제는 3만 냥만을 쓰고 있고, 1년에 사용하는 장작과 석탄의 양도 명대에는 2,686만 근과 1,208만 근이었으나, 이제는 6, 7백만 근과 1백 근에 불과했다. 또 명대에는 황궁에서 사용하는 침장과 깔개 등을 제작하는데 1년에 28,200냥이 들었지만 이제는 전혀 사용하지 않고 있었다.

강희제는 북경에서 2백 리 가량 떨어진 곳에 창춘원이라는 정원을 지어 놓고 해마다 이곳에서 상당 기간 머물렀는데, 창춘원에는 강희제가 특별히 명하여 만든 두 개의 큰 연못과 물길 외에는 황제만이 사용할 것 같은 호화로운 물건은 하나도 없었다. 또한 그는 의복에 있어서도 검소함과 실용성을 강조해, 그의 옷이라고는 궁궐에서는 흔히 볼 수 있는 겨울용 털옷 몇 벌과 평민들만이 입지 못할 것 같은 평범한 비단 옷 몇 벌이 고작이었다. 또 비가 오면 모전毛氈으로 만든 허름한 옷을 걸쳤고, 여름에는 평범하기 그지없는 마로 된 옷을 입었다.

이런 옷은 평민들도 흔히 입는 것이었다. 그는 특별한 행사가 있는 날이 아니면 커다란 구슬 하나를 제외하고는 몸에 아무런 치장도 하지 않았다. 요컨대 그의 몸에서는 황제들에게서 흔히 보이는 사치스러움은 전혀 찾아볼 수 없었다. 그는 실속 없는 사치와 낭비를 지양하고, 절약해서 남는 돈은 나라에 필요한 곳에 사용했다. 그는 황제의 위신과 진정한 위대함은 겉모습의 화려함에서 오는 것이 아니며, 내면의 도덕에서 우러나오는 것이라고 굳게 믿고 있었다. 강희제는 또 "한 사람이 천하를 다스리는 것이지, 천하가 한 사람을 받드는 것이 아니다."라는 옛말을 가슴 깊이 새기고 몸소 실천하고 있었다.

선왕에게 보답하기 위해 최선을 다한다

강희제는 어렸을 때부터 총명하고 철이 일찍 든 황자였다. 그의 조모 효장태후는 어린 현엽을 매우 총애했고, 철저히 교육시켰다. 처음에는 효장태후의 시녀인 소마라고蘇麻喇姑가 현엽을 돌보고 교육시켰다. 소마라고는 강희 41년(1702)에 세상을 떠났는데, 그녀가 효장태후의 능인 소서능昭西陵 옆에 묻힌 것만 보아도 효장태후와의 관계가 얼마나 가까웠는지 짐작할 수 있다.

효장태후는 당시로서는 매우 비범한 여성이었다. 그녀는 정치적인 계산과 수완에 뛰어났으며 풍부한 식견을 가지고 있었다. 그녀가 강희제를 특별히 아꼈던 것도 강희제에게서 성군으로서의 자질을 발견했기 때문이며, 그녀는 강희제에게 성군으로서 갖추어야 할 자질을 엄격하게 교육시켰다. 훗날 강희제는 어린 시절을 다음과 같이 회고했다.

> 짐은 어려서 걸음마를 배우고 말문이 트일 때부터 조모로부터 먹는 것부터 걸음걸이, 말하는 습관에 이르기까지 모든 것을 교육받았다. 혼자 있을 때에도 반드시 배운 그대로 행해야 했으며, 이를 어기면 엄한 벌을 받았다.

어려서부터 길러진 책 읽는 습관은 성인이 된 후까지도 그대로 이어졌다. 효장태후는 강희제에게 조부의 위업을 자세히 설명해 주고 선왕의 업적을 계속 이어가도록 격려해 주었다. 순치 16년(1659) 어느 날, 당시 6세였던 현엽玄燁(강희제의 이름)과 그의 형 복전, 아우인 상녕이 부왕인 순치제에게 청안을 드리러 갔는데, 순치제가 그들에게 포부를 물었다. 아우인 상녕는 아직 3살에 불과해 제대로 대답할 리가 없었지만, 항상 조모로부터 가르침을 받았던 현엽은 자신 있는 말투로 "아바마마를 본받아 최선을 다해 노력할 것입니다." 하고 대답했다. 형 복전은 현엽이 조모의 사랑을 독차지하고 있다는 것을 알았기 때문에 그저 "현명한 왕이 될 것입니다."라고만 말했다. 이때부터 순치제는 현엽이 나이는 어리지만 원대한 포부를 품고 있다는 것을 알게 되었다.

강희제가 황제로 즉위하자 효장태후는 그를 옆에서 보좌했다. 태후는 신하들에게 선왕으로부터 받은 은혜에 보답하기 위해 한마음으로 어린 황제를 보좌할 것을 당부하고, 강희제에게는 민심을 얻어야 나라를 얻을 수 있으며, 인자하고 겸허하며, 신중해야 한다는 군주로서의 도리를 가르쳤다. 한번은 효장태후가 강희제에게 대신들 앞에서 자신이 바라는 것을 이야기하도록 했다. 그러자 매우 공손한 태도로 "제가 바라는 것은 온 나라가 태평하고 백성들이 편안히 사는 것뿐입니다."라고 말했다. 이를 보고 입을 모아 어린 황제의 영민함을 칭송했다.

보정대신들이 보정을 하던 시기에도 황태후는 항상 강희제에게 정책을 제안했고, 군사 방어를 게을리해서는 안 된다거나 동북 지역의 소수민족 관리 정책 등 성공한 정책들이 적지 않았다.

몽고의 포이니布爾尼가 삼번의 난이 일어난 틈을 타 반란을 일으키고 북경으로 군대를 몰아 진격해 왔는데, 삼번의 난 평정을 위해 장수들이 모두 출정을 나간 상황이라 더 이상 파견할 장수가 없었다. 다급해진 강희제가 효장태후에게 조언을 구하니, 태후는 풍부한 정치적 경험에 비추어 번왕 철수에 반대했던 도해를 중용할 것을 제안했고, 그 결과 도해는 적은 병력으로 출병하여 포이니 군대를 완전히 섬멸시켰다.

어려서부터 길러진 강희제의 바른 습관과 품성, 성숙한 정치적 관점, 그리고 통치 업적 등은 모두 효장태후와 밀접한 관계에 있다. 강희제는 일생 동안 조모를 매우 공경했으며, 자신을 교육시켜 준 데 대해 진심에서 우러난 고마움을 표시했다. 효장태후가 병으로 세상을 떠나자 강희제는 크게 슬퍼하며 한참 동안 비통함에서 벗어나지 못했다.

훗날 궁궐에서 오랫동안 머물렀던 프랑스인 선교사 부베는 강희제를 다음과 같이 평가했다.

> 강희제는 어린 시절부터 비범함이 엿보였다. 그래서 나이는 어렸지만 그의 부친은 많은 황자들 중에서 그를 자신의 후계자로 지목했다. 머지않아 이 나이 어린 황태자는 단정한 품행으로 부왕의 선택이 정확했음을 증명해 보였다.

어려서부터 길러진 강희제의 바른 습관과 고상한 성품은 훗날 그가 성군으로서 자리매김하는 데 중요한 내재적인 조건이 되었다.

|【강희제에게 배우는 수신의 도】|

一. 근검절약을 중요하게 생각해야 한다. 이것은 개인적인 미덕이자, 성공의 발판이다.

一. 지도자의 위신과 진정한 위대함은 겉모습의 화려함에서 오는 것이 아니며, 내면의 도덕에서 우러나오는 것이다.

一. 한 사람이 천하를 다스리는 것이지, 천하가 한 사람을 받드는 것이 아니다.

제5장

수신의 도 5
안목은 높게 두고 손은 낮게 둔다
眼高手低

'큰 줄기〔大綱〕'와 '작은 가지〔細務〕'의 관계를 잘 이해해야 한다. 옛말에 "황제는 큰일만을 처리할 뿐 세세한 일에는 신경 쓰지 않아도 된다."라고 했다. 하지만 강희제의 생각은 달랐다. 그는 무슨 일이든 높은 곳에서 조망하듯 전체적으로 상황을 살피면서도, 작고 사소한 일까지 직접 꼼꼼하게 처리해, 자신의 치국이념을 사소한 일에까지 모두 적용시켰다. 너무 먼 곳부터 손을 대면 실제와 부합하지 않아, 아무리 노력해도 그 효과가 제대로 미치기 어려우니 백성들로부터 원망을 들을 수 있고, 백성들의 원성은 혼란의 싹이 되기 때문이었다.

근면함으로 수신을 게을리해서는 안 된다

　　강희제는 역대 황제들 가운데 재위 기간이 가장 긴 황제이자, 가장 근면하게 정사를 돌보았던 황제다. 그는 모든 정력을 나라를 다스리는 데 쏟았다. 그는 선왕들의 유훈을 가슴에 새기고 나라의 혼란을 평정하기 위해 모든 노력을 다했다. 강희제의 이런 근면함은 황제로서의 강한 책임감에서 오는 것이었다. 그는 모든 일을 신중하게 처리했기 때문에 천하의 모든 근심을 안고 있었고, 한 순간도 게을리하지 않았기에 천년의 근심을 떠안고 있었으며, 정사를 처리하는 것을 그 무엇보다 중요하게 생각했다.

　　청 초기에 황제는 매월 5일에 태화전에서 국사를 처리하고, 나머지 기간에는 비정기적으로 건청문에서 국사를 돌보도록 했다. 하지만 강희제는 나라의 큰일에 더욱 신속하게 대응하기 위해 매달 5일마다 태화전에서 국사를 처리하는 것 외에도 매일 건청문에서 어문청정을 하도록 규정했다. 강희제는 6년(1667) 7월 초 친정대전親政大典이 시작되던 날부터 시작해서 수십 년간 어문청정을 계속했다.

어문청정은 봄과 여름에는 매일 묘시(새벽 5시부터 아침 7시까지)에 시작했고, 가을과 겨울에는 진시(아침 7시부터 9시)에 시작했다. 그는 거의 매일 태화전에서 정사를 처리한 후 건청문으로 가서 어문청정을 했고, 어문청정이 끝나면 다시 홍덕전에 가서 경서 강의를 들었다. 대부분의 경우 사시(오전 9시에서 11시)까지 이후에나 쉴 수 있었는데, 때로는 국사를 처리하는 일이 길어지기도 했다. 강희 12년(1673) 4월의 어느 날, 어문청정이 끝났는데, 며칠 전에 큰 비가 내리자 논밭이 걱정된 강희제는 진시부터 덕승문에 나가서 벼를 돌보았고, 유시(오후 5시에서 저녁 7시까지)가 되어서야 궁궐로 돌아갔다.

무더운 여름이 되면 강희제는 황궁 서원西苑에 있는 중남해의 영대에 가서 더위를 피했지만 매일 어문청정을 실시하는 것은 한 번도 거르지 않았다. 또 가을에 남원南苑으로 사냥을 나갔을 때에도 피곤한 줄도 모르고 저녁마다 국사를 처리하거나 책을 읽었다. 그는 재위 후기에는 창춘원에서 머무르는 일이 많았는데, 창춘원에 머무를 때에도 매일 아침 8시쯤 창춘원을 떠나 황궁으로 돌아와, 잠시 쉬지도 않고 건청문에서 어문청정을 하고 국사를 처리했다. 정오가 되면 서직문西直門으로 나가 창춘원으로 돌아갔다.

강희 23년(1684) 10월, 강희제의 첫 번째 남순 때 있었던 이 일에서 그가 얼마나 나랏일에 열심이었는지 단적으로 드러난다. 10월 15일, 강희제가 기주에 머물고 있을 때의 일이다. 북경에서 3일에 한 번씩 보고 상소가 도착했는데, 하루는 저녁 때 도착해야 할 상소가 한밤중이 되도록 도착하지 않는 것이었다. 강희제는 이경二更(밤 9시~11시)까지 기다려도 파발이 도착하지 않자 수행 신하들에게 다음과 같이 말했다.

짐이 순행중일 때에는 항상 상소가 도착하자마자 곧 비답을 써서 돌려보내 왔소. 지난번에 제때 상소를 전달하지 않은 관리를 엄하게 처벌하였거늘, 오늘도 아직 파발이 도착하지 않고 있소. 오늘밤 상소가 도착하면 언제라도 짐에게 곧장 가지고 오시오.

결국 상소는 사경四更(새벽 3시~5시)이 되어서야 도착했고, 신하들이 강희제에게 두꺼운 상소 뭉치를 올리니 잠자리에 들었던 강희제가 곧장 일어나 상소를 처리했다. 그리고 날이 밝을 때까지 모든 상소에 비답을 달아 처리했다. 순행으로 인해 낮에도 쉬지 못했는데 밤을 새워가며 국사를 처리한 것이다. 강희제의 이런 근면성은 역대 어느 황제들보다 뛰어난 것이었다.

제도 개혁으로 권력을 지킨다

권력은 손에 잡히지 않는 것이지만 구체적인 형태가 없는 것도 아니다. 황제가 '작은 일'을 진지하게 처리하지 못하면 황권 약화를 야기하게 된다. 강희제는 이 '작은 일'을 중요하게 생각하고 규정과 절차에 따라 신중하게 처리해 자신이 가진 권력을 확실히 지켰다.

강희제는 친정을 시작한 후 황권을 회복하고 강화하기 위한 일련의 조치들을 통해 자신의 비범한 능력을 드러냈다. 그가 어문청정과 내각, 상소, 비답 등을 개혁하고 근면하게 정사를 돌본 결과 국가 통치라는 대권을 확실히 손에 넣을 수 있었다.

국사를 처리하는 데 있어서 강희제의 불변의 원칙은 바로 실사구시였다. 강희 22년에 전량 문제에 대해 이야기하면서 그는 신하들에게 작은 일이라고 해서 보고에서 누락되는 경우가 없도록 하라고 특별히 당부하고, 전량의 상황을 사흘에 한 번씩 보고하던 것에서 이틀에 한 번씩 보고하도록 규정을 강화했다.

또한 신하들이 올린 상소에 비답을 적는 일은 그 누구에게도 맡기지 않고 스스로 처리했다. 나이가 들어 오른손으로 글씨를 쓸 수 없게 되었을 때에도 왼쪽으로 글씨는 쓰는 한이 있더라도 다른 사람에게 대필시키는 일은 없었다. 이렇게 하면 황제의 부담이 너무 클 뿐 아니라, 황제가 신하들을 믿지 못하기 때문이 아니냐고 말하는 사람들도 있겠지만, 그것은 강희제의 현명함을 제대로 알지 못하고 있기 때문이다. 비답을 직접 처리하면 두 가지 장점이 있었다.

하나는 대필하는 사람이 어지를 제멋대로 조작하는 것을 예방하는 것이었고, 다른 하나는 환관들의 정치 참여를 막는 것이었다. 황궁에서 환관만큼 황제와 가장 가깝고, 또 황제의 사소한 습관과 특징을 가장 잘 아는 사람은 없었다. 한 말기 십상시[2]十常侍의 전횡에서부터 당 헌종 때 환관의 화와 명대의 위충현 등에 이르기까지 역대 왕조마다 환관들이 혼란을 일으키지 않은 적이 거의 없었다. 하지만 청대에는 한 번도 환관이 득세한 적이 없었고, 여기에는 강희제의 공이 컸다. 강희제는 비답을 어느 누구에게도 대필시키지 않아 후대 왕들에게 좋은 본보기가 되었다.

강희제는 언제나 상소가 올라오면 신속하게 처리했기 때문에, 그가 통치할 때 관리가 상소를 올려 비답이 제때 하달되지 않아 일을 그르친 적이 단 한 번도 없었다. 영토가 광활하고 수많은 소수민족들이 함께

---

2. 후한 영제 때 조정에서 득세하여 모든 국사를 좌지우지했던 10명의 환관들을 일컬음.

살고 있는 국가임을 생각할 때 이는 결코 쉽지 않은 일이었다. 그의 비답이 너무 빨리 처리되어서인지, 황제가 상소의 내용을 기각한 경우에는 관리들이 과연 그 상소를 제대로 읽어 보기나 한 것인지 의심하는 일도 있었다. 이에 대해 강희제는 대학사들에게 이렇게 말했다.

> 짐이 오랫동안 나라를 다스리다 보니 글을 읽는 속도가 빨라졌소. 한번은 상소와 녹두패綠頭牌가 올려졌는데 짐이 순식간에 모두 읽으니, 당시 상서였던 목화륜穆和倫이 짐에게 상소를 자세히 읽어 달라고 몇 차례나 말한 적이 있소. 그래서 짐이 목화륜에게 상소의 내용을 그대로 이야기했더니 목화륜이 묵묵히 돌아갔소. 짐은 읽는 속도가 빠를 뿐 아니라, 한 번 읽은 것은 절대로 잊지 않소. 짐은 한 번도 상소를 꼼꼼히 읽지 않은 적이 없소. 상소 중에서 틀린 글씨를 발견하면 직접 고쳐서 내려 보내기도 하오.

녹두패란 상소의 일종으로서, 상소의 내용이 복잡하거나 긴급한 사안일 경우 상소를 올리는 관리가 작은 나무판에 만주어로 간단하게 개요를 적어서 올리는 것이었다. 녹두패라는 명칭은 나무패의 위가 초록색이었던 데에서 유래된 것이다. 강희제가 이렇게 빨리 상소를 읽고 비답을 처리할 수 있었던 것은 그저 오랫동안 단련이 되었기 때문이라고 설명할 수밖에 없다. 강희 46년에도 신하들이 황제의 비답이 너무 빨리 처리되는 것을 두고 황제가 상소를 제대로 읽지 않는 것이 아니냐고 의심하자, 강희제는 이렇게 말했다.

> 방금 형부에서 상소를 올렸는데 그중에 틀린 글자가 있어 짐이 붉은 먹으로 틀린 글자를 고쳐서 내려 보냈소. 내용이 아무리 많아도

짐이 그것을 모두 읽지 않을 것이라고 의심하지 마시오. 짐은 상소를 자세히 살펴볼 뿐 아니라, 틀린 곳이 있으면 모두 수정해 주고 있소. 한문을 만주어로 번역하다가 틀린 부분이 있어도 모두 고쳐 주고 있소. 전쟁 때에도 하루에 3, 4백 건이 되는 상소를 일일이 다 처리했는데, 이제 나라가 태평해 상소가 하루에 4, 5십 건밖에 되지 않는데 그것을 처리하는 일이 무에 그리 어렵겠소?

그런데 그를 이렇게 부지런하고 의욕적으로 일하게 만드는 힘이 도대체 무엇이었을까? 수십 년을 하루같이 진지하게 일할 수 있는 원동력은 무엇이었을까? 강희 22년 남순을 나가서 일강을 듣던 중 강관에게 했던 말에서 그 비결을 어느 정도 짐작할 수 있다. 그는 강관에게 이렇게 말했다.

짐은 정사를 돌봄에 있어 일의 대소를 막론하고 모두 진지하고 자세하게 처리하고 있소. 그리고 홀로 궁에 있을 때 가만히 앉아서 천하를 가슴에 품고 어떻게 다스려야 할지 생각하곤 하오.

이 말에서 그가 하는 모든 일에는 나라를 오랫동안 평안하게 통치하겠다는 정치적인 목적이 깔려 있었음을 알 수 있다.

그는 태평성세를 이루기 위해서는 관리가 유능하고 청렴해야 하며, 이를 위해서는 황제가 솔선수범을 해야 한다고 굳게 믿고 있었다. 물론 황제라는 이유만으로 솔선수범을 하지 않아도 누가 뭐라고 할 수 없었지만 그렇게 되면 천하가 곧 위태로워질 수 있었다. 강희제는 역사 속에서 망국의 원인을 찾아 가슴에 아로새겼고, 바로 그런 마음에서 의지력이 솟아났던 것이다.

|【강희제에게 배우는 수신의 도】|

一. 근면함은 강한 책임감에서 나오는 것이다.

一. 무슨 일이든 높은 곳에서 조망하듯 전체적으로 상황을 살피면서도, 작고 사소한 일까지 꼼꼼하게 처리해야 한다.

一. 권력은 손에 잡히지 않는 것이지만 구체적인 형태가 없는 것도 아니다. 지도자가 '작은 일'을 진지하게 처리하지 못하면 곧 권력의 약화를 야기하게 된다.

一. 태평성세를 이루기 위해서는 관리가 유능하고 청렴해야 하며, 이를 위해서는 지도자가 먼저 솔선수범을 해야 한다.

제6장

수신의 도 6
생활 속에서 즐거움을 잃지 않는다
不失情趣

'일'과 '생활'의 관계를 잘 이해해야 한다. '속세와 완전히 동떨어진 일벌레'는 훌륭한 지도자가 될 수 없다. 리더십은 취미와 생활의 정취를 아는 사람에게서 나오는 것이다. 강희 말년 천하에 태평해지고 민생이 안정되어, 예전보다는 나랏일에 많은 시간을 쏟지 않아도 되자 강희제는 개인적인 취미 생활을 시작했다. 강희제는 "천하의 위험을 구할 수 있는 사람이 천하를 편안하게 할 수 있고, 천하의 근심을 해결하는 사람이 천하의 즐거움을 누릴 수 있으며, 천하의 화를 구제할 수 있는 사람이 천하의 복을 얻을 수 있다."라는 옛 교훈을 몸소 실천했던 것이다.

매일 책을 쓰는 것이 가장 즐거운 일이다

강희제의 나이가 58세가 되던 해, 운남 순무인 오존례吳存禮가 청안을 드리자 강희제가 "짐은 편안하오. 요즘은 먹고 자는 것도 편안하고 활쏘기와 말 타기도 예전처럼 자주 하고 있소. 그리고 매일 책을 쓰는 것이 가장 즐겁소." 하고 말했다.

강희 말년에는 책을 편찬하는 일에 큰 흥미를 보여, 많은 책을 편찬했는데, 그가 일생 동안 직접 저술하거나 학자들을 불러 모아 편찬을 지휘한 책이 60여 권에 이르고, 이 가운데 대부분이 50세 이후에 완성한 것이었다. 강희제가 말년에 이렇게 책 편찬에 몰두한 것은 단순한 흥미의 차원이 아니라, 역사적인 필요에 의한 것이었다.

강희제가 수십 년간 나라를 통치하면서 수많은 업적을 남겼음은 누구나 아는 사실이었고, 그 자신도 그 같은 업적을 매우 귀하게 생각하고, 자신의 통치 경험을 후대에 알리고 싶었다. 그는 재능과 학식을 겸비한 군주이자 과학과 문화의 가치를 깊이 알고 있는 황제였기 때문에 자신의 통치 경험과 업적을 체계적으로 정리해 가치 있는 자료로 만들고 싶었다.

그는 자신이 '수신', '제가', '치국'을 위해 열심히 노력하고 한시도 헛되이 보낸 적이 없기 때문에 자신의 이런 경험과 지혜가 후대에 큰 도움이 될 것임을 확신했고, 그런 생각에서 책을 편찬하고자 하는 강한 욕망이 생기게 되었다.

강희제가 55세 되던 해, 폐태자의 일로 크게 상심해 70여 일간 병석에 있었던 후로는 건강이 예전 같지 않았지만, 그는 여전히 저술 활동을 멈추지 않았다. 중병으로 직접 붓을 들기도 힘들 정도로 쇠약해졌을 때에도 그는 구술을 통해 황자나 시위에게 기록하게 하면서 책을 계속 써 나갔다. 이렇게 해서 편찬된 책은 훗날 네 번째 황자인 윤진, 옹정제가 즉위한 후 정리해 『정훈격언庭訓格言』이라는 제목으로 출간했다. 이 책은 회고의 형식으로 강희제의 경험을 기록한 것으로, 『실록實錄』과 『성훈聖訓』에 기록되지 않은 내용들이 대부분이다. 특히 폐태자에 대한 교육에 실패한 점을 통탄하며 후세에 자신의 전철을 밟지 않도록 당부하고 있다.

강희제는 또 자신의 문집을 정리해 『청성조어제문집淸聖祖御製文集』이라는 책을 출간했다. 이 책은 총 176권으로 되어 있으며 4부로 나누어 출간되었다. 이 가운데 강희 50년 전에 지어진 시와 어지가 총 3부 140권에 달하고, 51년부터 61년까지의 시와 어지는 제4부 총 36권에 실려 있다. 1부에서 3부까지는 강희제가 살아 있는 동안 남서방한림의 대학사 장양과 고사기 등의 도움을 받아 직접 출간한 것이고, 4부는 강희제가 붕어한 후 옹정제가 장친왕 윤록을 시켜 출간한 것이다. 이 문집은 중요한 역사적 자료이며, 특히 여기에 담긴 수많은 7언시와 5언시에 그의 경험과 중요한 정치적 활동은 물론, 그의 사상과 포부가 모두 담겨 있다. 또한 만주족의 문화적 특징을 가진 훌륭한 문학작품으로서의 가치도 크다.

강희제는 또 사냥이나 순행을 나가 각지를 돌면서 각지의 특산물이나 자원, 동물, 초목과 약자, 기상 현상, 언어, 풍습 등을 연구한 결과를 책으로 엮었는데, 이 책이 바로 『강희기가격물편康熙機暇格物編』이다. 이 책에는 흑룡강 강서부 찰합연산察哈延山의 화산분출과 한해瀚海의 조개껍질 등 자연현상은 물론, 벼와 보리, 수박, 포도, 농업과 수리의 관계, 농작물의 생장과 기후의 관계 등 강희제 평생의 연구 결과가 모두 정리되어 있다. 이 책은 쓰여진 지 오래되도록 빛을 보지 못하고 있다가 청 말기 광서光緒 연간에 이르러서야 숙무친왕肅武親王 호격豪格의 7대손인 손성욱孫盛昱에 의해 정리 출간되어 세상에 알려지게 되었다.

이 밖에도 『청문감淸文鑒』, 『강희자전康熙字典』, 『고금도서집성古今圖書集成』, 『전당시全唐詩』, 『자사정화子史精華』, 『광군방보廣群芳譜』 등 많은 책들이 지금까지 전해져 귀중한 사료로 쓰이고 있다.

그는 또 시와 서화, 음악 등과 관련된 예술적인 가치를 가진 책들도 편찬했다. 강희 54년에 편찬된 『전당시』에는 2,200여 명의 시인이 남긴 총 4만 8,900여 수의 시가 실려 있다. 강희제는 그중에서도 당태종이 지은 시를 매우 좋아하여 매일 읊을 정도였다고 한다.

황제가 책을 즐겨 읽고 좋아하고, 또 책을 직접 저술하는 것은 문화적으로 큰 영향력을 가지고 있다. 강희 이후로 청의 문화가 크게 융성한 데에는 강희제의 공이 매우 크다고 할 수 있다. 그는 또 학문을 중시하고 학자를 존중하여 학문에 조예가 깊은 사람이라면 정치적으로는 잘못을 저지른 사람이라 해도 관대하게 대하고, 그 재능을 높이 평가했다. 한림원편수였던 복건 출신의 진몽뢰陳夢雷가 '삼번의 난'에 연루되어 성경으로 보내져 노비 생활을 했는데, 강희제가 순행을 나갔다가 우연히 그의 재능을 발견하고는 조정으로 불러들여 세 번째 황자 윤지胤祉의 글공부를 돕도록 했으며, 말년에는 『고금도서집성古今圖書集成』이라는 책을 편찬하는 중임을 맡기기도 했다.

　책 편찬에 있어서 강희제가 보여 준 가장 큰 장점은 역시 실질적인 효과를 가장 중시했다는 것이다. 그는 단순히 업적을 위해서 책을 편찬한 것이 아니었다. 강희 42년 3월 하도 총독 장붕핵이 상소를 올려 치수 공정의 결과를 집대성해 책으로 편찬해야 한다고 건의했고, 이부에서도 이에 동의했으나, 강희제는 "강은 앞날을 예측할 수 없는 것이라 어떤 방법이 가장 좋다고 말하기 힘들다."라고 말하며 건의를 받아들이지 않았다.

노년을 위해 정원을 꾸민다

사람이 나이가 들면 조용하고 편안하며 아늑하게 노년을 보낼 수 있는 환경을 찾기 마련이다. 강희제도 노년이 되자 낙향해 자손들과 여유로운 생활을 하고 있는 퇴직한 관리들을 부러워했고, 또 때로는 은퇴하는 관리들 앞에서 황제는 은퇴해 한가하게 노년을 즐길 수 없음을 탄식하기도 했다.

강희 48년, 그는 변방에 휴식을 위한 여름 행궁을 짓기로 결정했다. 12월 3일, 강희제는 선왕과 조모의 능에 참배한 후, 열하熱河(지금의 승덕)와 객라하 지역을 돌아보며, 여름 행궁을 지을 적당한 장소를 물색했고, 결국 풍광이 아름답고 숲이 우거진 열하를 선택했다.

당시 열하는 지금의 무열하武熱河를 가리키는 말인데, 강이 승덕을 관통해 부근에 있는 온천수와 합류했기 때문에 겨울에도 얼음이 얼지 않는다고 해서 유래된 이름이다.

강희 42년(1703) 무열하 서쪽에서 열하행궁을 짓기 위한 공사가 시작되었고, 47년에 완공된 후로 계속 증축되어 50년에 완전한 모습을 갖추게 되었다. 강희제가 '피서산장'이라는 편액을 직접 써서 하사했기 때문에, 이곳을 피서산장이라고 부르기도 한다.

피서산장은 크게 궁전구과 정원구, 두 구역으로 나뉘는데, 궁전구의 정궁正宮은 피서산장의 최남단에 위치해 강희제가 정사를 처리하고 일상적으로 거주하는 곳이었고, 정면에 궁문宮門과 이궁문二宮門이 있다. 이궁문에 피서산장이라는 편액이 걸려 있는데, 강희제가 이곳에서 활을 쏘고 무예를 단련해 이곳을 열사문閱射門이라고 부르기도 했다.

궁전구 밖에는 호수와 산자락, 평원 등으로 이루어진 광활한 정원구가 있는데, 호수는 총 32만 평방미터의 면적으로 궁전구의 북쪽에 위치하고 있다. 호수 중간에는 여의주如意洲, 월색강성月色江聲, 청련도靑蓮島, 금산金山 등으로 불리는 작은 섬이 있어 징호澄湖, 여의호如意湖, 상호上湖, 하호下湖, 은호銀湖, 경호鏡湖 등으로 나누어 불렀고, 섬들은 다리로 연결되어 있다.

피서산장은 그 경치가 수려하기 이를 데 없어 경치가 아름다운 36곳을 뽑아 피서산장 36경景이라고 부르기도 했다.

강희제는 열하행궁 외에도 북경을 출발해 열하를 거쳐 북부의 목란위장까지 가는 노선을 따라 이동하면서 묵을 숙소로 사용하기 위해 20여 개의 작은 행궁을 지었다. 행궁을 지은 것은 강희제의 나이와도 관련이 있었다. 젊은 시절 강희제는 하루에 2, 3백 리씩 말을 타고 달려도 크게 피로하지 않기 때문에 25년 7월 29일에는 북경을 출발해 목란위장까지 가는 데 닷새 밖에 걸리지 않고, 중간에 쉴 때에도 임시로 지은 천막에서 기거했다. 그러나 나이가 들어 체력이 약해지면서 하루에 30, 50 리밖에는 이동하지 못했기 때문에 여러 개의 행궁이 필요했다.

　이렇게 계산하면 북경에서 목란위장까지 가는데 20일 정도가 걸리는데, 중간에 쉬는 시간까지 합치면 실제로 시간이 더 오래 걸렸다. 게다가 나이가 들면서 천막에서 오래 있는 것이 견디기 힘들었을 뿐 아니라, 오랫동안 이동하면서 필요한 음식이니 도구들을 모두 가지고 다닌다는 것이 쉽지 않았다. 이렇게 보면 행궁을 짓는 것은 불가피한 선택이었다.

　강희제는 말년에 여름과 가을에는 이 피서산장에서 지내며 정사를 돌보고 겨울이 되면 북경으로 돌아왔다. 북경에 있는 기간에는 대부분 서쪽 교외에 있는 창춘원에서 기거했다. 창춘원은 본래 명대의 무장인 이위李偉의 별장이었는데, 강희 26년경에 보수해서 창춘원이라고 이름 붙이고, 태황태후와 황태후의 여름 별장으로 사용하다가, 태황태후와 황태후가 세상을 떠난 후에 다시 확충해 황제의 궁전으로 쓰게 된 것이다.

음악과 극을 즐겨 감상하고 화초와 동물을 사랑한다

강희제는 말년에 음악과 극을 자주 감상했다. 그는 또 음악을 연구하고 악기를 만들어, 궁중에서 악기를 다루는 재능이 있는 사람을 골라 연주단을 조직했으며, 창춘원과 피서산장에 극을 공연하기 위한 누각을 지었다.

한번은 강희제가 창춘원에서 남서방의 옛 신하와 고사기 등을 불러놓고 연주단과 함께 악기를 연주해 들려주었는데, 호박虎拍, 비파 등 중국 악기는 물론 현이 120개나 되는 서양의 현악기와 당송대 이후로 사라졌던 옛날 악기까지 모두 동원한 성대한 연주회였다고 한다.

하지만 강희제가 본래부터 다양한 취미를 가지고 있었던 것은 아니다. 아니, 어렸을 때에는 오히려 정신을 분산시킨다는 이유로 여러 가지 취미를 일부러 멀리했다. 어린 시절 강희제가 앵무새 선물을 거절했다는 일화도 있다. 당시 그의 나이 열 살이었는데, 한 장수가 어린 황제로부터 환심을 사기 위해 흔하지 않은 황금빛이 나는 앵무새를 바쳤다. 그런데 강희제는 그 선물을 보고 받지 않은 것은 물론, 그 장수를 호되게 꾸짖었다.

옛날에 조부인 황태극이 누군가 선물로 올린 꾀꼬리를 받지 않으며, "꾀꼬리는 노랫소리는 아름다우나 이런 것을 가까이하고 아끼다 보면 황제로서의 큰 뜻을 잃을 수 있다."라고 말했는데, 효장태후가 이 일화를 강희제에게 들려주며 황제로서의 도리를 가르쳤고, 이것이 어린 강희제에게 강한 인상을 주었던 것이다. 강희제는 기이한 동물들을 좋아하지 않았고, 또 그런 것에 마음을 빼앗길 시간도 없었다. 하지만 말년이 되자 강희제도 시와 노래를 즐기고, 꽃, 나무, 동물들을 곁에 두며 인생의 아름다움을 즐길 만한 여유를 가지게 되었던 것이다.

그래서인지 피서산장과 창춘원에는 갖가지 꽃나무와 과실수가 많이 심어져 있었고, 또 새와 짐승들도 많았으며, 강희제는 시간이 날 때마다 그것들을 둘러보며 한가로운 시간이 보냈다.

강희제가 나이가 들면서 다양한 취미 생활을 즐기고, 이런 것들을 통해 피로를 풀고 마음을 안정시켰던 것은 사실이지만, 그에게 가장 중요한 것은 역시 나라를 돌보는 일이었다. 따라서 의식적으로 이런 여가 활동에 탐닉하지 않도록 자제했고, 후대에도 이런 당부의 말을 남겼다.

> 짐이 다방면의 취미를 가지고 있기는 하나, 그것에 탐닉하지는 않는다. 그리고 책을 편찬하는 것은 문화와 과학을 발전시키는 데 가치 있는 일이다.

|【강희제에게 배우는 수신의 도】|

一. '속세와 완전히 동떨어진 일벌레'는 훌륭한 지도자가 될 수 없다. 리더십은 취미와 생활의 정취를 아는 사람에게서 나오는 것이다.

一. 사람이 나이가 들면 조용하고 편안하며 아늑하게 노년을 보낼 수 있는 환경을 찾기 마련이다. 인생의 아름다움을 즐길 만한 여유를 갖는 것도 지도자의 덕목이다.

一. 천하의 위험을 구할 수 있는 사람이 천하를 편안하게 할 수 있고, 천하의 근심을 해결하는 사람이 천하의 즐거움을 누릴 수 있으며, 천하의 화를 구제할 수 있는 사람이 천하의 복을 얻을 수 있다.

 강희 原典 수신제가(강유병거 편)

중판 1쇄 발행   2013년 3월 29일
중판 2쇄 발행   2014년 7월 18일

지은이   둥예쥔
옮긴이   허유영
펴낸이   박효완

펴낸곳   아이템북스
주소   서울시 마포구 서교동 444-15번지
등록번호 제2-3387호
전화   332-4337   팩스   3141-4347

※ 잘못된 책은 구입하신 서점에서 바꾸어 드립니다.

이 책의 한국어판 저작권은 大海出版文化工作室을 통한
저작권자와의 독점 계약으로 신저작권법에 의해 한국 내에서 보호를 받는
저작물이므로 무단전재와 무단복제, 광전자 매체 수록 등을 금합니다.